단테의 신곡 상

단테의 신곡 ③

2012년 8월 24일 교회 인가
2013년 10월 4일 초판 1쇄 펴냄
2021년 11월 21일 개정판 1쇄 펴냄
2025년 12월 12일 개정판 5쇄 펴냄

지은이 · 단테 알리기에리
옮긴이 · 최민순
펴낸이 · 정순택
펴낸곳 · 가톨릭출판사
편집 겸 인쇄인 · 김대영
편집 · 박도연, 박다솜, 허유정
디자인 · 이경숙, 강해인, 우지수, 정호진
마케팅 · 임찬양, 안효진, 황희진, 노가영, 이영실

본사 · 서울특별시 중구 중림로 27
등록 · 1958. 1. 16. 제2-314호
전자우편 · edit@catholicbook.kr
전화 · 1544-1886(대표 번호)
지로번호 · 3000997

ISBN 978-89-321-1802-4 04230
ISBN 978-89-321-1798-0 (세트)

값 22,000원

성경 ⓒ 한국천주교중앙협의회, 2005.

이 책은 저작권법에 의해 보호를 받는 저작물이므로 무단 전재와 무단 복제를 금합니다.

가톨릭의 모든 도서와 성물, 디지털 콘텐츠를 '가톨릭북플러스'에서 만날 수 있습니다.
https://www.catholicbookplus.kr | (02)6365-1888(구입 문의)

catholic classic

구원을 향한
7일간의 순례

단테의 신곡 상

단테 알리기에리 지음 | 최민순 옮김

가톨릭출판사

회칙回勅

단테 알리기에리 사후 6세기 말에 가톨릭 세계의 문학과 문예文藝를 연구하는 교수와 학생들에게

베네딕토 15세 교황

친애하는 신자 여러분, 사도적使徒的 강복降福을

역사를 통틀어 찬란하고 영광스러운 삶으로 가톨릭 신앙을 빛낸 위인들이 참 많이 있습니다. 각 분야에서 빼어났던 이들은 특히 문학과 예술 분야에서 탁월한 능력으로 영원히

빛날 업적을 남겨 놓아 사회와 교회를 풍요롭게 해 주었습니다. 특히 사후 600주기를 앞둔 단테 알리기에리는 그 누구와도 비교할 수 없을 정도로 뛰어났습니다. 그의 천재성은 그가 살아 있을 때에도 인정받긴 했지만, 오늘날에도 세계적으로 찬사를 받고 있습니다. 그의 조국 이탈리아가 단테의 공적을 기리기에 앞장서는 것도 당연한 일이겠지요. 그뿐만 아니라 전 세계의 지식인들이 특별 위원회를 조직해, 단테의 600주기 기념제를 열기로 하였으니, 이는 참으로 기념비적인 일입니다.

이러한 단테를 찬양하는 합창 속에서 저는 다만 그를 찬양하는 일원으로서뿐만 아니라 또한 진정한 의미의 지도자로서 지녀야 할 의무가 있습니다. 이는 교회가 단테의 어머니라고 불릴 만한 최초이자 최고의 권리를 가지고 있기 때문입니다. 이 의무를 완수하기 위해 저는 교좌敎座에 오르자 곧 단테의 무덤과 그의 기념품이 보관된 성당을 축복하는 일에 관해 라벤나의 대주교에게 서한을 보냈습니다. 또한, 이 전 세계적인 장엄한 축제의 첫머리에 아로새기는 성스러운 머리말로서, 저는 교회를 수호로 삼고 문학을 온 마음으로 연구하는 저의 사랑스러운 신자들에게 이 교서를 보내기로 했습니다. 문학을 공부하는 모든 이에게 단테가 사도적 교좌와 얼마나 밀접하게 결합되어 있는지, 그리고 그의 위대한 명성에 대한 모든 찬사가 어떻게 동시에 가톨릭 신앙에 대한 찬사이기도 한 것인지를 할 수 있는 한 명백하게 보여 주고 싶습니다.

그의 전 생애가 가톨릭적 생활의 모범이었던 단테는, 라벤나의 성 프란치스코 성당에서 자신을 기리는 축전의 장엄한 결정이 내려졌다는 점과 피렌체의 성 요한 성당에서 축전이 개막되리라는 점에 대해서 틀림없이 기뻐했을 것입니다. 오랜 유배 생활로 거의 사경에 이르렀을 때에도 우리의 시인은 얼마나 통절하게 청년 시절에 다녔던 피렌체의 아름다운 성당을 회상하였습니까. 게다가 그가 시인의 월계관으로 대관戴冠될 자리는 다른 곳이 아니라 그가 갓난아기일 때 영혼을 구원받는 세례성사를 받았던 바로 그 샘입니다.

단테의 시대는 철학과 신학이 융성하던 때이면서 스콜라 철학자들이 선인들로부터 받은 모든 교리를 단일화하고 여기에 질서와 체계를 세워 후손에게 물려준 시대입니다. 단테는 이런 광범위하고 거듭된 변화의 시기를 살면서 스콜라 철학의 왕자인 토마스 아퀴나스 성인을 자신의 지도자로 택했습니다.

훌륭한 지성을 타고난 단테는 자신의 스승에게서 자신이 지닌 대부분의 철학적·신학적 지식을 물려받았습니다. 그러나 그는 다른 어느 학파도 경시하지 않았고, 성경과 교부敎父들에 대한 연구에도 온 힘을 다하였습니다. 이같이 심오한 지식을 갖추고 그리스도교적인 예지의 인도를 받았기에 그는 문학을 창작하고자 하는 의욕이 생겼고, 종교 자체에서 광범위하고 고양된 소재를 택했습니다. 이렇게 그의 시는 불멸의 것이 되었습니다.

우리가 단테의 타고난 기품이 넓고 깊은 데 대해 경탄하는 것은 당연한 일입니다. 그러나 이 기품의 대부분이 그에게 숨을 불어넣어 준 신앙에서 나왔다는 점은 분명합니다. 이런 까닭에 그의 위대한 작품은 인간 예술의 모든 아름다움으로 빛나는 것에 못지않게, 또한 천상으로부터 받은 진리의 빛으로도 빛나고 있습니다. 과연 단테가 이러한 환상을 창작할 수 있도록, 즉 인간 죽음의 역사화歷史畫로 추상追想할 수 있도록 이끌었던 것은 무엇이었을까요? 이 창작과 추상은 오직 하나의 목적으로 인도합니다. 그것은 바로 현세와 내세를 다스리시는 신의 공의公義와 섭리가 인간에게 개별적이든 사회적이든 그들이 자유 의지로 선택한 행동에 상응한 상이나 벌을 내리신다는 것을 선언하려는 목적입니다. 그리고 인류에 대한 신의 섭리를 입증하는 그의 작품을 보며 우리는 성실하게 가톨릭적 색채로 묘사된 또 다른 천상적天上的 진리의 화폭들을 수없이 발견합니다. 즉, 삼위일체 · '말씀'의 강생降生 · 인류구속천주人類救贖天主의 동정성모童貞聖母이며 자비와 관용이 그칠 줄 모르는 하늘의 모후이신 마리아에 관한 것들입니다. 그리고 마리아가 천사들과 인류의 모후로 계시는, 초월적인 아름다움으로 묘사되는 천국이 있는 반면에, 그 정반대로 그리스도를 따라 천국에 이르기를 거절한 자들이 벌을 받는, 우주의 최저점인 지옥도 있습니다. 마지막으로 지옥과 천국 사이에는 정화淨化의 산이 있어, 영원한 고향으로 들어가기에 합당하도록 충분한 보속補贖이 끝날 때까지 영혼들이 이곳에 머물러 있어야 합니다. 단테의 시는 밑바닥에서 천상으로 가는 이 역정을 가톨릭 교리로 된 불후의 아름다운 자수로 수놓았습니다.

과학의 진보로 인해 단테가 지녔던 우주의 구성과 천체에 대한 고대의 관념이 오류이며 근거없는 것임이 밝혀졌습니다. 또한, 항성恒星과 유성遊星의 본질과 수, 그리고 운행이 고대로부터 단테까지 이어져 왔던 개념과는 전혀 다르다는 사실도 밝혀졌습니다. 그렇다고 단테가 《신곡》에서 묘사한 내용에 어떤 영향이 있는 것은 아닙니다. 우주의 전역을 통치하는 법칙은, 그것이 어떻게 설명되더라도 그 신비로운 우주를 창조하시고 다스리시는 전능하신 신의 손으로부터 결코 벗어날 수 없습니다. 신으로부터 말미암아 우주의 모든 운행이 일어나며, 이를 통해서 신의 영광이 빛납니다. 인간이 살고 있는 이 작은 지구는 비록 천체의 중심은 아닙니다. 하지만 신의 섭리에 따라 축복된 첫 어버이들의 낙원으로 선택된 곳이며, 또한 원조들이 그들의 높은 지위로부터 비참하게 타락한 곳이고, 예수 그리스도의 성혈로 다시 영원한 구원에 이를 수 있는 인류 회복의 섭리적 증인으로 선택된 곳입니다.

지옥에 떨어진 버림받은 자들에 관한 것이든, 아직 연옥에서 정죄淨罪 중에 있는 사랑스러운 영혼들에 관한 것이든, 혹은 천상의 축복받은 영혼들에 관한 것이든 간에 단테의 환상에는 인간을 비추고 있는 빛이 있습니다. 저는 이 환상 안에 있는 이 찬란한 빛이 신앙의 깊은 교훈에서 얻어진 것이라고 단언합니다.

또한, 저는 단테의 여러 작품에서 다루어지는 소재 가운데 몇 가지 소재가 우리 시대에 특별한 가치를 띠고 있다는 것을 발견했습니다.

그것은 먼저 성경에 대해 모든 인류가 마땅히 최상의 존경을 표시해야 하며, 그 안에 실려 있는 모든 것을 실천해야 한다는 주장입니다. 단테는 "복음은 많은 기술자記述者를 가지고 있으나 실은 오직 한 분, 한 기술자밖에 없으니, 그것은 당신의 즐거움을 많은 붓대를 통하여 우리에게 알리고자 하신 하느님 자신이십니다."(《제정론*De Monarchia*》 3,4)라고 말합니다. 이 얼마나 아름답고 또한 진실된 선언입니까!

이에 못지않게 아름답고 진실한 구절이 있습니다. "예언자들이 말하는 바와 같이 구약 성경과 신약 성경은 새롭고도 영원한 것입니다. 또한 성경은 인간의 이성을 초월하는 영신적靈神的 선언집, 즉 성령의 선언집입니다. 성령은 예언자들과 다른 성사가聖史家들, 성부와 더불어 영원하신 성자 예수 그리스도, 그리고 그리스도의 제자들을 통해서 우리에게 없으면 안 될 초자연적 진리를 가르쳐 주셨습니다."(《제정론*De Monarchia*》 3,3,16)

마지막으로, 단테는 죽음 이후의 영원한 생명에 대해서, "영원한 생명에 대한 우리의 지식은 그리스도의 가르침으로 말미암은 것이며, 이 가르침은 진실한 것인데 이는 그것이 길이요 진리요 빛이기 때문이다. 길이라 함은 그를 따라서 아무 거칠 것 없이 행복한 영원으로 달려갈 수 있기 때문이며, 진리라 함은 어떠한 오류도 존재하지 않기 때문이고, 빛이라 함은 무지의 캄캄한 밤을 뚫고 우리에게까지 비춰 오기 때문이다."(《향연*Convivio*》 2,9)라고 하였다.

성경에 이어 공의회에 대해서도 단테는 "초기의 이 중요한 공의회 안에도 의심 없이 그리스도께서 함께하셨다."라며 존경심을 보였습니다. 그뿐만 아니라 교부들의 문헌, 특히 아우구스티노 성인의 저서를 마음으로부터 대단히 존경하였기 때문에, "누구라도 이분들이 성령의 협조하심을 입었다는 것을 의심하는 자가 있다면 그는 결코 그분들의 저서를 읽어 보지 못한 자들이거나, 읽었다 하여도 전혀 이해하지 못한 자들이다."(《제정론*De Monarchia*》3,3)라고 했습니다.

가톨릭 교회의 권위와 로마 교황의 권력에 대한 단테의 외경畏敬은 경탄할 만한 것으로, 그는 이 권위와 권력 안에서 교회의 모든 법률과 제도를 긍정했습니다. 단테는 그리스도인들이 그들의 지도자로서 두 성경과 교회의 목자牧者를 모시고 있으므로 다른 어느 곳에서도 구제의 조력을 청해서는 안 된다고 단호하게 주장했습니다(《신곡》 천국편 5곡 73~78행 참고). 그리고 교황좌教皇座가 로마로부터 아비뇽으로 옮겨졌을 때는, 이탈리아의 추기경들에게 편지를 보내 지상의 목자께 대한 모든 불충을 비탄하기도 했습니다. 단테는 교회의 악폐를 마치 자신의 슬픔처럼 통감하면서 이렇게 외쳤습니다. "우리는 경卿들과 더불어 같은 성부와 성자, 같은 신인神人 그리스도, 같은 동정성모를 공경한다. 우리와 경들을 위해서, 우리 영혼의 구원과 경들 영혼의 구원을 위해서, 그리스도께서는 베드로의 사랑을 세 번이나 거듭 시험하신 후에 그에게 "베드로야 내 양들을 돌보아라."(요한 21,17)라고 말씀하셨다. 그리스도의 양들은 로마다. 로마는 그리스도의 장엄한 개선을 위해 친히 말씀과 행실로써 인정하시고 견고하게 하신 곳이다. 로마는 바로 베드로 사도가 친히 이방인의 사도인 바오로와 함께 그 교좌를 자신들의 피로 하느님께 봉헌하여 교황좌로 마련하신 곳이다. 비록 우리는 예언자 예레미야와 동시대에 살고 있지는 않지만, 그가 예루살렘을 위해 통곡했던 것만큼이나 슬프게 로마와 교황좌를 위해 통곡하지 않을 수 없다. 로마는 외롭고 적막한 미망인이다. 우리의 교부들은 이단을 두고 자신들의 상처인 듯 아파했다. 그런데 지금 로마로 인한 우리의 고통이 교부들의 것보다 덜 할 수 있을까?"(《서간Epistula》7)

어느 곳에서든 항상 단테는 로마 교회를 '가장 사랑하는 어머니', 또는 '십자가에 못 박히신 자의 신부新婦'라고 불렀습니다. 그는 베드로 사도를 '하느님으로부터 오는 진리의 그르칠 수 없는 판관判官'이라고 불렀습니다. 신앙과 도덕의 문제에 관해서, 불복하면 영원한 죽음이 따르리라는 조건 아래 모든 인류는 베드로 사도에게 전적으로 순명해야 된다는 주장이었습니다. 하느님께로부터 친히 존엄성을 받는 황제라 할지라도 이 법률에서 제외될 수는 없었습니다. 단테 자신의 말을 빌면, "황제의 권력은 하느님으로부터 즉각적으로, 직접적으로 좇아오는 것이다. 그러나 이 진리가, 로마 군주는 로마 교황에 결코 복종할 필요가 없다는 따위로 해석되어서는 안 된다. 이는 현세적 행복은 진실한 의미에서 영원한 행복으로 움직이는 길을 지향하기 때문이다."(《제정론*De Monarchia*》 3,16)

이 마지막 논증은 얼마나 드높은 지혜로 가득 차 있는 것입니까! 오늘날의 위정자들이 이대로만 행사한다면 현세에 풍부한 번영의 수확을 거둘 수 있을 것입니다.

단테가 당대의 교황들에 대해서 말할 때 그의 비난이 더없이 신랄하고 경멸적이라는 것은 아무도 부인하지 못할 것입니다. 그러면 무엇이 그로 하여금 이런 태도를 취하게 하였는지 살펴보겠습니다. 첫째는 정치적인 상황입니다. 그는 이들 교황 중 몇 분이 단테를 그의 가정과 조국으로부터 추방하고 유배 생활을 하게 한 당파의 지원자라고 믿었습니다. 이러한 단테의 실언은 그가 역경의 거센 격랑에 희롱당하여 영혼에 깊이 상처를 입었다는 것을 보여 주며, 이렇게 상처를 받은 이의 말은 분명히 용서받을 수 있습니다. 둘째는 여론입니다. 흔히 그러하듯이 그는 여론 때문에 자기의 적을 최악으로 간주하게 되었습니다. 셋째는 인간이라면 누구나 지닌 인간적 약점이 단테 시대의 성직자들에게도 분명히 존재했다는 점입니다. 레오 교황은 "세상의 티끌이 신심 깊은 마음까지도 더럽힌다."라고 하셨습니다. 그러나 하느님께 봉헌된 자들이 자신들의 본분에 대해 저지르는 이러한 과오 때문에 단테와 같이 온전히 교회를 사랑하는 모든 이는 슬프게 되고 고통스럽게 됩니다. 우리는 거룩한 생활로써 찬란한 일생을 보낸 다른 이들도 단테 시대에 행해졌던 이러한 과오에 대해 비난을 했었다는 것을 알고 있습니다.

그러나 단테가 분격하여 불평하고 비방한 것이 사실을 기반으로 한 것이든 아니든 간에, 그가 교회로 인하여 얻은 명예와 그의 최상권에 대한 순종은 줄어들지 않았습니다. 그는 자기의 정치 철학을 이렇게 변호했습니다. "나는 사랑하는 아들이 부모를 생각하는 효심, 그리스도와 교회, 목자를 사랑하는 마음, 그리스도교에 대한 신앙을 고백하며, 오직 진리에만 관심을 기울이는 모든 이를 사랑하는 마음으로 이 저작에 착수한다."(《제정론 *De Monarchia*》 3,3)

이와 같이 이 시詩는 광범위한 종교적 기반 위에 성전처럼 솟아올랐기에 가톨릭 교리의 풍부한 보고이면서도 그리스도교 철학과 신학의 정화된 아름다움뿐만 아니라 사회를 형성하고 통치하는 데 필요한 슬기로운 법률들까지 포함하고 있습니다. 제국주의를 조장하고, 현세의 집정자들에게 아첨하며, 심지어는 정의와 신법神法이 공무공사公務公事에 소용없다고 가르치는 근시안적 법률 고문들 위에 단테는 얼마나 초연히 솟아 있습니까! 우리의 시인은 이런 법률 고문들과는 반대로 신의 법률을 어긋나지 않고 준수하는 것이 정부와 국가가 굳건히 수립될 수 있는 유일한 기반이라는 것을 얼마나 완전히 확신하고 있었습니까!

이 초절한 시가 창작되어 독자들이 얼마나 경이와 열락悅樂으로 고양되었는지에 대해서는 길게 말할 필요가 없습니다. 다만 이 예술적 유열愉悅로 인해 독자들은 예술과 문화를 더욱 심오하게 인식하게 되었으며, 또한 자신의 생활 속에서 대담한 덕행을 갈망하게 되었다는 사실을 강조하고 싶습니다. 물론 인간을 향락에서 덕행으로 이끈 위대하고 선량한 시인은 많았습니다. 그러나 누구도 단테처럼 성공하지는 못했습니다. 단테는 유례가 없는 환상적인 표현, 묘사에서 보여지는 색채의 풍부함, 장중한 웅변으로 독자를 신심 생활로 직접 이끌었으며, 독자의 마음에 그리스도교적 예지에 의한 사랑을 점화시키는 화살을 꽂았습니다. 단테야말로 자신의 목적을 달성하였습니다. 즉, 그는 모든 사람을 위하여 식탁에 생명의 양식을 펼쳐 놓았습니다. 그 열매를 보고 그의 업적을 알아볼 수 있습니다. 그리스도에게서 떠나 있지만 그리스도로부터 아주 등을 돌리지는 않은 사람들이 단테 연구에 몰두함으로써, 신의 은총으로 말미암아 가톨릭 신앙의 진리를 깨닫기 시작하였고, 마침내 온전한 마음으로 교회의 문지방을 넘어섰던 것입니다.

제가 이렇게 장황히 설명하는 이유는 이 600주년 축전으로 강조할 점을 명백하게 하기 위한 것입니다. 그것은 바로 전 세계의 선한 사람들이 진정한 예술과 문화의 어머니며 보호자로서 신앙을 수호하는 데 더욱 열렬하고 열심이 되어야 한다는 점입니다. 이 진리가 가장 잘 드러난 예가 바로 단테입니다. 이 천재의 장엄한 성공도 찬탄을 자아낼 만하지만 가톨릭이 그의 노래 속에서 어우러져 자라 광대무변해졌음을 생각해 볼 때 우리는 더 크게 찬탄하게 됩니다.

또한 단테가 고대 양식에 숙달하기 위해서 교회의 성학자聖學者들과 교부들에게 집요한 노력을 바쳤음을 잊지 말아야 합니다. 그의 천품은 이 고대 양식 속에 닦여지고, 모든 성학자들을 거쳐 예리해졌습니다. 그리하여 자연의 좁은 둘레 안에서만 머뭇대는 하찮은 의지로는 절대로 미칠 수 없는 고귀한 곳에 도달했습니다.

비록 우리보다 수 세기 전의 인물이지만 단테는 우리 당대에 속해 있다고 말하여도 무방할 것입니다. 이와 반대로, 십자가의 승리자이신 그리스도께서 지하로 쫓아낸 낡은 우상 숭배를 찬미의 소재로 삼았던 동시대의 작가들은 얼마나 케케묵은 존재들이었는지요! 단테가 생활하고 호흡했듯이 우리도 생활하고 호흡합니다. 그의 흠숭은 바로 우리의 그것이며, 그의 종교 의식도 우리의 그것입니다. 그의 신조 너머에, 그리고 우리의 신조 너머에 '천상으로부터 우리에게 내려진 진리, 우리를 그렇게도 숭고한 높이에까지 끌어올리는 진리'가 숨어 있습니다.

단테가 받은 가장 고귀한 칭호는 '그리스도교 시인'일 것입니다. 그리스도교적 방법으로 사고하고, 행동하며, 생활할 때 보이는 아름다움이 그의 사고를 완전히 흡수해 버렸습니다. 그는 이것들의 경탄할 위력을 지각하였으며, 이것들의 이끎에 자신의 개인적 생활을 맡겼습니다. 그는 천상적 노래 속에 이 모든 것을 표현했습니다. 단테를 그리스도교 시인이 아니라 그저 종교적으로 채색된 예술적 신화를 쓴 사람으로 말하는 사람은 그저 단테의 으뜸가는 칭호이며 그의 영광의 바탕이 된 것을 파괴하려는 자일 뿐입니다.

이미 말한 것처럼, 단테는 그의 작품을 특징짓는 숭고함과 광대함을 가톨릭 신앙에서 광범위하게 가져왔습니다. 이 하나만으로도 중대한 오류를 무너뜨리고 무시당하였던 중요한 진리를 다시 일깨우기에 충분합니다. 여기서 오류란 하느님께 충실하게 순명하는 자세가 타고난 재능을 완전히 발전시키는 것을 방해한다는 관념을 말합니다. 또한 그 진리란 하느님께 대한 충실한 순명이 타고난 재능의 완전한 발전을 저해하기는커녕, 오히려 이를 증진시키고 더욱 정교하게 한다는 것입니다. 그리고 이 진리에서 다음과 같은 추론을 이끌어 낼 수 있습니다. 즉 교육에서 종교를 제외하는 자는 교육 발전의 적敵이라는 것입니다. 교육을 하는 데에 신을 몰라도 문제가 없다든지, 자연계를 무한히 초극하는 초자연적 통찰을 무시해도 좋다고 하는 가설, 이런 가설 위에 세워진, 공공 교육 체제는 얼마나 통탄할 것입니까! 이러한 무신론적 분위기 속에서 단테야말로 읽혀져야 하며, 아니 읽혀지기만 할 것이 아니라 연구되고 정독되어야 할 위대한 저서들의 목록에 올려져야 합니다. 그렇다면 단테를 철저하게 또 체계적으로 연구한 학생들이 '영생의 양식'을 얻지 못한 까닭은 무엇일까요? 이것은 교육제도의 근본적인 오류에 기인하는 것입니다. 청년들의 감수성은 풍부함에도 불구하고 그들은 이러한 무신론적 공기를 호흡하고 있어서 단테가 가장 중요하게 여긴 하느님의 섭리를 알아내지 못하는 것입니다.

그러면 제가 이 600주년에서 거두기를 바라는 열매는 무엇일까요? 첫째는 문학을 배우는 어떤 곳에서든 단테가 마땅히 누려야 할 명예를 그에게 돌려주라는 것입니다. 둘째로 단테는 그리스도교 진리의 스승이며 영감을 불러일으킨 사람이라는 명예를 받아야 한다는 것입니다. 이렇게 되어야만 단테가 《신곡》을 집필한 의도를 달성할 수 있는 것입니다. 그가 말한 바와 같이 신곡을 집필한 그의 의도는 다음과 같습니다. 첫째는 죽음을 면할 수 없는 인간을 그 비참한 상태로부터 끌어올리는 것이었으며, 둘째는 그들을 행복의 경지로 이끌어 나가는 것이었습니다. 그리고 단테는 하느님의 사랑과 은총 안에 참여한다는 사실을 깨달을 때 이러한 경지에 도달할 수 있다고 항상 말했습니다.

친애하는 신자 여러분! 마지막으로 다행히도 인도자인 교회 밑에서 문학과 문화에 전심할 수 있는 여러분에게 말합니다. 이미 그러하였듯이 이 시인을 사랑하고 포용하십시오.

의심할 여지없이 그는 가톨릭 예지의 찬미자며 통보자일 뿐만 아니라, 가장 웅변적이고 능변能辯한 통보자들의 선구자입니다. 단테에 대한 여러분의 사랑이 강해질수록 진리의 찬연함에 대한 여러분의 감탄도 커질 것이며, 또한 거룩한 신앙에 대한 전심專心도 그만큼 변하지 않을 것입니다.

친애하는 여러분!

저는 이제 하느님께서 여러분에게 은총을 내리시기를 바라며, 또한 특별한 애정으로 사도적 강복을 드립니다.

재위 7년 4월 30일, 성 베드로 대성당과 가까운 로마에서
베네딕토 15세 교황

추천의 말

가톨릭 클래식 시리즈
발행을 반기며

　동서양을 불문하고 오랜 세월 동안 시대를 초월하여 널리 애독되는 걸작들이 있습니다. 이른바 '고전'이라는 책들인데, 이런 책들은 잠깐 반짝하며 사람들의 관심거리가 되었다가 사라지는 베스트셀러와는 전혀 격이 다릅니다. 인류 사상사의 보고이자, 그 안에 삶의 길이 있으니 말입니다. 옛것을 알아야 새것도 제대로 알 수 있기에, 고전을 읽으면 생각의 폭이 무한히 넓어진다는 사실은 새삼 언급할 필요도 없을 것입니다.

　그리스도교 전통에도 당연히 '고전'이 있습니다. 가톨릭출판사에서 최근 현대인의 감성에 맞는 문체로 개정하여 펴낸 《준주성범》, 《신심 생활 입문》, 《성녀 소화 데레사 자서전》 등과 같은 책들이 바로 소중한 그리스도교 고전들이지요.

이런 '고전'들은 마치 이른 새벽 깊은 산속 옹달샘의 맑은 물과도 같이, 정신적, 물리적 공해에 찌들어 살아가는 우리 영혼의 목마름을 해소해 줄 생명수와도 같습니다. 그래서 시간이 지나고 사람들이 스러져 가도 이런 고전은 처음 모습 그대로 남아 후세와 그 후세의 사람들에게 변하지 않는 그윽한 지식의 향기를 선물해 줍니다.

따라서 경쟁이 치열해지고 사람들과의 관계가 각박해질수록 이런 고전들로부터 우리 마음을 다스리고 또 풍요롭게 해 줄 영적 양식을 구해야 할 터인데, 그럴수록 처세술이나 실용서 같은 책들이 각광받는 현실이 안타깝습니다. 우리의 미래인 청소년들 또한 미디어의 영향으로 시각적 반응은 빨라지는 데 비해 사고력은 현저하게 떨어져 가는 현실 또한 안타까움을 더해 줍니다.

이러한 안타까운 현실에서 가톨릭 클래식 시리즈가 새로운 모습으로 단장하여 사람들에게 선을 보이는 것은 무척 고무적이고 축하해야 할 일이라 하겠습니다. 이 시리즈는 황폐하고 메마른 사막과도 같은 우리 마음에 내리는 단비, 어두운 이 시대에 빛의 역할을 해 하느님께 더 가까이 다가갈 수 있는 징검다리가 되어 줄 것입니다.

흔히 고전 읽기를 딱딱하고 힘겨운 일로 여기는데, 사실 고전 읽기는 아주 재미있는 일이라 말하고 싶습니다. 재미란 어떤 일을 하면서 나름대로 기쁨을 찾는 일인데, 큰 소리로 깔깔 웃지 않아도 한동안 얼굴에 미소를 머금게 하는 깊디깊은 지혜가 바로 고전 읽기에 있기 때문입니다. 이런 고전은 몇 백 년을 이어져 온 영원한 깨달음의 길을 보여 주는 책들이니까요. 이 고전의 길을 따라 신앙생활을 하는 동안 하느님과 떼려야 뗄 수 없는 관계로 맺어진 자신을 발견하게 될 것입니다.

하느님께로 나아가는 가장 이상적인 길들을 보여 줄 가톨릭 클래식 시리즈에는 굳이 읽어야만 하는 어떤 순서가 있는 것은 아닙니다. 하지만 저는 《신심 생활 입문》을 가장 먼저 읽으라고 권해 드리고 싶습니다. 얀센주의의 영향력이 강하여 엄격한 고행을 최고의 신심 생활로 여기던 때, 프란치스코 살레시오 성인은 완덕은 고행으로 이루어지는 것이 아니라 하느님의 거룩하신 뜻을 따르고 그분께 일치함으로써 이루어진다는, 당시로는 전혀 다른 가르침을 폈습니다. 이 가르침은 당대나 후대에 큰 영향을 주었으며, 오늘을 사는 우리에게까지도 생생하고 설득력이 있어서 공감을 불러일으킬 뿐만 아니라 큰 감동으로 다가옵니다.

다음으로는, 수도 생활을 원하여 수도원에 입회하려거나

이미 수도 생활을 하고 계시는 수도자분들, 사제를 지망하여 가톨릭대학에서 신학을 공부하는 우리 신학생들이나 사제들, 나아가 세상에서 평신도 사도직을 수행하시면서 보다 깊은 영성 생활로 나아가려는 우리 형제자매님들께 《준주성범》을 권해 드립니다.

또한 우리 모두 사랑하는 《성녀 소화 데레사 자서전》은 남녀노소를 불문하고 모두에게 다 감동을 주는 책이지만, 특히 자라나는 청소년에게 꼭 권해 드리고 싶습니다. 이 자서전은 우리를 위한 하느님의 사랑이 얼마나 크고 아름다운지, 우리가 그분으로부터 얼마만큼 큰 사랑을 받고 있으며, '선교'라는 그리스도교의 지상 사명을 우리가 어떻게 일상에서 아주 작은 일들을 통해서 수행해 낼 수 있는지 깨닫게 해 줄 것입니다.

혹시 바쁜 일상 속에 파묻혀 신앙인의 생활에서 멀어지고 있지는 않으신가요?

오랜 시간 이어져 온 영성적 깨달음과 마음의 평화를 선사할 가톨릭 클래식 시리즈로 하느님께 나아가는 가장 가까운 길을 안내받아 매일매일 깨달음을 얻어 가는 경험을 누리시기를 바랍니다.

진정 이 책들은 우리 마음의 눈, 영혼의 눈을 통해서 옛 성현들이 지녔던 믿음과 희망과 사랑을 체험하고 우리 내면세계를 들여다보게 해 줄 것입니다. 그렇게 자신을 반성하고, 그간 살아온 과거를 되돌아봄으로써 그 속에서 아주 무겁고도 진지한, 우리에게 깊은 깨달음을 주는 그런 즐거움을 느끼게 될 것입니다. 이러한 즐거움이야말로 참된 즐거움입니다. 여러분 모두 가톨릭 클래식 시리즈를 통해 이런 참즐거움을 만끽하시길 바랍니다.

염수정(안드레아) 추기경

차 례

회칙回勅 – 베네딕토 15세 교황 · 5

추천의 말 | 가톨릭 클래식 시리즈 발행을 반기며 · 22

지옥편

제1곡   신곡 총서總序 · 37
   어두운 숲. 세 마리 짐승. 길잡이.

제2곡   지옥의 서序 · 51
   헤매는 시인. 세 여인. 지옥의 길.

제3곡   지옥의 문 – 환외環外의 옥獄 · 64
   문 위의 글씨. 비겁자. 아케론 강.

제4곡   제1환環 – 림보 · 77
   비신자非信者들. 옛시인과 철학자들. 아름다운 성.

제5곡   제2환 · 93

        미노스. 파올로와 프란체스카.

제6곡   제3환 · 107

        케르베로스. 차코. 피렌체의 일.

제7곡   제4환 · 118

        플루톤. 재물에 관한 죄를 지은 영혼. 운명의 설說.

        제5환 스틱스의 늪

제8곡   제5환 – 2 · 130

        플리기아스의 배. 필리포 아르젠티. 디스의 성 밑.

제9곡   디스의 문밖 · 142

        세 푸리에. 천사. 불 무덤.

        제6환 이단자

제10곡   제6환 – 2 · 155

        에피쿠로스의 패. 파리나타. 카발칸티.

제11곡   제6환 – 3 · 168

        교황의 무덤. 세 가지 폭력. 지옥 안의 죄인들.

제12곡   제7환 – 제1원圓 · 179

        미노타우로스. 피의 강. 켄타우로스의 활.

제13곡   제7환 – 제2원 · 193

　　　　자살한 사람의 숲. 하르피이아. 검은 개.

제14곡   제7환 – 제3원 · 206

　　　　불타는 벌. 독신자瀆神者들. 플레게톤의 흐름.

제15곡   제7환 – 제3원 · 220

　　　　슬픈 해후. 브루네토 라티니. 암담한 전망.

제16곡   제7환 – 제3원 · 232

　　　　피렌체의 세 사람. 피렌체의 사연. 괴물의 출현.

제17곡   제7환 – 제3원 · 245

　　　　게리온. 돈장사. 심연 위에서.

제18곡   제8환 – 제1낭囊 · 258

　　　　말레볼제의 모습. 사기꾼. 타이데.

　　　　제8환 – 제2낭 알랑쇠

제19곡   제8환 – 제3낭 · 271

　　　　시몬의 죄인들. 니콜라오 3세. 괴로운 자의 한숨.

제20곡   제8환 – 제4낭 · 285

　　　　점술 마술사. 만토바의 내력. 나머지 죄수들.

제21곡   제8환 – 제5낭 · 298

　　　　끓는 역청. 오리배. 말라코다의 꾀.

제22곡   제8환 – 제5낭 · 310

　　　　참폴로의 슬픈 운명.

제23곡   제8환 – 제6낭 · 323

　　　　위선자. 카탈라노와 로데린고. 가야파.

제24곡   제8환 – 제7낭 · 337

　　　　뱀과 도둑. 반니 푸치와 그의 벌.

제25곡   제8환 – 제7낭 · 351

　　　　찬파와 아뇰리의 싸움. 피렌체인의 변모.

제26곡   제8환 – 제8낭 · 365

　　　　모략가. 디오메데스와 오디세우스.

　　　　최후를 이야기하는 오디세우스.

제27곡   제8환 – 제8낭 · 379

　　　　구이도 다 몬테펠트로. 망향. 모략에 대한 벌.

제28곡   제8환 – 제9낭 · 393

　　　　분열의 씨를 뿌리는 자. 마호메트. 머리 없는 사나이.

제29곡   제8환 – 제10낭 · 407

　　　　제리 델 벨로. 사기꾼. 연금술사.

제30곡   제8환 – 제10낭 · 419

　　　　잔니 스키키. 마에스트로 아다모의 죽음.

제31곡 제8환과 제9환의 사이 · 433

　　　거인들. 안타이오스의 품.

제32곡 제9환 – 제1원圓 · 447

　　　카이나. 카미촌 데 파치.

　　　제9환 – 제2원

　　　안테노라. 조국과 동료를 배신한 영혼.

제33곡 제9환 – 제2원 · 460

　　　우골리노 백작의 죽음. 기아의 성.

　　　제9환 – 제3원

　　　톨로메아. 알베리고.

제34곡 제9환 – 제4원 · 475

　　　은의恩義를 배반한 영혼. 루시퍼. 하늘의 별.

연옥편

제1곡 연옥의 서序 · 491

　　　서사. 남쪽 하늘. 별 넷. 카토.

제2곡 연옥의 바닷가 · 505

　　　천사의 배. 배를 내리는 넋들.

　　　카셀라. 카토의 훈계.

제3곡   연옥 문밖 · 518

           시인들의 놀람. 파문자들. 만프레디 왕의 애화哀話.

제4곡   연옥 문밖 · 533

           고달픈 피로. 게으름으로 죄지은 혼들. 벨라콰.

제5곡   연옥 문밖 · 546

           비명에 죽은 자들. 야코포. 부온콘테. 피아의 애수.

제6곡   연옥 문밖 · 560

           비명에 죽은 자들. 의혹과 대답. 소르델로.

제7곡   연옥 문밖 · 575

           베르길리우스와 소르델로. 군왕君王의 계곡.

제8곡   연옥 문밖 · 589

           군왕의 계곡. 수호의 천사. 뱀. 쿠라도.

제9곡   연옥 문밖. 연옥의 문 · 603

           새벽잠. 하늘의 아씨. 참회의 천사.

제10곡   제1권 교만에 대한 벌 · 617

           벌어진 문. 예수 탄생 예고. 교만한 자의 넋.

제11곡   제1권 겸손의 장 · 631

           겸손한 기도. 겸손한 고백. 겸손한 사랑.

제12곡   제1권, 제2권으로 가는 길 · 645

   하느님과 교만. 겸손의 천사. 지워진 첫 P.

제13곡   제2권 질투에 대한 벌 · 660

   신들의 비상. 질투와 그에 대한 벌. 사피아의 악.

제14곡   제2권 질투 · 675

   위대한 혼들의 대화. 슬픈 예언. 토스카나와 로마냐.

제15곡   제2권 질투, 제3권 분노 · 691

   사랑의 천사. 사랑의 철학. 영상影像.

제16곡   제3권 분노 · 705

   검은 구름 속. 롬바르디아의 마르코. 사악의 뿌리.

지옥편

저희를 유혹에 빠지지 않게 하시고

악에서 구하소서.

제1곡

단테는 35세에 어두운 숲속에서 헤매다가 언덕 위의 한 빛을 발견하고 이를 향해 나아갔으나 표범과 사자, 그리고 승냥이와 이리들에 길이 막혀 다시 숲으로 돌아가려 한다. 이때 베르길리우스가 나타나 지옥·연옥·천국, 즉 삼계의 편력을 권하면서 스스로 길잡이가 되어 먼저 지옥으로 내려간다.

1   한평생 나그넷길 반 고비[1]에
     올바른 길[2] 잃고 헤매던 나

---

1 반 고비: 35세. 인생을 70세로 잡고 그 절반에 이른 것을 말한다(시편 90,10 참고). 단테는 1265년에 태어났으므로 《신곡》 시현始現은 단테가 35세인 1300년 성금요일 전야였다(지옥편 2곡 1행 주). 이 해에 단테는 피렌체의 집정관이었고 로마에서는 성년聖年이 개최되었다(지옥편 18곡 28행 주 참고).
2 올바른 길: 덕의 길.

컴컴한 숲³ 속에 서 있었노라.

4   아, 호젓이 덧거칠고 억센 이 수풀
    그 생각조차 새삼 몸서리쳐지거늘
    아, 이를 들어 말함이 얼마나 대견한고!

7   죽음보다 못지않게 쓰거운⁴ 일이 있어도
    내 거기에서 얻어 본 행복을 아뢰려노니,
    게서 익히 보아 둔 또 다른 것들도 나는 이야기하리라.

10 어찌하여 그리로 들어섰는지 내 좋이 말할 길 없는 것은,
    참다운 길을 내던져 버린 바로 그즈음
    그토록 잠⁵이 깊었던 탓이어라.

13 그러나 내가 어느 재⁶ 기슭에 다다랐을 무렵
    공포에 내 마음이 저릿저릿하던

---

3 숲: 정욕과 악덕과 모든 미혹의 부정한 길.
4 쓰거운: '쓰다'의 방언. – 편집자 주
5 잠: 죄악의 단꿈에 취하여 저도 모르게 빛을 잃은 모양.
6 재: 숲과 대조되는 산. 어두운 숲이 죄악에 물든 비참한 생활이라면 밝은 재는 덕德으로 가득한 행복한 생활을 의미한다.

그 골짜기가 끝나는 자리에

16   우러러 드높이 나는 쳐다보았노라.
     사람들을 온갖 길로 인도하는[7]
     유성[8]의 빛살을 입은 멧부리[9]들을

19   그다지도 고달피 드새던 밤
     내 마음의 호수에 잠겨 있던 무서움이
     그제사 자그마치 가라앉았나니,

22   마치 숨 가빠하며 깊은 바다에서
     언덕으로 헤어나온 사람들[10]이
     돌이켜 아슬아슬한 물을 들여다보듯

---

7   길로 인도하는: "사람이 낮에 걸어 다니면 이 세상의 빛을 보므로 어디에 걸려 넘어지지 않는다."(요한 11,9)
8   유성: 태양. 당시는 태양도 유성의 하나로 간주되었다. "나는 세상의 빛이다. 나를 따르는 이는 어둠 속을 걷지 않고 생명의 빛을 얻을 것이다."(요한 8,12) 햇빛이 비추기 시작하는 모습이므로 이제 그리스도께서 못박히신 성금요일이 밝았다.
9   멧부리: 산등성이나 산봉우리의 가장 높은 꼭대기. – 편집자 주
10 사람들: 배가 부서지는 재앙을 만난 사람들.

25　　아직도 도망칠 듯 내 마음은
　　　산 사람을 한 번도 살려 보낸 적이 없는
　　　그 길을 되살피러 돌아섰노라.

28　　잠시 지친 몸을 쉬고 난 다음
　　　쓸쓸한 고개로 다시 길[11]을 걷노라니
　　　낮은 다리[12]가 항시 더욱 뻣뻣해지더라.

31　　겨우 오르막을 내디디려 할 찰나에
　　　보라 알록달록한 가죽에 덧씌워져
　　　방정맞고도 몹시 날랜 표범[13] 한 마리가

34　　내 면전에서 떠나지 않은 채
　　　앞에서 내 갈 길을 가로막는 까닭에

11　길: 숲의 길, 즉 죄악의 생애인 죽음에의 길이다.
12　낮은 다리: 산을 오를 때 체중이 더 아래 쪽에 있는 다리에 쏠리기 때문에 낮은 다리로 표현한 것으로 해석된다.
13　표범: 그 아름다운 외관은 육욕의 상징. 표범·사자·이리는 육욕·교만·탐욕의 삼악三惡을 상징하는 것이라 한다. "숲속의 사자가 그들을 물어뜯고 사막의 이리가 그들을 찢어 죽일 것입니다. 또 표범이 그들의 성읍마다 노리니 거기에서 나오는 자는 누구나 갈갈이 찢길 것입니다."(예레 5,6)

    몇 번이고 나는 되돌아가고 싶어 돌아섰노라.

37   때는 바야흐로 아침도 이른 새벽[14]
    해는 불끈 저 별들[15]과 함께 떠올랐으니
    별들이란 태초에 하느님의 사랑이

40   이 해와 함께 움직이신 아름다운 것들,[16]
    이리하여 때는 알맞고 계절은 아리따워
    저 살갗 가죽에 무늬 있는 짐승과 맞서

43   옳다 싶은 기회를 내 바라고[17] 있었으나,
    사자[18] 한 마리의 몰골이 내 앞에 다가왔을 때
    그만 무서움은 없을 수 없었노라.

---

14 이른 새벽: 1300년 성금요일의 새벽.
15 별들: 양자리의 별들. 원시 그리스도교 시대에는 천지창조가 봄에 이루어졌다고 믿었다. 그래서 태양이 양자리에 들어가 그 운행을 시작하는 날인 춘분이 주님 탄생 예고의 날이며, 그리스도가 돌아가신 날이 되는 것, 즉 3월 25일이 성금요일인 경우가 이상적인 성금요일이라고 여겼다. 그러나 실제로 1300년의 성금요일은 4월 8일이었고, 단테는 교회력에 따라 이 날을 신비로운 여행의 첫날로 택했다.
16 아름다운 것들: 천체(지옥편 34곡 137행 참고).
17 기회를 내 바라고: 표범을 쳐 이기기를 바람.
18 사자: 오만의 표상.

46   대기조차 그로 인해 부르르 떨도록
       번쩍 쳐든 머리, 미친 듯 주린 이놈은
       나를 거슬려서 온 놈만 같더니라.

49   그리고 암이리[19] 하나 있어
       그 말라빠진 꼴이 잔뜩 게걸스럽게 보였고,
       벌써 많은 사람들[20]을 산 채로 후려 먹었을레라.

52   그를 보고서 생겨난 무서움과
       나는 기氣에 질려 버려
       산마루에로의 희망을 잃고 말았노라.

55   마치 저 재물을 모아 즐기던 자가
       그것을 잃어버릴 때가 이르자, 오직
       그에 정신이 팔려 울고 아파하는 것처럼

58   달랠 수 없는 짐승도 내게 그처럼 하였으니

---

19 암이리: 탐욕의 표상. 지상의 행복에 대한 탐욕은 사람의 마음에서 천상의 축복에 대한 희망을 앗아 간다.
20 많은 사람들: 탐욕의 재앙과 화가 큼을 말한다.

그는 나한테로 마주 달려오면서 차츰
　　　태양이 침묵하는 데[21]까지 나를 밀어내리라.

61　내가 짙은 곳으로 파고들어 갈 때
　　　오랜 침묵 때문에 목이 잠긴[22] 성싶은
　　　무엇이 내 눈앞에 썩 나타나기에

64　허허벌판에서 내 그를 보자 그에게
　　　나는 외쳤노라. "그대[23] 그림자이신가,
　　　사람이신가, 누구시든 나를 살려 주시오."

67　그이 내게 대꾸하되, "사람은 아니어도 옛날엔 나도 사람,

21　태양이 침묵하는 데: 햇빛이 들지 않는 곳. 단테는 《신곡》의 많은 부분에서 시각적인 대상을 청각적인 표현으로 나타냈다.
22　목이 잠긴: 단테 이전에, 특히 이탈리아에서 오랫동안 고전 연구를 등한시했음을 가리킨다.
23　그대: 베르길리우스Publius Vergilius Maro(전 70~후 19년)는 고대 로마의 위대한 시인으로 그의 대표작 《아이네이스Aeneis》가 있다. 그는 이 작품이 퇴고가 부족하다며 이 작품을 불살라 버리라는 유언을 남겼지만 옥타비아누스 황제가 이를 허락하지 않았다. 《아이네이스》에서는 아이네이아스의 사후 세계 방문과 이탈리아 건국 등 단테의 시와 관계가 깊은 시재詩材가 나온다. 따라서 단테가 베르길리우스를 길잡이로 택한 것은 적절해 보인다. 《신곡》에서 그는 '인지' 혹은 '철학'의 상징으로 간주된다.

나의 부모님은 롬바르디아[24] 사람들,

두 분 다 그 고향이 만토바[25]였노라.

70 더디게나마 내가 태어나기는 율리우스 치하[26]

거짓되고 망령된 제신諸神들의 시대[27]에

어지신 아우구스투스[28] 아래 로마에 나는 살았나니

73 시인인지라, 뽐내던 일리온[29]이 타 버린 다음

트로이로부터 온 안키세스의 저

의로우신 아드님[30]을 읊조렸노라.

---

24 롬바르디아: 이탈리아 북부의 나라 이름. 당시는 지금의 롬바르디아보다 넓은 지역이었다 한다.
25 만토바: 롬바르디아의 지역 이름(지옥편 20곡 55행 이하 참고).
26 율리우스 치하: 베르길리우스의 출생은 율리우스 카이사르보다 30년 늦으며, 카이사르가 살해된 것은(전 44년) 베르길리우스가 26세 때다.
27 제신들의 시대: 예수 그리스도가 태어나기 전 시대.
28 아우구스투스: 고대 로마의 초대 황제(전 63년~후 14년). 베르길리우스는 이 황제 치하에서 활동했다.
29 일리온: 트로이 전쟁으로 유명한 소아시아의 해안 도시. 전쟁 때 성이 함락되어 화재로 소실되었다.
30 74~75 안키세스의 저 의로우신 아드님: 아이네이아스. 고대 그리스의 영웅이자 트로이의 명장으로 안키세스와 아프로디테 사이에서 태어났다. 베르길리우스의 《아이네이스》는 아이네이아스의 표류와 그 후 로마 건국의 기초를 일으키기까지를 노래한다.

76 대체 너는 쓰거운 이런 데를 어째 왔느뇨?
어찌하여 일절 기쁨의 바탕이요 시작인
환락의 멧부리에 오르지 않느뇨?"

79 나는 부끄러운 낯으로 그에게 대답하되,
"옳거니, 그대는 베르길리우스, 벅찬 강물인 양
말을 퍼부으시던 저 샘이시뇨?

82 오, 모든 시인의 자랑이여, 빛이시여,
나의 오랜 공부, 그리고 그대의 글을
찾기에 바친 크고 큰 사랑이 값 있으라.

85 그대 나의 스승이요, 가르침이니
내게 영예[31]를 이바지한 고운 붓끝은
오로지 그대에게서 받은 것뿐이외다.

88 보소서, 나로 하여금 돌아서게 한 저 짐승을,

---

31 영예: 단테는 이미 《신곡》 이전에 《단시 *Canzoni*》, 《새로운 인생 *La vita nuova*》 등으로 얻은 명성을 스스로 의식하고 있었던 것 같다(연옥편 24곡 49행 이하 참고).

나의 힘줄과 핏줄을 떨게 만든 저놈에게서
이름난 현자여, 나를 도우소서."

91　그는 눈물 흘리는 나를 보고 대답하되,
"너 거친 숲정이를 벗어나려면
마땅히 딴 길[32]로 접어들을지라.

94　너를 울리는 요 짐승이란
누구든 제 갈 길을 못 가게 하나니
그를 막을 뿐만 아니라 죽게까지 하느니라.

97　그 됨됨이가 심술궂고 악착스러워
걸근거리는[33] 원을 채워 본 적이 없이
먹이를 얻은 뒤에도 전보다 더 허기져 하느니라.

32　딴 길: 죄의 두려움을 깨닫는 자는 덕의 생애를 마음에 그리지만, 그가 온전히 죄의 올가미를 벗어나지 못하고 완덕完德으로 나아갈 준비가 되어 있지 않으면 바로 빛의 고개에 올라가 은총을 받을 수 없다. 그런 자는 먼저 지옥을 거쳐 죄에서 벗어나고, 연옥을 거쳐 상처를 깨끗이 씻어야만 한다.
33　걸근거리는: 음식이나 재물 따위를 얻으려고 자꾸 치사하고 구차스럽게 구는. – 편집자 주

100 이놈과 같이 사는 짐승[34]들이 수두룩한데

　　　마침내 사냥개[35]가 이를 고통스럽게 죽게 할 때까지

　　　아직도 그놈들은 더욱더욱 많아지리라.

103 이 사냥개는 흙도 쇠도 말고

　　　오직 슬기와 사랑과 덕으로 살리니,

　　　그의 나라는 펠트로와 펠트로 사이[36]리라.

106 새색시 카밀라[37]와 에우리알로와 투르누스, 그리고 니소[38]가

34　이놈과 같이 사는 짐승: 탐욕에 따르는 모든 죄악.

35　사냥개: 이리를 이길 사냥개의 표상에 대한 해석은 분분하다. 기벨리니의 해석에 따르면 사냥개는 '칸그란데 델라 스칼라'라는 단테에게 도움을 줄 수 있는 성군이나 영주를 표상한다. 그러나 단테가 1303년 지옥편 제1곡을 지을 때, '사냥개'에 해당할 만큼 찬사를 받을 성군이나 영주는 없었다. 구엘피의 해석에 따르면 사냥개는 복음적인 어느 교황 혹은 단테가 존경했던 베네딕토 11세 교황(1303~1304년)을 표상한다. 그리고 보카치오 당시의 신비적 해석에 따르면 사냥개는 예수 그리스도를 표상한다.

36　펠트로와 펠트로 사이: 이곳이 어디인지 아직까지 학자들 사이에서 의견이 분분하다. '하늘과 하늘 사이'로 보는 학자도 있고 베네치아 근처의 펠트레 지역으로 보는 학자도 있다.

37　새색시 카밀라: 볼시인의 왕 메다포의 딸. 투르누스를 도와 트로이인과 싸웠으나 패하여 후에 그도 살해당한다.

38　에우리알로, 투르누스, 니소: 에우리알로와 니소는 둘 다 트로이인으로 그 우정으로 이름이 높았다. 둘은 함께 아이네이아스를 도와 싸웠으나 전사한다. 투르누

    그 때문에 상처를 입고 죽어간 저
    가엾은 이탈리아의 구원이 그는 되리라.

109 그는 온 고을로 이리를 사냥 다니다가
    드디어 그를 잡아 지옥에 넣으리니,
    그리로부터 첫 질투[39]가 그를 내보낸 것이었느니라.

112 그러기에 내 너를 위해 잘 생각하고 마련하노니,
    너는 나를 따르라, 내 너의 길잡이 되어
    여기서 너를 영원한 곳[40]으로 이끌어 주리라.

115 거기 너 절망의 통곡을 듣고
    제각기 두 번째 죽음[41]을 목 놓아 우는

    스는 루툴리인의 왕으로 아이네이아스와 싸워 전사한다(《아이네이스》 7~12 참고).
39 질투: 지옥 왕 루시퍼의 질투. 이 악마는 재앙을 모르고 생활하는 인간의 행복을 질투한다.
40 영원한 곳: 지옥.
41 두 번째 죽음: 영혼이 육신을 떠나는 것이 첫 번째 죽음이며, 지옥에 들어가는 것이 두 번째 죽음이다. 영원한 지옥의 형벌을 받는 자들은 고통을 견딜 수 없어 혼이 소멸되기를 바란다. "그 기간에 사람들은 죽음을 찾지만 찾아내지 못하고, 죽기를 바라지만 죽음이 그들을 피해 달아날 것입니다."(묵시 9,6), "그리고 죽음과 저승이 불 못에 던져졌습니다. 이 불 못이 두 번째 죽음입니다."(묵시 20,14)

늙어 빠진[42] 망령들의 괴로움을 보리라.

118 그리고 그다음엔 언제고 한번 행복스러운
시민이 되리란 희망 때문에
불꽃 속에서 흡족해하는 이들[43]을 보리라.

121 너 진정 그리로 오르고 싶다면
나보다 훌륭한 영혼[44]이 하실 일이니,
그이와 함께 너를 버려두고 나는 떠나가리라.

124 내가 그의 법칙을 거스른 탓[45]으로
저 위의 왕이신 나라님이
그 나라에 내 들어가는 것을 꺼리시는 까닭이로다.

127 그가 명령하고 다스리시는 곳 어디든지

---

42 늙어 빠진: 지옥에 빠진 지 아주 오래된.
43 흡족해하는 이들: 때가 되면 천국에 오를 수 있다는 희망을 지녔기 때문에 연옥 불의 괴로움을 달게 참고 받는 연옥의 영혼들.
44 나보다 훌륭한 영혼: 베아트리체. 천계의 표상으로 시인을 천국으로 인도한다.
45 법칙을 거스른 탓: 적극적으로 배반하지는 않았지만, 온전히 맞갖게 신을 섬기지 못한 것을 말한다(지옥편 4곡 38행 참고).

거기가 곧 그의 나라요 그의 보좌이니
복된지고 저기 뽑혀 간 자들이여."

130 나는 그에게 "시인이여, 그대 알지 못하던
하느님 이름으로 그대에게 비옵나니
이 불행 이보다 큰 불행 면케 하소서.

133 이리하여 금방 말씀하신 거기로 나를 데려가시어
베드로 사도의 문[46]을 보여 주소서.
또한 몹시 괴로워한다는 그들을 보여 주소서."

136 이때 그가 일어서 가시기에 나도 뒤를 따랐노라.

---

46 베드로 사도의 문: 연옥의 문. 베드로 사도는 그리스도에게서 천국의 열쇠를 받았다. "나는 너에게 하늘나라의 열쇠를 주겠다. 그러니 네가 무엇이든지 땅에서 매면 하늘에서도 매일 것이고, 네가 무엇이든지 땅에서 풀면 하늘에서도 풀릴 것이다."(마태 16,19) 단테는 베드로가 이 열쇠를 천사에게 맡겨 연옥 문을 열고 닫게 한다고 생각했다.

제2곡

단테가 자신의 힘을 돌아보고 명계冥界를 돌아보기에 충분한지 아닌지 의심할 때, 베르길리우스는 자신이 림보[47]를 나와 황야에 오게 된 이야기를 한다. 이에 단테는 힘을 얻어 스승이며 길잡이인 그를 따라 지옥으로 향한다.

1   날이 저물어[48] 어스레한 하늘은
    땅 위에 사는 종속들을 그 고달픔에서
    벗어나게 해 주는데 오직 나 하나만이

---

47 림보: 지옥편 4곡의 45행 주 참고.
48 날이 저물어: 1300년 4월 8일의 저녁. 두 시인이 지옥으로 향한 것이 1300년의 성금요일이라는 것은 지옥편 21곡 112행 이하의 말라코다의 말을 볼 때 분명하다. 그러나, 이 금요일이 3월 25일이라 하는 설과 4월 8일이라 하는 설이 있다. 여기서는 4월 8일이라는 설을 따른다.

4   마음을 다져 먹고 갈 길과 비참과의
    싸움을 겨루려 하였나니, 그르침이
    없을 내 기억은 이를 적어 두리라.[49]

7   오오, 무사이[50]여, 높으신 천재여, 이제 날 도우소서.
    내가 본 바를 새겨 둔, 오오, 기억이여,
    여기 네 존귀함이 나타나리라.

10 나는 입을 열어 "나를 이끄시는 시인이여,
    험준한 길에 날 그대에게 맡기기보다
    앞서 내 힘이 자랄는지 헤아리소서.

13 실비우스의 아비[51]는 썩을 몸이면서도

---

49 4~6 단테는 길이 험하다는 점과 죄인들의 고통을 보게 된다는 점 때문에 힘들어 한다. 험한 길은 그의 몸을 괴롭히고, 죄인들의 고통은 그의 마음을 찌른다.
50 무사이: 그리스 신화 중 시詩의 여신들. 음악·시가·기예 등을 수호한다. 1곡은 《신곡》의 총서總序이므로, 정작 지옥편은 2곡부터 시작된다. 단테는 지옥편의 시작에 앞서 무사이에게서 힘을 구한다. 글을 시작할 때 시의 신을 부르는 것은 예로부터 시인의 통례로《신곡》의 다른 두 편도 이렇게 시작한다(연옥편 1곡 8행과 천국편 2곡 8~9행 참고).
51 실비우스의 아비: 아이네이아스. 실비우스는 아이네이아스와 라비니아(지옥편 4곡 126행 참고)의 아들이다.

불멸의 나라에 가서 오히려 생생한

몸이 되었다고 그대 말씀하셨소이다.[52]

16 허나 그로부터 나온 높은 공적이며,

그에서 누구며,[53] 무엇이[54] 나왔는지를 생각한다면

모든 악과 맞서는 님[55]이 너그러우시었던 것쯤

19 철 있는 사람에겐 부당해 보이지 않으리다.

그는 구중천[56]에서 거룩한 로마와

그 제국의 아비로 뽑힌 때문이니

22 실상 말하자면 저것이나 이것이나

위대하신 베드로[57]의 후계자가 좌정한

---

52 그대 말씀하셨소이다: 아이네이아스는 그의 아버지를 만나기 위해 명계에 내려간 적이 있다(《아이네이스》 6,126 이하 참고).
53 누구며: 로마인의 선조.
54 무엇이: 로마 제국의 건국.
55 모든 악과 맞서는 님: 하느님.
56 구중천: 엠피레오의 하늘. 최고의 하늘.
57 위대하신 베드로: 베드로 사도. 그리스도의 열두 사도 가운데 수장으로 로마에 전교하고 그곳에서 순교했다. '로마(저것)'도 '로마 제국(이것)'도 신의 정하심에 의해서 베드로 사도의 후계자인 교황 제위의 성지가 된다.

거룩한 고장을 위해 세워졌습니다.

25 그대 앞서 기렸던 대로 그곳으로 감으로써
그는 승리와 교황 법의法衣의 장본이 될
여러 가지 사정을 알아챘더이다.[58]

28 그 뒤 '선택된 그릇'[59]도 그리[60]로 갔으니
구원의 길에 바탕이 되는 바
그 신앙으로써 굳건히 돌아오기 위함이었소이다.

31 그렇건만 내 어찌 거길 가며, 뉘 있어 그러라 할 것인고,
나는 아이네이아스도 바오로도 아니어라.
내 이에 합당하다고는 나도 남도 믿지 못할 일이로다.

---

58 25~27 아이네이아스는 명계에 내려가서 그의 아버지 안키세스로부터 자신의 운명을 듣고 확신을 얻은 후 이탈리아에 이르러 여기에 건국의 기초를 세웠다. 그러므로 후에 이 땅이 교황이 재위하는 성지가 된 것은 아이네이아스가 명계에 다녀온 일의 덕을 봤다는 뜻이다.

59 선택된 그릇: 바오로 사도. "가거라. 그는 다른 민족들과 임금들과 이스라엘 자손들에게 내 이름을 알리도록 내가 선택한 그릇이다."(사도 9,15)

60 그리: 명계. "나는 그리스도를 믿는 어떤 사람을 알고 있는데, 그 사람은 열네 해 전에 셋째 하늘까지 들어 올려진 일이 있습니다."(2코린 12,2) 셋째 하늘은 천사와 성자가 계시는 천국을 말한다. 그러나 중세의 전설에 의하면 바오로 사도는 천국뿐만 아니라 지옥에도 갔었다고 한다.

34 그러기에 내 비록 몸을 버려 간다 하더라도
    가는 것이 어리석지 않을까 두려워하노니
    그대 현자이시니 나의 철없이 말함을 짐작하시리다."

37 흡사 뉘 있어 하고 싶다가 그냥 말고
    새삼스러운 생각으로 뜻을 바꾸어
    시작했던 모든 것에서 몸을 빼치듯이

40 컴컴한 산기슭에서 나도 그러하였나니
    처음에 그토록 다급히 서둘렀던 일을,
    곰곰이 생각하다 팽개쳐 버렸노라.

43 "내 네 말을 옳게 알아들었다면." 하고
    그 큼직한 꼭뒤[61]가 대답하여 가로되,
    "네 영혼은 부질없는 두려움에 시달리나니

46 그림자뿐인 것을 잘못 알아보고 놀라는 짐승마냥
    흔히 사람은 무서움에 헷갈리어

---

61 꼭뒤: 뒤통수의 한가운데. – 편집자 주

뜻하던 갸륵한 일도 사리게 되느니라.

49　너, 이 무서움에서 풀려나오도록 하기 위하여
　　나는 말하리라, 왜 내가 왔으며 무엇을
　　듣고 비로소 너로 인해 근심하였는지를.

52　내 '걸려 있는 자들'[62] 가운데 있더니
　　복되고 어여쁜 여인[63]이 나를 부르시기에
　　이내 나는 그의 분부하심을 기다렸노라.

55　그의 두 눈은 별보다도 더 빛나는데
　　그는 부드럽고도 나지막한 소리
　　천사의 목소리로 내게 말문을 여시되,

58　"오, 만토바의 점잖은 넋이여,

62　걸려 있는 자들: 제1의 지옥인 림보의 영혼들. 천국의 축복을 받기에는 죄가 많고 그렇다고 지옥의 가책을 받기에는 억울하므로 그 사이에 매달려 있는 영혼들을 일컫는다(지옥편 4곡 43~45행 참고).
63　복되고 어여쁜 여인: 베아트리체. 단테는 《새로운 인생》에서 베아트리체를 찬미하고 《신곡》에서 그의 영광을 노래한다. 베아트리체는 신곡에서 '계시' 또는 '신학'의 상징이다. 인지의 표상인 베르길리우스는 지옥과 연옥의 길잡이는 될 수 있으나, 천국의 길잡이는 천계天啓의 상징인 베아트리체를 대신할 수 없다.

그의 영예는 아직도 세상에 이어지고
세계가 아무리 묵어도 남아 있을 그대여,

61 나의 벗이 행운이 없어
덧걸친 산허리에서 갈 길이 막힌 채
얼굴은 공포에 떨고 있나니

64 내 그의 사연을 하늘에서 들은지라.
행여나 그가 길을 잃고 헤매어
내 그를 건지고자 일어섬이 늦을까 두렵노라.

67 그대 어서 일어나라, 그리고 그대의 그 힘찬 말과
그를 살려 내기에 필요한 모든 것으로
그를 북돋워, 이 나를 위로해 다오.

70 그대를 가라 하는 나는 베아트리체
내 돌아가고자 하는 그리로부터[64] 왔나니
사랑이 나를 움직여 내게 말을 시킴이로다.

---

64 그리로부터: 천국으로부터.

73　내 장차 주님 앞에 대령하게 될 때
거듭거듭 그대를 들어 그 님께 기리리라."
이러고는 그가 침묵하므로 이어 나는 입을 열어,

76　"오, 덕스러운 여인이여, 그중 가장 작은 고리를
지닌 저 하늘[65]에 포함된 모든 것들을
인간이 초월하기는 오로지 그대를 통해서이오라.

79　진작 복종하였대도 오히려 늦을 뻔한
그대 명령이 내게 이토록 기쁘오니
당신의 뜻을 구태여 열어 보이실 것이 없나이다.

82　다만 한 가지, 당신이 돌아가고자 열망하시는
그 넓은 곳으로부터 어찌하여 이 중심지에까지
내려오기를 꺼리지 않으셨는지 까닭을 제게 말하소서."

65　76~77 그중 가장 작은 고리를 지닌 저 하늘: 프톨레마이오스의 지구 중심적인 천동설을 지지하던 단테에 의하면, 우주의 중심은 지구이며 아홉 개의 하늘이 지구를 둘러싸고 있다. 그 가운데 달은 지구에 가장 가까워 그 고리가 모든 하늘 중 가장 작다고 한다.

85 그는 내게 대답하되, "그대 이다지도 속속들이
　　알고 싶어 한다면 내 그대에게 몇 마디 이르리라,
　　어찌하여 이 안으로 들어오는 걸 내가 두려워 않았는지.

88 두려워할 바는 오직 한 가지
　　남에게 악을 끼치는 힘일 따름인 것이니
　　그 나머지는 무서워할 것이 못 되느니라.

91 나는 하느님 그 자비로 태어난 자, 그러기에
　　너희의 비참이 내게 손을 대지 못하고
　　저 불더미의 불꽃도 나를 휩싸지 못하느니라.

94 천상에 존귀하신 부인[66]이 계시어 내
　　그대를 시켜 치우려는 이 장애로 인해 눈물 흘리시어
　　위로부터의 엄한 심판을 꺾으시나니라.

66　존귀하신 부인: 성모 마리아. 지옥편의 단테는 이 사악의 도가니 속에서 성모 마리아의 이름을 부르지 않는다. 다만 천국편의 마지막 장에서 황홀한 아리아를 그분에게 들려 드릴 것이다.

97   부인이 루치아⁶⁷를 간곡히 불러 타이르시며
　　　"너를 몹시 따르는 자 당장 너를 아쉬워하나니
　　　나도 또한 그를 네게 부탁하노라." 하시매

100 온갖 잔인함의 원수인 루치아가 몸을 일으켜
　　　내가 있던 자리, 곧 옛날의
　　　라헬⁶⁸과 더불어 앉아 있던 자리로 와서

103 말하되 "베아트리체 천주의 참다운 기림이여⁶⁹
　　　그대를 이토록 사랑하고 그대 때문에
　　　속중俗衆을 떠나왔거늘 어찌 저를 구해 주지 않느뇨?

106 그 울음의 애처로움을 그대 듣지 못하느뇨?

67　루치아: 눈알이 뽑혀 순교한 시라쿠사의 성녀. 단테는 이 성녀를 특히 존경한 듯하다. 여기서는 빛을 비춰 주는 은혜의 상징이다.
68　라헬: 라반의 딸이며 야곱의 부인(지옥편 4곡 60행과 창세 29,10 이하 참고). 일찍부터 교회는 그녀를 명상적 생애의 전형으로 여겼다. 천국에서 베아트리체는 그녀의 옆에 좌정한다(천국편 32곡 9행 참고).
69　천주의 참다운 기림이여: "그 여자가 지나간 후 많은 사람들은 말했다. 이는 여자가 아니라 차라리 하늘의 가장 아름다운 천사의 하나라고. 또 다른 사람들은 말했다. 이것은 기적이라고. 이러한 기적을 이루실 수 있는 하느님께 영광을!"(《새로운 인생》 26)

바다라도 자랑 못 할 저 거센 물결[70] 위에
저를 들이치는 죽음을 그대 보지 못하느뇨?

109　세상에 제아무리 이익을 얻기와
　　해를 피하기에 재빠른 자라 하여도
　　이런 말들이 떨어지자마자 내가

112　그대 및 이를 들은 자들에게 보람 있을
　　소중한 그대의 말을 믿고 내 복된
　　자리에서 내려온 것만은 믿지 못하리라."

115　이렇게 나에게 사연을 말한 다음
　　그는 눈물에 젖어 빛나는 눈을 돌이켜
　　나로 하여금 한결 더 빨리 오게 하였느니라.

118　이렇듯 나는 그가 원하는 대로 네게로 왔나니
　　아리따운 산의 지름길을 네게서 앗아간

70　거센 물결: 죄의 길을 홍수에 비유했다(시편 93,3-4 참고).

저 들짐승[71]으로부터 너를 건졌노라.

121　그렇거늘 이 어인 일이뇨, 어찌하여 그대 멈춰 섰느뇨,
　　　어찌하여 이렇듯 용렬함이 마음에 깃들이느뇨?
　　　진정 축복받으신 세 분 여인[72]이

124　하늘의 궁궐에서 그대 편을 들어 맘 졸이고
　　　엄청난 행복을 내 말이 그대에게 약속하거늘
　　　어찌하여 과감과 성실을 지니지 못하느뇨?

127　마치 밤 추위에 고개 숙이고 오므라진 꽃들이
　　　햇살이 그것들을 쬐어 줄 적에
　　　함빡 그 줄기부터 피어 치오르듯이

130　나도 지쳐 빠진 힘을 되살려
　　　아주 억센 용기가 내 마음에 달음질쳤나니
　　　이리하여 나는 해방된 사람처럼 말하기 시작했노라.

71　저 들짐승: 늑대.
72　세 분 여인: 성모 마리아와 루치아, 그리고 베아트리체.

133   "오, 나를 건지신 그이[73] 자비도 깊은지고.
그리고 그대[74]에게 이르신 참된 말씀에
재빨리 순종하신 그대는 바르고 정중도 하시고녀.

136   그대야말로 이렇듯 내 가고 싶은 뜻을 그대의
말로써 내 마음에 내키게 하여
나로 하여금 여인의 뜻으로 돌아가게 하였어라.

139   자, 가사이다. 둘의 뜻은 하나일 따름이어니
그대, 길잡이여, 님이시여, 내 스승이시여."
내 이같이 그에게 말하고 그가 걸어 나가자

142   장차고[75]도 덤부렁듬쑥한[76] 길로 나는 들어섰더니라.

---

73 나를 건지신 그이: 베아트리체.
74 그대: 베르길리우스.
75 장차고: 곧고도 길고. – 편집자 주
76 덤부렁듬쑥한: 수풀이 우거져 그윽한. – 편집자 주

제3곡

단테는 지옥 문에 이르러 그 위에 쓰여 있는 무서운 글귀를 읽은 후, 먼저 지옥권 앞에서 선에도 악에도 무관심했던 겁쟁이들의 혼을 본다. 더 나아가 아케론 강에 오니 사공 카론이 망령들을 재촉하여 배에 싣고 맞은편 해안으로 향한다. 이때 광야가 진동하고 전광이 번쩍이니 단테는 실신하여 땅에 엎어진다.

1   "나[77]를 거쳐서 슬픈 고을[78]로 가는 것
      나를 거쳐서 끝없는 괴로움으로 가는 것
      나를 거쳐서 멸망의 족속 안으로 드는 것

---

77   나: 지옥 문.
78   슬픈 고을: 지옥 전체.

4   정의[79]는 내 지존하신 창조주를 움직이어
    천주의 힘, 그 극한 지혜와
    본연의 사랑[80]이 나를 만들었느니라.

7   나 앞에 창조된 것이란 영원한 것[81]
    외에 또 없어 나는 영겁까지 남아 있으리니
    여기 들어오는 너희 온갖 희망을 버릴진저."

10 어두운 빛깔로 이런 말들이 한 문의
    맨 꼭대기에 쓰여진 것을 보았으므로
    나는 "스승이여, 저 뜻이 저에게 어렵사옵니다."

13 하였더니 그는 상냥하신 어른답게 나에게

---

79 정의: 착한 이에게 상을 주시고 악한 이를 벌하시는 하느님의 속성.
80 5~6 천주의 힘, 그 극한 지혜와 본연의 사랑: 첫 구절에서 일체로서의 하느님을 들었다가 이제는 삼위로서의 하느님, 즉 성부(힘)·성자(지혜)·성령(사랑)이 함께 지옥을 만드셨다고 한다. 이는 "Opera ad extra sunt totius Trinitatis(외계에의 활동은 모두 성삼위의 것이다)."라는 가톨릭 신학의 가르침에 의한 것이다. 지옥도 피조물이기 때문에 이러한 성삼위의 공동 활동에서 제외되지 않는다. '힘'은 악신과 악령들로 하여금 고통을 강제하는 전능이며, '지혜'는 질서와 통하는 것으로 죄의 성질에 따라 벌을 고루 주는 것이다. 그리고 '본연의 사랑'에서 악신과 악령들은 영원히 거절당한다.
81 영원한 것: 천사들. 시작은 있으나 끝없이 존재한다는 의미다.

"여기서는 온갖 의혹을 버려야 할 것이며
온갖 무서움이 여기 죽어 마땅할 것이로다.

16 지성의 행복[82]을 놓쳐 버린
한스러운 백성을 그대 보리라고
내 그대에게 말한 자리[83]로 우리가 왔음이로다."

19 이러고는 기쁜 얼굴로 그 손을 내 손 위에
얹으시기에 나는 힘을 얻게 되어
깊숙한 것들 속으로 끌려 들어갔노라.

22 여기 한숨과 눈물과 드높은 통곡이
별 없는 하늘에 메아리치기에
나는 비로소 눈물을 흘렸노라.

25 온갖 나라의 말과 무시무시한 고함 소리

---

82 지성의 행복: 절대 진리인 하느님을 뵙는 것. 토마스 아퀴나스 성인은 행복에 이르는 본질이 하느님을 직관하는 데에 있다고 하였다. 따라서 단테도 《향연 Convivio》 2,14에 "Il Vero ē il Bene dellintelletto(지성의 행복은 진리다)."라고 하였다.
83 그대에게 말한 자리: 지옥편 1곡 114행 이하 참고.

　　　　아파하는 소리와 성내어 악쓰는 소리
　　　　높낮은 소리소리와 손으로 치는 소리가

28　　이와 합쳐 와글와글 뒤끓는데 이것은 마치
　　　　회오리바람 불 때의 모래알처럼
　　　　노상 시커먼 저 하늘을 떠돌더니라.

31　　나는 전율에 머리가 칭칭 동여매진 채
　　　　말하노라, "스승이여, 제가 듣는 바가 무엇이오니까?
　　　　또 아픔을 못 이겨 하는 듯한 백성은 누구오니까?"

34　　그는 내게 "이 가엾은 꼴을 이어 가는 것은
　　　　평생 남부끄러울 것도 자랑할 것도 없이
　　　　지내 온 자들의 애처로운 영혼들이란다.[84]

37　　천주께 항거치도 않고 그렇다고 충실치도 못한 채
　　　　다만 저 스스로를 위하던 천사들의

84　34~36 지옥권 앞의 죄인들. 선을 행하기엔 용기가 없고 악을 행하기에도 기력이 없어 의미 없이 생활한 영혼들이 지옥권 앞에 있다.

저 나쁜 무리[85]에 저들이 섞여 있느니라.

40 하늘은 그 고움이 덜해질까 봐 저들을 내쫓고
깊숙한 지옥마저 저들을 아니 받아들이는 것은
죄인들이 저들로 인해 어느 영광을 가질까 함이니라."

43 나는 "스승이여, 무슨 괴로움이 저들에게 있기에
이토록 울기를 심히 하나이까?"
그는 대답하되, "아주 간단히 네게 이르리니

46 죽음[86]의 희망조차 지니지 못한 이들,
이들의 눈먼 생활[87]은 낮고 낮아서
다른 어떠한 운명에도 질투를 느낀다.[88]

---

85 38~39 천사들의 저 나쁜 무리: 타락한 천사 루시퍼가 신을 배반할 때 중립적 태도를 취한 천사의 한 무리. "네가 이렇게 미지근하여 뜨겁지도 않고 차지도 않으니, 나는 너를 입에서 뱉어 버리겠다."(묵시 3,16)
86 죽음: 혼의 소멸.
87 눈먼 생활: 빛 없는 지옥의 상태와 하느님을 뵐 수 없는 생을 말한다.
88 어떠한 운명에도 질투를 느낀다: 천국에서 축복을 받는 자와 지옥에서 형벌을 받는 자 모두 그들에게는 시기의 대상이다.

49　세상은 저들의 이름을 용납치 아니하고
　　자비도 정의도 저들을 가벼이 하나니[89]
　　우리도 저들을 말할 것 없이 그저 보고 지나쳐 버리자."

52　바라보니 한 기폭[90]이 눈에 띄는데
　　펄럭이며 어찌나 빨리 내닫던지
　　그 어떤 지체함도 내게는 쑥스럽게 보였다.

55　그 뒤론 무리의 기다란 행렬이 따라오는데
　　죽음이 이렇듯 많은 백성을 족쳐 버렸다고는
　　일찍이 내 믿어 보지 못한 일이었다.

58　몇몇을 내가 알아보게 된 다음
　　나는 보고 또 알았노라, 못난 탓으로
　　엄청난 거절을 한 사람[91]의 그림자를.

89　자비도 정의도 저들을 가벼이 하나니: 천국도 저들을 받아들이지 않고 지옥도 저들을 거절한다.
90　기폭: 깃발. 쉴 새 없이 퍼덕이는 이 깃발은 이를 따르는 자들의 변하기 쉬운 들뜬 마음을 표상한다.
91　59~60 못난 탓으로 엄청난 거절을 한 사람: 누구를 말하는 것인지 해석이 분분하나 아마도 첼레스티노 5세 교황을 가리키는 듯하다. 그는 열일곱 살 때부터 여든

61 이내 나는 알아채고 꼭 믿었노라,
그는 천주께도 그의 원수에게도 탐탁치 않은
몹쓸 패거리가 이것인 줄을.

64 한 번도 살아 본 적이 없다 할[92] 이 족속들은
벌거벗은 채로 거기 있던 등에와
땅벌들 떼에게 호되게 찔리고 있더니라.

67 벌레들은 저 낯짝에다 피를 끼얹는 듯
눈물과 범벅이 된 피는 더러운
벌레들의 발모가지에 엉겨 있더라.

70 다음 나는 앞을 내다보고자 갸웃거리다가
크기도 한 어느 강[93] 기슭에 있는 백성을 보았기에

이 되도록 몬테 모로네에서 엄격한 수도 생활을 하였고, 그동안 수도회를 세워 그 회원이 600명에 달하였다. 1294년 교황이 되었으나 천성이 어질고 정적을 즐기던 그는 재위 불과 5개월 만에 스스로 사임하였다. 단테는 첼레스티노 교황의 사임으로 보니파시오 8세가 즉위했고, 보니파시오와 결탁한 반대파들에 의해 자신이 반역자로 몰려 피렌체에서 쫓겨났다고 믿었다.

92 살아 본 적이 없다 할: 일생을 의미 없이 지낸.
93 크기도 한 어느 강: 아케론 강. 지옥을 흐르는 강으로 '슬픔의 강'이라는 뜻이다. 《아이네이스》에 자주 나온다.

나는 말했노라. "스승이여, 이제 비노니

73 저들이 누구관대 내 희미한 빛 사이로 보오니
저리도 다급하게 건너야만 할 무슨
그런 법이 있는지 알려 주소서."

76 그는 내게 "그것들은 우리가 아케론의
저 구슬픈 강가에 우리 걸음을
멈추게 될 때 밝혀지리라."

79 그때 나는 부끄러워 눈을 내리뜨고
혹여 내 말로 그를 번거로이 할까 저어하여
강에 다다를 때까지 말을 뚝 그쳤노라.

82 헌데 보라. 백발이 성성한 한 늙은이[94]
우리를 마주 보고 배 저어 오며
외치되, "이 몹쓸 혼들아, 너희에게 재앙이로다.

---

94 한 늙은이: 아케론의 뱃사공 카론. 그리스 신화에 의하면 헤르메스가 망령을 인도하여 카론에게 이르면 망령들은 삯을 치르고 강을 건너 지옥으로 간다.

85   너희 애당초 하늘을 보리라 바라지 말지니,
    나는 또 하나 다른 언덕 영원한 어둠
    불가마와 얼음 속으로 너희를 끌어가려 왔노라.

88   그리고 저기 있는 너 산 사람의 넋일랑
    죽은 이놈들에게서 떠나거라."
    그러나 내가 떠나지 않음을 보고 그는

91   말하니라. "다른 길 다른 포구를 거쳐서
    언덕에 닿아야 할 너이기에 여긴 건너갈 데 아니니
    보다 더 가벼운 배[95]가 너를 실어다 주리라."

94   길잡이는 그에게, "카론아, 성내지 마라.
    원하시는 대로 이루어지는 거기서[96] 이렇게
    마련하신 것이니 다시는 더 묻지 말아 다오."

---

95 보다 더 가벼운 배: 프라티첼리는 이곳에 다른 배도 뱃사공도 없는 줄 알면서 카론이 이같이 말한 것은 산 사람에 대한 분노와 조소를 보여 주기 위한 것이라고 해석했다. 그러나 지옥에서 구제되어 연옥으로 갈 혼들이 타는 천사들의 배(연옥편 2곡 41행 참고)라고 보는 설도 있다.
96 원하시는 대로 이루어지는 거기서: 천국에서. – 편집자 주

97 이리하여 눈 가장자리에 불 테두리를 한
저 납빛 늪의 뱃사공의
텁석부리 얼굴이 가라앉았느니라.

100 그러나 저 지치고 벌거벗은 넋들은
억세고 모진 말들을 듣자마자
낯빛이 변하여 오도독 이를 갈며

103 하느님과 저들의 조상이며 전 인류며
그리고 저들을 씨 뿌리고 태어나게 한
곳과 때와 씨앗[97]을 저주하더라.

106 그러면서 저들은 하느님을 아니 두려워한
모든 사람을 기다리는 악의 언덕으로
누구나 다 몹시 울면서 모여들었느니라.

109 악마 카론은 이글이글 타는 눈으로

---

97 104~105 씨 뿌리고 태어나게 한 곳과 때와 씨앗: 조상과 부모를 가리킨다(욥 3,3 이하와 예레 20,14 이하 참고).

저들에게 눈짓하여 모조리 불러 모으고
머무적대는 놈은 노로 후려갈기더라.

112 마치 가을날 나뭇잎이 하나씩 둘씩
차례로 떨어져 나중엔 나뭇가지가
흙 위의 제 벗은 옷을 고스란히 내려다보듯[98]

115 아담의 죄스러운 후예도 이와 같아
흡사 저를 부르는 소리에 응하는 새인 양
신호를 따라 하나씩 또 하나씩 언덕에서 뛰어들고

118 이렇듯 흐릿한 물을 헤어 나가는데
강 저쪽에 채 닿기도 전에
이쪽은 벌써 새로운 무리가 모이더니라.

---

98 112~114 인생의 무상을 읊조린 글귀. "나뭇잎 족속 같은 인생이어라. 잎들은 바람에 불리어 땅에 떨어지고 봄이 오면 또 다시 새 움을 틔우나니 인생도 이와 같아 누구는 태어나고 또 누구는 죽느니라."(호메로스 《일리아스》 14,146~149), "가을의 첫추위에 숲속에는 우수수 지는 잎사귀 얼마나 많은고, 차가운 계절이 바다 너머로 좇아 따사로운 땅으로 몰아넣을 제 새들은 한 바다에서 뭍으로 얼마나 많이 모여드는고."(《아이네이스》 6,309~312)

121　상냥하신 스승이 가로되, "나의 아들아,
　　 하느님의 노여우심 속에 죽은 저들은
　　 온 사방 나라에서 모두 이리로 모이나니

124　저들이 물을 건너기에 재빠른 것은
　　 하느님의 정의가 저들을 발길로 차
　　 무서움은 도리어 하고픔[99]이 된 탓이니라.

127　착한 영혼이야 여기를 거쳐갈 리 만무하니
　　 설사 카론이 너를 들어 꾸짖을지라도
　　 그의 말이 무얼 뜻함인지 너는 좋이 알리라."

130　이것이 끝나고 난 다음, 캄캄한 벌판이
　　 들입다 흔들흔들 까불리었으니 그 무서움이란
　　 생각하는 것만으로도 아직 나는 땀에 젖노라.

133　눈물겨운 토양은 바람을 일으키고

99　하고픔: 구제의 희망이 없다는 것을 알고 형벌을 따르려는 마음(연옥편 21곡 64행 참고).

바람은 진사辰砂[100] 빛을 번쩍거리어

그에 온갖 나의 감정은 얽매이었으니

나는 잠에 꽉 붙들린 사람처럼 쓰러지고 말았노라.

---

100 진사: 황화수은을 주성분으로 하는 천연 광물. 여기서는 섬광, 번개와 같은 의미로 쓰였다. – 편집자 주

제4곡

정신을 가다듬고 보니 단테는 이미 지옥의 제1환環의 가장자리에 와 있다. 베르길리우스를 따라 림보로 들어가니 여기가 바로 그리스도를 모르고 세례를 받지 못한 자들이 머무르는 곳이다. 단테는 이곳에서 옛 시인과 철인, 명장, 그리고 열녀들의 혼을 보고, 베르길리우스와 함께 지옥의 제2환으로 향한다.

1   매서운 벼락[101]이 머리에 깊은 잠을
       깨뜨리기에 나는 힘에 겨워
       눈뜬 사람처럼 후닥닥 일어나

---

101 벼락: 제3곡 마지막에 번쩍였던 번개에 따르는 벼락을 의미한다. 또는 죄인들의 울부짖는 소리가 한데 섞여 벼락처럼 들린 것이라고 보기도 한다(7행 참고). 단테가 어떻게 아케론의 강을 건넜는지는 알 수 없다.

4 　게슴츠레한 눈을 두루 굴리며 곧장
　　바로 일어선 채 내 있던 자리가
　　알고 싶어 박힌 듯 들여다보았노라.

7 　정작 나는 한없는 통곡의 우뢰를
　　간직하여 둔 마음 아픈 심연의 골짜기[102]
　　그 끄트머리[103] 위에 놓여 있었노라.

10 　어둡고 깊숙하고 아득하기만 하여
　　바닥 속으로 눈을 디밀어 보아도
　　나는 거기 아무것도 알아보지 못하였노라.

13 　시인은 아주 파랗게 질려 말을 꺼내되,
　　"자아, 이 아래 장님의 세계[104]로 내려가 보자.
　　내가 첫째로 앞서니 너는 둘째로 뒤따르라."

16 　그의 안색을 엿본 나는 말하였노라.

102　골짜기: 지옥 전체.
103　그 끄트머리: 제1환의 가장자리.
104　장님의 세계: 지옥편 3곡 47행의 주 참고.

"내 헤맬 때 늘 힘 되어 주시던
그대도 무서워하시거늘 내 어이 가오리까."

19 그는 내게 "너 무서움이라 여기는 바는
이 아래 있는 백성[105]의 고뇌가 내 얼굴에
채색하는 그 불쌍히 여김이리니

22 가자, 장차 길이 우리를 재촉하는구나."
이렇게 그는 앞장서고 그대로 또한 나를
심연이 둘러 있는 제1환으로 들어서게 하니라.

25 여기 들리는 것이라고는 통곡이 아닌,
영겁의 하늘을 뒤흔드는
차라리 한숨뿐일레라.

28 이는 엄청나게 많기도 한 무리,
어린아이, 아낙네, 사나이들이 받는 바

---

105 이 아래 있는 백성: 림보, 즉 제1환의 죄인들.

아픔이 없는 아픔[106]에서 연유하는 것일레라.

31 착한 스승은 내게 "너 지금 보는
이 영혼들이 누군지를 넌 묻지 않느뇨?
그럼 너 더 나아가기 전에 내 알리고 싶노라.

34 저들이 죄를 짓지 않았고 공이 있다 해도
그것은 너 믿는 믿음의 한 몫인
성세聖洗를 못 받았기에 넉넉치 못하니라.

37 그리고 그리스도교 이전에 있었던 만큼
맞갖게 하느님을 섬기지 못하였나니
나 역시 이들 중의 한 사람이로다.

40 다른 죄 때문이 아니라 다만 이 탓으로
우리는 버림을 받고 오직 이 흠집 까닭에
가망도 없이 우리는 뜬 소망 속에[107] 사느니라."

---

106 아픔이 없는 아픔: 육체적 고통이 아니라 심적 고통이다. 천국에 올라 하느님을 뵐 수 있는 힘을 빼앗기는 것을 말한다.
107 가망도 없이 우리는 뜬 소망 속에: 하느님을 뵙기를 바라지만 이 바람은 이루어

43   내 그 말을 듣자 마음이 큰 슬픔에
    사로잡혔나니 뛰어나게 값진 사람들이
    림보[108]에 걸려 있음을[109] 안 탓이어라.

46   온갖 오류를 쳐 이기는 믿음[110]으로써
    확증을 얻고자 나는 입을 떼었노라.
    "내 스승이여 말하소서. 님이여 말씀하소서.

49   그 누구 있어 제 공덕이든 남의 것이든
    여기를 벗어나 복되어진 자 있나이까?"
    그는 은근한 나의 말을 알아듣고

질 수 없기 때문이다.
108 림보: Limbo(라틴어 Limbus에서 왔다). 제1환의 이름이다. 가톨릭 교회의 전승에 의하면 림보는 두 곳인데, 하나는 세례를 받지 못하고 죽은 어린이들의 영혼이 있는 곳으로 이곳을 '어린아이들의 림보Limbus infantum'라고 하고, 다른 하나는 구약 시대의 교부들이 머무르던 전前 지옥으로 '교부들의 림보Limbus Patrum'라고 한다(이곳 영혼들은 뒤에 그리스도에게 구속되어 천국에 들어갔다). 이 두 림보가 지옥 곁에 있는 특수한 장소에 있다고 생각한 단테는 이교도들을 이곳에 둔다.
109 걸려 있음을: 지옥편 2곡 52~54행의 주 참고.
110 온갖 오류를 쳐 이기는 믿음: 그리스도교 신앙.

52 대답하되, "내가 이 자리에 있은 지 얼마 못 되어[111]
한 능하신 분[112]이 계서 승리의 영관榮冠을
머리에 얹고 오시는 것을 보았더니라.

55 그는 첫 어버이[113]의 영혼과 그 아들 아벨[114]이며
노아[115]이며 그리고 입법자이면서 고분고분
순종하던 모세[116]의 영혼

58 성조 아브라함[117]과 임금 다윗[118]이며
이스라엘[119]과 어울러 그 아버지[120]와 아들들[121]

---

111 얼마 못 되어: 베르길리우스는 기원전 19년에 죽었고, 그리스도는 서기 33년에 돌아가셨으므로 그 사이의 기간을 가리킨다.
112 한 능하신 분: 지옥 내에서는 그리스도와 성모의 이름을 부르지 않는다.
113 첫 어버이: 아담.
114 아벨: 아담의 둘째 아들(창세 4,2 이하 참고).
115 노아: 하느님의 말씀을 충실히 지켜 대홍수를 면한 히브리인의 족장.
116 모세: 구약 시대의 위인으로 히브리인에게 율법을 준 사람.
117 아브라함: 구약 시대의 성조.
118 다윗: 이스라엘의 왕, 시편 일부의 저자로 알려졌다.
119 이스라엘: 아브라함의 손자인 야곱. 그는 하느님과 힘을 겨루어 이 이름을 얻었다(창세 32,28 참고).
120 그 아버지: 아브라함의 아들 이사악.
121 아들들: 르우벤과 시메온, 레위, 유다 등이다(창세 29,31 이하 참고).

그리고 이분이 힘을 다한[122] 라헬[123]이며

61 그 밖에 숱한 영혼들을 이끌어 복되게 하였나니
너는 알지라, 그들 이전에는
인간의 영혼이 구함을 받지 못하였느니라."

64 그가 말하며 우리는 끊임없이 걷다가
문득 한 수풀 — 그야말로 총총히
들어선 혼들의 수풀을 사뭇 지나갔노라.

67 그래도 암흑의 반구를 들부수던 한 가닥
불빛[124]을 내가 보았을 즈음 실상 우리네
길은 내 잠들었던 거기[125]서 그리 멀지 않더라.

70 그 불빛에서 우리가 약간 떨어져 있기는 하여도

---

122 힘을 다한: 이스라엘이 라헬을 아내로 얻기 위해서 그녀의 아버지 라반의 집에 머물러 14년 동안 일했음을 말한다(창세 29,9 이하 참고).
123 라헬: 이스라엘의 아내.
124 67~68 암흑의 반구를 들부수던 한 가닥 불빛: 이교적 지식의 상징으로 제1환의 반을 비춘다.
125 내 잠들었던 거기: 8~9행에서 단테가 잠을 깬 곳. 즉 '심연의 골짜기 그 끄트머리'.

그 자리 한군데에 존귀한 족속이 계심을
알아보지 못할 정도는 아니었느니라.

73 "오, 그대, 학문과 예술을 빛내신 자여,[126]
딴 이들의 모양새와는 두드러지게
이렇듯 영예를 지닌 자들은 뉘오니까?"

76 그는 내게 "너의 세계에 떨치는 저들의
자랑스러운 이름이 하늘의 총애를 받아
저들로 하여금 이렇듯 빼어나게 한 것이로다."

79 그러자 나에게 들리는 소리[127] 있어
"가장 높으신 시인을 찬미하라,
떠나셨던 그의 넋이 돌아오셨도다."

82 그 소리 멎고 조용해진 다음
우리를 향해 굵은 그림자 넷이 옴을 보았는데

---

126 학문과 예술을 빛내신 자여: 단테가 베르길리우스를 칭하고 있다.
127 들리는 소리: 많은 주석가들은 호메로스의 목소리라고 한다.

용모는 슬프지도 기쁘지도 않은 것일레라.

85 이윽고 착한 스승이 일러 가로되,
"보라, 저 칼을 손에 들고[128] 셋 앞에
왕자와 같이 오시는 저이를,

88 그는 호메로스,[129] 더 없으신 시인이요,
다음에 오시는 이는 풍자가 호라티우스,[130]
세 번째 분이 오비디우스,[131] 맨 끝이 루카누스[132]란다.

91 저 한 마디 소리[133]가 외쳐진 이름 밑에
어느 분이고 나와 같이 흡족하시기에
저들이 나를 찬미하고 또 그렇게 함은 잘한 일이니라."

---

128 칼을 손에 들고: 단테가 여기서 호메로스의 손에 칼을 쥐여 준 까닭은 그의 호전적 서사시를 표상하기 위한 것이다.
129 호메로스: 그리스의 시성. 《일리아스》와 《오디세이아》의 저자(전 800년경). 단테가 이 시인을 비상히 존경함을 볼 수 있다(연옥편 22곡 101~102행 참고).
130 호라티우스: 유명한 로마의 풍자 시인(전 65~후 8년).
131 오비디우스: 유명한 고대 로마의 시인(전 43년~후 17년)으로 그가 저술한 《변신 Metamorphoses》은 단테가 베르길리우스의 시 다음으로 자주 인용하는 시다.
132 루카누스: 고대 로마의 시인(39~65년)으로 폭군 네로를 몰아내려는 음모에 가담했다가 사형당했다. 대표작으로 서사시 《파르살리아 Pharsalia》가 있다.
133 한 마디 소리: 79행의 소리.

94 이렇듯 봉황인 양 남들 위에 뛰어 나는
높으나 높은 노래의 저 왕자[134]의
아리따운 학파가 한데 어울림을 내 보았노라.

97 잠시 그들은 서로 이야기하다 말고
인사하는 눈짓으로 나를 돌아보니
이에 나의 스승은 미소를 띄우시니라.

100 그 밖에 그들은 내게 보다 큰 영광을 베풀어
나로 하여금 그들 반열에 들게 하였나니
이리하여 나는 위대한 지성 중 여섯째가 되었노라.

103 이렇듯 우리는 내 있던 곳에선 말하는 것이 좋았지만
그러나 이제는 입을 다무는 것이 좋은 일이라
이야기하면서 불빛이 있는 곳[135]까지 걸어갔노라.

106 우람한 성[136] 발치에 우리는 다다랐는데

---

134 왕자: 호메로스.
135 불빛이 있는 곳: 67~69행.
136 우람한 성: 지덕이 세상에 널리 알려졌지만 다만 그리스도를 믿지 않았던 사람

그것은 일곱 겹 드높은 성벽[137]으로 에워싸였고

뼁 둘러 아름다운 강물[138]이 막고 있더라.

109 그것을 우리는 굳은 땅처럼 밟고 지나

현자들과 더불어 일곱 문[139]으로 들어서니

푸르싱싱한 잔디밭에 닿아지더니라.

112 거기 점잖고 무게 있는 눈매와 함께

얼굴엔 어마어마한 권위를 띤 백성이

부드러운 목소리로 드문드문 말하더라.

115 헌데 우리는 한쪽의 트이고 환하고

높은 자리로 물러나오매

거기 있는 모든 것을 볼 수 있게끔 되었더니라.

들이 머무르는 곳.
137 일곱 겹 드높은 성벽: 4덕(사려·공의公義·강의剛毅·절제)과 3지(총명·지식·지혜)를 가리킨다.
138 아름다운 강물: 두 시인들은 글쓰는 재주가 뛰어나므로 평지를 가듯 아무 어려움 없이 강을 건넌다(109행 참고).
139 일곱 문: 일곱 문은 중세의 일곱 자유 학과, 즉 3문(문법·논리·수사) 및 4수(산술·기하·천문·음악)를 뜻한다.

118　맞은편 저기 파아란 에나멜[140] 위에
　　 위대한 혼들이 내 앞에 나타났으니
　　 그들을 보고 내 스스로가 우쭐해졌었노라.

121　나는 엘렉트라[141]와 아울러 그 많은 반려[142]를 보고
　　 그들 중에서 헥토르[143]와 아이네이아스[144]를 찾아냈으며
　　 타는 듯한 눈방울에 무장한 카이사르[145]도 보았노라.

124　또 한편엔 카밀라[146]와 펜테실레이아[147]
　　 그리고 라티누스[148] 임금이 그의 딸

140　파아란 에나멜: 아름다운 푸른 풀밭을 가리킨다.
141　엘렉트라: 아틀라스의 딸로, 제우스와의 사이에서 트로이의 건설자인 다르다노스를 낳았다.
142　반려: 트로이인.
143　헥토르: 트로이 왕 프리아모스의 큰아들로, 트로이 전쟁에서 용감히 싸우다 아킬레우스에 의해 죽임당했다.
144　아이네이아스: 지옥편 1곡 74~75행의 주 참고.
145　카이사르: 율리우스 카이사르(전 100~44년). 단테는 그가 최초의 로마 황제라고 생각했다. 그러므로 여기에 아이네이아스와 카이사르의 이름을 함께 나열했다.
146　카밀라: 지옥편 1곡 106행의 주 참고.
147　펜테실레이아: 마르스의 딸로 아마존(여전사 부족)의 여왕이다. 트로이 전쟁 때 그리스 군과 싸워 전사했다.
148　라티누스: 《아이네이스》에 나오는 라티움 지방의 왕. 라비니아의 아버지.

라비니아[149]와 같이 앉아 있는 것도 보았노라.

127   타르퀴니우스를 쫓던 저 브루투스[150]며 루크레티아[151]
     율리아[152]며 마르키아[153]와 코르넬리아[154]를 보았고
     한 구석에 외로운 살라딘[155]도 보았노라.

130   이어 나는 적이 눈시울을 치올려
     현인들의 스승[156]이 철학의 일족一族 한가운데
     앉아 계심을 보았고

---

149 라비니아: 아이네이아스의 아내.
150 브루투스: 기원전 6세기경 인물로 로마 최후의 왕 타르퀴니우스를 추방하고 공화정을 세웠다.
151 루크레티아: 브루투스와 함께 로마 공화국을 일으킨 콜라티누스의 아내. 타르퀴니우스의 아들에게 능욕을 당하고 자결했다.
152 율리아: 카이사르의 딸이자 폼페이우스의 아내.
153 마르키아: 연옥의 문지기 카토의 아내(연옥편 1곡 참고).
154 코르넬리아: 고귀한 성품으로 고대 로마 여성의 표상으로 여겨진다. 그녀의 아들들인 그라쿠스 형제는 공화정 시대의 로마에서 분배의 정의를 실현하려다 죽임을 당했다.
155 살라딘: 이집트와 시리아를 다스리던 투르크인의 왕(1137~1193년). 단테는 그를 너그럽고 훌륭한 군주로 묘사했다.
156 현인들의 스승: 고대 그리스의 철학자 아리스토텔레스(전 384~322년). 중세에는 그를 철학자 중의 제1인자로 불렀다. 단테 역시 그의 저작에 정통하였다.

133 그를 우러러 모든 이가 그에게 영광을 드릴 때

　　 누구보다도 먼저 그이 가장 가까이 서 있는

　　 거기 소크라테스[157]와 플라톤[158]을 보았노라.

136 세계를 우연에 둔 데모크리토스,[159]

　　 디오게네스,[160] 아낙사고라스[161]와 탈레스,[162]

　　 엠페도클레스,[163] 헤라클레이토스,[164] 그리고 제논.[165]

---

157 소크라테스: 고대 그리스의 철학자(전 470~399년)로 플라톤의 스승. 그의 학풍은 윤리적이라 할 수 있다.
158 플라톤: 고대 그리스의 철학자(전 427~347년)로 아리스토텔레스의 스승. 그의 학풍은 이념적이라 할 수 있다.
159 데모크리토스: 고대 그리스의 철학자(전 460~360년경)이자 원자론자. 그의 학설에 의하면 세계는 원자의 우연한 결합으로 이루어진다.
160 디오게네스: 고대 그리스의 키니코스 학파의 대표적인 철학자(전 400~323년경)로 가난하지만 부끄럽지 않은 자족 생활을 실천하였다.
161 아낙사고라스: 고대 그리스의 철학자(전 500~428년)로 페리클레스의 스승이다. 그는 세계의 변화는 분리와 결합으로 발생한다고 보았고, 분리와 결합의 원인은 정신으로 보았다.
162 탈레스: 고대 그리스의 7현인 중 1인으로 밀레토스 학파의 시조(전 625~547년경). 만물의 근원을 물이라고 주장하였다.
163 엠페도클레스: 고대 그리스의 철학자(전 490~430년).
164 헤라클레이토스: 고대 그리스의 철학자(전 540~480년경)로 만물은 끊임없이 변하며, 그 근원은 불이라고 주장하였다.
165 제논: 고대 그리스의 철학자(전 335년경~263년경)로 스토아 학파의 창시자.

139 또 '특성'의 알뜰한 수집가라 일컫는

　　디오스코리데스[166]를 보았고 오르페우스,[167]

　　키케로[168]며 리노스[169]며 도학자 세네카[170]며

142 기하학자 유클리드[171]와 프톨레마이오스,[172]

　　히포크라테스,[173] 아비체나[174]와 갈레노스,[175]

　　두둑한 주석을 한 아베로에스[176]도 보았노라.

145 모든 것을 들어 이루 다 엮을 수 없노라.

---

166 디오스코리데스: 1세기 중엽의 그리스 명의. 약학에 관한 많은 저술을 남겼다.
167 오르페우스: 그리스 신화에 나오는 시인이자 음악가.
168 키케로: 고대 로마의 철인이자 능변가(전 106~43년). 단테는 그의 저작에 정통하였다.
169 리노스: 그리스 신화에 나오는 신비적 시인이며 가수.
170 세네카: 로마의 철학자(전 4년~후 65년). '도학자 세네카'라고 한 이유는 문인인 그의 아버지 세네카와 구별하기 위한 것이다.
171 유클리드: 고대 그리스의 수학자로 기하학의 아버지(전 330~275년경)이다. 13권의 《기하학원론》 등의 저서가 있다.
172 프톨레마이오스: 천동설을 제시한 알렉산드리아의 천문학자.
173 히포크라테스: 그리스의 명의로서 과학적 치료법의 창시자(기원전 4세기경).
174 아비체나: 아라비아의 철학자 겸 의사(980~1037년).
175 갈레노스: 그리스의 명의(129~199년).
176 아베로에스: 아라비아의 명의이자 대철학자로 아리스토텔레스의 작품에 대한 주석으로 세상에 알려졌다(1126~1198년).

기나긴 글제가 나를 뒤쫓아 오나니
거듭거듭 사실보다 적게 말하게 되노라.

148 여섯이던 반려는 둘[177]로 줄어들고
슬기로운 길잡이는 딴 길을 잡아들어
잔잔한 데서 나를 떨리는 하늘[178]로 이끌어

151 빛이라곤 있지 않는 고장으로 우리는 왔노라.

---

177 둘: 단테와 베르길리우스.
178 떨리는 하늘: 제2환의 하늘.

제5곡

마침내 지옥의 제2환에 오니 그 입구에서 단테는 지옥의 판관判官인 미노스를 본다. 이곳에는 사음邪淫의 죄를 범한 많은 무리가 지옥의 광풍과 칠흑 같은 어둠 속을 헤매는데, 그들 중 프란체스카의 영혼이 단테에게 불리어 애인 파올로와 함께 단테에게 그들의 슬픈 연애 이야기를 한다.

1   제1환을 떠나 제2환으로 내려오니
    주위는 훨씬 좁아졌는데[179] 괴로움은
    더욱 크고 우짖는 소리 찌르는 듯하여라.

---

179 훨씬 좁아졌는데: 지옥은 하나의 큰 깔때기 모양을 이루고 있어 내려갈수록 좁아진다.

4   거기 미노스[180]가 징그러이 서서 이를 갈며
    들어오는 입구에서 죄과罪科를 적발하고는
    판단하여서 꼬리가 감기는 대로 보내더니라.

7   말하자면 악하게 태어난[181] 혼이 그의 앞에
    와서 모든 것을 다 아뢸라치면
    죄과를 판단하는 그 재판관은

10 지옥의 어느 곳이 제자리임을 보아
    어느 층에든지 집어넣고 싶은 대로
    그만한 수만큼 제 꼬리로 몸을 감더니라.[182]

13 그의 앞에는 언제고 많은 이가 서 있어

---

180 미노스: 지옥의 판관. 신화에 의하면 미노스는 제우스와 에우로페 사이에서 태어난 아들로 크레타 섬의 왕이었다. 사후 지옥의 법관이 된 것은 신의 총아라고 불릴 만큼 정의로 이름이 높았기 때문이다. 그러나 단테는 그에게 꼬리를 붙임으로써 그리스도교의 마귀로 삼았다.

181 악하게 태어난: "사람의 아들은 자기에 관하여 성경에 기록된 대로 떠나간다. 그러나 불행하여라, 사람의 아들을 팔아넘기는 그 사람! 그 사람은 차라리 태어나지 않았더라면 자신에게 더 좋았을 것이다."(마태 26,24)

182 10~12 미노스는 형을 선고할 때 꼬리로 몸을 감아 그 감은 횟수로 죄인을 내려보낼 환을 표시한다(지옥편 27곡 124~126행 참고).

저마다 차례대로 감정鑑定을 받나니

저들은 말하고 듣고 끝장엔 아래로 미끄러지더라.

16 "오오, 너 애달픈 거처로 온 자여."라고,

미노스가 나를 보자 맡은 바

중한 일을 하다 말고 내게 이르되,

19 "너 어디로 들어와 뉘게 너를 맡길지 살피라.

들목이 넓다 하여 속아서는 아니된다."[183]

내 길잡이가 그에게 "왜 소리치느냐?

22 가기로 마련된 그의 길을 막지 말지니

원하시는 대로 하실 수 있는 거기[184]서 이리

정하셨으니 너는 다시 더 묻지 마라."

---

183 들목이 넓다 하여 속아서는 아니된다: "너희는 좁은 문으로 들어가라. 멸망으로 이끄는 문은 넓고 길도 널찍하여 그리로 들어가는 자들이 많다. 생명으로 이끄는 문은 얼마나 좁고 또 그 길은 얼마나 비좁은지, 그리로 찾아드는 이들이 적다."(마태 7,13-14)

184 원하시는 대로 하실 수 있는 거기: 천국. - 편집자 주

25 바야흐로 슬픈 가락이 느껍도록[185]
    들려오니 이에 나는 모든 통곡이
    나를 매질하는 그리로 오게 되었노라.

28 온갖 빛이 침묵하는 곳[186]으로 내가 왔노니
    맞바람 들이칠 때면 그것은
    풍랑에 겨운 바다처럼 우짖는구나.

31 그칠 새 없는 지옥의 태풍[187]이
    혼들을 휘몰아쳐 을러대고
    맴돌며 윽박지르며 저들을 들볶나니

34 황폐한 벼랑 앞에 저들이 다다랐을 즈음
    여기 비명과 한탄과 체읍涕泣[188]이여,
    금시 저들은 하느님의 권능을 모독하고[189]

---

185 느껍다: 어떤 느낌이 마음에 북받쳐서 벅차다. – 편집자 주
186 온갖 빛이 침묵하는 곳: 지옥편 1곡 59~60행 참고.
187 지옥의 태풍: 생전 정욕에 휘둘리던 마음의 표상 또는 암석의 붕괴(지옥편 12곡 34행 이하 참고). 혹은 제2환의 입구라고도 한다.
188 체읍: 눈물을 흘리며 욺. – 편집자 주
189 하느님의 권능을 모독하고: "사람들은 뜨거운 열에 타 버렸습니다. 그런데도 그

37   이러한 고통을 받는 자들이란

       이성을 정욕 앞에 굽혀 버린 육욕의

       죄인들임을 나는 알았으니

40   추운 계절에 찌르레기들이 나래를 펴

       폭 넓게 촘촘히 무리지어 떠가는 것처럼

       저 바람이 악령들을 그렇게 하여

43   여기저기 위아래로 저들을 이끌어 가나니

       휴식은커녕 벌이 덜어질 무슨

       희망이 있어 저들을 위로할 리 없어라.

46   구슬픈 노래 부르며 공중에

       긴 선을 그리면서 학들이 가듯

       아아 소리를 내뿜으며 저 폭풍에

49   휩쓸려 오는 무리를 나는 보았노라.

들은 이러한 재앙들에 대한 권능을 지니신 하느님의 이름을 모독할 뿐, 회개하여 그분께 영광을 드리지 않았습니다."(묵시 16,9 참고)

그리하여 나는 말하였노라. "스승이여, 저 검은
대기가 저리도 곯려 주는 백성이 뉘오니까?"

52 이때 그는 내게 이르시되, "너 그 사연을
알고 싶어 하는 자들 중 맨 첫째는
여러 나라 말들의 황후[190]였더니라.

55 음욕의 죄 때문에 그는 떨어졌으니
제가 저지른 책잡힘을 없애고자
그 법률에 방종을 옳다 했느니라.[191]

58 그는 세미라미스로 니노스의 뒤를 이은
그 아내였다고 적히었으니[192]

---

190 여러 나라 말들의 황후: 언어를 달리하는 여러 민족을 통치한 여황제. 아시리아의 황후 세미라미스(재위 전 1356~1314년)를 가리킨다. 니노스 왕의 황후로 그가 죽자 정권을 잡고 페르시아와 아프리카를 정복한 뒤 대대적인 건설 공사를 벌였다. 빌라니는 이 여인을 들어 "Fu la piu crudele edissoluta femmina del mondo(세상에서 가장 모질고 음탕한 계집이었다)."라고 적었다. 여기서 단테 역시 이 여인을 음탕한 여자로 보고 있다.
191 55~57 음란한 행위로 비난을 받자 세미라미스는 욕구를 충족시키는 행위가 정당하다고 법률화했다.
192 적히었으니: 아우구스티노 성인을 비롯하여 중세에 널리 인용하던 역사가 Paulus Orosius(5세기의 에스파냐 신부)의 저서에 "Huic (Nino) mortuo Semiramis

술탄[193]이 다스리던 땅을 차지했었다.

61　다른 하나는 연애로 자살을 하고
　　시카이우스의 유골에 대하여 신의를 깨뜨린 자[194]요,
　　그 버금은 음란한 클레오파트라[195]란다.

64　헬레네[196]를 보라, 그를 위하여 지루하고
　　죄스러운 때가 흘렀나니, 보라, 위대한
　　아킬레우스[197]를, 끝까지 사랑으로 인해 싸운 놈이로구나.

---

　　uxor successit(니노스가 죽은 뒤 아내 세미라미스가 카르타고 왕위를 이었다)."라고 적혀 있다.
193　술탄: 니노스가 다스리던 이집트와 바빌로니아 지역의 지배자.
194　신의를 깨뜨린 자: 아프리카 북해안에 있었던 카르타고의 여왕 디도. 그의 남편인 시카이우스가 죽은 뒤, 이곳에 표착한 아이네이아스를 사랑하여 그가 이탈리아로 떠날 때 실망하여 자살했다고 전해진다.
195　클레오파트라: 고대 이집트의 프톨레마이오스 왕조의 여왕(전 69~30년). 카이사르와의 사이에서 아들을 낳았고, 그 뒤 안토니우스의 정부가 되며, 옥타비아누스가 집권하게 되자 그에게 잡혀 수치를 당할까 두려워 독사를 풀어 자살했다.
196　헬레네: 스파르타 왕 메넬라오스의 아내. 파리스에게 유혹되어 스파르타를 등지고 트로이에 가서 트로이 전쟁의 원인이 되었다.
197　아킬레우스: 트로이 전쟁 당시 그리스 군 제1의 용장. 트로이 프리아모스 왕의 딸 폴릭세네(지옥편 30곡 17행 참고)를 사랑하여 무장을 풀고 아폴론의 궁전에 들어가다가 파리스의 화살을 맞고 죽었다.

67 　보라, 파리스[198]를, 트리스탄[199]을." 하고 그는
　나에게 연애가 이승을 뜨게 한 천도 넘을
　그림자를 손가락질하며 그 이름을 대더니라.

70 　내 스승이 옛날의 귀부인들과 기사들의
　이름을 대시는 것을 듣고 나서 나는
　측은한 정에 부딪쳐 어리둥절할 지경이더라.

73 　나는 비로소 "시인이여, 바라옵나니 내
　저 바람에 불리어 가벼운 듯
　나란히 걸어가는 두 사람[200]에게 말해 보았으면."

---

198 파리스: 트로이 프리아모스 왕의 아들로 스파르타 왕의 아내인 헬레네를 유혹해 트로이 전쟁의 원인을 제공했다.
199 트리스탄: 원탁의 기사. 〈아서 왕 전설〉에 나오는 인물로 숙부 마크의 아내 이졸데를 사랑하여 마크에게 살해되었다.
200 두 사람: 파올로와 프란체스카. 프란체스카의 아버지는 라벤나의 군주 구이도 다 폴렌타였는데, 리미니의 군주인 노老 말라테스타와 오랫동안 불화 상태에 있었다. 드디어 중재자를 통해 서로 화해하고, 이를 굳게 하기 위해서 딸 프란체스카를 말라테스타의 장자 잔초토에게 아내로 줄 것을 약속했다. 잔초토는 굳센 성품을 가진 용맹한 사람이었으나 외모가 추하고 절름발이였기 때문에 꾀를 써서 미남인 동생 파올로를 세워 교섭을 끝마치고 결혼식을 올렸다. 결혼 후 사실을 알게 된 프란체스카는 파올로를 더욱 사모하게 되어, 잔초토가 공무로 집을 비운 사이에 두 사람이 서로 만나게 된다. 이를 시종의 밀고로 알아차린 잔초토는 두 사람을 제 손으로 죽였다(1285년경).

76 하매 그는 내게 "저들이 우리에게 더 가까워질
    때를 엿보아 그때 니는 저들을 끌어간
    사랑으로써 저들께 청하라, 분명 저들이 올 터이니."

79 재빨리도 바람이 저들을 우리에게 몰아쳤을 때
    나는 소리를 높였노라. "오, 지친 넋들이여,
    아무도 꺼리지 않거든[201] 우리에게 말하러 오라."

82 마치 애타게 부름 받은 멧비둘기가
    나래를 폈다 움츠리며 포근한 보금자리로
    마음껏 하늘을 지나 돌아가는 것처럼

85 저들도 디도가 있던 떨거지를 벗어나
    악스러운 하늘을 거쳐 우리한테 오기에
    다정한 외침이 세찬 것이었나니.

88 "아아, 세상을 피로 물들인 우리들을

---

201 아무도……: 신을 꺼리지 않거든. 지옥에서는 신의 이름을 부르지 않는다.

어슬한[202] 하늘을 거쳐 찾아보러 오신
　　　은혜롭고도 고마우신 사람이여,

91　온 누리의 임금님이 벗이시런들
　　　우리 그대의 평화를 그 님께 빌어 줄 것을
　　　그대 우리의 사악한 불행을 딱히 여기심이어라.

94　그대 말하고 듣고 싶어하는 것일랑
　　　이제 바람이 잠잠하여지는 대로
　　　우리 그대에게 말하며 들으리라.

97　내가 태어났던 땅[203]은 포의 강물[204]이
　　　평안을 얻고자 그 시종들[205]과 함께
　　　내리흐르는 바닷가에 자리 잡았었느니라.

202　어슬한: 조금 어두운. – 편집자 주
203　내가 태어났던 땅: 이탈리아의 라벤나를 말한다. 이곳은 단테가 임종한 곳이기도 하다.
204　포의 강물: 이탈리아에서 가장 긴 강. 라벤나 북쪽에 위치하여 아드리아 해로 흐른다.
205　그 시종들: 포 강의 수많은 지류.

100 　천연스러운 마음을 와락 부여잡은 사랑[206]이

　　아리따운 내 몸으로 그이를 사로잡았었기에

　　내 몸은 앗기었고 아직도 그 짓이 나에게 한스럽다.

103 　어느 연인에게도 사랑[206]을 허락치 않은 사랑이

　　이렇듯 열렬히 그에게 반하도록 나를 붙들어

　　그대 보다시피 여지껏 나를 버리지 못하누나.

106 　사랑[206]이 우리를 같은 죽음으로 이끌고 말았나니

　　우리네 생명을 앗아 간 자를 카인[207]이 기다린단다."[208]

　　이런 말들을 저희는 우리에게 전하더니라.

109 　저 괴로운 넋들의 말을 듣고 나서

　　나는 얼굴을 숙이고 오래 소곳이 있노라니

206　100~108 사랑: 3연 모두 '사랑Amor'이라는 한 단어로 시작된다. 《신곡》에서 잘 알려진 구절 가운데 하나이다.

207　카인: 아담의 아들로 동생 아벨을 죽인다(창세 4,8 참고). 단테는 제9환 제1원, 즉 근친을 살해한 자들이 벌을 받는 곳의 이름(카이나)을 이 카인에서 취했다.(지옥편 32곡 참고) 그러므로 카인이 기다린다는 말은 사후 이 지옥으로 떨어진다는 말이다. 잔초토가 사망한 것은 1304년이니, 단테가 《신곡》을 쓸 때 그는 아직 살아 있었다.

208　88~107 프란체스카의 노래.

시인은 드디어 내게 이르셨다. "무얼 생각하느냐?"

112 대답 삼아 비로소 나는 말하였노라.
"아, 얼마나 달콤한 사념이, 그 어떤 원욕願慾이
저들을 쓰라린 길로 끌어갔는고!"

115 나는 저들에게 돌이켜 말한 다음 또
시작했노라. "프란체스카여, 너의 죽음은
섧고도 한스럽게 나를 울리는구나.

118 어떻든 내게 일러 다오, 숨결 달콤하던 그 적에
무엇에 어찌되어 은근한 속뜻[209]을 알고
사랑을 허락하게 되었던 것이뇨?"

121 그는 내게 "비참 속에서 행복스러운 때를
회상하는 것처럼 더한 아픔이 없나니
그대의 스승도 이런 일을 아시리라.[210]

---

209 속뜻: 서로의 마음.
210 그대의 스승도 이런 일을 아시리라: 단테의 길잡이 베르길리우스도 가망 없는
소원의 림보에 머물러 있으니 살아서의 영광을 회고하는 괴로움을 알 것이라는

124 그러나 우리 사랑의 첫 뿌리를
그대 이토록 애타게 알고 싶어 한다면
울면서 얘기하는 누구처럼 나도 하리라.

127 어느 날 우리가 심심풀이로 랜슬롯[211]의
사랑에 얽힌 대문을 읽으려니
단둘이었을 뿐 꺼릴 아무것도 없더니라.

130 거듭거듭 눈동자를 마주치게 했던
그 책을 읽고 얼굴빛을 붉혔었소.
우리를 꺾고야 만 한 대목이 있었나니

133 마침 저 연인으로부터 못 견디게 그리운
미소[212]가 입맞추이는 것을 우리가 읽었을 때
결코 나와 떨어질 리 없는 그이

뜻이다.
211 랜슬롯: 〈아서 왕 전설〉에 나오는 원탁 기사 가운데 한 명. 왕비이자 친구의 아내인 귀네비어를 사랑했다.
212 미소: 미소를 머금은 왕비의 입.

136　파르르 떠는 입으로 내 입을 맞추었나니라.
　　그 책 그리고 이를 쓴 이가 갤러해드[213]인데
　　그날 우리는 다시 더 읽어 나가지 못하였노라."

139　한 영혼이 이것을 말하는 동안
　　다른 영혼은 울기만 하고 있어
　　그 애처로움에 죽는 듯 나는 넋을 잃어

142　죽는 몸이 쓰러지듯 넘어졌노라.

213　갤러해드: 이탈리아어로는 갈레오토라고 한다. 왕비 귀네비어와 랜슬롯의 사랑을 중개한 사람이다. 여기서는 갤러해드가 쓴 랜슬롯의 이야기가 파올로와 프란체스카의 사랑을 중개했다는 의미이다.

제6곡

지옥의 제3환은 탐식가들이 비와 눈으로 벌을 받고 악마 케르베로스에게 시달리는 곳인데, 여기 피렌체의 차코란 자로부터 피렌체의 정쟁政爭에 대한 예언을 듣는다.

1 연분 있는 둘의 애처로움 앞에
꽉 막혀지고 오롯한 슬픔에
어지러웠던 내 정신이 다시 맑아 왔을 제

4 새로운 형벌, 새로운 형벌을 받는 자들을,
내 움직이는 자리 돌이키는 자리
두루 살피는 자리마다 사방에 보는구나.

7 내 저주받고 춥고 음산한

영겁의 비 내리는 제3환에 있나니
비의 법칙과 성질이 새로울 리 만무하다.

10   굵은 우박, 흙탕물, 그리고 진눈깨비가
컴컴한 공중을 질러 휘몰아쳐서
이를 받는 땅은 썩은 냄새를 피운다.

13   표독스럽고도 별난 짐승 케르베로스[214]가
여기 빠져 있는 백성 그 위에서
세 개의 목구멍으로 개 모양 컹컹 짖는구나.

16   그는 빨간 눈 번지르르하고 거무죽죽한 수염에
잔뜩 부른 배때기와 손톱 돋힌 손을 지니고
혼들을 쥐 할퀴고 뜯어 갈기갈기 찢는데

19   비는 저들을 개 떼 모양 짖게 만드나니
옆구리와 옆구리를 서로 막이 삼아

---

214 케르베로스: 지옥 문을 지키는 괴견怪犬으로 혼들이 지상으로 돌아가는 것을 막는다. 머리가 셋이요 꼬리는 뱀이며 목 둘레에는 살아 있는 뱀 머리를 달고 있다.

가엾은 모독자들[215]은 자꾸 뒹군다.

22 케르베로스 그 커다란 벌레[216]가 우리를 보자
입을 벌리고 뻐드렁니를 드러내면서
온 몸뚱어리를 가만두지 못하더라.

25 나의 길잡이가 손바닥을 펴고
한 움큼 가득 흙을 쥐어
게걸스러운 그 아가리 속으로 내던졌더니

28 마치 짖으며 안달하던 개가
먹이를 문 다음에야 잠잠하고 오로지
이를 삼키기에 골똘하여 지치는 것처럼

31 저 악마 케르베로스의 던적스러운[217] 몰골도
그러하여 그는 모두 귀머거리가 되게끔

---

215 가엾은 모독자들: "그들의 끝은 멸망입니다. 그들은 자기네 배를 하느님으로, 자기네 수치를 영광으로 삼으며 이 세상 것만 생각합니다."(필리 3,19)
216 벌레: 케르베로스의 보기 흉하고 무서운 몰골을 가리킨다. 생물을 벌레라 부르는 예는 성경에 많다(이사 41,14 등 참고).
217 던적스러운: 하는 짓이 보기에 매우 치사하고 더러운 데가 있는. – 편집자 주

혼들에 대고 호통쳤느니라.

34 우리는 재우치는 비가 후리는 바
그림자들 위를 거쳐 사람인 듯 보이는
허깨비[218] 위를 발바닥으로 디디었더니라.

37 그들은 모조리 맨땅에 누웠었는데
그중의 하나[219]는 우리가 앞을 지나가는 것을
보자 곧 앉으려고 일어나더니라.

40 그가 내게 하는 말이 "이 지옥의 길에 든
오, 그대여, 나를 알겠는지 살펴보라.
내 거꾸러지기 전에 그대는 태어났나니라."[220]

---

218 35~36 사람인 듯 보이는 허깨비: 그 모습은 보이지만 헛것인 혼(연옥편 2곡 79행 참고). 그러나 지옥편 32곡에서 단테는 보카라는 죄인의 머리를 차고, 머리끄덩이를 뽑는다.
219 그중의 하나: 차코. 이탈리아어로 차코는 돼지란 뜻이며, 그의 본명은 전해지지 않는다. 음식을 몹시 탐해서 붙은 이름이라고 한다.
220 차코가 죽기 전에 단테가 출생했음을 뜻한다. 차코는 1286년, 단테가 21세 때 죽었다.

43　나는 그에게, "너 치르는 고초가 너를
　　정녕코 내 기억에서 앗아 간 듯
　　그러기에 나는 너를 본 성싶지 않구나.

46　그러나 너 누구인지 내게 말하렷다. 무슨 일로
　　이 애달픈 곳에 와서 이 벌을 받는고.
　　이보다 더할망정 이렇듯 못 견딜 벌이 또 있지 않거늘."

49　그는 내게 "이미 자루가 넘칠 만큼
　　질투로 가득 차 있는 그대의 도시[221]야말로
　　그 맑게 갠 세계로 나를 끌었나니라.

52　그대의 동향인이 나를 차코라 불렀는데
　　벌받아야 할 탐식의 죄 때문에
　　그대 보다시피 소낙비에 부대끼노라.

55　괴로운 혼은 나 하나뿐이 아니니 저들도 모두

221　그대의 도시: 피렌체. 흑백 양당의 쟁투는 모두 권세에 대한 시기심에서 일어났다. 차코는 이 도시에서 살았다.

같은 죄업으로 같은 벌을 당하느니라."
　　　하고는 더 말을 하지 않더라.

58　나는 그에게 대답하되, "차코야, 너의
　　　쓰라림은 나를 억눌러 눈물을 재촉하니
　　　너 알거든[222] 내게 일러 다오. 나누어진

61　도시[223]의 주민들이 장차 어찌 되랴.
　　　거기 의인이 있느냐, 그리고 이다지도 큰
　　　불화가 그를 휩쓴 곡절을 일러라."

64　그는 내게 "지루한 시비[224] 끝에 그들은
　　　피를 흘릴 것이요, 숲에서 온 편[225]이

222　너 알거든: 단테는 이미 혼들이 미래를 예언하는 힘이 있다고 들었으므로 이같이 말한다(지옥편 1곡 25~27행 주 참고).
223　나누어진 도시: 피렌체를 말한다. 1215년 이래 구엘피와 기벨리니 양당으로 갈라져 13세기 말에 구엘피 당이 권력을 쥐고 있었으나, 1300년 피스토이아에서 흑백 양당의 싸움이 발발하자 그 여파가 피렌체까지 미쳐 이에 피렌체의 체르키·도나티 양가의 권력 다툼이 점점 심해졌다.
224　지루한 시비: 체르키와 도나티 가문의 반목은 1280년부터 시작되었다. 전자는 백당, 후자는 흑당의 수장이다.
225　숲에서 온 편: 백당을 가리킨다. 백당의 수장 체르키가 발 디 시에베의 산림 지방에서 나왔기 때문이다.

다른 편을[226] 크게 상우고 쫓아내리라.

67　다음에 삼 년 안으로[227] 이편이 넘어질 것이요.
　　딴 편이 접때 떵떵거리던
　　그 힘[228]을 가지고 올라서리라.

70　그는 딴 놈을 무거운 짐짝 밑에 깔고 앉아
　　놈이 아무리 부르짖고 발버둥 칠지라도
　　오래도록 머리를 번쩍 쳐들고 있으리라.

73　의인이 둘이어도[229] 거기서야 알아주지 않아
　　오만과 질투와 인색만이
　　마음을 살라 버리는 세 불꽃이리라."

226　다른 편을: 1301년 흑당을 피렌체 시외로 추방했다.
227　삼 년 안으로: 백당은 1302년에 추방되었으므로 사실은 2년 안이다.
228　68~69 접때 떵떵거리던 그 힘: 샤를 드 블루아를 일컫는다. 당시 보니파시오 8세 교황은 흑당을 드러나게 원조하지는 않았지만, 흑백 양당을 조종하며 샤를 드 블루아가 피렌체에 오게 하였고, 그가 흑당을 재흥시켰다.
229　의인이 둘이어도: 누구를 가리키는지 명확하지 않다. 단테와 그의 친구 구이도 카발칸티라고도 하고 혹은 발두초와 조반니 베스피냐노라고도 한다.

76 여기서 그는 눈물 자아내는 소리를 그치기에
　　이에 나는 그에게 "내게 일러 준 너,
　　선물 삼아 내게 더 말하여 다오.

79 파리나타 · 테기아이오 훌륭하던 그들
　　야코포 루스티쿠치와 아리고며 모스카며
　　나머지 좋은 일에 재주를 기울였던 자들이[230]

82 지금 어디 있는가 말하라. 저들을 알려 달라.
　　천국이 저들에게 달가운지, 지옥이 쓰거운지
　　몹시도 알고 싶음에 나는 어쩔 줄 모르겠구나."

85 그는 "저들은 새까만 혼들과 함께 있다.
　　여러 죄악이 저들을 이미 바닥에 쌓았으니
　　그대 게까지 내려가면 저들을 보게 되리라.

230　79~81 당시 피렌체의 유명 인사인 파리나타(지옥편 10곡 32행 주 참고), 테기아이오(지옥편 16곡 42행 주 참고), 야코포 루스티쿠치(지옥편 16곡 44행 주 참고), 모스카(지옥편 28곡 106행 주 참고). 아리고는 뒤에 나오지 않으나, 명문 피판티 가문의 한 명이라고 한다.

88 어떻든 그대 아리따운 세상에 가시거든

　　부디 다른 이들의 기억에[231] 나를 일깨워 다오.

　　이 밖엔 그대에게 말할 것도 대답할 것도 더 없노라."

91 그는 바로 박힌 쌍눈을 비뚜로 돌려

　　흘깃 나를 보다가는 이내 머리를 드리우고

　　그대로 다른 장님[232]들과 같이 쓰러지니라.

94 길잡이가 내게 이르되, "천사의 나팔이

　　울릴 때까지[233] 저는 다시 못 일어나리니

　　그의 원수인 권능[234]이 오시게 될 그때

97 모든 이 저마다의 슬픈 무덤을 다시 찾아

　　제 살과 제 몰골을 도로 지녀[235]

231　다른 이들의 기억에: 모든 희망을 빼앗긴 지옥의 영혼들은 지인들의 기억에 남아 있는 것을 유일한 위안으로 삼는다.

232　장님: 흙탕물 위에 엎드린 채로 묻혀 있어 앞을 볼 수 없는 폭식자.

233　94~95 나팔이 울릴 때까지: 최후 심판의 날이 올 때까지. "그리고 그는 큰 나팔 소리와 함께 자기 천사들을 보낼 터인데, 그들은 그가 선택한 이들을 하늘 이 끝에서 저 끝까지 사방에서 모을 것이다."(마태 24,31)

234　원수인 권능: 모든 악의 원수이신 그리스도.

235　제 살과 제 몰골을 도로 지녀: 최후 심판의 날이 오면 악령들은 여호사팟 골짜기

길이길이 메아리칠 그 소리를 들으리라."

100　이렇듯 내세를 들어 조금 이야기하며
　　　그늘과 비가 뒤섞여 더러운 데를
　　　느린 걸음으로 우리는 지나왔노라.

103　이에 나는 말하였노라. "스승이여, 이 벌이
　　　저 가장 큰 선고 끝에도 커 가리이까.
　　　덜어지리이까 아니면 이냥 저대로이리까?"

106　그는 내게 "너 너의 지식[236]에로 돌아갈지니
　　　됨됨이가 오롯하면 할수록 그만큼
　　　복이나 고통을 더 깨닫는다 하였도다.

109　비록 이 저주 받은 백성이 참다운

　　　에 가서 다시 육체를 지니고 영겁의 벌을 선고받는다(지옥편 10곡 11행 주 참고).
236　너의 지식: 더욱 완전한 육체 안에 있는 영혼이 더욱 명확하게 인식할 수 있다는 아리스토텔레스 철학의 지식을 말하는 것이다. 아우구스티노 성인도 "Cum fiet resurrectio carnis, et bonorum gaudia et tormenta malorum majora erunt(육신의 부활이 있을 때 선한 이가 받을 복도 악한 이가 받을 벌도 한결 더해질 것이다)."라고 하였다.

    완전함에 다다르기란 없을 일이어도
    그때는[237] 이제보다 더 나은 데가 있으리라."

112 내 되풀이 않거니와, 우리는 제법 많은
    말을 서로 하며 한 바퀴 이 길을
    돌아 나와 내리막으로 닿았으니

115 거기 우리가 엄청난 원수 플루토스[238]를 보니라.

---

237 그때는: 천사의 나팔이 울린 후, 즉 최후의 심판 후, 영육이 다시 결합하여 인간은 완전하게 된다. 그러나 죄인의 혼은 이미 불완전하므로 육신을 취하여도 완전할 수는 없다. 다만 육신을 떠나 있을 때에 비해서 완전에 가깝다고 할 수 있기 때문에 최후의 심판 후 그들이 당하는 고통은 더욱 크게 느껴진다.
238 플루토스: 부富의 신. 부에 대한 욕망은 인류의 평화를 깨뜨리고 많은 죄악과 재앙의 원인이 되므로 대적大賊이라 한다. "사실 돈을 사랑하는 것이 모든 악의 뿌리입니다."(1티모 6,10)

제7곡

지옥의 제4환의 입구에서 단테와 베르길리우스는 재물과 부귀의 마귀 플루토스를 보고 안으로 들어간다. 이곳은 둘로 나뉘는데 하나는 인색한 자를, 하나는 낭비자를 벌하는 곳이다. 베르길리우스는 운명을 논하면서 이곳을 지나 제5환에 이른다. 그곳에서 분노의 죄인들은 스틱스의 흙탕물에 잠겨 서로 싸움을 한다.

1 "PAPÉ SATÀN, PAPÉ SATÀN ALEPPE!"[239]라 하며
 볼멘 소리로 플루토스가 말하려 들자
 모든 일을 아시는 점잖은 저 현자가

---

239 PAPÉ SATÀN……: 노한 플루토스의 말. 경악의 부르짖음이라고도 하고, 사탄을 부르는 소리라고도 하나 무슨 뜻인지 확실하지 않다.

4 　나의 힘을 돋우고자 이르시되, "너 겁내어
　　행여 다칠까 보라. 저 아무리 힘이 있다 한들
　　이 바위를 못 내려가게 너를 막진 못하리라."

7 　그러고는 불쑥거리는 그놈의 얼굴에 대고
　　말하시되, "저주의 이리[240]야 닫혀라.
　　네 그 분노와 함께 너 안에서 타 죽거라.

10 　심연으로 가는 노릇이 까닭 없지 않나니
　　이는 저 미카엘[241]이 오만한 폭력[242]에
　　원수풀이를 한 바 하늘에서 원하심이다."

13 　흡사 바람이 부풀은 돛폭이

---

240 이리: 탐욕의 표상(지옥편 1곡 49행, 연옥편 20곡 10행 참고).
241 미카엘: 미카엘 대천사. "그러나 미카엘 대천사도 모세의 주검을 놓고 악마와 다투며 논쟁할 때, 감히 모독적인 판결을 내놓지 않고 '주님께서 너를 꾸짖으시기를 바란다.' 하고 말하였을 뿐입니다."(유다 1,9), "그때에 하늘에서 전쟁이 벌어졌습니다. 미카엘과 그의 천사들이 용과 싸운 것입니다. 용과 그의 부하들도 맞서 싸웠지만 당해 내지 못하여, 하늘에는 더 이상 그들을 위한 자리가 없었습니다. 그리하여 그 큰 용, 그 옛날의 뱀, 악마라고도 하고 사탄이라고도 하는 자, 온 세계를 속이던 그자가 떨어졌습니다. 그가 땅으로 떨어졌습니다. 그의 부하들도 그와 함께 떨어졌습니다."(묵시 12,7-9)
242 오만한 폭력: 루시퍼가 오만하였기 때문에 신을 배반했음을 말한다.

짐대 부러질 제 휘말리어 떨어지듯
　　　사나운 짐승은 땅에 나둥그러지더라.

16　이렁저렁 우리는 온 누리의 죄악을
　　간직한 뼈저린 언덕을 밟아 가며
　　넷째 구렁[243]으로 내려왔노라.

19　오호, 하느님의 정의여! 내 본 바 끔찍스러운
　　고통과 벌들을 마련한 이 누구신고?
　　또 어쩌면 우리 죄악이 우리를 이처럼 망치는고?

22　제게 거스르는 물결과 함께 깨어지는
　　저기 카리디[244] 위의 물과도 같이
　　여기 춤추는 백성이 그와 같아라.

25　여기 나는 어디서보다 많은 백성을 보나니

243　넷째 구렁: 지옥 제4환.
244　카리디: 시칠리아 맞은 편인 메시나 해협에 이는 소용돌이. 이오니아 해와 티레니아 해와의 조류가 이곳에서 충돌하여 옛날부터 항해하기 어려운 곳이다. 진퇴양난이라는 뜻의 'between Scylla and Charybdis'는 여기서 나온 말.

그들은 여기저기서 크게 부르짖으며

가슴의 힘으로 짐을 떠밀고 있도다.

28 그들은 저희끼리 서로 윽박지르다가

몸을 돌려 데구루루 구르면서 외치더라.

"돈 모아서 요꼴이냐." 또 "탈탈 털어 요꼴이냐."[245]

31 이렇듯 저들은 욕스러운 가락을 소리치며

양쪽으로부터 맞은편으로

캄캄한 테두리를 빙빙 돌더니

34 이윽고 테두리 한복판에 서로 맞붙어

또다시 겨루다가 제각기 등을 대더라.

나는 마음이 찔린 듯 말했노라.

37 "나의 스승이여, 자, 가르쳐 주소서,

---

245 28~30 제4환은 탐욕을 부린 사람과 낭비를 일삼은 사람으로 이분되어 있다. 전자는 양 시인의 왼편(38~39행)에서, 후자는 그 오른편에서 같은 벌을 받는다. 즉 그들은 다 같이 무거운 물건을 굴리며 환의 반쪽을 왕래하는데, 그 양단의 경계에 이르면 서로 소리 질러 욕하고 돌아서서는 다시 저쪽 끝으로 굴리며 가니 이렇게 영원히 멈추지 않는다.

이 백성이 뉘오니까? 그리고 우리 왼편에
있는 이 까까머리들은 모두 성직자이오니까?"

40　그는 내게 "이들은 모두 그 첫 번째 삶에서
　　마음씨가 하도 삐뚤어져서
　　무엇이건 요량 있게 쓰지 못한 자들이다.

43　상반하는 죄업이 저들을 갈라 놓은
　　둘레의 두 지점에 저들이 올 때마다
　　놈들은 제법 분명한 목소리로 이를 짖어 댄다.

46　머리에 머리칼을 갖지 않은 이것들이
　　성직자들인데 지나치게 탐욕을
　　부린 교황이나 추기경들도 있는 것이다."

49　나는 또 "스승이여, 저들 중에서
　　같은 죄악으로 더러워진 몇몇을
　　나는 정녕코 알아낼 법하오이다."

52　그는 내게 "너 헛된 생각을 품는구나.

저들을 때 묻힌 분별없는 생활이
저들을 아무도 몰라보게 만든[246] 것을…….

55 영원토록 저들은 두 충돌[247]에 맞닿으리니
이들은 조막손, 저들은 풀어헤친 머리[248]
그대로 무덤에서 부활하리라.

58 잘못 주고, 잘못 지님이 아름다운 세계[249]를
저들한테서 **빼앗아** 이 싸움에 처넣었으니
그게 어떠한지를 내 꾸밈없이 말하리라.

61 소자여, 너 바야흐로 알리로다.
행운에 맡겨진 돈, 인류가 그로 인해
미쳐 날뛰는 돈 법석은 덧없는 것이니라.

---

246 몰라보게 만든: 부를 제대로 사용하지 못한 사람은 자신의 개성을 잃게 된다는 것은 단테의 독창적인 관점이다.
247 두 충돌: 반환半環의 양단.
248 풀어헤친 머리: 낭비를 일삼은 사람의 모습. 이탈리아 속담에 "dissipato fino a capelli(머리털까지 털어먹었다)."라는 말이 있다.
249 아름다운 세계: 천국.

64 이제 달 아래 있고 일찍이 있었던
그 모든 황금일지라도 이 지쳐 빠진
혼들 중 하나인들 편케 해 주지 못함이로다."

67 나는 그에게 "스승이여, 더욱 말씀하소서,
제게 귀띔해 주신 저 행운이란 무엇이기에
이렇듯 세상의 재화를 손아귀에 넣고 있나이까."

70 그는 내게 "미련한지고 사람들이여,
너희들 좀먹는 바 무지함도 크도다!
이제 너 내 가르치는 말[250]을 고이 들으라.

73 그 예지가 일체를 초월하시는 분이
하늘을 만드시고 그 운행할 자를
마련하셨는데 각 부분은 그 부분마다에[251]

---

250 내 가르치는 말: 운명에 관한 단테의 관점은 보에티우스(천국편 10곡 124~126행 참고)의 의견과 유사하다.
251 73~75 하느님께서 해와 달과 그 나머지의 하늘을 창조하실 때 이들의 운행을 맡는 자, 즉 천사들도 만드셨다. 이리하여 아홉 천사가 아홉 개의 하늘에 있어 천체를 움직이고 하느님으로부터 부여받은 빛에 응해서 하늘 전체를 비춘다. 아리스토텔레스의 설에 따르던 당시 스콜라 철학에 의하면 이들 천사는 모든 지혜다.

76 　골고루 빛을 나눠 주며²⁵² 반짝이나니
　　세상의 영화도 이와 비슷하여
　　다스리고 안내할 자를 마련하셨나니라.

79 　이렇게 된 자 때에 따라 헛된 재화를
　　이 백성 저 백성, 이 겨레 저 겨레에게 바꿔치는데
　　그것은 사람의 머리가 미치지 못하는 것

82 　그러기 마치 풀 속의 배암처럼 숨은
　　그이 재량에 따라 한 백성이
　　다스리는 때엔 다른 백성이 시들게 되느니라.

85 　너희 지식으론 이와²⁵³ 맞설 수 없나니
　　다른 천사들²⁵⁴이 그같이 하는 것처럼
　　이 자가 미리 헤아려 판단하고 그 나라를 처리하는 것

252　75~76 각 부분은 그 부분마다에 골고루……: 하늘의 각 부분은 그 밑에 위치하는 지구의 각 부분을 비춘다.
253　이와: 운명과.
254　다른 천사들: 운명 이외의 다른 천사들, 즉 천구의 운행을 맡은 아홉 천사.

88 그의 바꿈질엔 겨를이 없나니
　　필연이 이를 빠르도록 시키어
　　자주 부침이 번갈아 듦은 이 때문이니라.

91 그에게 찬미를 드려야 할 그들이었거늘
　　꾸지람과 궂은 소리를 그에게 하며
　　십자가에 그이를 못 박으니라.[255]

94 그러나 그는 복되신 채 이에 아랑곳없이
　　다른 첫 피조물[256]들과 함께 기꺼이
　　당신 바퀴를 돌리며 복 받으시며 즐기시느니라.

97 자 이제는 우리, 보다 큰 애수에로 내려가 보자.
　　내 떠날 제 솟았던 별들이 벌써[257]
　　다 졌으니 오래 머물 것이 아니로구나."

255　십자가에 그이를 못 박으니라: 꾸짖고 비웃는다.
256　첫 피조물: 천사(연옥편 31곡 77행 참고).
257　내 떠날 제……: 별은 자오선을 지난 서쪽을 향해 내려간다. 지금은 이미 밤중을 지나 1300년 4월 9일 성토요일 새벽으로 《신곡》의 두번째 날이다.

100 우리는 이 환에서 다른 언덕의
어느 샘 위에로 나왔더니 샘은 용솟음쳐
제게서 흐르는 구덩이로 되 쏟아지더라.

103 그 물이란 먹피보다 더 검은데
우리는 흐린 물결과 더불어
딴 길을 거쳐 낮은 데로 들어갔노라.

106 이 구슬픈 시내가 악스러운
거뭇한 고개의 기슭에 내리닫는 거기
스틱스[258]라 이름하는 늪을 이루는데

109 나는 눈여겨 들여다보다가 저
늪 가운데 진흙투성이 발가숭이가 된
백성[259]의 성낸 얼굴을 보았노라.

112 저들은 손뿐만 아니라 대갈통

---

258 스틱스: 디스(지옥편 8곡 68행 주 참고)의 성을 둘러싼 늪의 이름.
259 진흙투성이 발가숭이가 된 백성: 분노로 인한 죄를 지은 망령들.

가슴패기, 그리고 발길로 쥐어 지르며
이빨로 갈기갈기 서로 물어뜯더라.

115　스승이 말씀하되, "아들아, 보려무나,
분노가 정복한 저들의 영혼을.
그리고 또한 군이 믿으라.

118　어디를 보아도 네 눈방울이 네게 말함 같이
물 밑에서 짓는 백성의 한숨이
물 위로 싹터 오르는 것[260]을.

121　진흙에 틀어박힌 채 저들은 말하는구나.
'햇빛으로 싱싱한 부드러운 대기 속에서도
마음에 나른한 안개를 품었기에 슬퍼했더니

124　이제는 서꺼면 진수렁에 맘 부서지누나.'
한 마디도 제대로 못다 하면서

260　싹터 오르는 것: 분노한 자들이 진흙 속에서 토한 악한 기운이 거품처럼 물 위로 떠오르는 것.

이 노래를 목구멍으로 갈그랑거린다."

127 이리하여 우리는 진흙을 삼키는 자들로부터
눈을 돌리며 마른 언덕과 추진 자리 사이로
더러운 늪의 큰 활 등을 휘돌아[261]

130 드디어 어느 탑[262] 아래 이르렀노라.

---

261 127~129 제4환과 제5환 사이. 언덕과 늪 사이의 길을 빙 돌아 제4환을 통과한다.
262 탑: 디스의 성루城樓.

제8곡

단테는 더 나아가 성루 아래 이르러 플리기아스의 배에 오르고 스틱스의 늪에 배를 띄우니 거기에서 필리포 아르젠티란 자를 만난다. 마침내 기슭에 닿아 디스의 문으로 향하니 이곳 악마들이 모여 단테가 안으로 들어가는 것을 허락하지 않는다.

1   잇달아서[263] 말하거니와 높다란 성루의
    발치에 우리가 다다르기 훨씬 전에
    커진 두 줄기 불빛[264]이 보이므로

4   그 꼭대기 위로 눈을 주게 되었는데

---

263 잇달아서: 지옥편 제7곡에 이어 제5환의 후반을 서술함을 가리킨다.
264 두 줄기 불빛: 한 불빛은 영혼(두 시인)이 가까이 온다는 것을 신호하고, 다른 하나는 이에 응해 이 신호가 전달되었다는 것을 알린다.

또 다른 불빛 하나가 눈에 띌 둥 말 둥
저 멀리서 연방 신호를 하더니라.

7   이에 나는 온갖 슬기의 바다²⁶⁵를 향하여
말하였노라. "이건 무어라 하고 저 불빛은
무어라 대꾸하오며, 이런 것을 만든 이는 뉘오니까?"

10 그는 내게 "늪의 안개가 네 앞을 가리지 않는다면,
장차 흐린 물결 위에 무엇이 있으리라는 것²⁶⁶을
너는 넉넉히 알 법하도다."

13 시위를 떠난 화살이 제아무리
사뭇 날쌔게 공중을 치달릴지라도
내가 본 쪽배²⁶⁷ 같지는 못하리니.

---

265 슬기의 바다: 베르길리우스(지옥편 7곡 3행 참고).
266 무엇이 있으리라는 것: 불빛 신호의 결과가 무엇일지.
267 쪽배: 플레기아스가 타고 있는 배. 신화에 따르면 플레기아스는 군신軍神 아레스의 아들인데, 그는 자신의 딸 코로니스가 아폴론에게 욕을 당하자 격분하여 그의 신전 델포이를 불살랐다. 그 때문에 그는 사살되어 지옥에 떨어졌다. 이러한 그가 분노자의 늪을 건너 신을 경멸한 자와 이단자의 환還으로 영혼들을 넘겨 주는 쪽배 노릇을 하는 것은 그에게 꼭 어울리는 일이라 할 수 있다.

16   그즈음 우리 앞으로 사공 하나가
　　　물 위로 배 저으며 오더니만 버럭
　　　소리 지르더니라. "흥! 왔구나, 못된 넋 같으니."

19   나의 어른이 이르시되, "플레기아스, 플레기아스,
　　　너 공연히 이제 악쓰는구나. 너 우리에게
　　　할 일이라곤 진흙 바탕을 건네어 줄 그것뿐이다."

22   마치 자기에게 행하여진 큰 속임수를
　　　알아듣고 나서야 이를 괘씸하게 여기는
　　　사람처럼 플레기아스도 잔뜩 화를 끓이더라.

25   나의 길잡이가 배로 내려간 다음
　　　나도 뒤따라 들게 하였는데, 내가
　　　들어간 그제사 짐 실은 것같이 되더라.

28   길잡이와 내가 배에 오르자마자
　　　다른 이를 실은 제와는 아주 다르게[268]

---

268 다른 이를 실을 제와는 아주 다르게: 단테는 육체를 지니고 있기 때문이다.

낡은 뱃머리가 물결을 가르며 가더니라.

31　우리가 죽음의 물결을 미끄러져 갈 제
　　내 앞에 한 진흙투성이[269]가 나서서 하는 말이
　　"누구길래 너는 때 되기 전에[270] 오는 것이냐?"

34　나는 그에게 "오기는 했어도 머무를 내 아니로다.
　　너는 대체 누구길래 악착같이 구느뇨?"
　　그의 대답이 "너는 내가 우는 자임을 보았도다."[271]

37　나는 그더러 "저주 받은 넋이여,
　　너 통곡과 비탄과 함께 남아 있거라.
　　너 아무리 더러워졌기로 너 모를 내 아니로다."

40　이때 그는 배에로 두 손을 벌려 대므로[272]

269　진흙투성이: 필리포 아르젠티를 일컫는다. 피렌체의 귀족 아디마리 가문의 사람으로, 보카치오는 그를 '더없이 화를 잘내는 이'라고 말했다.
270　때 되기 전에: 아직 죽지도 않았으면서(84행 참고).
271　너는 내가 우는 자임을 보았도다: 자신이 누군지 밝히지 않으려는 대답이다.
272　배에로 두 손을 벌려 대므로: 단테를 해치려 하므로.

눈치 빠른 스승이 "개 떼[273]에게서 썩 물러나라."
하시며 그를 밀쳐 내시니라.

43 그리고 팔로 내 목을 휘어 감아
얼굴에 입 맞추며 말씀하시기를, "의젓한
넋이여, 너를 잉태한 여인이 복된지고.

46 저놈은 세상에서 오만한 위인이었으나
그의 기억을 장식할 선행이 없었기에
이렇듯 그 영혼이 여기 발광하는 것이로다.

49 방금 저 위에서 대단한 임금으로 행세하여도
진흙 밭의 돼지같이 스스로 징그러운
욕을 남기고 여기 머무를 자 얼마나 많으냐."

52 나는 또 "스승이여, 우리가 호수에서
나가기 전에 이 진흙탕 속에 그놈의 빠지는
꼴이 못 견디게 보고 싶나이다."

---

273 개 떼: 분노한 죄인들.

55 그는 내게 "저 언덕이 내 앞에
　　나타나기 전에 너 원을 채우리니, 너
　　이런 소망으로 기뻐함이 떳떳하구나."

58 이런 지 오래지 않아 나는 흙투성이 된
　　패거리한테서 그놈이 갈기갈기 찢기는 것을 보았는데
　　아직도 나는 그 일로 주님을 찬미하고 감사하노라.

61 "필리포 아르젠티[274]에게로."라고 모두 소리치자
　　괄괄한 피렌체의 넋[275]은
　　바로 제 몸에다 이빨을 박더니라.[276]

64 여기 그를 버려둔 채 다시 더 그의 말을 않겠노라.
　　그러나 내 마음을 다잡고 눈을 바로 번쩍 떴기는
　　또 하나의 통곡이 내 귀청을 때린 탓이로다.

67 착한 스승이 이르시되, "아들아, 이제는

---

274 필리포 아르젠티: 32행 주 참고.
275 괄괄한 피렌체의 넋: 필리포 아르젠티.
276 바로 제 몸에다 이빨을 박더니라: 노한 나머지 자기 몸을 물어 뜯는다.

저 디스[277]라 이름하는 도읍이 무거운[278] 시민과
그 숱한 무리와 함께 가까워 온다."

70 나는 "스승이여, 골짜기 사이에 똑똑히
금세 불더미 속에서 나온 듯 시뻘건
이슬람 사원[279]을 저는 이미 보나이다."

73 그는 내게 이르시되, "저들 속을 살라 버리는
끝없는 불은 너 보다시피 저 아래
지옥에서도 저들을 붉어 보이게 한다."

76 마침내 우리는 저 위로 없을 땅을
에워싼 깊은 구렁 속에 닿았는데
그 성벽이 내 보기엔 쇠로 된 것 같더라.

---

277 디스: 신화의 플루톤(마왕, 즉 《신곡》의 루시퍼)의 다른 이름. 디스의 도성은 디스의 성벽이 있는 제6환부터 땅의 중심에 이르기까지의 지옥 전체를 포괄한다. 단테가 마왕 루시퍼를 디스라 부르는 예는 지옥편 11곡 64행과 지옥편 12곡 38행과 지옥편 34곡 20행에 나온다.
278 무거운: 벌도 죄도 무겁다는 뜻.
279 이슬람 사원: 디스의 성루를 이같이 부른다.

79 대뜸 한 바퀴 빙 돌고 나서 한 모퉁이에
 다다르니 거기 건장한 사공이
 "썩 나가거라, 여긴 입구다."라고 외치더라.

82 문 위를 쳐다보니 빗발처럼 하늘에서 떨어졌던
 천도 넘을 천사들[280]이 벌컥 화를 내며[281] 말하더라.
 "웬 놈들이냐, 죽지도 않은 놈들이

85 죽은 겨레의 나라를 나드는 너희 놈들은?"
 슬기로운 나의 스승은 이내 그들과
 은밀히 말하고 싶은 내색을 하시니

88 이때 그들은 잠시 큰 노여움을 멈추고
 말하니라. "너 혼자만 오고 저는 갈지니
 이 나라로 감히 들어온 저자는

---

280 82~83 하늘에서 떨어졌던 천도 넘을 천사들: 루시퍼와 함께 신을 배반하고 천국에서 추방된 천사들.
281 벌컥 화를 내며: 단테로 하여금 저승을 돌아보게 마련하신 하느님에 대한 반항이다.

91   어리석은 길[282]로 해서 저 홀로 돌아가렷다.
      길을 알는지 두고 볼 것이며, 이렇듯
      캄캄한 나라로 저를 인도한 너는 여기 머물라."

94   읽는 이여 생각하시라, 이 저주의 말소리에
      내 어찌 맥이 풀리지 않았겠는지. 과연
      나는 이리로 되돌아오지 못할 것만 같았도다.

97   나는 말하였노라. "오, 사랑하는 내 길잡이여,
      일곱 번도 더[283] 나를 탈 없이 해 주시고
      나를 거슬러 일어선 큰 위험에서 건져 주신 이여,

100   이다지 고달픈 몸을 버리지 마옵소서.
      여기서 더 가는 것이 허락되지 않는다면
      오던 걸음으로 함께 빨리 돌아가사이다."

103   여기까지 나를 데려오신 저 어른은

---

282   어리석은 길: 지옥편 2곡 34~35행 참고.
283   일곱 번도 더: 지옥편 22곡 104행에서 볼 수 있는 것처럼 7이라는 수가 완전한 수로 사용되는 예는 성경에도 많다(시편 12,6과 잠언 24,16 참고).

날더러 이르시되, "놀라지 마라. 그이[284] 마련하신
우리의 걸음을 아무도 우리한테서 앗지 못하리라.

106 다만 너는 여기서 나를 기다리라, 그리고
지친 넋을 가다듬어 싱싱한 희망을 기를지니
내 너를 구렁 밑의 세상에 버려두지 않으리라."

109 이리하여 어진 아버지는 가고 여기 나를
남겨 두어 나는 의심 중에 머물게 되었나니
'그렇다.', '아니다.'[285]가 내 머릿속에서 말다툼하더라.

112 그가 무엇을 저들에게 전하였는지 못 들었으나
저기 저들과 같이 선 지 얼마 못 되어
저들은 제각기 다투어 안으로 달려 들어가니라.

115 이 우리의 원수들이 내 어른의 가슴 바싹
문을 닫아 버렸으므로 그는 밖에 남아

---

284 그이: 하느님.
285 그렇다, 아니다: 베르길리우스가 과연 돌아올지, 아닐지.

더딘 걸음으로 나한테 돌아오시니라.

118 눈은 땅에, 눈썹에선 온갖 용맹이
스러져 그는 한숨지으며 말씀하시더라.
"그 누가 저 비탄의 집[286]을 내게 거부하였는고!"

121 그러고는 내게 이르시되, "내 성냈다 하여
너는 두려워하지 마라. 나는 싸움을 이기리라,
안에서 막고자 무엇이 싸고 돌든지.

124 놈들의 이러한 불손은 새로운 것이 아니니
옛날엔 이보다 덜 닫혀진 문[287]에서도 이러하였도.
지금 그 문엔 빗장도 없느니라.

127 너 그 위에 죽은 글씨를 보았었는데
벌써 그리로부터 모시는 자 없이

---

286 비탄의 집: 디스의 도시.
287 문: 지옥 문. 전설에 의하면 그리스도께서 옛날 성인들을 데리러 림보에 내려가실 때(지옥편 4곡 52행 이하 참고), 악마들은 지옥 문을 잠그고 이에 항거하니 지옥 문은 이때 그리스도의 손에 부서지고, 그 후 지금까지 열려진 채로 있다 한다.

여러 환을 거쳐 이 고개로 내려오는 이[288] 계시니

130 그이로 말미암아 장차 우리 앞에 땅이 열려지리라."

---

288 이 고개로 내려오는 이: 하늘에서 파견된 자(지옥편 9곡 81행 주 참고).

제9곡

이같이 지옥 문이 잠겨 있을 뿐만 아니라 분노의 화신인 푸리에가 나타나 저들을 위협한다. 그러나 하늘에서 보내 온 천사의 도움으로 마침내 문안으로 들어서니 여기 이단의 무리들을 매장한 묘들이 불타는 것을 본다.

1 나의 길잡이가 되돌아오심을 보자
    내 겁에 질린 얼굴을 물들였던 그 빛깔에 갑자기
    그이 변하신 안색[289]을 속으로 억제하였나니라.[290]

4 그는 귀담아듣는 사람 모양 문득 멈춰섰나니

---

289 변하신 안색: 노기.
290 1~3 베르길리우스가 일을 이루지 못하고 돌아온 것을 보고 단테가 두려움으로 창백해지자 베르길리우스는 단테의 두려움을 없애 주려고 노기를 참는다.

검은 하늘 짙은 안개를 꿰뚫고

그의 눈이 멀리 인도할 수 없음이어라.

7 그는 입을 떼어 "우리가 싸움에 이기고야 말리라.

안 그렇다면…… 그분[291]이 그러마고 하시었건만!

아아, 와 주어야 할 그이[292] 더디시니 내 어이할꼬!"

10 이리하여 나는 그의 입 떼신 말이 다음에

오는 딴 말에 뒤덮어짐을 잘 알았으니

이는 처음에 하신 말씀과 틀렸기 때문이니라.[293]

13 아무튼 그의 말씀은 공포를 주었나니

이는 정녕코 토막난 말을 실상보다

더 나쁜 뜻으로 내가 끌어 댄 탓일레라.

16 "끊어진 희망![294] 그 오직 벌일 따름이던

---

291 그분: 베아트리체.
292 그이: 하늘에서 보내는 천사.
293 10~12 처음에는 혹시 안 올지도 모른다고 의심하지만 뒤에는 도움을 약속한 자의 일을 말하며 희망을 나타낸다.
294 끊어진 희망: 지옥편 4곡 40~42행 참고.

첫째 층에 그 누구 있어 이 슬픈
조개껍데기[295]의 고장으로 내려온답니까?"

19 내 이렇게 물으니 그이 내게 대답하시되,
"우리 중에 그 누구도 내 걷는 길을
가는 자란 아주 드무니라.

22 분명 언젠가 한번 내 여기 와 보았나니
그것은 저 모진 에리톤[296]이 혼을
그 육체에 불어넣는 요술 때문이었나니라.

25 살이 나에게서 벗겨진 뒤 얼마 안 가서
그는 유다의 환[297]에서 한 넋을 빼내고자
나를 저 성 안으로 들게 했더니라.

---

295 17~18 슬픈 조개껍데기: 지옥.
296 에리톤: 테살리아의 무녀. 루카누스의 《파르살리아Pharsalia》 6에는 이 무녀가 섹투스 폼페이우스의 청으로 폼페이우스와 카이사르 간의 전쟁의 결과를 이야기해 줄 한 병사의 혼을 불러냈다는 이야기가 나온다.
297 유다의 환: 제9환의 제4원. 유다 이스카리옷의 무리들이 벌받는 곳(지옥편 34곡 116행 주 참고).

28   그것은 보다 깊고 보다 캄캄하여

       모든 것을 돌리는 하늘[298]에서 아주 멀되[299]

       내 그 길을 잘 아노니 너는 마음을 놓으라.

31   극한 썩은 내를 내뿜는 이 늪이

       슬픈 도읍을 두루 에우고 있어

       분노 없이는 전혀 그리 들어갈 수 없나니라."

34   그는 딴 말씀도 하였으나 나는 정신이 없었으니

       내 눈은 온통 나로 하여금 높은 탑

       그 붉은 꼭대기로 끌리게 한 탓일러라.

37   거기 홀연 피에 젖은 지옥의

       세 푸리에[300]가 한꺼번에 불쑥 일어났으니

       저들의 몸뚱이와 행동거지는 계집이로되

---

298 하늘: 하늘의 운행을 맡은 제9천, 즉 원동천(천국편 28곡 70~71행 참고).
299 아주 멀되: 단테에 의하면 가장 낮은 지옥이 우주의 중심이다(이는 죄악이 가장 무거운 자를 우주의 가장 낮은 곳에 두었기 때문이다). 그러므로 최고천에서 가장 멀다.
300 세 푸리에: 그리스 신화에 나오는 복수의 세 여신. 티시포네(복수), 알렉토(불안), 메가이라(질투)가 이들이다.

40 　새파란 무자치[301]의 띠를 두르고 있더니라.
　　 잔 뱀, 뿔난 뱀은 트레머리[302]인 양
　　 억센 그 관자놀이는 이것들에 칭칭 서려졌더라.

43 　영겁의 통곡의 왕비[303]마마의 시녀들[304]을
　　 이내 알아본 그이는 내게 이르시되,
　　 "저 독살스러운 에리니에스[305]들을 보라.

46 　왼편에 있는 요것이 메가이라,
　　 오른편에 울고 있는 저게 알렉토이다.
　　 티시포네는 한가운데." 이러고 그만 침묵하더라.

49 　저마다 손톱으로 가슴을 저미고
　　 손바닥으론 제 몸을 치며 어찌나 높이
　　 고함치든지 나는 무서워 시인에게 달라붙었노라.

301　무자치: 뱀과의 파충류. – 편집자 주
302　트레머리: 가르마를 타지 않고 뒤통수에 틀어 붙인 여자의 머리. – 편집자 주
303　통곡의 왕비: 마왕 플루톤의 아내, 페르세포네.
304　시녀들: 세 푸리에.
305　에리니에스: 푸리에의 그리스 이름.

52 저들은 모두 아래를 굽어보며 말하더라.
"메두사[306]만 오거라. 그저 그놈을 짓이겨 놓을 테다.
테세우스[307] 습격에 놈을 복수 못한 게 원통하구나."

55 "뒤로 돌아서서 눈을 감고 있거라.
고르곤[308]이 나타나 너 그를 보게 되면
윗 세상으로 돌아가지 못할까 하노라."

58 이같이 스승은 말씀하시고 나를 손수
돌이켜 내 손을 댈 것 없이
당신 손으로 내 눈을 감기어 주시니라.

61 오, 너희 건전한 지성을 지닌 자들이여,

---

306 메두사: 괴물인 고르곤 세 자매 가운데 하나. 처음에 인간의 아름다운 딸이었으나 아테네의 신전에서 두 아들을 낳고 머리가 뱀으로 변했다. 그의 무서운 머리를 보는 자는 즉각 돌로 변한다고 한다.

307 테세우스: 아테네 왕 아이게우스의 아들. 페르세포네를 빼내고자 그의 친구 페이리토오스와 함께 지옥에 내려갔지만, 모험은 실패로 돌아가 페이리토오스는 케르베로스에게 먹히고 테세우스는 지옥에 갇혔다가 나중에 헤라클레스에 의해서 구출되었다.(《아이네이스》 4) 여기서는 테세우스에게 가한 복수가 충분하니 세인世人은 다시 지옥에 감히 들어가지 못하리라는 말로 쓰였다.

308 고르곤: 메두사의 머리.

현묘한 시詩의 너울 밑에

감추어진 교리를 살펴보라.[309]

64 어느덧 무서움 가득 찬 소리, 한 폭음이

흐린 물결을 거쳐 타고 오므로

양쪽 기슭은 부르르 떨리는데

67 이는 마치 열을 뿜는 증기에서 솟구친 바

아무 거침새 없이 숲을 때려 치고

나뭇가지를 찢고 넘어뜨려 내던지며

70 먼지를 일으키고 뻐젓이 내달아

짐승 떼와 목동들을 도망치게 하는

---

309 37~63 구원을 구하는 인간(단테)은 죄를 인식하고 더욱 회개의 길로 나아가려 한다. 그러나 인간의 지성(베르길리우스)만으로 이러한 인식을 얻을 수 없고, 이를 위해서는 신의 도움(천사)이 있어야 한다. 그러나 아직 이러한 신의 도움이 도달하기 전이라 구원에 대한 절망(푸리에)이 경악과 공포로써 인간의 마음을 채운다. 이러한 구원에 대한 절망은 인간을 의혹에 빠지게 하고, 의혹은 불신 상태에서 마음을 돌처럼 만든다(메두사). 그러므로 지성(베르길리우스)은 이러한 의혹이 인간(단테)의 마음에 싹트지 못하도록 엄히 경계하고, 이를 막기 위해서 그(단테)를 뒤로 돌려 세워 그의 눈을 가린다. 또한 메두사는 사악의 표상이다. 디스의 성 밖은 색욕과 탐욕, 분노 등 방종의 죄를 벌하는 곳이고, 성 안은 고질적 죄악, 즉 사악의 죄를 벌하는 곳이다(연옥편 8곡 19~21행 참고).

그 사나운 바람과 꼭 같더라.

73 내 눈을 풀어 주며 그이 이르시되, "이젠 너
이끼 낀 거품 너머 매운 연기
자욱한 데로 눈의 힘줄을 당기어라."

76 마치 개구리들이 원수인 독사 앞에
모조리 물속으로 사라졌다가
뭍으로 함께 몰려드는 것 같이

79 천도 넘을 멸망한 영혼들[310]이,
발바닥이 보송보송한 채 한 걸음씩
스틱스를 걸어가는 이[311] 앞에 도망함을 내 보니라.

82 그이는 자꾸만 왼손을 앞으로 내저어
빽빽한 공기[312]를 얼굴에서 쫓았으니

---

310 영혼들: 분노하는 자의 영혼들.
311 스틱스를 걸어가는 이: 천사, 또는 두 시인을 도와 지옥 문안으로 들어가도록 하기 위해서 특별히 하늘에서 파견된 자.
312 빽빽한 공기: 분노자들을 벌하는 스틱스로부터 올라오는 물 기운.

　　　 이 성가심만으로도 그는 지친 양하더라.

85　 그가 하늘에서 지낸 자임을 짐작하고는
　　　 내 스승에게 향하매 그는 내게 눈짓하여
　　　 묵묵히 그에게 절하라 하시니라.

88　 아으, 얼마나 분노에 그득해 보이는 그였던고!
　　　 그이 문 앞에 썩 오시어 회초리로
　　　 이를 여시니 거기 아무 거침이 없더니라.

91　 무시무시한 문지방 위에서 그는 말을 꺼내되,
　　　 "하늘에서 쫓겨난 이 멸시받는 족속아,
　　　 너희 안에 깃들인 이 젠체함이 어디서 온 것이냐.

94　 그의 목적이 절대 꺾일 수 없고
　　　 더욱더 너희에게 고통을 더하시는 저
　　　 '의지'[313]를 향하여 너희 어찌 발길질을 하느냐,

313　 의지: 하느님의 의지. "나는 네가 박해하는 예수다."(사도 9,5)

97　천명에 대들었자 무슨 쓸 데가 있겠느냐?
　　너희가 꼭 기억할진대 너희의 케르베로스[314]도
　　그러기에 턱과 목 어름에 털을 못 지녔느니라."

100　이런 뒤 그는 더러운 길로 돌아와
　　 우리에게는 말 한마디 없으신 채
　　 마치 자기 앞에 있는 일보다 딴 일[315]에

103　얽매여 먹히는 사람같이 보이더라.
　　 우리는 거룩한 말들로 마음이 놓여
　　 땅을 향하여 발길을 옮겼나니라.

106　그 안으로 우리는 싸우잘 것 없이 들어섰으니
　　 이런 성벽이 가두고 있는 바 갖가지
　　 일들을 보고 싶어하던 나는

314　케르베로스: 헤라클레스가 천명天命을 따라 지옥에 내려갔을 때 케르베로스가 반항하므로 그의 목에 쇠사슬을 매어 지옥 문밖으로 끌어냈다. '턱과 목어름에 털을 못 지녔느니라.'란 그때 상처를 입었기 때문이다(지옥편 6곡 13행 참고).
315　딴 일: 하늘로 돌아가기를 원하는 마음.

109 안으로 들어서자 눈을 두리번거리어
　　　온 사방 넓으나 넓은 벌판이 아픔과
　　　지독한 형벌에 가득 차 있음을 보니라.

112 로다노 강[316]이 잠겨 있는 아를리[317]며
　　　이탈리아를 막고 그 국경을 씻어 주는
　　　콰르나로[318]에 가까운 폴라[319]에

115 숱한 무덤들이 두드러진 고장을 마련함같이
　　　여기도 어디든지 그와 같아
　　　다만 그 모습이 한결 애달플 따름일레라.

118 무덤무덤 사이로 불꽃이 퍼져 있어
　　　있는 그대로 온통 뜨겁기만 하여

316　로다노 강: 론 강. 프랑스의 동남부 지방을 거쳐 지중해로 흐른다.
317　아를리: 론 강가의 마을. 강물이 모이는 곳에 호수가 있는데, 여기에 유명한 묘지가 있다. 전설에 따르면 샤를마뉴 대제가 여기서 살라딘인들과 싸웠을 때 그리스도인 가운데 사망자가 너무 많아 이들을 매장할 방법이 없었다. 그런데 하느님의 은혜로 밤 사이에 무수한 분묘가 나타났다고 한다.
318　콰르나로: 이스트리아 반도 주위의 바다로 아드리아 해의 일부이다.
319　폴라: 이스트리아 반도 남단의 항구로 옛날 로마의 묘지가 있던 곳.

어느 재주도 쇠를 이에서 더 달구진 못할레라.

121 그 뚜껑마다가 모두 들리어져
애처로운 울음 소리가 밖으로 솟구치는데
정녕 가엾고 욕스러운 자들의 울음일레라.

124 나는 "스승이여, 저 백성이 누구들이기에
저 관 속에 파묻히어
애통 터지는 탄식으로 느껍게 하나이까?"

127 그는 내게 "여기엔 이단의 두목들이
온갖 종파의 그들 졸개와 함께 있으되
무덤들은 너 믿기보다 훨씬 더 많은 짐[320]을 싣고 있단다.

130 같은 자는 같은 자끼리 여기 묻혀 있어도
더 뜨겁고 덜 뜨거운 무덤들이 있나니라."

---

320 훨씬 더 많은 짐: 이단의 죄인들, 즉 가톨릭 교리에 반대해서 영혼의 불멸과 가톨릭 교회의 신성을 부인한 자들을 일컫는다. 묘 하나에 많은 죄인들이 매장되어 있다.

그러고는 그가 바른쪽[321]으로 몸을 돌이킨 다음

133 우리는 괴로움과 높은 벽 사이를 지나왔노라.

---

321 바른쪽: 두 시인은 지옥으로 내려갈 때 항상 왼쪽 방향으로 돈다. 이는 죄의 길이 항상 바르지 못한 왼쪽, 즉 악으로 향하여 나가기 때문이다(지옥편 14곡 126행 참고). 이에 반하여 오른쪽으로 길을 잡아든 경우가 《신곡》 전체에서 두 번 나온다(이 곳과 지옥편 17곡 31행). 단테가 무슨 의도로 이 두 번의 예외를 두었는지는 알 수 없다.

제10곡

단테가 제6환의 안쪽인 영혼의 불멸을 부정한 에피쿠로스와 그의 일파가 묻힌 곳에 왔을 때 그는 여기서 파리나타, 카발칸티와 더불어 정쟁政爭을 이야기한다. 그리고 파리나타의 말을 통해 단테가 피렌체에서 추방당할 몸임을 알게 된다.

1 이 고장 성벽과 괴로움 사이로
 으슥한 지름길을 따라 내 스승이
 가시기에 나도 그 어깨 뒤에 따르니라.

4 내 비로소 말하되, "배신의 환環들을 거쳐
 돌아 나가게 하시는 아, 크옵신 힘이여,
 원하시거든 제게 말씀하사 제 원을 채워 주소서.

7   무덤들 속에 누워 있는 백성을
    볼 수 있으오리까? 이미 뚜껑이란
    모조리 열려 있고 아무도 지키는 이 없나이다."

10 그는 내게 "저들이 위에 버려둔 몸과 함께
    여호사팟[322]에서 이리로 돌아올 즈음
    그제야 이것들은 모두 봉하여지리라.

13 이쪽에는 에피쿠로스[323]와 함께 그 모든
    제자들의 무덤이 있으니 그들은
    영혼이 육체와 같이 죽는다 하였느니라.

16 그럼 너 나한테 물었던 것이나 또한
    너 나에게 미처 말하지 않은 그 소원[324]도
    이 안에서 이제 곧 채워지리라."

---

322 여호사팟: 예루살렘 가까이 있는 골짜기의 이름. 이곳에서 최후의 심판이 행해진다(요엘 4 참고).
323 에피쿠로스: 그리스의 철학자로 쾌락주의의 시조다. 그는 영혼의 불멸을 부정했다.
324 소원: 단테가 자신의 고향인 피렌체의 사람을 보고자 하는 소원.

19 나는 "어지신 길잡이여, 말을 적게 하려 함이요,
내 마음을 당신께 감춤이 아니거늘
이렇게 나를 지목하심이 이번만이 아니외다."[325]

22 "오, 너 이렇듯 점잖게 말하면서
산 채로 불 나라를 거치는 토스카나 사람[326]이여,
원컨대 이 지리에 머물러 다오.

25 아마도 핍박을 많이 받았을[327]
저 훌륭한 조국[328]에서 태어났음을
너의 그 말씨가 밝혀 주는구나."

28 돌연히 한 관 속에서 이 소리가 나오기에
나는 질겁하여 내 길잡이한테로
좀 더 바싹 다가섰더니라.

---

325 이번만이 아니외다: 이미 앞에서 아케론 강을 건널 때도 이런 일이 있었다(지옥편 3곡 76~81행 참고).
326 토스카나 사람: 토스카나는 단테의 고향으로, 피렌체는 토스카나 안에 있다.
327 핍박을 많이 받았을: 32행 주 참고.
328 조국: 피렌체.

31 그는 내게 이르시되, "돌아봐라, 너 무얼 하는고.
저기 꼿꼿이 서 있는 파리나타[329]를 볼지니
그 허리춤에서 윗부분까지를 말짱 너는 보리라."

34 진작부터 내 눈길이 그에게 박혀 있었는데
그는 지옥을 아주 가벼이 보는 듯
가슴과 이마를 번쩍 쳐들고 있더라.

37 길잡이의 힘세고 날랜 손이
무덤 사이의 저에게로 나를 떠밀며 그이는
말하더라. "너 말을 똑똑히 하라."

40 내가 그의 무덤의 발치에 가자마자
그는 힐끔 나를 보더니 못마땅한 듯
내게 묻는 말이 "너의 조상이 누구네였지?"

---

329 파리나타: 피렌체의 우베르티 집안 출신으로 1264년에 사망했다. 에피쿠로스 학파의 신봉자(내세의 존재를 믿지 않음)였다. 1239년 기벨리니 당의 수령이 되었지만, 1258년 그 도당과 함께 피렌체에서 쫓겨났다. 이후 시에나에서 동지를 규합하여 1260년 아르비아 강가의 몬타페르티에서(85~87행 주 참고) 구엘피 당과 교전하여 대승했다.

43 그저 말을 들어 주고 싶었던지라 나는
    그에게 숨기지 않고 모두를 터놓았더니
    그는 약간 눈썹을 위로 치올린 다음[330]

46 말하되, "저들은[331] 나와 내 선조들이며
    내 당파에게 몹시 원수스러웠기에
    나는 두 번이나[332] 저들을 흩어 버렸더니라."

49 내 그에게 대꾸하되, "저들이 쫓겨나긴 했어도
    처음에도 다음에도[333] 사방으로부터 돌아왔나니
    너희 따위는 저런 재주[334]를 잘 익히지 못했느니라."

52 바로 이때 그 곁에 턱까지만 얼굴을
    드러낸 한 혼령[335]이 벌떡 일어섰으니

---

330 눈썹을 위로 치올린 다음: 과거의 기억을 떠올리려는 모습.
331 저들은: 단테의 아버지와 할아버지. 모두 구엘피 당에 속해 있었다.
332 두 번이나: 1248년과 1260년.
333 처음에도 다음에도: 1251년과 1266년.
334 저런 재주: 피렌체로 돌아가는 것. 1266년 베네벤토의 교전 후 구엘피 당은 다시 피렌체로 돌아오고, 기벨리니 당은 추방되었다. 1280년에 이르러 양당 간에 화의가 성립되었으나, 우베르티 일가는 그때도 귀향이 허락되지 않았다.
335 한 혼령: 카발칸테 데이 카발칸티. 구엘피 당에 속해 있었고, 파리나타와 같이

내 믿기엔 응당 그가 무릎으로 일어났으리라.

55 그는 나와 함께 누가 있는지 알고 싶어
내 주위를 살펴보더니
의심이 아주 사라진 다음에야

58 울면서 말하더라. "그대 천재天才가 뛰어나기에
이 맹목盲目의 감옥에 노니신다면 제 자식[336]은
어디 있소이까. 어찌하여 그대와 있지 않나이까?"

61 나는 그에게 "나는 내 의지로 온 게 아니오,
저기 기다리는 분이 나를 이리 이끌었는데
아마도 그를 그대[337]의 구이도가 업신여겼던[338] 것이로다."

내세의 존재를 믿지 않았던 인물이다.
336 제 자식: 구이도 카발칸티. 단테의 친구로 파리나타의 사위다. 구이도는 13세기 중엽 피렌체에서 태어난 뛰어난 천재로 철학자이자 서정 시인이었다. 1300년 흑백 양당의 교전이 일어나자 백당에 가담했고 이 때문에 사르차나에 유폐되어 같은 해 8월에 고향에서 사망했다.
337 그대: 동사의 복수형을 써서(vostro: 이탈리아어로 '당신들의'라는 뜻 – 편집자 주) 카발칸테에 대한 존경을 나타낸다. 94행과 110행의 파리나타에 대한 경우와 지옥편 15곡의 브루네토 라티니에 대한 경우에서도 같은 예를 볼 수 있다.
338 업신여겼던: 베르길리우스에 대한 구이도의 태도를 말한 것이다. 구이도의 에피쿠로스 학파적 경향과 베르길리우스의 작품인 《아이네이스》에 나타나는 종교

64　그의 말이나 벌罰의 양상이 나로 하여금
　　그 이름을 알아맞추게 하였으므로
　　대답은 이렇듯 영락없는 것이었도다.[339]

67　갑자기 그는 빳빳이 서서 소리치되, "무엇?
　　'였던 것'이라니? 그럼 이미 살아 있지 않다는 건가?
　　다사로운 빛이 그 눈에 부딪지 못한단 말인가?"

70　내가 대답하기에 앞서 약간
　　머뭇거림을 알아채자 그는
　　거꾸로 뒤엎어지고는 다시 밖으로 나타나질 않더라.

73　그러나 나를 멈추는 도량 있는 자가 하나
　　있었으니 그는 얼굴빛을 변치 않고
　　몸도 움직이지 아니한 채 옆구리도 아니 휘었더라.

76　그는 먼젓말에 잇대어 이르되,

사상, 내세에 대한 태도 등은 서로 상반된다.
339　64~66 말을 듣고는 그가 카발칸테임을 알고, 받는 벌을 보고는 그가 에피쿠로스 학파임을 안다는 말이다.

"저들이 그 재주를 그릇 배운 것이라면
실상 그것이 이 자리[340]보다 더 나를 괴롭힌다.

79 그러나 여기를 다스리시는 마나님의
얼굴이 쉰 번 타기 전에[341]
그 재주가 얼마나 어려운 것임을 그대는 알리라.

82 그대 감미로운 나라로 돌아갔으면…….
헌데 그 백성이 그 법을 통틀어서
어찌 이다지도 내 혈족을[342] 못살게 구는지 말해 다오."

85 인하여 나는 그에게 "저 아르비아[343]를 붉게
물들인 학살과 큰 접전이 이러한

---

340 자리: 불타는 무덤.
341 여기를 다스리시는 마나님……: 마왕 플루톤의 아내인 페르세포네를 말한다(지옥편 9곡 43~45행 주 참고). 신화에서 페르세포네와 디아나(달의 여신)는 동일시되므로 '쉰 번 타기'란 50개월을 가리킨다. 그러므로 파리나타의 말은 단테라면 지금부터 50개월 이내에 그의 고향인 피렌체로 돌아가기가 얼마나 어려운지 알 것이라는 말이다.
342 이다지도 내 혈족을: 50~51행 주 참고.
343 아르비아: 토스카나 주의 강 이름. 1260년 9월 4일 기벨리니 당이 구엘피 당을 대패시킨 몬타페르티의 언덕이 이 강가에 있다(32행 주 참고).

기도[344]를 우리 성전에 마련한 것이로다."

88 다음 그는 한숨을 쉬며 머리를 흔들고는
말하더라. "거기[345]엔 나 혼자뿐이 아니었고
또 진정 턱없이 남들과 같이 동動하지도 않았노라.

91 오히려 누구나 피렌체를 쳐 없애고자
의논하던 거기에[346] 얼굴을 드러내고
그를 막은 자는 오직 나뿐이었느니라."

94 나는 그에게 청하되, "오오, 그대의 후예는
평안할진저! 그대 내 뜻이 여기
맺혀 있는 저 매듭을 내게서 풀어 다오.

---

344 기도: 구엘피 당은 다시 피렌체에서 정권을 잡게 되자 몬타페르티의 살육을 큰 불행으로 보아 여러 가지 법령을 만들어 우베르티 일가의 귀향을 막았다. 중세에는 성당을 회의장으로 쓰는 일이 많았기에, 이곳에서 만들어진 법령을 기도라고 표현했다.
345 거기: 몬타페르티의 전쟁.
346 의논하던 거기에: 피렌체의 서쪽에 위치한 아르노 강가의 도시 엠폴리. 몬타페르티 전쟁 후 기벨리니 당은 여기 모여 후일의 화를 면하고자 피렌체 시를 파괴할 것을 의논했으나, 파리나타가 애향심으로 이를 반대하여 결국 의회는 뜻을 이루지 못했다.

97 　내 옳게 알아들었다면 때가 함께
　　가지고 올 바를 너희가 미리 보는 듯하되,
　　지금 당장엔 일이 다른 성싶도다."[347]

100 　그가 말하되, "우리들은[348] 안광眼光이 나쁜[349] 자들 모양
　　먼 데 있는 것들을 볼 따름이니 그러기
　　극히 높으신 으뜸이 아직도 우리를 비춰 주신단다.

103 　가깝거나 같이 있거나 우리 지성이란
　　아무짝에도 쓸모없는 것이니 남이 우리에게
　　알리지 않는다면 그대들 인간사人間事를 통 모른단다.

106 　그러기에 그대는 짐짓 알라, 미래의 문[350]이
　　닫혀지는 그 순간부터 우리네

347　97~99 너희 망령들은 미래의 사정은 잘 알면서 현재의 사실에는 눈이 어두운 것 같다는 의미. 파리나타는 단테의 미래를 예지하지만, 카발칸테는 제 자식의 생사도 모른다.
348　우리들은: 지옥의 죄인 전체.
349　안광이 나쁜: 97~99행 주 참고.
350　미래의 문: 최후의 심판 때가 되면 미래의 문은 닫히고 영겁의 문이 열린다. 미래가 소멸되면 미래에만 국한된 죄인들의 지식은 완전히 소멸된다.

'지식'이란 오롯이 죽어 버린다는 것을."

109   그때 나는 내 잘못[351]에 찔리운 듯 말했노라.
"그럼 이제 그대는 저 엎어진 자에게
일러 다오. 제 아들은 아직 산 사람들과 같이 있다고.

112   그리고 아까 내가 잠자코 대답 아니한 것은
그대가 내게서 풀어 준 그르침 속에 진작
내가 빠졌던 탓이라고 그에게 알려 다오."

115   벌써 내 스승이 나를 부르시므로
나는 창황히 그 넋에게 청하여 그와 함께
있던 자가 누군지 물었더니

118   그는 내게 말하니라. "여기 천이 넘는 자들과
나는 누웠다. 이 가운데 프리드리히 2세[352]와

---

351 내 잘못: 카발칸테의 물음에 곧바로 대답해 준 것(70~71행 참고).
352 프리드리히: 신성 로마 황제 프리드리히 2세(1194~1250년). 에피쿠로스 학파의 1인으로 간주된다.

그 추기경[353]도 있는데 그 나머지는 말하지 않노라."

121 그리고 그는 숨어 버리기에 나는 옛 시인에게로
발길을 돌리니라, 내게 원수스럽게만
여겨지는 저 말들을 뇌까리면서…….

124 그는 몸을 움칫한 다음 이냥 걸으시며
내게 이르시되, "너 어찌 이다지 당황하는고?"
이런즉 나는 그 물으심에 제대로 답해 드렸노라.

127 저 현자 "네게 대하여 들은 바 언짢은 일을
너는 마음에 간직하라." 하고 내게 분부하시고는
"자, 내 말을 잘 듣거라." 하시며 손가락을 세우시니라.

130 "아름다운 눈이 모든 것을 보는 바
그이[354]의 다디단 광명 앞에 네가 설 무렵

---

353 그 추기경: 오타비아노 우발디니. 기벨리니 당에 속하고 에피쿠로스 사상의 영향을 받았으며, 죽음에 임해서 "만일 세상에 영혼이라는 것이 있다 해도 나는 이미 기벨리니 당을 위해서 이를 잃었노라."라고 말했다고 전해진다.
354 그이: 베아트리체. 베아트리체는 단테에게 카차구이다에게 자기 생애의 일을 물어보도록 한다(천국편 17곡 7행 이하 참고).

그이로부터 네 생애의 길을 너 깨우치리라."

133 이내 그는 왼쪽으로 발길을 돌리셨으니
우리는 성벽을 떠나 어느 골짜기[355]에 이르는
오솔길을 거쳐 한 가운데로 향해 가는데

136 그 독한 냄새는 높은 데까지 역겹게 하더라.

---

355 골짜기: 지옥 제7환.

제11곡

악취를 내뿜는 아나스타시오 교황의 무덤 곁에서 베르길리우스는 이제부터 내려갈 지옥의 형상과 죄인의 분류를 단테에게 설명한다. 더 나아가 고리高利를 탐하는 자의 죄를 들어 가르쳐 준다.

1   깨어진 큰 바위가 삥 둘러져 널려 있는
    높다란 언덕[356]의 끄트머리 위 —
    한결 처참한 무더기 위로 우리가 오노니,

4   여기 깊은 골짜기 내뿜는 악취가
    너무도 지긋지긋하기에 우리는

---

356 높다란 언덕: 제6환과 제7환 사이의 언덕.

커다란 무덤의 뚜껑 뒤로 물러섰나니,

7 거기 내 한 글씨를 보매, 일렀으되
"포티누스[357]가 바른 길에서 떼어 제친
아나스타시오 교황[358]을 내 지키노라."

10 "우리의 내려감이 마땅히 더디어야 할지니
이러함으로써 먼저 독한 훈김에
익은 후라야 바야흐로 무방하리라."

13 이렇게 스승이 말하므로, 나도 그에게 "때가
헛되이 흐르지 않게 무슨 대가를 마련하소서."
하니, 그는 내가 "옳다, 나도 그리 여기노라."

---

357 포티누스: 소아시아 테살로니아의 부제副祭. 팔레스티나 체사레아의 주교인 아카초가 이교도라는 이유로 제명됐을 때 포티누스는 그의 복직을 위해 로마로 갔다.
358 아나스타시오: 아나스타시오 2세 교황(재위 496~498년). 포티누스가 그를 찾아갔을 때 평화를 사랑하던 교황은 그를 자애롭게 맞아 주었기 때문에 로마 성직계의 미움을 샀다. 이를 계기로 그가 교회로부터 파문을 당했다는 기록이 있어 교회사가들조차 16세기까지도 이를 믿었다. 단테도 그 당시의 기록을 따라 이렇게 썼다. 그러나 스카르타치니Scartazzini는 단테가 아나스타시오 2세 교황과 동시대인이며, 포티누스의 이교에 물들었던 아나스타시우스 1세 황제(재위 491~518년)를 혼동한 것이라고 주석을 남겼다.

16 그런 다음 말을 이어 "아들아, 이 바위들 안엔
    층층이 조그마한 세 환環[359]이 있는데
    그것은 네가 떠나온 것들이나 같은 것이다.

19 모두 저주받은 것들이 가득 들어차 있어
    그저 보기만 함으로써[360] 넉넉한 것이로되
    어떻게 무엇 때문에 놈들이 묶여 있는지나 들어 보라.

22 하늘의 미움을 사는 모든 악성惡性[361]은
    불의가 그 목적인 것이니, 무릇 이런 목적이란
    폭력 아니면 사기로써 남을 해침이니라.

25 사기란 사람만이 짓는 악[362]인 까닭에
    더욱 하느님의 사랑을 못 받나니 그러기에

---

359 조그마한 세 환: 제7·8·9의 세 환. 조그마하다는 것은 제6환에 비해서 작다는 말이다.
360 그저 보기만 함으로써: 구태여 죄인의 종류를 베르길리우스에게 묻지(지옥편 3곡 33행과 73행, 지옥편 4곡 74~75행 참고) 않아도.
361 악성: 방종과는 달리 악의에서 오는 죄.
362 사기란 사람만이 짓는 악: 사기는 인간이 만물의 영장으로서 갖는 정신적 천혜天惠를 악용하는 것이기 때문이다.

사기꾼들은 낮은 데서 더욱 큰 괴로움에 휩싸이나니라.

28　　제1환은 온통 폭행자로 되어 있는데
　　　폭력은 세 위격位格에게 행하여지므로
　　　환은 셋으로 나뉘어 짜였나니라.

31　　하느님과 자기와 이웃에서 폭력이 쓰인다는 것
　　　— 그것을 너 숨김없는 말로써 이해할 수 있도록
　　　그들 및 그들의 것[363]을 들어 말함이로라.

34　　폭력으로써 이웃에게 죽음과 쓰라린
　　　상처, 그리고 그의 가진 것에 파괴와
　　　방화 및 해 끼치는 약탈이 행하여지나니

37　　그로 말미암아 살인자와 중상 모략자며
　　　불한당과 강도가 모두 제1원圓에서
　　　각기 제 몫대로 벌을 받나니라.

363　그들의 것: 신에게 속한 것은 자연과 은혜이고, 사람에게 속한 것은 사람의 소유
　　　물을 말한다.

40　사람은 스스로 제 몸과 제 재물에게 폭력을
　　쓰는 수도 있어 이러기에 제2원에서
　　마땅히 보람 없이 뉘우치는 자들은

43　곧 너희 세상에서 제 몸을 없이하는 자,[364]
　　노름을 하여 그 살림을 바닥내는 자[365]
　　그리고 기뻐야 할 거기에서 우는 자니라.[366]

46　하느님에게 폭력을 부릴 수 있다 함은
　　마음으로 부정하거나 그를 모독하거나
　　그의 좋으신 본성을 깔봄으로써 그러하니,

49　이러기에 좁디좁은 원엔 소돔[367]과

364　제 몸을 없이하는 자: 자살한 사람.
365　살림을 바닥내는 자: 여기서 벌받는 자와 제7곡의 제4환에서 벌받는 자가 다른 점은, 후자는 다만 방종한 낭비자인데 전자는 도박 등으로 타인의 손해를 자기의 이득으로 취한 자이므로 그 죄가 더욱 크다.
366　기뻐야 할 거기에서 우는 자니라: '기뻐야 할 거기'는 지상을 의미한다. 생명과 재산은 좋은 일에 씀으로써 행복의 수단이 되어야 하는데 이를 악용하여 스스로 비탄에 빠졌다는 말이다.
367　소돔: 하느님의 노여움을 사 멸망한 도시로, 자연스러운 인성에 반하는 남색男色의 죄가 성행했다(창세 19 참고).

　　　　카오르사[368]며 마음속에 하느님을 얕보아

　　　　말하는 자를 그 화인으로 찍나니라.[369]

52　　무릇 양심을 찌르는 바 사기를 한 사람은

　　　　저를 믿는 이[370]에게나 조금도 믿어 주지

　　　　않는 이[371]에게나 일쑤 자기를 부리는 것이니라.

55　　뒤의 것의 이 행패야말로 천성이 마련한

　　　　사랑의 매듭을 죽이는 듯하니 그러기에

　　　　제2원[372]에 깃들이는 것은

58　　겉꾸밈과 아당함과 홀리게 함[373]과

368　카오르사: 원래는 남부 프랑스의 지역 이름인데, 중세에 이 지방 사람들이 고리 대금을 했기 때문에 후일 Caorsinus라는 단어는 고리대금이란 뜻이 되었다. 고리대금은 신의 은혜에 대한 폭력이다.
369　화인으로 찍나니라: "그리고 그를 지하로 던지고서는 그곳을 잠그고 그 위에다 봉인을 하여, 천 년이 끝날 때까지 다시는 민족들을 속이지 못하게 하였습니다. 그 뒤에 사탄은 잠시 풀려나게 되어 있습니다."(묵시 20,3)
370　저를 믿는 이: 특별히 가까운 관계의 사람.
371　믿어 주지 않는 이: 혈육과 같은 특수한 관계가 없는 자. 자기와 특수한 관계가 없는 자를 속이는 것은 인류애의 자연적 정신에 반한다.
372　제2원: 전체로 보아서는 제8환.
373　겉꾸밈과 아당함과 홀리게 함: 위선, 아첨, 속임수. – 편집자 주

속임질, 강도질 그리고 시모니아[374]며

뚜쟁이질, 등쳐먹기와 이런 따위의 추잡함이니라.

61 앞의 것의 행패로는 천성이 마련한

사랑과 아울러 이에 곁들여져 절로

생겨진 자별한 미쁨마저 잊혀지게 하나니

64 그러기에 아주 작은 환 — 디스[375]가 그 위에

앉아 있는 세상의 한가운데엔

모든 반역자가 끝없이 죽어가느니라."

67 나는 "스승이여, 당신 말씀이 아주 똑똑히

따져 나가시고 이 심연과 이것이

지니고 있는 백성을 잘도 분간하시옵니다.

70 그럼 내게 일러 주소서, 흐물흐물한 늪에

있는 저들 — 바람이 쓸어 가고 비가 매질하며

---

374 시모니아: 성물을 매매하는 것으로 이는 신법 및 교회법 상의 죄이다(지옥편 19곡 1~6행과 사도 8,18 참고).
375 디스: 지옥왕 루시퍼(지옥편 8곡 68행 주 참고).

매운 말씨로 서로 겨루는 저자들을[376]

73   하느님이 미워하실진대 어찌하여 시뻘건
     도시 그 안에서 벌을 받지 않나이까?
     아니라면 어찌 요 모양으로만 있나이까?"

76   그는 내게 이르시되, "너의 정신이 어찌 이다지도
     평소보다 어지러운고? 아니, 정신은
     엉뚱한 어디를 보고 있는 것이뇨?

79   너는 너의 윤리학[377]이 이르는 바 저 말씀들
     하늘이 싫어하는 세 가지 성향이 있어
     방일放逸[378] 사악과 미쳐 날뛰는 수심이

82   그것임을 생각지 못하였느냐?

---

376 70~72 디스 성 밖의 제 지옥에서 벌받는 죄인들.
377 너의 윤리학: 아리스토텔레스의 《윤리학》 7의 서두에 나오는 "도덕성으로 피해야 할 일 중 세 가지가 있으니 사악과 방종, 그리고 수심獸心이다."라는 부분과 관련이 있다. 다만 단테는 이를 그대로 적용하지 않았다. 그는 먼저 방종과 사악으로 이분하고, 다시 사악을 폭력에 의한 것과 기만에 의한 것 두 종류로 나누었다.
378 방일: 제멋대로 거리낌 없이 방탕하게 놂. – 편집자 주

또 어찌하여 방일이 하느님께 덜 노엽고
　　꾸지람이 덜 사게 하는 것임을?

85　너 만일 이 가르침을 좋이 살피고
　　바깥, 위[379]에서 벌을 당하는 자들이
　　누구인가를 정신 차려 생각한다면

88　이내 알리로다, 어찌하여 저들이 이 몹쓸
　　무리와 갈라졌으며 저들을 두들겨 박는
　　하느님의 복수가 어찌하여 덜 노여워하시는지."

91　내가 여짜오되, "오, 일체 흐린 눈동자를
　　씻어 주는 해님이여, 그대 의심을 풀어 주실 제면 내
　　후련하리니 내 차라리 앎보다 의심이

94　기껍고녀! 다시 한번 아까로 돌아가
　　빛놀이가 하느님의 지선至善을 더럽힌다고

379　바깥, 위: 디스 성 바깥의 상방上方 지옥.

하신 그 맺힌 대목[380]을 풀어 주소서."

97 그이 내게 이르시되, "철학은 이를 깨친 자에게
자연이 그 가는 길을 신지神智와 또한 그의
묘책으로 어떻게 가려잡는지

100 어느 한 대목에서만 가르치는 것이 아니니라.
그리고 너 네 물리학[381]을 잘 살펴본다면
몇 장 아니 가서 찾아낼 수 있으리니 곧

103 너희 재주가 되도록 자연을 따름이 마치
스승을 따르는 제자와 같아, 그러기 너희
재주를 하느님의 손자[382]와 같다고 함이 이것이니라.

106 너 창세기를 첫머리부터 마음에
새겨 보면 이 두 가지[383]로써 사람은 의당

---

380 그 맺힌 대목: 46행 이하 참고.
381 네 물리학: "예술은 자연을 모방한다."(아리스토텔레스 《물리학》 2,2)
382 하느님의 손자: 인간의 재주는 자연을 따르고 자연은 신으로부터 나온다. 그러므로 인간의 재주는 신의 손자라고 말할 수 있다.
383 이 두 가지: 자연과 재주. 즉 자연을 본받아 그 법을 따르도록 노력하고 신이 내

제 삶을 꾀하고 인류는 진보하는 것이니라.

109 그러하거늘 돈놀이꾼은 다른 길을 들어
딴것에 희망을 두기에, 자연 그것과
그에 따른 것[384]을 우습게 보는 것이니라.

112 자, 나를 따르라, 나는 가야겠도다.
물고기자리[385] 지평선 위에 깜박거리고
코로[386] 너머 북두는 앵돌아졌는데[387]

115 내려갈 낭떠러지가 저 멀리 아득하다."

려 주는 물건을 자연 속에서 획득해야 한다.
384 그에 따른 것: 인간의 재주.
385 물고기자리: 양자리에 앞서는 황도 12궁의 하나. 당시 태양은 양자리에 있고 양자리는 물고기자리보다 2시간 늦게 나타난다. 그러므로 두 시인이 아나스타시오의 무덤 곁을 떠날 때는 해 뜨기 2시간 전, 즉 4월 9일 오전 4시경이다.
386 코로: 서북풍. 여기서는 서북쪽 하늘을 가리킨다.
387 앵돌아졌는데: 홱 틀려 돌아가는데. – 편집자 주

제12곡

단테는 절벽을 따라 제7환 제1원에 이르러 머리는 황소이고 몸은 사람의 모양을 한 미노타우로스가 날뛰는 모습을 본다. 더 나아가 펄펄 피가 끓어오르는 강물 속에 남에게 폭력을 행사한 자들이 빠져 있는 것도 본다. 죄인들 중 그 강 속에서 몸을 빼내려 하는 자가 있으면 반인반마半人半馬의 켄타우로스가 그에게 활을 쏜다.

1   언덕을 내려가고자 우리가 온 자리란
    매우 험난했고, 거기 위에 버티고 있는 놈[388] 때문에
    어느 눈이고 이를 꺼릴레라.

---

388 버티고 있는 놈: 미노타우로스(11행 이하 참고).

4 　　마치 트렌토[389] 이쪽에서 지진 때문이거나 아니면
　　　지레가 없는 탓으로 아디체[390] 그
　　　옆구리를 때려서 산이 무너지매

7 　　허물어진 산꼭대기로부터
　　　벌판에 이르기까지 부스러진 바위[391]가
　　　오르는 자에게 한 길을 마련하듯이

10 　저 낭떠러지의 내리막도 이러하였나니
　　　찢어진 구덩이의 가장자리[392] 위엔
　　　가짜 암소 속에 잉태되었던

13 　크레타의 치욕[393]이 뻐드러져 있는데

389　트렌토: 이탈리아 북방 산지에 있는 마을.
390　아디체: 이탈리아 북방을 흐르는 하천.
391　부스러진 바위: 883년경 트렌토와 베로나 사이의 로베레토 지방 부근에서 산이 무너져 아디체 강의 수로는 만곡이 심해졌다. 1302년에 피렌체에서 추방된 단테는 이를 직접 목격했다고 전해진다.
392　구덩이의 가장자리: 암석의 붕괴로 생긴 제6환의 끄트머리.
393　크레타의 치욕: 미노타우로스. 오비디우스의 시에 나오는 반인반우半人半牛의 괴물. 크레타 섬의 왕 미노스의 아내인 파시파에는 바다의 신 포세이돈이 미노스에게 준 황소를 연모하여 명장 다이달로스가 만든 목제 암소 속에 들어가 미노타우로스를 낳았다.

그가 우리를 보았을 때 제 몸을 물어뜯어

속에서부터 분통이 터지는 것 같더라.

16 나의 현자가 그더러 호통치되, "너
정녕코 아테네 공[394] — 윗 세상에서
너를 죽게 한 그 자가 여기 있는 줄 아는 게지?

19 물러가라, 짐승아. 이분은 너의 누이[395]한테
가르침을 받고 오신 게 아니라 다만
너희 벌을 구경하러 오셨을 뿐이다."

22 흡사 황소가 이미 죽을 매를 맞자
그 순간 고삐가 풀리어 도망치기는커녕
이리저리 뜀박질하듯이

---

394 아테네 공: 테세우스. 미노타우로스의 출생을 치욕으로 여긴 미노스는 미노타우로스를 미궁에 유폐시키고, 매년 아테네의 젊은 남녀를 각 7명씩 그에게 먹였다. 테세우스는 이에 분개하여 크레타 섬으로 갔다. 그는 미노스의 딸 아리아드네의 환심을 사서 미궁에서 헤매지 않는 법을 배운 뒤 그녀의 가르침대로 몸에 실을 감고 미궁에 들어가 미노타우로스를 죽였다.
395 너의 누이: 아리아드네.

25 저 미노타우로스가 그 같음을 내 보노니
눈치 빠른 그이가 소리치되, "어서 내뛰어라.
놈이 발광하는 틈에 내려가는 게 상책이다."

28 어느덧 우리는 저 바위 돌무더기를
따라 길로 접어들었는데 이따금
그 무더기는 야릇한 짐 때문에 내 발 밑에 움짓하더라.

31 내 생각하여 가노라니 그이 이르시되, "너
아마도 금시 내가 걷잡은 바 저 짐승의
발광에서 구원받은 이 구덩이를 생각하는가 보구나.

34 옳다, 너 이제야 깨달으리니, 지난번
내 깊숙한 지옥 밑 이리로 내려왔을 제[396]는
아직 바위가 굴러떨어지지 않았더니라.

37 그러나 내 짐작이 옳은 것이라면

---

396 내려왔을 제: 에리톤의 명을 따라(지옥편 9곡 22행 이하 참고).

위층 환의 많은 영혼을 디스[397]에게서

빼내신 그이가 오시기 바로 전에

40 더럽고 깊은 골이 송두리째 몹시

진동하기에 누구의 말마따나 이따금씩

세상을 혼돈 속으로 뒤섞어 놓는다는

43 그 사상[398]을 우주가 깨달은 것이라 나는 여겼노라.

이리하여 그 순간 이 묵은 바위가

여기저기 요 모양으로 굴러떨어진 것이니라.

46 그럼 너 그 눈을 골짜구니로 들이박을 양이면

피의 강[399]변이 다가오리니 그 속엔 남을

---

397 디스: 지옥왕 루시퍼. 그리스도는 지옥 제1환에 내려와서 아담과 그 외 많은 영혼을 루시퍼의 손에서 빼앗아 가셨다(지옥편 4곡 52행 이하 참고). '오시기 바로 전'이라 함은 그리스도께서 십자가 위에서 돌아가실 때를 말한다. 이때 지옥의 암석 붕괴가 일어났다고 하는 것은 "땅이 흔들리고 바위들이 갈라졌다."(마태 27,51)에 의거한다.

398 그 사상: 엠페도클레스(지옥편 4곡 138행 참고)의 설. 우주는 애증의 두 가지 요소가 결합하는 바에 따라서 평형이 유지된다. 둘 중에 어느 쪽이라도 우월하게 되면 혼돈이 발생한다.

399 피의 강: 플레게톤 강. 지옥에 있는 강의 하나로 자살한 영혼의 숲에서 흘러나와 제7환 제3원의 뜨거운 모래를 뚫고 마침내 절벽으로 떨어지는 부글부글 끓는

폭력으로 해친 자가 삶기느니라."

49 오, 눈먼 탐욕이여, 어리석은 분노여,
짧막한 인생에 이렇듯 우리를 들쑤셔 놓고는
영원한 저승에선 몹시도 괴롭히는구나.

52 나의 지킴이 말씀하신 그대로
온 벌판을 품어 안은 듯
둥글게 굽은 넓은 구렁을 나는 보나니,

55 언덕의 기슭과 그 구렁 사이에 무리 지은
켄타우로스[400]가 화살을 쟁이고 치닫는데
흡사 세상에서 사냥하는 모양 같더라.

58 그들은 우리가 내려감을 보자 주춤하더니
무리 가운데서 셋이 앞장서
활과 살을 빼어 들고 떨어져 나오니라.

피의 강이다(지옥편 14곡 130행 이하 참고).
400 켄타우로스: 반인반마의 괴물로 포학暴虐의 표상. 원래는 그리스 테살리아 산지의 야만족이다.

61 그리고 하나가 멀찍이서 고함치되, "너희

　　 절벽을 타고 내려오는 놈들아, 무슨

　　 벌로 왔는지 게서 일러라. 아니면 활을 당기리라."

64 내 스승이 이르시되, "대답은 우리가

　　 가까이 가서 케이론[401]에게 하리로되,

　　 네 심보는 줄창 이렇듯 조급한 게 병이었구나."[402]

67 다음 그는 나를 쿡 찌르며 이르시더라.

　　 "저게 네소스[403]다. 그 예쁜 데이아네이라로 인해 죽은,

---

401 케이론: 켄타우로스의 하나. 크로노스와 필리라 사이의 아들로, 크로노스는 필리라를 연모했지만 아내 레아의 질투가 두려워서 필리라를 말의 형상으로 바꾸었고, 이 때문에 필리라는 반인반마인 케이론을 낳았다. 케이론은 천문·의학·음악·수렵에 능하고, 사람들과 잘 사귀어 아킬레우스의 아버지 펠레우스를 테티스에게 소개했고 스스로 아킬레우스와 헤라클레스 및 그 밖의 많은 사람들을 가르쳤다. 이를 알았던 단테는 그를 길잡이로 택했다.

402 병이었구나: 죽음을 초래하게 되었다.

403 네소스: 켄타우로스의 하나. 헤라클레스가 아내 데이아네이라와 여행을 하다가 하천을 건너려고 데이아네이라를 네소스의 등에 업혔다. 네소스는 먼저 헤라클레스를 건너게 한 다음 자기는 데이아네이라를 데리고 도망가려 했다. 헤라클레스는 곧 활을 쏘아 화살이 네소스의 가슴을 뚫었다. 네소스는 죽으며 데이아네이라에게 자신의 피가 묻은 옷은 사내의 마음을 변할 수 없게 만드는 마력이 있다고 하며, 이 옷을 헤라클레스에게 입히면 그의 사랑이 변치 않게 될 것이라고 했다. 후에 헤라클레스가 다른 여자에게 마음을 쏟자 데이아네이라는 그 옷을 헤라클레스에게 보냈고, 독이 묻어 있던 그 옷을 입은 헤라클레스는 고통스럽게 죽었다.

그리고 바로 제가 손수 원수를 갚은 자란다.

70 그리고 한가운데서 가슴을 들여다보는 놈이
아킬레우스를 길러 낸 장대한 케이론,
또 다른 화가 잔뜩 난 놈이 폴로스[404]란다."

73 수천 명씩 구렁을 두루 다니는 저들은
그 죄과가 허용하는 한도를 넘어
핏물을 벗어나려는 혼들을 쏘아뜨리더라.

76 우리가 저 날랜 짐승에 가까이 갔을 즈음
케이론이 화살을 뽑아 들더니
화살통으로 자신의 턱수염을 뒤로 제끼더라.

79 그는 큰 입을 벌리고 나서 반려에게
이르되, "너희는 저 뒤에 있는 놈이
건드리는 족족 무엇이 움직이는 것을 보았느냐.

---

404 폴로스: 켄타우로스의 하나. 테세우스의 친구이자 라피테스 족의 왕인 페이리토우스의 혼인 잔치에서 술에 취하여 난폭하게 굴다가 스스로 죽음에 이르렀다.

82　죽은 놈의 발은 이런 법이 없다."
　　이미 두 모습[405]이 한데 이어진 그의
　　가슴 앞에 서 계시던 나의 어진 길잡이는

85　대답하시되, "정말 저이는 살아 있고 홀몸이기에
　　나는 캄캄한 골짜기를 저이에게 보여 주어야 하나니
　　이는 즐거움이 아닌 아니할 수 없음이니라.

88　할렐루야의 노래에서 떠나 온 그이[406]
　　새로운 이 소임을 내게 맡기심이니
　　저도 나도 도적의 혼[407]이 아니로라.

91　그러나 이렇듯 험한 길을 따라 내
　　발길을 옮길 수 있는 그 힘을 위하여
　　너희 중에 하나를 다오. 우리가 그 곁에 있어야 할

94　그는 우리에게 건너갈 데를 가르치고

405　두 모습: 사람과 말의 모습.
406　그이: 할렐루야(하느님을 찬미하라)를 노래하는 천국에서 내려온 베아트리체.
407　도적의 혼: 폭력으로 남의 것을 빼앗은 영혼.

  그 등 위에 저이를 업고 가리니 저는
  공중에 다니는 혼이 아닌 까닭이로다."

97 케이론은 오른편으로 가슴을 돌려
  네소스 보고 말하되, "너는 가서 이리이리 저들을
  인도하라. 딴 패가 뛰어들거든 후려 버리라."

100 그리하여 우리는 믿음직한 호위와 더불어
  삶아지는 자들을 높이 아우성치는 거기
  주홍의 들끓는 언덕을 따라 나아갔노라.

103 눈썹까지 잠긴 백성을 나는 보노니
  장대한 켄타우로스가 이르되, "저놈들은
  피와 약탈을 일삼은 폭군들로서

106 여기서 놈들은 무자비하던 가해를 통곡하나니
  여기 알렉산드로스[408]가 있고 시칠리아로 하여금

---

408 알렉산드로스: 마케도니아의 대왕(전 356~323년). 5세기에 살았던 신부이자 위대한 역사가였던 오로시우스는 알렉산드로스에 대해서 "그는 페르시아 전쟁으로 떠날 때 모든 친척과 측근을 죽였다.", "더욱 피를 목말라 했을 때 신하의 피

쓰라린 세월을 가지게 한 독한 "디오니시우스⁴⁰⁹가 있다.

109 저기 저렇게 새까만 머리에 낯짝만
내놓은 놈이 에촐리노⁴¹⁰요, 금빛 머리 저놈은
에스티의 오피초⁴¹¹니 그게 바로

112 윗 세상에서 의붓자식한테 죽은 놈이란다."
이때 시인에게 내 돌이키매 그는 이르시되,
"우선 저는 네게 첫째 길잡이가 되고 나는 둘째가 되자
꾸나."⁴¹²

에 넘어가 독약을 마시고 죽었다."라고 했다. 또는 알렉산드로스를 기원전 4세기의 페레의 폭군으로 보는 견해도 있다. 잔인한 그는 사람에게 짐승 가죽을 입혀 개 떼 속에 집어 던지고 생매장을 시켰다.

409 디오니시우스: 폭군으로 손꼽히는 시라쿠사의 통치자(전 405~367년).
410 에촐리노: 에첼리노 다 로마노(1194~1259년). 황제 프리드리히 2세의 사위로 북이탈리아에 많은 영지가 있었으나 포학이 극심했다.
411 에스티의 오피초: 잔인하고 난폭했으며 약탈을 일삼았던 페라라와 안코나의 영주(1264~1293년). 1293년 그의 서자인 아초에게 살해되었다. 아초는 친자식이었으나 그 죄가 자연스럽지 않기 때문에 단테가 여기서 '의붓자식'이라 표현했다는 견해도 있다.
412 우선 저는……: 네소스를 첫째 길잡이로 삼고 베르길리우스는 둘째 길잡이가 되어. 지금 그들은 네소스를 따라가고 있다.

115 조금 더 지나서 켄타우로스가 한 백성[413] 위에
     선뜻 머물기에 보니 그것은 들끓는
     피의 강물 위에 모가지만 내민 양하더라.

118 한 모퉁이에 외로이 서 있는 그림자[414]를 우리에게
     가리키며 그가 말하되, "저놈은 템즈[415] 하상에 아직도
     추앙받는 심장을 신의 품[416] 안에서 갈라놓은 놈이다."

121 그 다음 나는 피의 강 밖으로 머리며
     가슴까지 드러낸 백성[417]을 보았으니
     그들 가운데 내 알던 자들도 제법 되더라.

124 이렇듯 저 피는 차차로 더욱 짙어져

---

413 백성: 살인자.
414 외로이 서 있는 그림자: 영국 왕 헨리 3세의 형제 리처드의 아들인 헨리. 전하는 바에 따르면 헨리의 형 에드워드 1세가 시몬 디 몬포르테를 살해하자 그의 아들인 구이도 디 몬포르테는 이를 복수하기 위해서 헨리가 비테르보의 성당에서 미사에 참례할 때 그를 살해했다(1271년).
415 템즈: 런던의 템즈 강. 헨리의 심장은 황금갑 안에 놓여 템즈 강 다리 위에 바쳐졌다고 한다.
416 신의 품: 성당. 헨리가 성당에서 미사를 드릴 때 살해됐으므로.
417 백성: 사람에게 상처를 주고 그의 소유물을 약탈한 자.

발목이 익을 지경인데 여기가 구렁을

건너가는 우리의 길이었느니라.

127 켄타우로스가 이르되, "이쪽에는 너 보다시피

끓는 피가 항시 그리 깊지 못하나

나는 네게 알리고 싶노니, 저편에선

130 이것이 갈수록 밑바닥까지 짙어져서

마침내 폭군[418]의 악이 통곡하여 마땅한

그 자리에 가서 다시 잇대어지리라.

133 거기서 신의 정의는 세상에 있어

채찍 노릇을 한 저 아틸라[419]며

피로스[420]와 섹투스[421]를 무찌르고 그리고

---

418 폭군: 105행의 폭군.
419 아틸라: 신의 채찍이라 불린 유명한 훈족의 왕(434~453년). 5세기 전반에 카스피 해에서 라인 강에 이르는 지역을 아우르는 대제국을 건설하였다.
420 피로스: 그리스 에피루스의 왕(전 319~272년). 기원전 280년 이탈리아에 침입하여 로마에서 매우 가까운 지점까지 왔으나 결국 퇴각했다. 또는 아킬레우스의 아들 피로스를 가리킨다는 견해도 있다.
421 섹투스: 대 폼페이우스의 아들. 이름난 해적으로 이탈리아 해안을 약탈하고 다니며 사람들을 기아에 빠지게 했다. 기원전 35년에 처형되었다.

136　길바닥에서 그렇듯 싸움을 많이 하던
　　 리니에르 다 코르네토[422]와 리니에르 파초[423]를
　　 곰탕을 끓여 영원토록 눈물을 짜내리라.

139　이러고 그는 돌아서서 여울을 도로 건너가 버리니라.

422　리니에르 다 코르네토: 당시의 이름 높은 도적으로 로마 부근의 해안 지방에서 약탈을 일삼았다.
423　리니에르 파초: 13세기 아레초 부근에서 도둑질하던 인물로 실벤세 주교를 살해하여 1268년 교황으로부터 파문당했다.

제13곡

단테가 제7환의 제2원에 내려가니 여기는 자기의 육체와 재산에 폭력을 가한 자들이 벌받는 곳이다. 자살한 자는 나무가 되어 숲을 이루고 있으며, 자기 재산에 폭력을 가한 자들은 개 떼에게 물어뜯기고 있음을 본다.

1   네소스가 저쪽에 채 이르기도 전에
    길이라곤 흔적도 있지 않는
    수풀 속엘 우리가 들어섰나니.

4   오직 거무스름할 뿐 잎사귀가 푸른 것도 아니요
    마디투성이 굽은 가지는 사뭇 곧지 못해
    열매는커녕 독을 뿜는 가시만 있더니라.

7   체치나와 코르네토 사이[424]의 질펀한 고장을
    증오하는 저들 짐승일지라도 이렇듯
    거칠고 빽빽한 숲속엔 살지 않으련만

10 그러한 여기에 더러운 하르피이아[425]가 깃들이고 있나니
    그는 닥쳐올 불행의 슬픈 소식을 알림으로써
    스트로파데스에서 트로이 사람들을 쫓아낸 놈이니라.

13 목과 몰골은 사람이로되, 퍼진 날개를
    지녔고 발에는 발톱, 배때기엔 털 돋은 놈들이
    저 야릇한 나무 위에서 한숨을 쉬는구나.

16 착한 스승이 입을 열어 내게 이르시되,
    "더 깊숙이 들기에 앞서 너는 알거라.

---

424 체치나와 코르네토: 체치나는 토스카나 지방의 강이고, 코르네토는 주변 해안의 마을이다. 이 둘 사이에는 크기가 매우 작은 황야가 있다.

425 하르피이아: 신화에 나오는 괴물 새. 여자의 얼굴을 하고 있으며, 배설물은 매우 더럽고, 항상 굶어서 얼굴이 푸르뎅뎅하다. 일찍이 아이네이아스가 스트로파데스 섬에 올라 암소들과 산양의 떼를 잡아서 잔치를 할 때 이 히르피이아들이 날아와 끽끽거리며 음식을 더럽혀서 아이네이아스의 일행은 무기를 들고 이들과 싸웠다. 그때 하르피이아 중의 하나인 예언자 첼레노가 높다란 바위 위에 앉아 "장차 모진 기갈이 너희를 정복하리라."라고 하였다(《아이네이스》 3,209 이하).

너 둘째 둘레에 있나니 장차 소름 끼칠

19　모래밭[426]에 갈 때까지 너는 여기 있으리라.
　그러기에 눈을 똑바로 떠라. 이내 너는
　내 말에서 믿음을 앗아 가는[427] 무엇을 보리라."

22　나는 사방에서 터져 나오는 울음소리를 들었으되,
　그렇게 우는 누구도 보지 못하였기에
　전혀 어리둥절하여 우두커니 서 있었노라.

25　정녕코 그이[428]는 우리 때문에 숨어 버린 백성이
　저 나무 줄기에서 이런 소리를 지르는 줄로
　내가 생각하리라 믿었음인지 이에

28　스승이 이르시되, "너 이 숲속 어느 나뭇가지든
　하나를 꺾어 보면 금시 네가
　품고 있는 생각이 말끔히 끊어지리라."

426　모래밭: 제3원의 모래.
427　믿음을 앗아 가는: 내 말만으로는 믿기 어려운.
428　그이: 베르길리우스.

31   이리하여 나는 조금 앞으로 손을 내뻗어
굵은 가시나무의 잔가지를 꺾었더니
그 나무 줄기는 "왜 날 찢느냐?" 하고 소리치니라.

34   다음 순간 검붉은 피가 철철 흐르자
그것은 고래고래 외치기 시작하더라. "왜 나를 해치느냐?
그대에겐 조그마한 인정도 없는 것이냐?

37   우리도 사람이었더니 이젠 숲[429]이 되었노라.
설사 우리가 뱀들의 넋이었다손 치더라도
너의 손은 좀 더 자비로웠어야 할 것을."

40   마치 한 끄트머리부터 타는 생나무 가지가
다른 한쪽은 진물을 뿜으며 때마침
불어오는 바람 때문에 피지지 소리를 내는 것처럼

43   찢어진 나무 쪽에서 말소리와 피가
한꺼번에 솟구쳤으므로 나는 작은 가지를
떨어뜨리고 질겁한 사람 모양 서 있었노라.

---

429   숲: 자살자의 이성과 감성의 기능을 잃은 상태를 나타낸다.

46   나의 현자 대꾸하시되, "상처를 입은 넋이여,

저이가 내 시에서만이라도 보았던 것⁴³⁰을

진작부터 믿을 수 있었던들

49   너에게 손을 대지 아니했을 것을…….

곧이 못 들을 일로 해서 나는 그로 하여금

일을 저지르게 하였으니 내 자신이 괴로운 그릇이다.

52   아무튼 네가 누구였는지 저이에게 말하라.

그 값으로 너의 명예는 저이가 돌아가야 할

윗 세상에서 회복될 수 있으리라."

55   나무줄기는 "네가 이처럼 꿀 같은 말로

꾀이니 나는 입을 다물 수 없구나. 한동안

흘리어 이야기할까 하노니 대견히 여기지 마라.

---

430 내 시에서만이라도 보았던 것: 아이네이아스가 신들에게 제사를 드리고자 흰 암소를 잡고, 제단을 가리기 위해 언덕 위의 나무를 뽑아 꺾었을 때 시커먼 피가 나무에서 떨어져 땅을 물들였다. 이러기를 세 번 반복하니 언덕 아래서 슬픈 소리가 나 이르되, "아이네이아스여, 왜 불행한 자를 괴롭히느냐."라고 하였다. 그는 자신이 생전에 아이네이아스와 가까왔던 폴리도로스(지옥편 30곡 18행 참고)라고 말했다(《아이네이스》 3, 19 이하).

58   나[431]는 프리드리히의 마음의 열쇠를

   양 길로 잡고 있어 마음대로

   휘둘러 잠갔다 열었다 하였나니

61   이리하여 모든 사람을 그의 비밀에서 떼어 놓았노라.

   나는 영광스러운 소임에 가장 충실하였나니

   잠도 맥도[432] 이로 인해 잃어버렸었느니라.

64   일찍이 카이사르의 궁에서 추파를

   거둔 적이 없고 만인의 죽음이요

   궁중의 죄악인 바 질투[433]가

67   나를 거슬러 뭇 마음에 불을 지르매

   불붙는 마음들은 한껏 아우구스투스[434]를 태워

   기쁘던 영예가 슬픈 통곡으로 바뀌었느니라.

---

431 나: 피에르 델라 비냐. 프리드리히 2세 황제의 신하로 1190년경 카푸아나에서 출생하여 볼로냐에서 수학했다. 20여 년간 황제의 총애를 받았으나 반역죄로 몰려 투옥된 뒤 자살했다. 그는 시를 쓰기도 하였는데, 그의 저작은 아직도 남아 있다.
432 잠도 맥도: 밤에 잠을 못 자고, 낮엔 몹시 피로하다.
433 질투: 인류의 공통된 죄악이지만 특히 궁정에서 심하다.
434 아우구스투스: 옥타비아누스 이래 로마 황제의 호칭. 여기서는 프리드리히 2세.

70 　나의 마음은 능욕을 맛본 나머지
　　죽음으로써 원한을 씻을까 하여
　　되려 의로웠던 나를 불의하게 망쳤노라.[435]

73 　내 저 나무의 유별난 뿌리를 두고
　　맹세하노니, 나는 공경이 마땅한 내
　　상전에게 한 번도 신의를 끊어 본 일이 없노라.

76 　그대들 중에 누가 세상에 돌아가거든
　　질투가 마련한 타격으로 하여 아직도
　　누워 있는 나의 기억을 위로하여 다오."

79 　시인은 잠시 기다렸다가 날더러 이르시되,
　　"저이가 침묵하는 때를 놓치지 말고 말하라.
　　그리고 너 더 무엇을 원하거든 저이에게 물어보아라."

82 　이에 나는 그에게 "내게 흐뭇할 성싶은
　　그것을 그대 짐작하시사 한 번 더 물으소서.

435　불의하게 망쳤노라: 자살했음을 일컫는 말. – 편집자 주

나는 너무 딱해서 차마 못 하겠사옵니다."

85 이러자 그는 입을 떼시되, "갇혀 있는 넋이여,
너 간절히 청하는 바를 이 사람이
널 위하여 기꺼이 하려 드나니 너도

88 선선히 말하려무나, 어찌되어 저런 마디에
얽혀 있는지를, 그리고 너 할 수 있거든
말하라, 이런 지체에서 풀려나오는 놈도 있는지."

91 그즈음 줄기는 세찬 바람을 일으켰고
이내 그 바람은 이런 소리로 변하였으니,
"아주 짤막하게 너희에게 대답하리라.

94 모진 넋이 육체를 떠나 제 몸뚱이에서
제물에 뽑혀 나갔을 즈음, 미노스가
일곱째 구렁[436]으로 이를 띄워 보내느니라.

---

436 일곱째 구렁: 지옥 제7환.

97 이것이 숲속으로 떨어지되, 정처도 없이
   다만 운명이 쏘아붙이는 그대로
   그 자리에 가라지의 씨앗처럼 움틀 뿐인데

100 새순이 돋아나고 풋나무가 되면
   하르피아가 그 잎새를 먹노라,
   아픔을 주고 아픔에 창구멍[437]을 내느니라.

103 남들같이 우리 허울 때문에 가기는 할망정
   아무도 그를 다시 입어 볼 수는 없으리니[438]
   제 스스로 버렸던 것을 가짐이 옳지 못함이니라.

106 그것을 예까지 우리는 끌고 왔으니 우리
   몸뚱이는 너나 없이 애달픈 숲이 되어
   원수 같은 제 넋의 가시에 걸려 있으리라."[439]

---

437 창구멍: 고통이 탄식이 되어 밖으로 나오는 곳.
438 103~104 가기는 할망정……: 부활절이 되면 죽은 영혼들은 육체를 다시 입으러 여호사팟 골짜기로 간다(지옥편 6곡 97~99행과 지옥편 10곡 11행 참고). 그러나 자살한 영혼들은 제 스스로 육신을 버렸으므로 다시 육체를 찾지 못한다는 의미.
439 106~108 혼은 나무로 들어가고 육체는 나뭇가지에 걸린다.

109　행여 다른 줄기도 말하리라 싶어 한동안
　　 우리가 나무줄기에 주의하고 있을 즈음
　　 문득 한 고함 소리에 소스라쳤나니

112　흡사 누구 있어 멧돼지와 사냥개가 제 자리로
　　 다가오는 것을 알자마자 짐승 떼와
　　 나뭇가지가 스치는 소리를 듣는 것 같더라.

115　그런데 보라, 왼쪽에서 두 놈이 벌거벗고
　　 할퀸 채 어찌나 세차게 도망치던지
　　 수풀의 가지란 가지는 모조리 부러지더라.

118　앞엣 놈[440]이 "자, 어서. 죽음아, 어서."라 하매
　　 훨씬 뒤떨어진 듯 보이던 딴 놈[441]이 외치더라.
　　 "라노야, 토포에서 겨룸할 제의 네 다린들

440　앞엣 놈: 재산을 탕진한 시에나인, 라노. 1288년 피렌체인을 도와 토포에서 싸울 때 몸을 피할 수 있었음에도 그냥 죽었다.
441　딴 놈: 자코모 다 산토 안드레아. 파두아에 살던 부자로. 낭비가 심했다. "어느 날 브렌타 강을 건너 파두아에서 베네치아로 갈 때 배에 함께 탔던 젊은 벗들이 더러는 장단을 치고 더러는 노래를 부르니, 이 어리석은 자는 저만 할 일 없이 쓸쓸하게 보일까 두려워 은화를 강물에 뿌렸다." – 벤베누티의 주

121　이만큼 날래지는 못했느니라."
　　그러다가 아마도 숨이 끊어졌음인지
　　그것은 풀숲에 쓰러져 한 덩어리가 되더라.

124　저들 뒤에 숲이 있어 검정 암캐[442]들이
　　득시글득시글한데 마치 사슬에서 풀려
　　나온 사냥개 모양 허기져서 내닫더라.

127　그것들은 몸을 피하고 있는 놈에게 이빨을
　　들이대어 갈기갈기 물어뜯고는
　　드디어 그 처참한 지체를 갖고 가더라.

130　그때 나의 지킴은 손으로 나를 붙들고
　　숲속으로 데리고 갔는데 숲속의 그것은
　　피 듣는 생채기로 하염없이 울면서

133　말하더라, "자코모 다 산토 안드레아여,

442　암캐: 하르피이아가 나무 순을 서서히 파먹는 것은 자살한 영혼의 심리를 보여주는 것이고, 검정 암캐가 망령에게 내달아 물어 뜯는 것은 재산을 탕진한 영혼의 심리를 나타내는 것이다.

나를 방패 삼아서 네게 나을 게 무엇이냐.
죄스러운 네 일생의 빌미를 왜 내가 져야 하느냐."

136 스승은 그것 위에 딛고 선 채로 이르시되,
"너 누구이기에 그 숱한 끄트머리로부터
애달픈 이야기를 피와 함께 내쏟느뇨?"

139 저는[443] 우리더러 "오호, 나한테서 내 곁가지를
찢어 내는 이 무도한 찢음을 보기에
이르른 혼령들이여,

142 그대들은 이것을 서러운 나무 밑에 모아 다오.
나는 그의 첫 수호 성인을 '세례자'로
바꾼 도시[444]의 사람일러니, 이 때문에

145 저는 제 재주[445]로 항시 그를 슬프게 하리라.

---

443 저는: 누구인지 불명.
444 도시: 피렌체. 최초의 수호신은 군신 마르스였으나 그 후 그리스도교가 전래되면서 수호 성인을 요한 세례자로 바꾸었다.
445 제 재주: 군신의 재주, 즉 전란.

만일 저의 모습이 시늉만이라도 아직

아르노의 나루[446]에 머물러 있지 않았던들

148 아틸라[447]가 남긴 잿더미 위[448]에

다시금 도읍을 이룩하였던 시민들이

수고만 헛되이 할 뻔했으리라.

151 나는 내 집을 나의 교수대로 삼았노라."

---

446 아르노의 나루: 마르스의 신전이 요한 세례자의 교회가 되자 마르스의 상像을 아르노 강변의 한 탑 속에 넣었다. 542년 고토 족장 토틸라가 와서 이를 아르노 강에 내버려 가라앉게 했으나 후일 샤를마뉴 대제가 이 상을 주워서 아르노의 나루, 즉 베키오 다리 근처에 안치했다.

447 아틸라: 사실 피렌체를 침입한 것은 토틸라로, 아틸라가 아니다. 다만 일반적으로 전해져 오는 이야기를 토대로 단테는 이렇게 말한 것이다(지옥편 12곡 134행 참고).

448 잿더미 위: 전설에 따르면 토틸라 또는 아틸라가 피렌체를 불태웠다고 한다.

제14곡

지옥 제7환의 제3원은 하느님과 그 성물聖物에 폭행을 가한 자들이 벌받는 곳이다. 여기 세 가지 죄인이 있고 이 곡에서는 그중 일종, 즉 신을 가벼이 여긴 자들의 형벌을 노래한다. 단테는 그중에 아직도 굴하지 않고 신을 모독하는 카파네우스를 보게 된다. 마침내 플레게톤에 와서 길잡이는 지옥 안에 있는 모든 강물의 유래를 단테에게 들려준다.

1 태어난 고장의 사람[449]이 나를 휘감기에
   나는 흩어진 잔가지들을 주워 모아
   이미 목매어 버린 그에게 이를 도로 주니라.

---

449 태어난 고장의 사람: 지옥편 13곡의 자살한 영혼과 단테는 고향이 같다.

4   거기서 우리는 둘째와 셋째 둘레가
    서로 갈리는 끝에까지 왔나니 여기
    정의의 무서운 솜씨를 보겠구나.

7   일찍이 보지 못한 그것들을 돋보이고자
    내 말하노니, 우리가 다다른 벌판[450]이란
    그 바닥에서 온갖 풀과 나무가 뽑힌 데더라.

10 꽃목걸이인양 뺑 둘러 애달픈 숲[451]이 있고
    그것을 또 애달픈 늪[452]이 에워싼 이곳
    우리는 그 숲의 맨 가장자리에 걸음을 멈추니라.

13 땅은 물기 하나 없이 모래만이 짙은데
    그 모양이 한때 카톤의 발에 밟혔던
    그것[453]과 아무 다를 데가 없더니라.

---

450 벌판: 제7환의 제3원.
451 애달픈 숲: 자살한 영혼의 숲.
452 애달픈 늪: 피의 강.
453 14~15 카톤의 발에 밟혔던 그것: 아프리카에 있는 리비아 사막. 카톤은 기원전 47년에 폼페이우스의 잔군을 인솔하고 이 사막을 건너갔다 한다.

16 오, 하느님의 복수하심이여, 방금 내 눈앞에
    펼쳐 놓으신 이것을 읽는 그 누구에게든
    너는 얼마나 무시무시한 존재이어야 할런고!

19 보아하니 벌거벗은 혼들이 여러 무더기를
    지어, 모두가 섧게 통곡하는데
    저마다의 법식이 따로 있는 양하더라.

22 어떤 백성은 땅바닥에 반듯이 누웠고[454]
    어떤 것은 아주 옹크리고 앉았는가 하면[455]
    또 다른 것은 줄곧 서성거리기만 하더라.[456]

25 빙빙 쏘다니는 자의 수효가 훨씬 많고
    형벌로 누워 있는 자는 그보다 적으나
    통곡은 더욱 심하여 혀가 빠져 있더니라.[457]

---

454 누웠고: 신을 모독한 자. 벌떡 누워서 교만한 눈을 하늘로 향한다.
455 앉았는가 하면: 자연과 신의 사물賜物에 폭력을 가한 자. 얼굴에 땀을 흘리며 앉아 있는 것은 금리에 부심하는 고리대금업자를 일컫는 것이다.
456 서성거리기만 하더라: 자연스러운 인성에 어긋나는 남색가는 정욕에 흔들리는 대로 왔다갔다 한다. 죄인들은 모두 그 생전의 심리 상태대로 별을 받는다.
457 25~27 남색가가 제일 많고, 고리대금업자가 그 다음이요, 신을 모독한 자가 제

28　온 백사장 위엔 마치 바람 자는

　　알프스의 쫙 퍼진 눈송이와 같이

　　불비가 고즈넉이 내리더니라.

31　알렉산드로스[458]가 인도의 저 더운 지역에서

　　제 군대 위에 불덩어리가 떨어져

　　땅에까지 와서도 엉겨 붙음을 보고

34　불기가 아직 외톨로 있을 동안이라야

　　*끄기*가 쉽다 하여 그 군사로 하여금

　　땅을 짓밟으라 명령했다더니

37　영겁의 불덩이는 형벌을 갑절 더하고자

　　줄창 내려오고 그로 인해 모래가 타오르는데

　　흡사 부싯돌 아래의 화심火心이나 다름없더니라.

　　일 적다. 그러나 신을 모독한 죄인들은 수가 적지만 죄가 더욱 중하기 때문에 통곡은 다른 곳보다 더욱 심하다.
458　알렉산드로스: 중세 철학자 알베르토 마뇨의 저서 《De Meteoris》 1,4,8에 다음과 같은 이야기가 있다. "알렉산드로스는 아리스토텔레스에게 보내는 서간에 인도에서 본 경이로운 광경에 대해 썼다. 흡사 눈 모양으로 하늘에서 불구름 조각들이 떨어지므로 그는 군졸에게 명하여 밟게 하였다." 이 알렉산드로스 대왕의 서간은 물론 사실이라고 하기 어렵지만 단테는 그대로 인용한 듯하다.

40 가엾은 손목들은 쉴 새 없이 어지러이
춤추는 듯 이리로 저리로 자꾸만
달라붙는 불길을 제게서 털더라.

43 나는 비로소 말하되, "스승이여, 문간에
들어서자 우리를 거스리던 표독한 악마며,
그 밖에 온갖 것을 쳐 이긴 그대여,

46 저 불꽃에도 아랑곳없이
깔보며 눈 흘기며 자빠진 키다리[459]가 뉘오니까.
이런 불비에도 저놈은 익혀지질 않나 봅니다."

49 저는 내 저를 들고 내 길잡이에게
묻는 것을 눈치채고 저부터 소리치되,
"나야 살아서나 죽어서나 마찬가지란다.

52 제우스가 내 마지막 날에 나를 때려 죽인 바,

---

459 키다리: 카파네우스를 말한다. 카파네우스는 테베를 공략하던 일곱 임금 가운데 하나로, 그때 그는 제우스 신을 모독하여 노여움을 사서 제우스의 번개에 맞아 죽었다. '불비도 그의 오만을 꺾을 수는 없나 봅니다'라는 뜻.

그 날카로운 번개를 성나게 해 저에게
이바지한 대장장이[460]를 격려할지라도

55 그리고 플레그라[461]의 싸움에서 그런 것처럼
'착한 불카누스[462]야, 도와다오. 도와다오.' 하고 외치며
몬지벨로[463]의 시꺼먼 대장간에서

58 차례로 나머지 대장장이들[464]을 지치게 할지라도
그리하여 있는 힘을 다하여 나를 쏘아 뜨릴지라도
그로써 그는 마음껏 복수를 하진 못하리라."

61 바로 이때 나의 길잡이는 일찍이 내
들어 보지 못하던 그렇게 힘찬 소리로
이르시되, "카파네우스야, 너의 오만함이

---

460 대장장이: 불카누스(56행 주 참고).
461 플레그라: 테살리아의 골짜기로 제우스가 거인 군대를 격파한 곳.
462 불카누스: 로마 신화의 불과 대장장이의 신이다.
463 몬지벨로: 에트나 화산의 옛 이름.
464 대장장이들: 키클롭스라 부르는 그리스 신화의 외눈박이 거인들.

64 죽지 않을수록 더욱 너는 벌을 받게 되나니
  너 네 분노로 인해 괴로움을 받아야 마땅하기는
  바로 네 분노 그것밖엔 딴 벌이 또 없느니라."

67 다음 그는 약간 안색을 늦추어 나를 돌아보며
  말하시니라. "저놈은 테베를 공략하던
  일곱 임금[465] 중 하나로 일찍이

70 하느님을 가벼이 하더니 지금도 정녕 섬기지
  않는가 보구나. 허나 내 제게 이른 대로
  저의 모욕은 제 가슴패기에 알맞은 장식이로구나.

73 그럼 너는 내 뒤로 오라. 그리고 타오르는
  모래벌에 혹여 발이 닿을까 조심하여
  언제나 수풀을 따라 걸어가라."

---

465 일곱 임금: 카파네우스 · 아드라스토스 · 티데우스 · 히포메돈 · 암피아라오스 · 파르테노파이오스 · 폴리네이케스를 말한다. 에테오클레스와 폴리네이케스는 교대로 테베를 다스리기로 약속했으나, 에테오클레스가 이 약속을 지키지 않으므로 폴리네이케스는 군대를 일으켜 테베를 공격했다.

76 우리가 묵묵히 수풀 밖으로 흐르는

   자그마한 실개천⁴⁶⁶에 다다른 거기

   그 핏빛에 나는 아직도 소스라치노라.

79 불리카메⁴⁶⁷로부터 흘러나오는 냇물이

   나중엔 죄지은 여인들⁴⁶⁸을 따로이 갈라놓은 것같이

   그 시내도 모래를 꿰뚫고 내려가더니라.

82 그 바닥과 양쪽 언덕이며 폭이 넓은

   가장자리가 바위로 되어 있기에

   나는 거기에 길⁴⁶⁹이 있을 줄 여겼노라.

85 "그 문지방이 아무에게도 거부되지 않는

   저 문⁴⁷⁰으로 우리가 들어온 다음

   내 너에게 보여 준 모든 것 중에

---

466 실개천: 플레게톤. 제1원의 강으로 자살한 영혼의 숲을 뚫고 흘러내려 온다.
467 불리카메: 비테르보에 가까이 있는 유황 온천.
468 죄지은 여인들: 창녀들. 그들은 다른 부인들과 섞여서 같이 목욕할 수 없었고, 수원지에서 조금 떨어진 곳에서 물을 받아다 각기 제 집에서 목욕했다.
469 길: 제8환에의 길.
470 문: 지옥 문(지옥편 8곡 125행 주 참고).

88   온갖 불꽃을 제 위에 죽여 버리는[471] 바
　　 바로 이 시내만큼 네 눈앞에 뚜렷이
　　 나타난 것이라고는 없느니라."

91   내 길잡이의 말씀이 이런 것이었으니
　　 이미 그는 내 입맛[472]을 다시게 해 주신지라
　　 나는 그에게 먹을 것을[473] 주시라 청하였나니라.

94   이때 그이 말하시되, "바다[474] 한복판에
　　 크레타[475]라 이르는 황폐한 땅이 있으니
　　 일찍이 그 임금[476] 아래 세상은 맑았더니라.

97   거기 이다[477]라 하는 산이 있어 옛날엔
　　 샘이며 푸른 잎에 싱글벙글하더니

---

471 죽여 버리는: 지옥편 15곡 2~3행 참고.
472 입맛: 이 흐름의 유래에 대해서 듣고 싶다는 지식욕.
473 먹을 것: 지식욕을 만족시켜 줄 설명.
474 바다: 지중해. 당시의 유럽인들에게 바다는 지중해를 의미했다.
475 크레타: 베르길리우스에 의하면 이 섬은 트로이인의 발상지고, 또한 로마인의 기원지이기도 하다.
476 임금: 사투르누스. 크레타 섬의 황금 시대를 이끌었던 크레타 최초의 왕.
477 이다: 크레타 섬 중앙의 산.

지금은 낡아 빠진 무엇처럼 황폐하니라.

100 레아[478]가 이를 제 젖먹이의 아늑한
    요람으로 택하여 그가 울 제면 더욱
    그를 감추고자 거기 고함 소리를 내게 하더니라.

103 산 한가운데에 키 큰 노인[479]이 우뚝 서서
    다미아타[480] 쪽으로 어깨를 향하고
    거울을 대하듯 로마를 보더라.

---

478 레아: 그리스 신화에 나오는 대지의 여신으로 하늘과 땅의 딸이며 크로노스 신의 아내다. 그녀는 제우스와 그 외 여러 신들을 낳았으나 자식에게 왕위를 빼앗기리라는 예언을 들은 크로노스 신이 그 자식들이 태어나자마자 모두 잡아먹었다. 그래서 레아는 제우스가 태어났을 때, 그를 이다 산에 숨기고 사람들로 하여금 떠들게 하고 칼과 창과 방패, 그리고 양금 소리를 내게 하여 제우스의 울음소리를 감추었다. 이리하여 크로노스 신은 제우스를 찾지 못하였고, 결국 이 아들에게 왕위를 빼앗겼다.

479 키 큰 노인: 네부카드네자르 임금의 꿈속에 나타난 거인의 모습이다(다니 2,31 이하 참고). 성경 속의 거인은 이 임금 이후에 세상이 어떻게 변화할지만을 나타내지만 단테의 거인은 인류의 역사를 총괄하는 것이다. 단테는 이 거인을 통해서 황금시대로부터 역사가 흘러가면서 인류가 점차 타락하고 있다는 것을 표현하고 있다.

480 다미아타: 이집트의 고대 도시. 다음 행의 '로마'와 대립시켜서, 전자는 파라오 시대와 같은 노예 생활을 뜻하고 후자는 그리스도교화 한 로마의 영적 해방을 상징한다.

106   그의 머리는 순금으로 이루어졌고

　　　팔과 허리는 진짜 은인데

　　　가랑이까지가 구리로 되었더라.

109   거기부터 아래는 온통 무쇠고

　　　오른발만이 구운 흙인데

　　　딴 발보다 이것으로 버티고 서 있더라.[481]

112   황금 이외의 다른 부분은 어느 것이든

　　　송송 구멍이 나 눈물이 방울져 흐르고

　　　그것은 또 한데 모여 저 바위를 꿰뚫더라.[482]

115   그 물줄기는 사뭇 바위를 거쳐 이 골짜기에 닿나니

481　110~111 오른발만이 구운 흙인데……: 오른발은 교회, 왼발은 국가를 표상한다. '구운 흙'이라 한 까닭은 교회가 '무쇠'인 국가보다 물리력이 강하지 못하기 때문이고, '오른발'이며 '이것으로 버티고 서 있는'이라 한 까닭은 교회가 '왼발'인 국가보다 그 지위나 중요성이 더하기 때문이다.

482　112~114 황금시대만이 죄의 눈물을 흘리지 않는다. 그 외 각 시대에서 흐르는 눈물은 바위(이다 산속의 바위)를 꿰뚫고 드디어 지옥의 여러 강들이 되었다.

아케론[483]과 스틱스[484]와 플레게톤[485]을 이룬 다음
그것은 또 좁은 물길을 타고 내려가다가

118 마지막 더 내려갈 수 없는 곳에 이른 거기가
바로 코키토스[486]인데 그 늪의 모양을
너 보겠기에 나는 예서 말하지 않겠노라."

121 나는 그에게 "정녕코 이 시내가
우리들 세상에서 흘러나올진대
어찌하여 이 언저리[487]만 보이나이까?"

124 그는 내게 "너는 이곳이 둥근 줄로 안다마는
아무리 오랜 길을 네가 왔다 하여도
왼쪽[488]으로만 바닥을 향하여 내려왔기에

---

483 아케론: 지옥편 3곡 70행 이하 참고.
484 스틱스: 지옥편 7곡 106행 이하 참고.
485 플레게톤: 지옥편 12곡 46행 이하 참고.
486 코키토스: 지옥의 가장 아래에 있는 얼음 연못(지옥편 31곡 122행 이하 참고).
487 이 언저리: 제3원의 언저리.
488 왼쪽: 지옥편 9곡 132행 주 참고.

127　아직도 한 바퀴 둘레를 돌진 못하였나니라.
　　 그러기에 새로운 무엇이 우리 앞에 나타날지라도
　　 네 얼굴은 놀라움을 보일 것이 못 되느니라."

130　거듭 나는 "스승이여, 플레게톤과 레테[489]가
　　 어디 있나이까? 하나는 말씀치 않고,
　　 다른 것만 비로 되었다 이르시오니……."

133　그이 대답하되, "말마다 네 물음에 내 정작
　　 기쁘구나. 핏빛 물[490]이 끓음은 너
　　 묻는 바 한 가지를 좋이 풀어 준 셈이오.

136　레테[491]란 이 구렁 밖에[492] 있어 이미 뉘우친

489　레테: 베르길리우스는 아직 레테의 얘기는 하지 않고, 플레게톤은 거인이 흘린 죄의 눈물로 된 것이라고 말한다(136~138행 주 참고).
490　핏빛 물: 제1원의 강물이 빨갛게 끓는 것을 보고 그것이 플레게톤임을 알 것이라고 말한 것이다.
491　레테: 레테는 죄악의 기억을 씻어 버리는 연옥의 강이다(연옥편 28곡 121행 이하 참고). 단테는 고대 신화의 아케론과 스틱스, 또는 플레게톤 등의 강을 여러모로 인용하나 레테만은 연옥편의 지상 낙원으로 미룬다. 이 '망각의 시내'는 명부로 가는 영혼의 모든 과거와 죄를 깨끗이 씻어 버리기 때문에, 영원토록 씻을 길 없는 죄로 인해 벌을 받아야 하는 지옥에는 있을 수 없다.
492　이 구렁 밖에: 연옥.

죄업이 걷히어지는 날 영혼들이 자기를
씻으러 가는 거기임을 너는 보리라."

139 다음 그는 또 말하되, "바야흐로 숲을
벗어날 때로다. 너 내 뒤를 따라오라.
타지 않는 언저리가 길이 되었으니

142 그 위엔 온갖 불기가 스러지는구나."

제15곡

언덕을 따라간 단테는 제7환 제3원의 제2종種의 죄인, 즉 자연법을 거스른 자들이 불비를 맞으며 모래 위를 걸어오는 것을 본다. 단테는 그중에서 브루네토를 만나 자기의 장래를 예언하는 말을 듣고, 또 그들 중 죄인들의 이름을 듣는다.

1 단단한 언덕 그 하나가 이제 우리를 싣고
   실개천의 연기는 위를 덮어
   물과 언덕을 불에서 건져 내더라.

4 마치 구이찬테[493]와 브루자[494] 사이의 피안드라

---

493 구이찬테: 피안드라의 서단 카레에 가까운 도시.
494 브루자: 피안드라의 동쪽 끝에 있는 도시. 구이찬테와의 거리는 약 23.5km로 현재의 프랑스 동북안과 벨기에의 해안 일부에 해당한다. 이 사이의 지역은 지대가

사람들이 저들을 향하여 다가오는 파도가

무서워 바다를 피하고자 둑을 쌓는 것처럼

7   그리고 브렌타[495] 강 언저리의 파도바

사람들이 키아렌타나[496]가 뜨거워 오기 전에

그네들 마을과 성곽을 막고자 했던 것처럼

10 그 같은 모양으로 이 언덕도 쌓여졌는데 다만

이를 만드신 임자가 누구든[497] 어떠하든

그다지 높지도 두텁지도 못하더니라.

13 이미 우리는 숲에서 멀리 떨어져

내 아무리 뒤를 돌아봐도 있었던

그 자리를 보지 못하게 되었을 그때

16 언덕 위를 걸어오는 한 무리 영혼들과

낮아서 바닷물의 범람을 막기 위하여 피안드라(네덜란드)인들은 제방을 쌓았다.

495 브렌타: 알프스의 봉우리에서 파도바 주위로 흐르는 이탈리아의 하천.

496 키아렌타나: 일리아의 산지. 이 지방의 눈이 녹아서 여름철에 브렌타 강이 범람한다. 연안에 거주하는 파도바 사람들은 이 때문에 고통을 받았다.

497 임자가 누구든: 신이든, 천사든, 또는 악마든(지옥편 31곡 85행 참고).

우리가 마주쳤는데 그들은 누구나 다
　　　마치 밤 되어 초승달 아래에서

19　사람을 보듯 우리를 익히 보며
　　옷 짓는 늙은이 바늘귀 다루듯이
　　우리를 보고 눈썹 끝을 곤두세우더라.

22　이렇듯 나는 이 패거리에 눈독 올리다가
　　어느 한 놈에게 알려졌으니 그는 나의
　　옷자락[498]을 부여잡고 고함치되, "이 어인 일인고?"

25　그가 내게로 제 팔을 벌렸을 즈음 내
　　그의 불에 탄 모습을 눈여겨보매
　　얼굴이야 비록 구워졌을망정

28　내 정신이 그를 못 알아보지는 않았으니
　　나는 그의 얼굴에 손을 드리우면서

498　옷자락: 단테가 걸어가는 언덕은 높고, 죄인들이 있는 모래밭 얕기 때문에.

대꾸하였노라. "그대 정녕 세르 브루네토[499] 아니신가?"

31 그는 "오 내 아들아, 나 브루네토 라티니가
　　잠시 너와 함께 뒤에 처져서
　　무리들을 먼저 보낸다 하여도 꺼려 말아라."

34 나는 그에게 이르되, "할 수 있으면 나도 그리
　　하고 싶으니 내 그대와 같이 앉기를 그대 원하고
　　나와 함께 가시는 저이의 뜻이라면 나 그리하리라."

37 그는 말하되, "아하, 아들아, 이 무리 가운데
　　누구든 잠시 멎기만 하면 그때부터 백 년을
　　누워서 불꽃이 넘실거려도 쫓지 못한단다.

40 그럼 앞서 가라. 나는 바싹 네 뒤를 따르리라.

---

499 세르 브루네토: Brunetto Latini(1210~1294년). 세르는 경칭이다. 단테의 스승인 피렌체인으로 철학자이자 수학자였으며, 법률가로서 정치에 참여하였다. 구엘피 당에 속했으나 후에 프랑스로 추방됐다. 단테가 그를 지옥에다 집어넣은 것은 그의 작품이 신학적·도덕적 의의를 가지면서도 어디까지나 본질적으로 시문학적인 요소를 지녔기 때문이다. 그는 자기의 원수만 지옥에 가두거나 친구들만 천국에 두지는 않았다.

    그리하여 저마다 벌을 울며 예는

    나의 무리와 나중에 나는 만나게 되리라."

43   그와 나란히 가고자 나는 감히 길에서

    내려가지 못한 채 경건스러이 발을 옮기는

    사람처럼 머리를 숙이고 있었노라.

46   그는 말문을 열어 "끝 날이 멀었건만 무슨

    운명 아니면 섭리가 너를 아래층으로

    끌었는고! 그리고 누가 길을 가르쳐 주었던고?"

49   내 그에게 대답하되, "저기 저 위 맑게

    갠 세상에서 아직 내 나이가 차기 전에[500]

    내 그 어느 골짜기에서 헤매더니

52   거기를 내 등진 것이 바로 어제 아침[501]인데,

---

500 아직 내 나이가 차기 전에: 단테의 나이가 35세가 되기 전에. 그가 숲에서 헤맨 것은 《신곡》 시현始現 이전이다.

501 어제 아침: 4월 8일 아침(지옥편 1곡 37행 참고). 지금은 그 다음 날인 토요일 동트기 전이다.

저리로 돌아가려던 내 앞에 이 어른이

나타나 이 길을 거쳐 나를 집[502]으로 인도하시니라."

55 그는 내게 "아리따운 세상에서 내 안 것이

옳았다면 너 너의 별을 따르는 한[503]

영광스러운 포구에 꼭 닿으리라.

58 내 또한 이렇듯 일찍 죽지 않았던들[504]

너에게 하늘이 이렇듯 어짊을 보면서

너 하는 일에 힘이 되어 주었을 것을······.

61 어떻든 진작부터 피에솔레[505]에서 내려와

아직껏 두메와 바위옹두라지[506]에 붙어 있는

---

502 집: 현실 세계. 단테는 지옥·연옥·천국을 돌아보고 마침내 다시 세상으로 돌아간다. 또는 정신적인 고향인 하늘을 가리키는 것일 수도 있다.

503 별을 따르는 한: 천부의 재능을 따르는 한. 옛날엔 별에 의해서 사람의 운명을 판단할 수 있다고 믿었다.

504 일찍 죽지 않았던들: 단테와 관련해서 자기의 죽음이 이르다고 한 것이다. 사실 브루네토는 80세까지 살았다.

505 피에솔레: 피렌체에서 약 1km 떨어진 언덕에 위치한 도시. 이곳이 로마인에게 패망했을 때 그 주민들은 아르노 강가로 피하여 로마로부터 온 이주민과 함께 피렌체 시를 건설했다는 전설이 있다.

506 두메와 바위옹두라지: '두메'란 두멧놈처럼 억세고 거칠다는 것을 말하며, '바위

저 야멸차고 엉큼스러운 백성이

64 네 착한 일 때문에 너와 원수가 되리니
옳을시고 시금털털한 청량채淸凉菜 속에
다디단 무화과가 열림은 어울리지 않음이로다.

67 세상에도 오래인 공론[507]이 저들을 장님이라 부르나니
인색하고 질투 많고 교만한[508] 저 백성인지라
너는 저들의 버릇에서 몸을 깨끗이 지녀라.

70 너의 사명이 어엿한 자랑을 간직하기에
이쪽저쪽의 당파가 너를 먹고 싶어 하리로되,
꼴은 마땅히 산양에게서 멀어야 할지니라.[509]

옹두라지'란 우악하고 배운 데 없다는 것을 말한다.
507 오래인 공론: 토틸라 침입(지옥편 13곡 148행 주 참고) 때 그들의 감언에 속아 넘어가 성문을 열고 그들을 영접했기 때문에 피렌체인들은 장님이라 불렸다.
508 인색하고 질투 많고 교만한: 지옥편 6곡 74행 참고.
509 71~72 이쪽저쪽의 당파: 흑백 양당을 말한다. 단테는 추방 후에 어느 당에도 속하지 않았다.

73 피에솔레의 짐승들이 제 몸을 짚 검불 삼고[510]
　　어느 풀 나무 있어 그 거름 더미 위에
　　생겨나거든 아예 손도 대지 말지라.[511]

76 그 속에 저 로마인들의 갸륵한 씨[512]가
　　되살아나리니 거기 그것은 이러한
　　악성이 깃들인 뒤에도 남아 있으리라."

79 내 그에게 대답하되, "나의 소망이 오롯이
　　채워졌던들 그대 아직껏 인간계에서
　　추방되지 아니했으련마는…….[513]

82 지금도 내 마음에 박혀 나를 못 견디게
　　구는 것은 연연하고 어지신 그대의
　　어버이다운 모습이어니 그대 세상에서

510　짚 검불 삼고: 먹이 삼는다는 뜻. – 편집자 주
511　73~75 단테는 피렌체의 재앙과 환난을 피에솔레인의 후예 탓으로 돌리고 영웅적인 로마인의 후예가 나와 피렌체 시를 각성시키기를 바란다.
512　갸륵한 씨: 단테가 보기에 로마는 성지고, 로마인은 선민이다.
513　80~81 그대 아직껏……: 그대 아직 죽지 않았을 것을.

85 항상 나에게 인생의 영원한 길을 가르쳤음이어라.[514]
내 이를 얼마만큼 소중히 했는지는
내가 사는 한 나의 말에서 알아볼 만하리라.

88 내 앞길을 들어 그대 말한 바를 적어서[515]
나머지 본문과[516] 함께 간직하리니 내
저 여인[517] 곁에 있게 될 때 그는 알고 풀어 주리라.

91 그대에게 내 다만 밝히고 싶은 바는
내 양심이 나를 꾸짖지 아니하는 한
어떠한 운명 앞에도 나는 대령해 있노라.

94 이러한 조짐쯤[518] 내 귀에 새삼스러운 게 아니니
운명이야 제멋대로 그 바퀴를 돌리래라.
농부는 제 쇠스랑을 휘두르래라."[519]

---

514 가르쳤음이어라: 어릴 적 단테는 그에게 가르침을 받았다.
515 적어서: 기억 속에 남겨서.
516 나머지 본문과: 차코와 파리나타의 예언(지옥편 10곡 79행 주 참고).
517 저 여인: 베아트리체.
518 이러한 조짐쯤: 단테의 추방에 관한 예언.
519 농부는 제 쇠스랑을 휘두르래라: 자기가 할 일을 다하고 천명을 기다리는 수밖

97 이때 내 스승은 오른쪽에서 뒤로
　　 몸을 트시어 나를 보고는 하시는 말이
　　 "이를 마음에 새기어야 잘 들음이니라."[520]

100 이런 틈에도 나는 세르 브루네토와 함께
　　 말하며 걸어가면서 그의 반려 중에서 누가
　　 가장 이름 있고 훌륭한지를 물어보았노라.

103 이에 그는 나에게 "몇몇을 들어 좋이
　　 알아 둘 뿐 나머지는 덮어 둠이 옳을지니
　　 긴 소리를 하기에는 시간이 없는 탓이로다.

106 한마디로, 그대는 알라. 저들은 모두 세상에서
　　 교직자 그리고 이름 떨치던 굵은 학자였으나
　　 자연을 거스리는 죄에 때 묻은 자들이었느니라.

에 없다.
520　잘 들음이니라: 참되게 가르침을 받아서 이를 마음속에 간직해 두는 것이야말로 잘 듣는 것이라 할 수 있다. 베르길리우스는 단테가 파리나타의 예언에 관해서도, 그리고 베르길리우스의 운명론에 관해서도 스승의 가르침을 이해하고 명심함을 알고 이를 칭찬한 것이다.

109 프리시아누스[521]며 프란체스코 다코르소[522]도 저
　　무리와 함께 가나니 그대 이러한
　　딱정이[523]가 보고팠던들 종들의 종[524]에 의해

112 아르노[525]에서 바킬리오네[526]에로 옮겨지매
　　거기서 악으로 인해 힘줄이 늘어져
　　뻐드러진 그놈[527]을 정녕코 그대는 보았으리라.

115 더 말하려도 저기 모래밭 위에
　　다른 하나의 연기가 솟아오름을 내 보노니
　　더 나아갈 수도 긴 얘기도 나는 할 수 없노라.

521　프리시아누스: 6세기 초의 라틴 문법학자.
522　프란체스코 다코르소: 피렌체의 법률학자 아코르소의 아들(1225~1293년)로, 그 역시 법학을 공부했으며 1273년 영국의 옥스퍼드에서 강의를 하기도 했다.
523　딱정이: 추하고 더러운 죄인.
524　종들의 종: 교황. 로마 교황이 교서敎書에 서명하는 칭호. 성 그레고리오 1세 교황(540~604년)이 맨 처음 쓰기 시작하여 오늘에 이르렀다.
525　아르노: 피렌체 시를 관통하는 강의 이름으로 여기서는 피렌체 시를 가리킨다.
526　바킬리오네: 비첸사 시를 관통하는 강의 이름으로 아르노와 같이 비첸사 시를 말한다.
527　그놈: 안드레아 데 모치. 피렌체의 귀족으로 1272년 피렌체의 주교가 되었으나 행실이 좋지 못했다. 1295년 9월 보니파시오 8세의 명으로 비첸사의 주교로 좌천되었고 다음 해에 그곳에서 죽었다.

118 내 더불어 있지 말아야 할 백성이 오누나.
　　나는 아직도 그 안에 살고 있는 바 나의
　　테소로[528]를 그대에게 권할 뿐 다른 청은 없노라."[529]

121 이런 뒤 그는 몸을 돌려 마치 푸른
　　잎사귀를 따고자 베로나[530] 들판을
　　달음질치는 사람 같았고 그중에도

124 패배자가 아니요, 승리자처럼 보이더라.

---

528 테소로: 브루네토가 프랑스에 머무를 때 프랑스어로 엮은 백과사전적 저작이다. 모두 3부로 나뉘어 있는데, 제1부는 역사 · 우주의 기원 · 천문 · 지리 · 박물학, 제2부는 덕과 죄, 제3부는 수사학과 정치이다. 발렌신의 《*Regards sur Dante*》 90에 따르면 브루네토의 《테소로*Tesoro*(*Le Trésor*)》는 프랑스 산문의 첫 표본으로 이 저작이 나오기까지 프랑스의 산문은 오로지 성경의 번역이나 역사 해석에 관한 것뿐이었는데 이 저작 이후 비로소 교육 문학의 성격을 띠게 되었다.

529 118~120 세상에 있을 때의 지위 · 직업 등에 의해서 분류되어 서로 섞일 수 없으며, 브루네토의 무리는 성직자와 학자의 무리이다.

530 베로나: 중세에는 사순절 첫번째 일요일에는 베로나 교외에서 도보 경주가 열렸는데, 승리자는 녹색의 옷을 받고 패배자는 수탉을 받았다고 한다.

제16곡

단테는 처참한 불비를 맞으며, 세 그림자가 달려오는 것을 본다. 그중에 야코포 루스티쿠치란 자가 있는데 그는 아직도 고국을 잊지 못하고 피렌체의 참상에 대한 단테의 개탄을 듣고 슬퍼한다. 마침내 제7환의 끄트머리에 이르러 베르길리우스가 절벽 밑으로 끈을 던지니 괴물 게리온이 떠올라 온다.

1   어느덧 다다른 자리란 다음 둘레[531]로
      떨어지는 물소리가 흡사 벌 떼가
      잉잉거리는 듯 메아리하는 것 같더라.

---

531   다음 둘레: 지옥 제8환. 플레게톤의 물이 절벽 밑으로 떨어진다.

4 때마침 처량한 형벌의 비를 맞으며
   지나가는 한 무리[532] 중에서 세 그림자[533]가
   똑같이 줄달음질 쳐 나오더니

7 우리 앞에 와서는 저마다 고함지르되,
   "게 섰거라. 옷 꼴[534]을 보아하니 분명
   썩어 빠진 우리 고장의 그 누구로구나."

10 아, 내 저들의 몸뚱이에서 어떠한
   상처를 보았던고! 불꽃에 탄 묵고 새로운
   그 상처를 생각하는 것조차 오히려 대견함이어라.

13 저들의 고함 소리에 내 스승이 멈추었다가
   얼굴을 내게로 돌이켜 말하시되, "자
   봐라, 저들 앞에선 인사를 차려야 하리로다.

---

532 한 무리: 무관·문관으로서 남색男色을 범한 죄인들.
533 세 그림자: 구이도 구에르라·테기아이오 알도브란디·야코포 루스티쿠치.
534 옷 꼴: 도시에 따라 특수한 옷차림을 하는 곳이 있기 때문이다. 파리나타는 단테의 말씨를 듣고 그의 고향을 알았다.

16 그리고 여기 풍속대로, 행여나 불이
　　 내뿜겨지지 않는 때이면 내 이르노니
　　 저들보다는 응당 너부터 빨리 서둘러야 하리라."[535]

19 우리가 머뭇거리는 동안 저들은 또다시
　　 낡은 노랫가락[536]을 읊조리었고
　　 우리 앞에 다가와서는 셋이 다 동그라미[537]를 짓더라.

22 마치 투사가 항용[538] 벗은 몸에 기름을 바르고
　　 저들끼리 쥐어 지르고 들이받기 전에
　　 먼저 쳐들어갈 틈을 노리는 것처럼

25 이들도 맴돌며 제각기 제 몰골을
　　 내게로만 들이대고 있기에 목은 목대로
　　 다리는 또 줄곧 따로 옮겨지더라.

535　16~18 불비가 내리지 않을 때에 그들이 뛰어오기를 기다리기보다는 네가 먼저 가서 그들을 맞이하는 편이 더 낫다는 의미. 즉, 저들은 귀족이라는 뜻.
536　낡은 노랫가락: 습관이 된 그들의 비탄의 한숨.
537　동그라미: 그들은 잠시도 가만히 있을 수 없고 둥글게 원을 지으며 돌아다닌다.
538　항용: 흔히 늘. – 편집자 주

28 한 놈이 터뜨리되, "비록 이 무른 땅의
　　비참과 거뭇거뭇 이지러진 몰골이
　　우리와 우리 소원을 값 없이 만들망정

31 우리의 명성이 그대의 마음을 움직일지니
　　그대 말하시라, 누구이건데 이토록
　　의젓이 산 발로 지옥을 스쳐가느뇨?

34 보다시피 내 그 발자국을 디디고 가는
　　저놈은 지금이야 털이 빠져 벌거벗고
　　가지만, 전엔 그대 알기보다 훨씬 지체 높았더란다.

37 그는 맘씨 좋은 구알드라다[539]의 손자로
　　이름은 구이도 구에르라[540]고 그의 일생에
　　슬기와 칼로써 많은 일을 했느니라.

---

539 맘씨 좋은 구알드라다: 피렌체의 벨린초네 베르티(천국편 15곡 112행 참고)의 딸. 미인이며 정숙하기로 이름이 높았다. 오토 4세 황제의 중개로 노老 구이도와 결혼하여 네 아들을 낳았다.
540 구이도 구에르라: 피렌체의 과격한 구엘피 당원. 몬타페르티 전쟁에서 패하였으나 베네벤토 전쟁에서 승리하여 피렌체의 여러 고관직을 거쳤다.

40 　내 뒤에 모래톱을 밟고 선 자는
　　윗 세상에서 명성을 떨쳐야 할
　　테기아이오 알도브란디[541]란다.

43 　그리고 저들과 함께 십자가에 매달린[542]
　　나는 야코포 루스티쿠치[543]였는데 나를 망친 것은
　　누구보다도 바로 억척보두[544] 내 여편네였다."

46 　내 당장 불길을 막는 재주만 있었던들
　　나도 저들 속으로 뛰어들 뻔하였으니
　　응당 스승도 이를 그냥 버려두었으리라.

49 　그러나 실컷 저들을 껴안고 싶던 내 좋은 뜻도
　　몸이 타 버리고 구워질 터인지라,

---

541 테기아이오 알도브란디: 피렌체의 아디마리 가문 출신으로 당시 저명한 무인武士이었다. 피렌체의 구엘피 당이 시에나를 공격하는 것은 무모한 일이라는 충고를 듣지 않고 공격해 몬타페르티의 대패를 초래하였다.
542 십자가에 매달린: 가책을 받는.
543 야코포 루스티쿠치: 피렌체의 구엘피 당원. 전기는 미상이나 1266년에는 살아 있었다. 그는 아내와 이별한 후 여성에게 혐오를 느끼게 됐다고 한다.
544 억척보두: 심성이 굳고 억척스러운 사람. – 편집자 주

무서움에 꼼짝할 수 없었나니라.

52　다음 나는 입을 떼어 "업신여긴대서야……
　　되려 너희의 처지가 내 속에 아픈 못을
　　박아 두고두고 스러지지 않으리라.

55　이것이야말로 내 어른이 말씀하신 대로[545]
　　너희 같은 족속이 장차 오리라 함을
　　이미 내가 안 그때부터의 일이었나니,

58　나는 너희와 같이 한 고장 사람
　　언제나 너희 한 일과 자랑스러운 이름을
　　그리워 이야기하고 듣기도 했더니라.

61　나는 쓸개[546]를 버리고 미더운 길잡이가
　　나에게 약속한 단 열매[547]를 얻고자 가노니

545　내 어른이 말씀하신 대로: 14~15행 참고.
546　쓸개: 쓴 죄. 화禍. "내가 보기에 그대는 쓴 쓸개즙과 불의의 포승 속에 갇혀 있소."(사도 8,23)
547　단 열매: 복福.

그러자면 우선 밑바닥까지 내려가야 되리라."

64　이때 그의 대답이 "제발 오래오래
　　　영혼은 그대의 몸을 이끌진저
　　　그리하여 그대의 이름은 그대 뒤에도 빛날진저

67　그대는 말을 해 다오, 우리 고장엔 옛날처럼
　　　예절과 위풍이 아직 남아 있는가,
　　　아니면 송두리째 끊어지고 말았는가?

70　이는 우리와 함께 요즈음 고통을 받고
　　　저기 동무들과 같이 가는 구일리엘모 보르시에레[548]가
　　　그런 소리로 우리 마음을 크게 찌른 까닭이로라."

73　"갈마든 족속[549]과 벼락 돈벌이가
　　　거만과 악덕을 너 안에 새끼 치나니

548　구일리엘모 보르시에레: 피렌체의 '궁정 기사며 예의 바른 사람'(보카치오 《데카메론》 1,8).
549　갈마든 족속: 13세기 말에 피렌체로 이주한 백성들을 일컫는다. 새로 온 자들이므로 도시를 사랑하는 마음도 얄팍하다.

이러기에 피렌체여, 네가 운 지도[550] 오래로구나."

76　이렇듯 나는 얼굴을 쳐들고[551] 탄식하매
　　셋은 이를 대답인 줄로 여겨 서로
　　곧이듣는 양 저들끼리 번갈아 보더니라.

79　모든 이 대답하되, "이다음에도 이렇듯
　　쉽사리 남들이 흡족하게시리 마음껏
　　말할 수 있을 그대는 복되고녀!

82　그럼 이 어두운 곳을 떠나 다시 그대
　　아리따운 성좌를 보러[552] 돌아가거든
　　'난 가 보았노라.'고 즐겨 말할 그 즈음[553]에

550　네가 운 지도: 피렌체는 13세기 말에 이미 빈부 격차가 점점 커져서 분란의 싹이 드러났다.
551　얼굴을 쳐들고: 단테는 지옥에 있기에 피렌체는 단테의 머리 위쪽에 있을 것이다. 그래서 단테가 피렌체를 향해 말을 하려면 고개를 들어야 한다.
552　성좌를 보러: 지옥편 34곡 139행 참고.
553　난 가 보았노라……: 단테가 다시 세상으로 돌아가서 '나는 지옥에 가 보았노라.'라고 말하여 지옥 편력이 과거의 얘기가 될 그때.

제16곡 · 239

85　우리의 이야기를 백성에게 전하여 다오."
　　이러고는 동그라미를 풀어 도망치는데
　　그들의 날쌘 다리가 흡사 새의 것 같더라.

88　한마디 '아멘.'을 욀 겨를도 아니 되게[554]
　　그들은 빨리 사라져 버렸나니 이리하여
　　스승도 떠나는 것을 좋게 여기시니라.

91　내 이 어른을 따라간 지 얼마 못 되어
　　물소리는 우리에게 가까워져서
　　우리 말소리가 들릴락 말락 하더라.

94　마치 몬테 베소[555]로부터 동쪽을 바라보고
　　아펜니노[556]의 왼쪽 기슭에서 비롯되어
　　곧장 흘러내리는 저 강물[557] ―

554　'아멘.'……: 아주 짧은 순간에.
555　몬테 베소: 포 강의 수원인 코티안 알프스의 절정.
556　아펜니노: 이탈리아 반도를 종단하는 긴 산맥이다.
557　저 강물: 북 이탈리아 로마냐의 몬토네 강. 몬테 베소의 산봉우리와 동 아펜니노의 좌측에 있는 모든 강은 다 동쪽으로 흘러서 포 강으로 흘러들어 가는데, 단테의 시대에는 몬토네에 이르러서 한 줄기의 독립된 강이 되었다. 아콰퀘타 강은

97 아래 낮은 벌판[558]으로 굽이치기 전
　 윗녘에선 아콰퀘타라 불리다가
　 포를리에 이르러 그 이름이 없어지는 저 강물이

100 실히 천 사람도 담을 수 있을[559] 알프스의
　 베네딕도 수도원[560] 그 위 거기에
　 한꺼번에 내리질리어 쿵쿵 울리듯

103 이렇듯 깎아지른 언덕에서 사뭇 아래로
　 떨어지는 저 핏빛 물소리를 들으니
　 이윽고 귀청이 찢어지는 것만 같더라.

106 나는 한 가닥 참바[561]로 질끈 동여매고

　 포를리 시에 이르러 몬토네 강으로 합류한다.
558　낮은 벌판: 로마냐의 평야.
559　천 사람도 담을 수 있을: 이 구절에 대해서는 여러 가지 해석이 많으나 '수도원이 많아서 아직도 많은 수도자를 수용할 수 있을' 것이라는 해석이 가장 적절한 듯하다.
560　베네딕도 수도원: 아펜니노 산맥 중앙에 있는 수도원. 몬토네 강은 이 부근에 와서 절벽으로 떨어진다.
561　참바: 밧줄. 표범을 잡으려는 밧줄은 욕정을 다스리려는 노력 내지 서약을 나타낸다. 단테는 이미 사음계邪淫界를 지났으니 이것을 동여맬 필요가 없어졌다. 베르길리우스는 이렇게 쓸모 없어진 물건으로 게리온을 부른다.

그것으로 가죽에 무늬가 있는
표범[562]을 한번 잡아 보리라 궁리했더니

109 길잡이가 나에게 분부하시기에
나는 이것을 몸에서 말끔히 풀어내어
둘둘 뭉쳐서 그에게 던져 주었노라.

112 그랬더니 그이는 오른쪽으로 몸을 돌려
낭떠러지에서 조금 떨어져서는
이를 깊은 골 속으로 팽개치더라.

115 나는 속으로 말했노라. "필시 무슨
예사롭지 않은 일이 있으려나 보다.
스승이 이를 눈으로 따르며 눈치가 이상한 것이."

118 아, 겉 행실만을 보지 않고 슬기로이
생각을 꿰뚫어 보는 자와 더불어
이웃하는 사람이야말로 얼마나 삼가야 될꼬!

---

562 표범: 음란함과 정욕의 상징.

121   그는 내게 이르되, "내 바라고 그대 또한
      마음에 꿈꾸는 그것이 이제 곧 위로부터
      오리니 이제 곧 그대 눈 앞에 나타나리라."

124   언제고 거짓의 탈을 쓴 진리 앞에
      사람은 되도록 입을 다물 것이……
      탓이 없이도 욕을 보는 까닭이어라.[563]

127   그래도 나는 말을 아니하지 못하노니 독자여,
      이 희극의 시구詩句가 오래도록 호감을 받도록
      이 희극[564]의 노래의 이름으로 그대에게 맹세하노라.

130   무겁고 어둠침침한 하늘 속에
      아무리 늠름한 마음이라도 놀랄
      한 형체가 위로 헤엄쳐 오름을 내 보았나니,

---

563 124~126 진실을 말하는데도 사실같이 들리지 않으니, 신기한 일에 대해서는 말하지 않는 것이 좋다. 자칫하면 거짓을 말하는 것으로 오인되어 수치를 당할 수 있기 때문이다.

564 이 희극: 이 작품의 원제는 《희극Commedia》이다. 《신곡Divina Commedia》이라 불리게 된 것은 후대의 일이다.

133 그것은 마치 암초나 바다 밑에 깔린
다른 무엇에 얽힌 닻을 풀려고
이따금 자맥질하는 사람이

136 다리를 옹크리고 솟구쳐 돌아오는 것 같더라.

제17곡

얼굴은 사람이고 몸은 뱀인 괴물 게리온이 나타난다. 단테는 길잡이와 헤어져 제3원의 제3종의 죄인, 즉 고리대금업자들의 무리 속에 들어가 피렌체와 파도바 사람들을 보고 돌아와 길잡이와 함께 괴물의 등에 업혀 지옥 제8환으로 내려간다.

1 "보라, 뾰족한 꼬리 돋힌 짐승[565]을,
  산과 산을 넘어 성과 무기를 들부수고
  온 누리에 썩은 내 피우는 저놈을."

---

565 짐승: 게리온. 그리스 신화에 따르면 그는 머리 세 개와, 세 쌍의 팔과 다리를 가진 거인으로 스페인의 왕자였으나 후에 헤라클레스에게 살해당한다. 그러나 단테는 《신곡》에서 그를 전혀 다르게 묘사하고 있다. 즉, 게리온을 기만의 표상으로 보고, 사람을 해치는 뾰족한 꼬리를 가진 짐승으로 표현한다.

4 나는 길잡이가 이같이 내게 말을 걸고
그는 또 눈짓하여 대리석 길섶[566] 가까이
언덕배기로 저놈을 오게 하시더라.

7 그러자 더러운 저 기만의 영상이 와서
대가리와 가슴을 언덕 위에 걸치고 있는데
그 꼬리만은 끌지 않고 있더라.

10 그의 몰골이 버젓한 사람의 얼굴이고
겉으로 보기에는 아주 순한데
잔등이가 온통 뱀이더라.[567]

13 두 앞발은 겨드랑까지 털이 숭얼숭얼 나고
등과 가슴과 양 옆구리엔
올무[568]와 작은 방패[569]가 그려져 있더니라.

---

566 대리석 길섶: 시인들이 서 있는 플레게톤 강의 돌 제방.
567 10~12 의인의 얼굴로 사람의 신뢰를 낚고, 화려한 몸뚱이로 유혹하고, 마지막에 뾰족한 꼬리로 사람을 찌른다.
568 올무: 사람을 꾀어 빠뜨리는 표시.
569 방패: 기만을 덮어 감추는 표시.

16   타타르 사람과 투르크 사람[570]이 짜는
　　　　비단과 수일지라도 이보다는 채색이 없고
　　　　아라크네[571]인들 이런 베를 짜 내지 못할레라.

19   드문드문 강기슭의 쪽배가
　　　　더러는 물에 더러는 뭍에 있는 것처럼
　　　　그리고 마치 저쪽 먹성 좋은 독일인[572] 가운데

22   물개가 싸울 양으로[573] 버티고 앉은 것처럼
　　　　모질기 짝이 없는 이 짐승도
　　　　모래가 싸고 있는 돌 끝에 우뚝 있어

---

570 타타르 사람과 투르크 사람: 타타르인과 투르크인은 중세 유럽에서 좋은 품질의 비단을 생산하는 것으로 유명했다.

571 아라크네: 리디아의 처녀로 길쌈 솜씨가 뛰어났으나 여신 미네르바와 재주를 겨루다 죽어 거미가 되었다.

572 먹성 좋은 독일인: 타키투스(55~117년)는 《*De situ, moribus et populis Germaniae*》 15에서 독일인은 "dediti somno ciboque(잠과 음식을 일삼는)"다고 하였다. 그리고 프랑스 속담에도 "boire comme un Allemand(독일인처럼 마신다)."라는 말이 있다.

573 물개가 싸울 양으로: 물고기를 잡으려는 것처럼. 이는 물개가 꼬리를 물속에 담그고 물가에 앉아 있는 데서 생긴 속설이다.

25　　전갈[574] 모양 끄트머리를 무장한
　　　독 뿜는 작살을 위로 치켜 올리면서
　　　그 꽁지는 온통 허공에 놀더니라.

28　　길잡이가 이르되, "이젠 우리의 길을
　　　약간 틀어서 저기 저 못된 동물이
　　　자빠져 있는 데까지 가야겠도다."

31　　이리하여 우리는 오른쪽[575]으로 내려가
　　　모래와 불꽃을 멀찍이 피하고자
　　　길섶을 열 발짝[576]쯤 걸어가

34　　바로 그놈에게로 왔을 즈음, 나는
　　　구렁에서 그리 멀지 않게 한 족속[577]이
　　　모래톱 위에 앉아 있음을 보았노라.

574　전갈: "또 전갈 같은 꼬리에다 침을 가지고 있었는데……"(묵시 9,10)
575　오른쪽: 지옥편 9곡 130~132행 주 참고.
576　열 발짝: 십계명의 표상인 듯하다.
577　족속: 고리대금업자들. 앉아서 금리를 받아먹는 그들은 지옥에서도 영원히 앉아 있다.

37   당장 스승은 나에게 말씀하되, "이 둘레에서
    겪은 바 모든 것을 고스란히 가져가려면
    너는 가서 저들의 꼴을 보아 두라.

40   거기서는 모름지기 네 말이 짧아야 할지니
    너 돌아오기까지 나는 저놈과 말을 걸어
    그 억센 어깨를 빌리도록 하리라."

43   이 말 따라 나는 호젓이 제7환의
    맨 끄트머리 위를 걸어갔는데
    거기에는 슬픈 족속이 웅크리고 있더라.

46   저들의 아픔은 눈에서 솟아나고
    여기저기에서 때로는 불기운을, 때로는
    훨훨 타는 땅을 손을 내저어 피하더라.

49   그 모양은 흡사 여름철 개가 벼룩 · 파리 ·
    등에에게서 그 주둥이와 발모가지를
    찔리울 적의 그것과 조금도 다름없더라.

52   그다음 내가 눈을 주어 지긋지긋한 불이
     떨어지는 몇몇 얼굴을 쳐다보았어도
     그 누구누구인지를 알지 못할러니,[578] 다만

55   확실한 것은 누구의 목에든지
     어떤 빛깔과 특징이 있는 주머니[579]가 달려 있어
     마치 이로 인해 저들의 눈이 살찌는 양하더라.

58   내 그들 사이로 둘러보며 갈 즈음
     노랑 돈주머니 위에 박힌 하늘빛
     사자의 몰골과 모양새[580]를 보았노라.

61   나는 또 더욱 빨리 눈을 굴리면서
     다른 하나 피처럼 빨강 바탕에 상아처럼

---

578 52~54 불에 타서 알아 보지 못한 것인지, 아니면 단테에게 잘 알려질 정도로 유명한 이가 아무도 없다는 뜻인지 분명하지 않다.

579 주머니: 문장紋章을 새긴 돈주머니. 그들은 지금도 세상에 있을 때와 같이 이 주머니를 보고 눈으로 배불린다.

580 59~60 노랑 돈 주머니……사자: 노랑 바탕에 하늘빛 사자는 피렌체의 구엘피 당 잔필리아치 가문의 문장이다.

흰 거위가 또렷한 것[581]을 보았노라.

64 문득 하이얀 주머니에 하늘빛 붕긋한
암퇘지[582]의 모습을 박은 자 하나가
내게 이르되, "이 구렁 속에서 넌 무엇 하느뇨,

67 빨리 물러가라. 너 아직 살았으니[583] 말하거니와
너는 알거라, 너의 이웃인 비탈리아노[584]가
여기 내 왼쪽에[585] 앉게 되리라는 것을.

70 이 피렌체 내기들 가운데 나만 파도바
사람인데 가끔 저들은 내 귀청을 찢을 듯
'아가리 셋 있는 주머니를 가져오실

---

581 62~63 빨간 바탕에……흰 거위: 기벨리니 당 오브리아키 가문의 문장. 세상에서 서로 반목하고 지내던 자를 단테는 여기에 모이게 한다.
582 64~65 하이얀 주머니……: 흰 바탕에 하늘빛 암퇘지는 파도바 시의 스크로베니 가문의 문장.
583 아직 살았으니: 너는 다시 세상으로 돌아가 사람들을 만날 수 있으니.
584 비탈리아노: 부유한 귀족으로 1307년 파도바의 장관이었던 비탈리아노 델덴테라고도 하고, 13세기 전반에 살았던 유명한 고리대금업자인 비탈리아노 야코보라고도 한다.
585 왼쪽에: 죄가 더욱 중하기 때문에.

73 빼어난 기사[586]여 오소서.'라고 부르짖는다."
이러고는 입을 삐죽거리고 콧구멍을
핥는 암소마냥 혀를 빼어 물더라.

76 드디어 나는 오래 서 있지 말라고
일러 주신[587] 그이에게 걱정을 끼칠까 저어하여
피곤한 혼들을 뒤로 두고 돌아서 버렸노라.

79 어느덧 나의 길잡이는 사나운 짐승의
등에 올라타고 있었으니
그는 내게 말하되, "굳세고 대담하라.

82 이젠 이런 사닥다리로[588] 내려가야 하나니
앞에 타거라, 저 꼬리가 해치지 못하도록

---

586 빼어난 기사: 반어적 표현. 유명한 고리대금업자였으나 결국 빈곤하게 죽었던 조반니 부이아몬테를 가리키는 말이다. 그의 문장은 세 개의 독수리 부리였다.
587 일러 주신: 40행 참고.
588 이런 사닥다리로: 이제까지처럼 도보나 배에 의해서가 아니라 지옥의 수호자들에 의해서. 단테는 안테오의 손에 의해 제9환으로 내려가고(지옥편 31곡 130행 이하 참고), 루시퍼의 털에 매달려 지옥의 심장부를 통과한다(지옥편 34곡 70행 이하 참고).

내가 맨 가운데에 있으려 함이로다."

85 마치 학질 앓는 사람이 네 번째 직일이 가까우면
시퍼렇게 손톱부터 죽어 가고 응달만
보아도 와들와들 떠는 것처럼

88 그 말씀에 나 역시 이 꼴이 되었노라.
그러나 그 다잡으심[589]에 나는 부끄러웠나니
어진 상전 앞일수록 좋은 굳센 법이니라.

91 나는 저 어마어마한 어깨에 올라
"자, 나를 업어라." 하고 말하고 싶었어도
소리는 뜻대로 나오지 않더니라.

94 그러자 이미 나를 숱한 위험에서
살려 주신 그이는 내가 오르기가 무섭게
두 팔로 나를 얼싸안아 꼭 잡아 주며

---

589 다잡으심: 81~82행 참고.

97   말씀하되, "게리온아, 이제 움직여라.
바퀴는 느슷느슷, 내리막은 느릿느릿
알겠느냐, 네 짊어진 짐이 예사롭지 않구나."[590]

100   흡사 나룻배가 자리를 떠 뒤로 뒤로
가는 것처럼 이놈도 저기서 멀어지더니
저도 둥둥 떠 있는 줄을 안 다음엔

103   가슴패기 쪽으로 꼬리를 돌려
뱀장어마냥 이것을 쭉 펴고 흔들며
앞발로는 바람을 움켜 제게로 모으더라.

106   일찍이 파에톤[591]이 밧줄을 놓쳐 버렸기에
(지금도 그렇듯이[592]) 하늘이 무너졌고,
가엾은 이카루스[593]가 녹는 초 때문에

---

590 예사롭지 않구나: 지옥에서 살아 있는 인간인 단테를 태우고 있으므로(지옥편 12곡 28~30행 참고).
591 파에톤: 그리스 신화에 나오는 태양신의 아들. 태양 마차를 몰다가 마차를 제어하지 못해 그 열기로 지구가 탈 지경이 되자 제우스가 번갯불로 그를 죽였다.
592 지금도 그렇듯이: 그 타버린 자취가 은하라고 한다.
593 이카루스: 다이달로스의 아들. 다이달로스가 만든 날개를 달고 그와 함께 크레

109 날갯죽지는 겨드랑이에서 뚝 떨어져
나가매 "못된 길을 너는 골랐다."라고
하던 아비의 고함을 알았을 그때라도

112 어디나 없이 휑한 허공에 나 자신이 있고
짐승만 남기고는 모든 것이 사라지던 때의
내가 본 그것보다 더 무서울 것은 없었으리라.

115 그놈은 아주 천천히 헤엄치며 빙빙 돌면서
내려가는데 나는 이것을 다만 아래로부터
내 얼굴을 스치는 바람으로만 알 뿐이었노라.

118 어느덧 나는 오른쪽 바로 우리 아래서
늪이 무시무시하게 호통치는 소리를 듣자
눈을 내리깔은 채 머리를 쳐들었노라.

121 이때 나는 낭떠러지 때문에 기가 질린 데다가

타 섬을 떠났는데 그의 명을 어기고 높이 날았기 때문에 날개를 붙였던 밀납이 태양열에 녹아 바다에 떨어져 익사하였다.

불꽃이 보이고 애달피 우는 소리가 들리기에
　　　부들부들 떨면서 오싹 움츠러들었노라.

124　온 사방에서 끔찍스러운 형벌[594]들이
　　　바싹바싹 다가오기만 하므로 나는 전엔
　　　못 알아보았던 내리막과 소용돌이를 보았노라.

127　지루한 동안 날개를 펴고 있던 매가
　　　제 임자의 부르는 것도 새 한 마리도 못 본 채[595]
　　　"흥! 내리는구나." 하는 매 사냥꾼의 말에

130　먼저는 잽싸게 떠났던 그 자리에
　　　백 번이나 바퀴를 그리며 도로 내려왔다가
　　　분하고 원통하여 멀리 그 임자를 떠나는 것처럼

133　게리온도 우리를 바위옹두리[596]의
　　　언저리 맨바닥에 내려놓고

594　끔찍스러운 형벌: 제8환의 벌.
595　제 임자의 부르는 것도……: 매 임자에게 불리지도 않고, 잡을 새 한 마리도 없이.
596　바위옹두리: 제7환과 제8환의 사이에 있는 절벽.

우리 둘을 짐처럼 부려 버리고는

136   시위를 떠난 활촉 모양 감쪽같이 사라지니라.

제18곡

제8환은 말레볼제라 명명된 열 개의 주머니로 구분되어 있다. 단테가 게리온의 등을 타고 차차 안으로 들어가니, 먼저 제1낭囊에는 자기나 남 때문에 여자를 속인 자들이 악마들에게 채찍을 맞고 있고, 제2낭에는 아첨하는 자들이 거름 속에 있는데 아테네의 창녀 타이데가 이 안에 있다.

1 지옥에 말레볼제[597]라 이름하는 곳이 있으니
 둥그렇게 둘러친 테두리[598]처럼
 무쇠빛 바위로만 깔려 있나니라.

---

597 말레볼제: '사악'이라는 뜻을 가진 'male'와 '주머니'라는 뜻을 가진 'bolgia'의 복수형 'bolge'를 결합하여 단테가 지어낸 말로 지옥 제8환의 총칭. 제8환은 열 개의 둥그런 골짜기로 되어 있다. 단테가 이 골짜기를 주머니[囊]라 부르는 것은 그 속에 죄인들이 들어 있어 마치 긴 주머니처럼 보이기 때문이다.
598 둥그렇게 둘러친 테두리: 제7환과 제8환 사이 둥그렇게 둘러싼 절벽.

4   이 못된 벌판의 한가운데에
    아주 넓고 깊숙한 구렁⁵⁹⁹이 아가리를
    벌렸는데 그 됨됨일랑 다음번에 말하리라.

7   구렁과 널따랗고 험한 언저리 사이에
    남겨진 저 테두리⁶⁰⁰는 동그란 채
    바닥엔 열 개의 고랑이 있더라.

10   고랑은 마치 성벽을 지키고자
    겹겹이 해자가 성곽들을
    에워싼 모양을 하고 있는 것처럼

13   그러한 모습을 여기에 지니고 있으며
    그리고 이러한 요새에는 성문에서부터
    바깥 언덕까지 작은 다리들이 놓인 것처럼

16   바위 밑 뿌리에서 돌다리⁶⁰¹들이 내뻗어

---

599 깊숙한 구렁: 지옥 제9환.
600 저 테두리: 제7환과 제8환 사이의 절벽과 구렁, 즉 제8환을 말함.
601 돌다리: 암층이 절벽에서 솟아 나와 열 골짜기를 거쳐 단테가 건너가는 다리를

언덕과 해자를 건너지르고 구렁에 닿아서는
끊어져서 한데 모였더니라.

19 바로 그 자리에 우리는 게리온의
등에서 떨려 내려졌는데, 시인이
왼쪽으로 가시기에 나도 그 뒤를 따르니라.

22 오른쪽 첫 골에 색다른 고통,
색다른 형벌, 그리고 또 다른 매질하는
놈들이 가득 차 있음을 내 보았노라.

25 맨바닥엔 벌거벗은 죄인들이 있는데
그 한복판에서 이쪽은 우리에게 마주 오는 놈들이요,
저쪽은 우리나 같이 걷되 훨씬 걸음이 빠르더라.[602]

이룬다. 사방의 모든 돌다리가 모두 중앙의 구렁으로 이어져서(즉 제9환으로 향하여 모여져서) 그 모양이 마치 차바퀴의 살이 그 축으로 모아진 것과 같다.

602 25~27 제1낭은 중앙으로부터 들고 나뉘어 두 개의 고리를 이루었는데, 한쪽에는 타인 때문에 여자를 꾀어 넘긴 자, 다른 한쪽에는 자신을 위해서 여자를 꾀어 넘긴 자들이 무리를 지어 있고, 서로 반대의 방향으로 걷고 있다.

28 마치 성년聖年[603]에 밀려드는 사람들 때문에
   로마 시민들이, 많은 무리가
   다리 위로 가도록 마련하여서

31 이편 사람은 모두 다 이마를 성[604]을
   향하여 성 베드로 대성당[605]으로 가고
   다른 편은 '산'[606]을 바라보고 가는 것과 같더라.

34 이쪽저쪽의 시커먼 바위 위에
   뿔 난 마귀[607]가 큰 채찍을 들고 저들을

---

603 성년聖年: Jubilaeum Annus Sanctus. 인류 구속의 대업大業을 기념하여 대사 大赦를 내리는 해. 1300년 보니파시오 8세 교황이 처음으로 이를 제정하니 그때 전 유럽은 물론 아시아에서 로마로 오는 순례자들이 많아(벤투라에 의하면 2백만 명, 빌라니에 의하면 언제나 로마 시민 외에 20만 명이 끊임없이 있었다고 한다.) 산 탄젤로 다리를 양분하여 한가운데에 난간을 두고 성聖 베드로 성당으로 가는 자 와 돌아오는 자가 질서 있게 다니도록 하였다. 이 성년聖年의 역사적 의의는 매 우 커서, 유럽의 각 나라들 사이에 음모와 분쟁이 날로 증대하여 가던 때였지만 신앙으로 국민이 단결하는 실례를 보여 주었다.

604 성: 천사의 성. 원래 아드리아노 황제의 무덤이었으나 성 그레고리오 1세 교황 (508~614년)이 염병 퇴치를 위하여 기도 행렬을 할 때, 그 위에서 미카엘 대천사 가 칼을 칼집에 꽂는 것을 본 데서 이름이 생겼다(오늘날에도 성 정면에 천사의 상 이 있다). 성 안젤로 다리의 오른쪽에 있다.

605 성 베드로 대성당: '성'의 서쪽에 있다.

606 산: 다리 왼쪽에 있는 몬테 조르다노.

607 뿔 난 마귀: 이제까지의 마귀들은 고대 신화에서 나오는 것들로, 그 환의 경호원

뒤에서 맵게 때리는 것을 내 보았노라.

37 아픈지고, 단 한 번 매질에 얼마나
저들의 뒤꿈치가 치켜 올라가는고!
다시 두 번 세 번 더 맞을 나위도 없더라.

40 가다가 나의 두 눈은 어느 한 놈과 마주쳐
즉각 나는 말하였노라.
"언젠가 한 번 이 자를 본 성싶구나."

43 내 그를 알아내려고 발을 딱 멈추자
다정하신 내 길잡이도 나와 더불어 멈추시고
나의 뒤떨어짐을 허락하시니라.

46 금시 저 매맞은 놈은 스스로를 감추고자
얼굴을 숙였어도 헛일이었나니
나는 이르되, "눈을 땅에 드리운 너

또는 감시자에 불과하였다. 그러나 이 골짜기, 제5골짜기, 제9골짜기의 마귀는 지옥 고유의 악마들로서 직접 죄인들을 책벌한다.

49 네 지닌 몰골이 거짓이 아닐진대[608]
　　베네디코 카차네미코[609]일시 분명하거든
　　무엇이 너를 이다지 못 견딜 살세[610]로 끌었느냐?"

52 그가 내게 "말하고 싶은 마음도 없다마는
　　그대 자상한 말씀[611]에 나는 어쩔 수 없어
　　옛날 세상을 회상케 되는구나.

55 이 부끄러운 사연이 어떻게 전해지든 간에
　　나는 저 기솔라벨라[612]를 꾀어 내어
　　후작[613]의 뜻을 들어주게 한 자로다.

608　48~49 눈을 땅에 드리운 너……: 단테는 죄인에게 애정이나 존경을 나타내는 말을 쓰지 않는다.
609　베네디코 카차네미코: 1260년부터 1297년까지 볼로냐의 구엘피 당의 수령이었다. 성격이 거칠어 제 숙부를 죽였으며, 페라라 가문의 후작에게 돈을 받고 자신의 누이 기솔라벨라를 넘겨 주었다.
610　살세: 볼로냐에서 약 6km 떨어진 골짜기의 이름. 중죄인의 시체는 이곳에 유기되었고, 죄가 가벼운 자는 여기서 태형을 당하였다. salse가 쓴 맛·괴로움이라는 뜻도 있으므로 단테가 두 뜻을 다 포괄해서 쓴 것이라는 해석도 있다.
611　자상한 말씀: 볼로냐의 일을 잘 아는 것 같은 말씀.
612　기솔라벨라: 베네디코의 누이.
613　후작: 페라라의 에스티 가문의 한 사람. 이름은 불명.

58 여기서 우는 볼로냐 사람은 나뿐만 아니니
오히려 이 자리는 이렇듯 차 있어
방금도 사베나와 레노의 사이[614]에

61 시파를 배우는 혀[615]도 이같이 많지는 못하니라.
그대 만일 이에 대한 믿음과 증거를 원하거든
우리의 인색한 가슴을 머리에 그려 보라."

64 이리 말할 즈음에 한 놈 마귀가 들었던
채찍으로 그를 갈기고 하는 말이 "가라,
뚜쟁이 놈아. 돈 나오는 계집은 여기 없다."

67 나는 나의 지킴에 바싹 가까이 하여
몇 걸음 만에 우리들은 한 돌다리가
언덕에서 쑥 나온 자리에 닿으리라.

---

614 사베나와 레노의 사이: 볼로냐를 가리킨다. 사베나와 레노 강은 각각 이 도시의 동서를 흐른다.
615 시파를 배우는 혀: Sipa는 '그렇다'는 뜻을 가진 Sia의 볼로냐 방언이다. 그러므로 시파를 배우는 혀는 볼로냐 방언을 쓰는 자, 즉 볼로냐인이다. 지옥에서 벌받는 볼로냐인의 수가 현재 볼로냐에 사는 자보다 더 많다는 말.

70　우리는 그리 어렵지 않게 그것을 건너
　　자갈을 밟고 오른쪽으로 돌아
　　이 영겁의 둘레[616]에서 떠나오니라.

73　매 맞은 자들이 지나가기 마련인 다리 아래
　　트인 자리로 우리가 왔을 무렵
　　길잡이는 이르시되, "잠깐만, 그리고

76　저 불행을 타고난 자들의
　　상판대기를 네게 돌리게 하라. 저들이 우리와
　　함께 가기에 저들의 상통[617]을 못 보았도다."

79　낡은 다리 위에서 우리가 보노라니
　　다른 편에서 우리를 향해 오는
　　한 무리[618]가 아까처럼 매질에 쫓기더라.

616　영겁의 둘레: 제7환과 제8환의 제1낭 사이의 언덕. 지금 단테는 오른쪽으로 돌아 돌다리를 건넌다.
617　상통: 얼굴을 속되게 이르는 말. – 편집자 주
618　한 무리: 자기를 위해서 여자를 꾀어 넘긴 자.

82 착한 스승은 묻지도 않은 말에 내게
　　이르시되, "저 엄전한[619] 자가 오는 걸 보라.
　　못 견디게 아파도 눈물을 안 흘리며……,

85 어쩌면 왕자의 모습을 아직도 지니는고…….
　　저는 용기와 지혜로써 콜키스 사람들의
　　황금 양피를 앗은 이아손[620]이란다.

88 영독한 계집들이 저들의 사나이를
　　모조리 죽음에 부친 다음
　　저놈은 그 렘노스[621] 섬을 거쳐

91 거기서 전에 뭇 놈을 꾀어 넘긴
　　색시 힙시필레[622]를 추파와

619　엄전한: 태도나 행실이 정숙하고 점잖음. – 편집자 주
620　이아손: 그리스 신화에 등장하는 영웅. 황금 양피를 얻고자 아르고나우타이 원정대를 조직하고 대장이 되어 콜키스(흑해 동쪽에 위치)로 건너갔다.
621　렘노스: 에게 해에 있는 섬의 이름. 비너스 여신은 이 섬의 여자들이 자기를 존경하지 않기에 남자들로 하여금 여자들을 멀리하게 하였다. 그러자 여자들은 섬에 있는 모든 남자들을 죽였다. 그러나 왕만은 살아 남았다.
622　힙시필레: 렘노스 섬의 왕 토아스의 딸. 이 섬의 여자들이 남자를 모두 죽일 때 아버지를 죽인 것처럼 가장하고 여왕이 되었다. 이아손의 감언에 속아 쌍둥이를

감언이설로 속였고, 거기에다

94   애 밴 것을 저 혼자 버려 두었으니
　　이런 죄가 이런 벌로 저놈을 다스리고
　　이리하여 메데이아[623]의 원수도 갚아지느니라.

97   무릇 이렇게 속이는 자, 저와 함께 가나니
　　첫 골짜기와 그 이빨에 걸려든 자들을
　　이만큼 알았으면 넉넉하리라."

100 어느덧 우리는 옹색스러운 길[624]과 둘째
　　언덕이 서로 엇갈리고, 게서 또
　　다음 홍예문[625]의 어깨가 되는 자리로 왔노라.

　　임신하였으나 그는 원정에서 돌아오지 않았다.
623 메데이아: 콜키스의 왕 아이에테스의 딸. 그녀의 마술적인 힘 덕택에 이아손은 황금 양피를 얻을 수 있었다. 이아손과 메데이아는 두 아들을 낳았으나 후에 이아손이 그녀를 버렸다.
624 옹색스러운 길: 돌다리.
625 홍예문: 돌다리가 골짜기 위에 걸려서 문의 윗부분이 무지개 모양으로 반쯤 둥근 모양이다.

103 거기서 우리는 또 다른 구렁 속의
족속[626]들이 안간힘 쓰고 코를 훌쩍거리며
손으로 제 몸을 치는 소리를 들었노라.

106 밑에서부터 피어오르는 입김에
언덕은 덕지덕지 곰팡이가 끼어
눈 코 할 것 없이 쿡쿡 찌르더라.

109 바닥이 움푹 패인 때문에 돌다리의
그중 높은 자리 — 홍예 등에 오르지
않고는 아무 데도 볼 수 없을레라.

112 이런 데에 우리가 와서 여기 나는 구렁 속에
있는 족속이 사람의 뒷간에서 흘러온 듯한
똥물에 잠겨 있는 것을 보았노라.

115 내가 아래로 눈을 주어 두리번거릴 제

---

626 103~104 다른 구렁 속의 족속: 아첨하는 자의 무리.

속한俗漢인지 성직자인지[627] 분간할 수 없도록
　　　똥물을 덮어쓴 대갈통을 보았노라.

118　그는 고래고래 나에게 "네 어찌 다른
　　　더러운 놈들은 다 제쳐 놓고 하필 나
　　　하나만 뚫어지게 보느냐?" 나는 그에게

121　"내 짐작이 옳다면 머리털이 보송보송하던
　　　너를 내 이미 보았었나니, 너 루카의 알레시오[628]
　　　인테르미네이 ─ 그러기 딴 놈들보다 널 보아 두노라."

124　이때 저놈은 제 대가리를 쥐어 지르면서
　　　"혓바닥이 한 번도 싫증날 겨를이 없었던
　　　그놈의 아첨이 날 이 속으로 빠뜨렸도다."

127　그러자 길잡이가 내게 이르시되, "좀 더
　　　앞으로 얼굴을 내밀어라. 그리고

627　속한인지 성직자인지: 머리를 기른 속인인지 삭발을 한 성직자인지.
628　루카의 알레시오: 루카 시의 귀족으로 알려졌다. 1295년까지는 생존했으며 그 외는 미상이다.

저 던적스럽고[629] 머리칼 풀어헤친 채

130 저기 똥 묻은 손톱으로 몸을 긁다가는
느닷없이 웅크렸다 섰다 하는 계집의
꼬라지를 눈여겨보려무나.

133 저게 바로 타이데[630] — 그의 샛서방이
'내가 썩 그대의 마음에 들지?'라고 말할 제
'아주 기막히네.'라고 대답한 화냥년이란다.

136 그럼 우리의 눈은 이쯤으로 배불리자꾸나."

---

629 던적스럽고: 하는 짓이 보기에 매우 치사하고 더럽고. – 편집자 주
630 타이데: 그리스 아테네의 유명한 창녀. 정부 트라소네가 냐토네를 시켜 한 소녀를 그 여자에게 선사했다. 냐토네가 돌아오자 그는 타이데가 어떻게 기뻐하더냐고 물었고, 냐토네는 그녀가 대단히 감사하더라고 답했다(테렌티우스 〈에우누쿠스〉 3,1). 그러나 단테는 이 이야기를 따른 것이 아니라 키케로의 《우정론》에 인용되는 타이데 이야기를 보고 이 문답이 타이데와 정부가 직접 나눈 대화인 것처럼 쓴 것이다.

제19곡

단테는 제3낭囊에 이르러 성직 내지 성물을 매매한 죄인을 본다. 그들은 거꾸로 구멍 속에 틀어박혀 발만 밖으로 나왔는데 그 발은 불에 태워진다. 여기서 단테는 니콜라오 3세 교황이 벌받는 것을 보고 그 당시 교역자들의 부패를 탄식한다. 그리고 제4낭의 다리로 들어선다.

1 오 마술사 시몬[631]이여, 가엾은 졸개들이여,
 오직 선을 위하여 바쳐야 옳을
 하느님의 물건을 욕심꾸러기 너희들은

---

631 마술사 시몬: 사마리아의 마술사. 그는 사도들의 안수로 성령이 내리심을 보고 그들에게 돈을 주며 이 권능을 사려 하였다(사도 8,9-24 참고). 이로부터 성직 내지 성물을 매매하는 죄를 '시모니아simonia'라고 부르게 되었다.

4   황금과 돈 때문에 욕되게 하였나니,
    이제 셋째 구렁에 든 너희를 거슬러
    나팔은 소리쳐[632] 마땅하도다.

7   이미 우리는 구렁 한복판쯤
    울퉁불퉁 돌다리가 솟은 저쪽에
    올라 다음 무덤[633]으로 왔느니라.

10 오, 지극한 예지여. 하늘과 땅에, 또한
    못된 세상[634]에 나타내시는 솜씨[635]의 그 크심이여,
    그대의 힘이 얼마나 정당하게 베풀어지시는지

13 가장자리와 바닥의 크기가 꼭 같으면서
    어느 것이고 둥그렇게 구멍이 뚫린
    납빛 돌덩이들을 내 보았나니,

---

632 나팔은 소리쳐: 중세기 법정에서 통고인이 재판관의 판결을 나팔로써 알렸다고 한다.
633 다음 무덤: 제3낭.
634 못된 세상: 지옥.
635 나타내시는 솜씨: 상벌 분배의 공정하심.

16 이것들은 내 고장의 아름다운 성 요한의
    성당[636]에 세례받는 자들을 위해 만들어진
    그것보다 크지도 작지도 않은 듯한데,

19 요 몇 해 전 그 속에 빠졌던 사람을 건지고자
    내 그 한쪽을 부순 일이 있으니,[637] 이 나의
    말을 상고하여 누구도 의심치 마라.[638]

22 구멍마다 아가리 밖으론 죄지은 놈들의
    발과 정강이 그리고 넓적다리가 삐져
    나왔고 다른 것은 그냥 그 속에 있더라.

25 뭇 놈의 발바닥마다 통째로 불이 붙어
    오금팡이가 몹시 퍼덕거리는 꼴이

---

636 16~17 성 요한의 성당: 피렌체 시 성 요한 성당의 세례소. 당시에는 여기서 주로 6월 24일 요한 세례자의 축일에 많은 어린이들이 세례를 받았다.
637 부순 일이 있으니: 세례반 외부 대리석에 네 개의 구멍이 있어 사제가 이곳에 서서 세례를 준다. 어느 날 어린아이가 이 구멍에 빠지자 이를 구하려고 단테가 대리석을 부수었다.
638 누구도 의심치 마라: 어떤 사람들이 이를 성물 파괴죄라 하여 단테를 공격하였으므로 이에 대한 반발을 하는 것이다.

끈이고 밧줄이고를 끊어 낼 것 같더라.

28　마치 기름기 있는 물건의 타는 불꽃이
　　항시 밖으로 위로 미치는 것처럼
　　여기 뒤꿈치부터 끝까지도 그러하더라.

31　내 말하되, "스승이여, 다른 제 벗들보다
　　한결 떨고 아파하여 훨씬 시뻘건
　　불꽃에 빨리는 저놈이 누구오니까?"

34　그는 내게 "너 혹시 보다 낮은[639] 언덕을 따라
　　내 너를 데리고 가게 한다면 너는
　　저한테서 저와 저의 허물을 알리라."

37　나는 "그대 원이시라면 나는 다 좋으니
　　그대 임자시오라, 내 그 뜻에서 떠나지 않음과
　　내 사뢰지 않은 일[640]조차 그대 아시나이다."

639　보다 낮은: 제8환은 중앙의 구렁으로 향해 점점 기울어진다. 따라서 안의 언덕은 밖의 언덕보다 낮다.
640　사뢰지 않은 일: 지옥편 10곡 16행 이하 참고.

40 이때 우리는 넷째 언덕 위에 닿았으니
돌이켜 왼편으로 내려와 구멍투성이의
좁은 바닥으로 왔느니라.

43 착한 스승은 다리를 떨며[641] 우는 자들이
있는 구멍에까지 이르도록 나를
그 허리에서 놓아주지 않으시더라.

46 나는 입을 떼어 "아, 말뚝처럼 박히어
거꾸로 선 너는 누구이뇨?
슬픈 넋이여, 말이 있거든 일러 보라."

49 나는 마치 저 믿음을 저버린 암살자가
구덩이에 든 다음에도 죽음을 늦추고자 거듭
제 죄를 듣도록 불러 세운 한 신부처럼 섰더니[642]

---

641 다리를 떨며: 고통을 나타낸다.
642 49~51 중세에는 암살자를 산 채로 거꾸로 땅속에 묻어 사형에 처한 일이 있다. 이때 죄인은 다시 신부를 불러서 죄를 고백함으로써 조금이라도 생명을 연장시키려 하였다. 고백하는 동안은 생매장을 면할 수 있기 때문이다.

52   저[643]는 소리치되, "진작부터 너 여기 있었느냐,

   보니파시오[644]야, 진작부터 너 여기 섰었느냐,

   기록[645]이 나를 속여 몇 해나 틀렸도다.

55   이토록 빨리도 재물에 싫증이 났더냐,

   그것 때문에 예쁜 아씨[646]를 속여서[647] 빼앗고

---

643 저: 니콜라오 3세 교황(재위 1277~1280년). 강력한 지배자적 인물로서 나폴리 왕 앙주의 샤를 1세가 중앙 이탈리아에까지 권력을 뻗치려 할 때 교황권의 독립을 회복하였고, 몽골의 족장 아비가에게 프란치스코 수도사 5명을 파견시키기도 하였다. 시모니아를 범하기에는 너무 고결한 인격자였으나 단테가 그를 지옥에 집어넣은 것은 아마도 네포티즘nepotismus(족벌주의)에 빠진 사실과 일찍이 (1252년) 피렌체의 구엘피 당과 기벨리니 당을 화해시키려던 그의 사명이 실패로 돌아갔기 때문인 듯하다.

644 보니파시오: 보니파시오 8세 교황(재위 1294~1303). 카에타 가문 출신으로 학식과 경험을 갖춘 법률가이며, 투지 왕성한 정치가였다. 교권을 안정적으로 신장시키려던 그의 정책은 때로는 속권 간섭俗權干涉에까지 이르러, 교회 내외에 많은 적을 만들었다. 피렌체 시에 흑백 양당의 싸움이 치열했을 때, 교황은 이를 조정하기 위해 마테오 디아콰스팔타 추기경을 사절로 보냈으나 그는 파문만을 선언하고 돌아왔다. 그래서 교황은 다시 1300년 말에 샤를 드 블루아를 파견했는데, 그는 도리어 평화만 교란시켰다. 그가 파견된 지 불과 5개월만에 백당白黨은 치명상을 입었고, 단테는 피렌체에서 쫓겨나 이후 20여 년간 베로나, 루카, 라벤나, 파리 등지를 떠도는 유랑 생활을 하였다. 단테는 이 모든 불행의 원인이 보니파시오 8세 교황이라 믿어 그를 불구대천의 원수로 여겼다. 그러나 단테는 교회 및 교황권이 신성하다는 것을 항상 인정하였다.

645 기록: 미래를 예언한 기록.

646 예쁜 아씨: 교회.

647 속여서: 첼레스티노 5세 교황을 속여 퇴위시켰다는 뜻이나, 보니파시오 8세 교황의 반대자였던 에지디우스 로마누스, 프랑스 왕 필리프 4세의 사부師父였던

끝장엔 그를 마구 푸대접하더니만."⁶⁴⁸

58 나는 말대꾸의 뜻도 모르고
비웃음을 받아도 대답할 줄을 몰라
엉거주춤한 사람 모양 서 있었노라.

61 그때 베르길리우스가 말하되, "어서 저놈더러
일러라. '난 아니다. 네가 넘겨짚은 그가
아니다.'라고." 이에 나는 분부대로 대답했노라.

64 영혼은 발목을 온통 비틀고
탄식하며 소리쳐 울며 내게 이르되,
"그대 나한테서 원하는 게 무엇이뇨?

67 그대 정녕코 내 누구임을 꼭 알고파
언덕을 치달아서 온 것이라면 그대는

에지디우스도 이런 사실이 없었음을 인정했다.
648 푸대접하더니만: 역시 보니파시오 8세 교황을 욕하는 말로, 그가 교회의 재물을 가로채 사익을 취했다는 말.

알아다오, 나는 큰 망토[649]를 두른 자였음을.

70 나는 진정 암곰의 아들[650]이었더니, 어찌나
새끼 곰들[651]의 번영을 위하였던지 세상에선
재물을, 여기선 몸뚱이를 전대 속에 넣었노라.

73 나보다 먼저 성직 매매죄를 범한 놈들이
내 머리맡에 끌려오게 되어
바위 틈바구니에 납작해져 있느니라.

76 내 아까 느닷없는 물음으로 너인 줄만
그릇 알았던 그이가 오게 되면
나는 저 아래로 떨어지리라.

79 그러나 내가 이렇게 곤두서서
내 발목이 달구어진 시간은 저자가

---

649 큰 망토: 교황의 망토.
650 암곰의 아들: 오르시니 가문 출신. 이 가문의 문장이 '암곰Orsa'이었다.
651 새끼 곰들: 오르시니 일가.

벌건 발을 들이박고 설 시간보다 오래리니,⁶⁵²

82 저자 다음엔 짐짓 법을 모르는 체⁶⁵³
행실이 못되기란 저와 나를 덮고도
남을 한 목자⁶⁵⁴가 서쪽에서⁶⁵⁵ 오리라.

85 그는 마카베오기에서 읽을 수 있는 또 하나 다른
야손⁶⁵⁶으로 오리니, 그의 임금이 그에겐 무르던 것
처럼 프랑스를 다스릴 자도 그 앞엔 무르리라."

---

652 76~81 다음 교황이 올 때까지 발이 달궈진다고 했으므로 니콜라오 3세 교황은 1280년부터 1300년까지 약 20년, 보니파시오 8세 교황은 1303년부터 1314년까지 약 11년 동안 발이 달궈지는 셈이다. 단테가 만일 역사에 근거해 이같이 썼다면 《신곡》의 이 부분은 1314년 이후에 쓴 것이 된다. 이 때문에 《신곡》을 연구하는 학자들은 이 작품의 집필 시기에 관해 여러가지 주장을 하고 있다.

653 법을 모르는 체: 그는 교황청을 로마에서 아비뇽으로 옮겼고 이리하여 '아비뇽 유수Captivitas Avenionensis(1309~1377년)'의 첫 페이지가 교회사에 남겨졌다.

654 한 목자: 클레멘스 5세 교황(재위 1305~1314).

655 서쪽에서: 클레멘스 5세 교황은 프랑스 가스코뉴(프랑스혁명 이전 프랑스 남서부의 한 지방명) 출신이고 보르도의 주교로 교황이 되었으므로.

656 야손: 유대의 대제사장 오니아스의 동생으로 안티오코스가 왕좌를 이어받았을 때 왕에게 돈을 주고 대사제직을 샀다(2마카 4 참고). 프랑스 왕 필리프 4세가 어느 날 베르트랑을 불러서 여섯 가지 시모니아를 약속하면 교황위教皇位에 올려주겠다고 하므로 베르트랑은 이를 흔쾌히 받아들이고 클레멘스 5세 교황이 되었다는 이야기가 있다. 단테는 클레멘스 5세 교황을 야손에 빗댄 것이다.

88   여기 내가 이런 조로 저에게 대답한 것이
     지나치게 어리석었는지 모르노니, 하였으되
     "오, 이제 내게 말하라. 우리 주께서

91   베드로 사도에게 오롯이 열쇠를 맡기시기 전에[657]
     어떠한 값을 그에게서 요구하셨는지, 진정
     '나를 따르라.'[658] 하신 밖에는 무엇도 아니 요구하셨도다.

94   죄스러운 영혼이 잃어버렸던 그 자리에
     마티아가 뽑히었을 때,[659] 베드로나 다른
     누구도 그한테서 금과 은을 앗지 않았더니라.

97   그런즉 네 벌이 지당하니 이대로 있거라.
     그리고 카를로[660]를 거스르려 네가 감행한 바

---

657 90~91 우리 주께서 베드로 사도에게……: 마태 16,19 참고.
658 나를 따르라: "나를 따라오너라. 내가 너희를 사람 낚는 어부로 만들겠다."(마태 4,19)
659 94~95 베드로와 다른 제자들이 유다 이스카리옷의 자리에 마티아를 뽑을 때(사도 1,15~26 참고).
660 카를로: 나폴리와 시칠리아의 왕(1226~1285년)이었던 앙주의 카를로 1세. 성왕 聖王 루이 9세의 동생.

불의로써 얻은 재산이나 잘 간직하려무나.⁶⁶¹

100 즐거웠던 세상에서 네가 쥐고 있던
제일 훌륭한 열쇠에의 존경이
다시는 더 나를 말리지 않는다면

103 나는 더욱 엄청난 소리를 하려노니,
너희 무리의 인색함이 선인은 짓밟고
악인은 들어 올려 세상을 슬피 만든 것이니라.

106 목자들이여, 너희야말로 저 물 위에 앉은
여인⁶⁶²이 임금들과 음행함을 보았을 때
복음사가⁶⁶³가 뜻에 둔 바로 그자들이니라.

---

661 간직하려무나: 역사적 기록이 아닌 이야기를 보고 쓴 부분이다. Villani의 《Cronaca》 7,54에 따르면 1280년 비잔틴 황제는 카를로를 치기 위하여 조반니 다 프로치다를 통해 니콜라오 3세 교황에게 자금을 주었다.

662 106~107 물 위에 앉은 여인: 요한 묵시록 17장 이하를 인용한 비유. 원래 요한 묵시록의 '물'은 여러 민족이요, '여인'은 대도시(로마)며, '짐승'은 로마 제국, 그리고 '일곱 머리'는 일곱 산, '열 개의 뿔'은 제왕諸王들이다. 단테는 이를 달리 각색하여 여인과 짐승을 혼동하였다. 일곱 머리와 열 개의 뿔이 달린 짐승은 칠성사七聖事 또는 성령 칠은과 십계명을 가진(비록 가지기는 하였어도 그에서 '힘을 얻기'는 커녕 당시 시모니아로 더럽히던) 로마 교황청을 말한다.

663 복음사가: 묵시록의 저자인 요한 사도.

109 　그 여인이란 머리 일곱을 가지고 태어나

　　그 덕망이 제 남자[664]의 뜻에 드는 동안엔

　　열 개의 뿔에서 힘을 얻은 자니라.

112 　황금과 은을 너희가 천주로 삼았으니

　　우상 숭배자들과 너희가 다를 것이 무엇이뇨.

　　저들[665]은 하나를, 너희는 백을 숭배하는[666] 그것뿐이로다.

115 　아, 콘스탄티누스[667]여, 네 입신을 탓함이 아니라

　　저 처음으로 부유해진 아버지[668]가 네게서 받은

664　제 남자: 교회의 지아비. 즉, 교회의 뜻이 덕에 있을 때 교회는 그 본령의 권위를 더욱 발한다는 뜻이다.
665　저들: 이스라엘 백성. 황금으로 송아지를 만들어 숭배한 백성들(탈출 32,4.8.19.20 참고).
666　백을: 너희는 헤아릴 수 없이 많은 금은보화를 우상으로 숭배하였다는 말.
667　콘스탄티누스: 콘스탄티누스 대제(274~337). 그가 그리스도교에 신앙의 자유를 준 것은 실베스테르 1세 교황한테 세례를 받았기 때문이라는 이야기, 이 교황의 기적으로 황제가 나병을 완치했다는 이야기, 그리고 이 때문에 로마와 서방을 교회에게 증여했다는 이야기 등은 모두 역사적 사실이 아니다.
668　처음으로 부유해진 아버지: 실베스테르 1세 교황(재위 314~335년). 6세기 초에 심마쿠스가 꾸민 이야기를 단테가 그대로 믿고 탄식하는 부분이다. 콘스탄티누스 대제가 실베스테르 1세 교황에게 막대한 증여를 한 까닭에 그가 교황 중 최초의 거부巨富가 되었고, 이로 말미암아 교직자의 부패가 시작되었다는 것.

그 봉물이 얼마나 많은 악의 어미가 되었던고."

118　내 이러한 가락을 그에게 노래하는 동안
그를 찌른 것이 분노였는지 양심이었는지
그는 두 발바닥을 부르르 떨더라.

121　이로써 나는 길잡이의 마음에 꼭 든 줄 굳이
믿노니, 그는 끝까지 느긋한 얼굴로 참된
말이 표현하는 마디마디를 놓치지 않았고

124　오히려 두 팔로 나를 끌어당기어
나를 품 안에 오붓이 껴안고서는
내려오던 길을 도로 오르시니라.

127　나를 껴안으시고도 피곤해하시지 않고
넷째 언덕에서 다섯째까지 걸려 있는
무지개 다리 꼭대기까지 나를 데리고 가시니라.

130　여기서야 염소조차 길이 고되다 할
험하고 가파른 돌사다리를 거쳐

그는 아주 살며시 짐[669]을 내려놓으시니라.

133 여기부터서는 환한 골짜기가 탁 트이었더라.

---

669 짐: 단테.

제20곡

단테는 제4낭에 이르러 마술과 점술로써 사람들을 미혹케 하던 자들이 머리는 등 뒤로 제껴진 채 걸어옴을 본다. 베르길리우스는 그중 몇 사람을 들어 단테에게 얘기하고, 또 만토라 불리는 요녀의 내력으로부터 베르길리우스의 고향인 만토바의 유래를 설명한다.

1 내 또 다른 벌을 글귀로 지으리니
 빠져 있는 자들을 부르는 첫 노래[670]로
 스무 번째 가락의 줄거리를 삼으리라.

4 이미 나는 오롯이 정신을 차리고 있자니

---

670 첫 노래: 《신곡》 중 지옥편을 말한다.

고달픈 눈물에 미역 감는, 환히
드러난 바닥을 볼 수 있을레라.

7 그리고 이승에서 기도의 행렬[671]이 걷는
걸음걸이로 묵묵히 눈물 흘리며
둥그런 골을 지나오는 사람들을 보았노라.

10 보다 더 나직이 나의 눈은 저들께로 내려가매
얄궂게도 모두 턱에서부터
앞가슴까지 휘어진 듯이 보이더라.

13 말하자면 얼굴이 동쪽으로 돌아가
앞을 바라볼 수 없는 탓으로
뒤로만 걸어가기 마련이더라.

16 아마도 그 누가 중풍이 심하여 이렇듯
홱 뒤틀릴 수도 있으리라만

---

671 기도의 행렬: 본래는 대기도Litaniae Majores(4월 25일)와 소기도Minores(예수 승천 전 3일 간)가 있는데 이런 날이면 성인 호칭 기도를 노래하며 성당 내외로 행렬을 한다. 1970년에 바뀐 새 교회력에서는 폐지되었다.

나는 본 적이 없고 그럴 성싶지도 않도다.

19 독자여, 하느님이 너로 하여금 읽음에서
열매를 거두게 하실지니 너 스스로 헤아리라.
우리와 같은 얼굴이면서도 뒤틀리어

22 눈물이 등골을 타고 엉덩이를
적시는 것을 바로 코 앞에 보면서
내 어찌 눈물 없는 얼굴을 지닐 수 있을까 보냐.

25 투박한 돌다리 그 바위 하나에 기대어
몹시도 서럽게 우는 나를 보고 길잡이가
이르시되, "여태 너는 어리석었구나.

28 여기선 자비를 말끔히 없애 버림이[672] 자비를
살리는 것이어니, 하느님의 심판에 사정을

---

[672] 자비를 말끔히 없애 버림이: 토마스 아퀴나스 성인이 《신학대전》에서 "성자들은 악인들의 벌 자체를 기꺼워하지 않으리로되, 악인들의 벌을 기뻐하기는 하느님 정의의 질서를 벌 안에 고려하기 때문이다."라고 한 것과 같이 의인일수록 하느님의 의지를 따라야 하는 만큼 지옥에서의 자비란 부질없다는 뜻.

두는 자보다 누가 더 큰 죄인일 수 있느냐.

31　머리를 들라, 쳐들고 저놈을 보라. 테베인의
　　눈앞에 땅은 저를 위하여 질펀하구나.
　　그때 사람들이 외쳤더란다. '암피아라오스[673]여, 너

34　어디로 떨어지며 어찌하여 싸움을 그치느냐.'라고.
　　그러나 그는 뭇 놈을 잡아들이는 미노스에게까지
　　밑으로 밑으로 굴러떨어졌단다.

37　보라, 저놈 등가죽이 바로 가슴패기로구나.
　　옳거니 너무 앞만 보려던 놈이니
　　뒤만 보고 뒷걸음치게 마련이로다.

40　테이레시아스[674]를 보라. 그는 딴 허울을 쓰고

673　암피아라오스: 그리스의 예언자며 영웅으로, 테베를 포위한 일곱 왕(지옥편 14곡 67~72행 주 참고)의 하나. 테베를 공격할 때 자기의 죽음을 예견하고 원정에 참가하지 않으려 피해 있었으나, 그의 아내의 속임수로 할 수 없이 진군하였다. 그가 수레를 타고 싸울 때 제우스가 번개를 던져 땅을 열고 그를 지옥으로 빠뜨렸다.
674　테이레시아스: 테베의 유명한 점쟁이. 숲속에서 한데 어우러진 뱀을 보고 지팡이로 이를 떨어지게 하니 그의 몸이 여자로 변했다. 7년 후 같은 두 마리의 뱀을

사내에서 계집이 되어

온통 몸뚱어리를 바꿔 버렸느니라.

43 그런 뒤 또 사나이의 나룻[675]을 가지기

위해서는 먼저 신장대로 서로 엉키어진

두 마리 뱀을 들이쳐야 하였느니라.

46 그의 배에다 제 등을 댄 자가 아론타[676]이니

루니[677]의 두메 속 그 아래 사는

카라레세 사람들이 따비질하는[678] 거기

49 흰 대리석[679] 사이로 트인 굴을 제 집 삼고

보고 다시 전처럼 이를 때려 도로 남자가 되었다(《변신》 3,324~351).

675 나룻: 수염. – 편집자 주
676 아론타: 에트루리아(이탈리아)의 점쟁이. 카이사르와 폼페이우스가 전쟁할 때, 카이사르의 승리를 예언했다.
677 루니: 이탈리아 서북 해안 마그라 하반의 옛 도시. 지금은 폐허만 남았고 그 이름은 이 지방의 총칭인 루니자나로 존재할 뿐이다. 루니의 산은 카라레세 산도 포함한다.
678 따비질하는: 풀뿌리를 뽑거나 밭을 가는 데 쓰는 농기구인 따비로 논이나 밭을 일구는. – 편집자 주
679 대리석: 지금도 건축과 조각의 소재로 사용되는 카라레세의 대리석은 로마 시대부터 이미 유명했다고 한다.

거기서 그는 거침없이
별과 바다를 내다보았던 것이니라.

52 그리고 네가 보지 못하였던 그 젖꼭지를
헝클어진 머리채로 휘덮으며 털 많은
살갗을 저쪽으로 돌리고 있는 것이

55 만토[680]이니, 저 계집은 여러 나라를 찾아
쏘다니다가 마침내 내가 태어났던 고장[681]에 머물렀으니
자 잠깐만 내 말을 더 들어다오.

58 제 아비가 세상을 뜨게 되어
바쿠스의 마을[682]이 노예가 되자마자
계집은 오랫동안 세상을 떠돌았느니라.

---

680 만토: 테이레시아스(40행)의 딸. 테베의 요녀.
681 내가 태어났던 고장: 만토바를 가리킨다. 그러나 베르길리우스의 실제 출생지는 만토바 부근의 안데스(지금의 피에트라)이다.
682 바쿠스의 마을: 바쿠스Bacchus(술의 신)를 수호신으로 삼은 도시, 즉 테베. 에테오클레스 형제(지옥편 26곡 52행 주 참고)가 죽은 뒤 크레온테가 이 시를 압제했다. 만토는 이 학정을 벗어나려고 이탈리아로 왔다.

61　윗녘[683] 아리따운 이탈리아의 티랄리[684]의
　　성城 머리 ― 독일을 에워싸는 알프스 산
　　발치에 호수가 누웠으니 이름이 베나코[685]란다.

64　가르다[686]와 발 카모니카[687]와의 사이의 아마도
　　천 개도 넘을 샘구멍들이 아펜니노[688]를
　　씻어 이 호수에 와 출렁이는데

67　그 한복판에 한 자리가 있어 트렌토와
　　브레시아 그리고 베로나의 주교들이
　　거기 그 길을 지날 적마다 축복을 내리니라.[689]

683　윗녘: 지옥에서 세상을 가리키는 말.
684　티랄리: 가르다 호수의 북방에 있는 독일 최초의 성.
685　베나코: 지금의 가르다 호수의 옛 이름.
686　가르다: 호수의 동쪽에 있는 성.
687　발 카모니카: 호수의 서북에 있는 골짜기. 약 20km에 이른다.
688　아펜니노: 이 지방의 산의 이름으로 아펜니노 산맥은 아니다. 다른 판본에는 펜니노라고 되어 있다.
689　67~69 트렌토 · 브레시아 · 베로나의 3교구는 이 호수(베나코)를 사이에 두고 서로 경계를 접하고 있다. 그러므로 3교구의 주교들은 모두 십자가를 그으며 이곳의 사람들을 축복해 준다(주교가 공적으로 축복을 해 주는 것은 특수한 경우 외에는 자기 교구 내에서만 할 수 있다).

70 　　아름답고 굳은 요새 페스키에라[690]는

　　　브레시아인과 베르가모[691]인과 맞서고자

　　　둘레의 기슭이 보다 낮은 데도 도사려 있느니라.

73 　　베나코의 품 안에 멎을 수 없는 물줄기는

　　　어느 것이든 이리로 떨어지기 마련이어서

　　　마침내 강을 이루고 푸른 목장 아래로 흐르나니라.

76 　　한 번 물줄기가 굽이쳐 흐르자 그 이름은

　　　벌써 베나코가 아니라 멘초라 불리어

　　　고베르노[692]에 닿았다가 포 강으로 떨어지나니라.

79 　　물길이 오래지 못하다가 평지에 이르러선

　　　차츰 퍼져서 늪을 이루되, 여름이면

　　　흔히 메말라 사람을 괴롭히는데

82 　　거기를 지나면서 한 매서운 색시가

690　페스키에라: 가르디 호수의 서남단에 있는 베로나인의 요새.
691　베르가모: 롬바르디아의 한 마을로 브레시아의 서쪽에 있다.
692　고베르노: 만토바에서 약 5km 떨어져 있다. 멘초 강의 오른쪽에 있다.

    늪 한가운데의 가꿔지지 않고 전혀
    사람이 살지 않는 땅을 보았더니라.

85   거기 그는 일체 사람들과 사귐을 끊고자
    제 재주[693]를 부릴 종들과 함께 머물러
    살다가 거기에다 제 시체를 남겼느니라.

88   그 뒤 근방에 흩어졌던 사람들이
    뺑 둘러 사방에 늪이 있는 때문에
    탄탄한 고장으로 모여들었나니라.

91   그들은 죽어 버린 저 해골 위에 마을을 세우고
    처음으로 이곳을 택한 여인의 이름을 따
    돌팔이[694]를 댈 것 없이 만투아[695]라 불렀나니라.

94   일찍부터 그 안의 백성은 꽉 들어찼었으니

---

693 재주: 마술.
694 돌팔이: 옛날에는 땅에 새로 이름을 붙일 때 점술로 그 이름을 정하는 관습이 있었다.
695 만투아: 만토바.

그것은 카살로디[696]의 어리석음이

피나몬테에 속아 넘어가기 훨씬 전이더라.

97 그러기에 내 너에게 알려 주노니, 설사

내 고장의 내력[697]을 이와 달리 듣더라도

어느 거짓으로 진실을 속이지 마라."

100 나는 "스승이여, 그대 말씀이 이렇듯

밝으시와 내 믿음을 사로잡으시는지라

남은 것들이야 타 버린 숯검정 같사옵니다.

103 허나 지나가는 족속 중에 눈여겨볼 만한

자를 보시거든 내게 일러 주소서,

내 맘은 이것에만 쏠리는 탓이옵니다."

---

696 카살로디: 원래는 브레시아 부근의 성 이름. 1272년 카살로디 가문의 알베르토가 만토바의 영주였는데, 피나몬테 데 보나코르시의 책략에 넘어가 많은 귀족을 이곳에서 추방시켰다. 그리고 나중에는 자신도 추방당했다. 그 후 피나몬테가 군주가 되었다.

697 내력: "오크누스는……점쟁이 만토와 투스쿠스 강江의 아들로서, 오오, 만투아여, 그가 너에게 성벽과 어미의 이름을 주었느니라."(《아이네이스》 198 이하) 이처럼 만토바의 기원에 관해 베르길리우스의 설명과 단테의 설명은 각각 다르다. 단테의 설명은 당시에 전해지던 이야기에 따른 것으로 보인다.

106 이내 그이는 내게 "볼에서부터 거뭇한

   어깨까지 나룻을 드리운 것이 점쟁이였던

   놈인데 그리스에 사내라고는 도무지 없어

109 요람마저 찰똥말똥 하던 저 즈음에[698]

   그는 칼카스[699]와 함께 아울리스[700]에서

   비로소 닻줄이 끊어질 것을 점친 자[701]니라.

112 그 이름은 에우리필로스, 나는 내 장엄한

   비극[702]의 어느 대문에서[703] 그를 노래하였으니

   그 모든 것을 다 아는 너는 이것도 잘 알리라.

115 그리고 옆구리가 몹시 강파른 저놈이

---

698 108~109 남성들이 모두 트로이 전쟁에 나갔기 때문에 아기를 낳는 일이 없어 요람은 비어 있다.

699 칼카스: 트로이 전쟁 때 그리스 군의 점쟁이.

700 아울리스: 아가멤논이 그리스 군을 모아 트로이로 떠나던 항구.

701 점친 자: 그리스인 에우리필로스(112행 참고).

702 112~113 장엄한 비극: 《아이네이스》를 일컫는다.

703 어느 대문에서: 베르길리우스가 그리스 군의 트로이 퇴각에 관해 이야기할 때, 에우리필로스가 아폴로의 신탁을 받는 장면은 남겼지만(《아이네이스》 2,113 이하), 아울리스에서 닻줄이 끊어지는 장면을 기록한 적은 없다.

미켈레 스코토[704]이니 그는 정말

마법으로 속이는 재주를 알고 있었나니라.

118 구이도 보나티[705]를 보라, 또 아스덴테[706]를.

그가 가죽과 실에만 골똘하였다면…… 하고

이제사 깨달아도 뉘우칠 때는 이미 늦었도다.

121 바늘과 북과 물렐랑 던져 주고 돌팔이

무당이 된 슬픈 계집들을 보라.

저들은 풀잎[707]과 꼭두[708]로 요술을 부렸느니라.

124 아무튼 이젠 오너라. 어느덧 카인과

---

704 미켈레 스코토: 스코틀랜드인으로, 해박한 철학자(아비첸나의 아리스토텔레스 주석을 아라비아어에서 라틴어로 번역하였다.)이자 천문학자로 프리드리히 2세의 궁정에 머물렀다. 마술사로도 이름이 높았다.
705 구이도 보나티: 13세기 후반 이탈리아 포를리의 점성가. 영주 구이도는 그의 점술로 출전의 날을 정했다고 한다. 《천문》 10권의 저서가 있다.
706 아스덴테: 이탈리아 파르마의 갖바치. 마에스트르 벤베누토라 불리며 아스덴테(이가 없다는 뜻)라는 별명이 있었다. "제 기술을 버린 뒤 점술에 몰두하여 미래를 많이 예언하므로 사람들이 기이하게 여기더라." – 벤베누티 주
707 풀잎: 메데이아는 약초를 찧어 그 즙으로 자신의 아버지를 젊어지게 하려고 했다.
708 꼭두: 사람 모습의 꼭두를 만들어 불에 태우거나 바늘로 찔러 원수를 죽이거나 괴롭히는 마술을 한다.

가시[709]는 양반구[710]의 가름길[711]에 걸려 있고
세비야[712] 아래엔 물결이 부딪친다.

127　간밤[713]에 이미 달이 둥글었으니 그 언젠가
　　　깊은 숲에서 네게 해됨이 없게 하던 일을
　　　너는 좋이 다시금 생각하여 마땅하도다."

129　이리 말하시고 우리는 이냥 걸어가니라.

709　124~125 카인과 가시: 달[月]을 말한다. 달의 반점은 카인이 가시를 등에 지고 걸어가는 모습이라고 한다(천국편 2곡 49행 이하 참고).
710　양반구: 북반구의 중심은 예루살렘이고 남반구의 중심은 연옥 정죄산의 꼭대기다. 스페인과 인도의 일부가 양반구의 경계를 이룬다.
711　가름길: 지평선.
712　세비야: 스페인 남부 안달루시아 지방의 중심지다.
713　간밤: 4월 8일의 전야.

제21곡

단테는 제5낭에 이르러 직권을 남용하여 사익을 도모한 탐관오리들의 벌을 본다. 그들은 끓는 역청 속에 파묻혀 마귀들에게 준엄한 감시를 받는다. 마침내 단테는 한 떼의 마귀들과 함께 언덕을 따라 제6낭으로 향한다.

1 이리하여 내 노래는 희극과는
 상관없는 일들을 이야기하며 다리에서
 다리로 와 맨 꼭대기[714]에 다다랐을 무렵

4 우리는 말레볼제의 다른 틈서리와 또 다른
 헛된 통곡을 보고자 멈추었는데, 나는

---

714 맨 꼭대기: 제5낭에 걸린 돌다리의 중앙.

거기가 이상스레도 캄캄함을 보았노라.

7　이를테면 겨울날 베네치아의 선창[715]에서
　　그들의 성치 못한 배에 칠을 하고자
　　끈끈한 역청을 끓인다 하자.

10　말하자면 그들이 배를 탈 수 없게 되었기에
　　하나가 새로이 배를 짓고, 다른 이는
　　여러 번의 항해로 낡아 터진 뱃전을 때우고,

13　누구는 고물을, 누구는 뱃머리를 못질하면
　　누구는 상앗대를 다듬고, 누구는 닻줄을
　　꼬고, 또 누구는 앞뒤의 돛을 깁나니.

16　그와 같이 불이 아니라 오직 하느님의
　　재주로 아래쪽에 진하디 진한 송진이
　　끓어 온통 언덕을 자맥질하더니라.

715　베네치아의 선창: 베네치아 시 동쪽에 위치한 1104년에 건설된 조선소.

19　나는 그것을 보았어도 그 속에 끓어오르는
　　거품 외엔 아무것도 보지 못하였고
　　모든 것이 부풀었다가 다시 쭈그러들더라.

22　내 아래를 자세히 보노라니 나의
　　길잡이가 "보라, 보라." 하시며 나의 섰던
　　자리에서 당신한테로 나를 끌어당기시더라.

25　이에 마치 어느 사람이 차라리
　　피하여야만 할 것을 몹시 보고 싶어 하다가
　　홀연 무서움에 기가 꺾이어 슬슬

28　도망가 버리듯, 나도 이같이 몸을 돌이키자
　　우리 뒤에 한 시꺼먼 마귀가
　　돌다리 위로 치달려 옴을 보았노라.

31　아아 얼마나 영독한 그의 모양인고?
　　활짝 편 날개에 나는 듯 가벼운 발에
　　그 행동이 얼마나 내게 매서워 보이는고.

34 날카롭고 치뜨린 그의 어깨는
　　한 죄인의 허리를 걸쳐 메고
　　그 발의 힘줄을 움켜쥐고 있더라.

37 우리의 다리에서 그가 말하되, "보라,
　　말레브란케[716]여, 지타 성녀[717]의 고을을 다스린 자[718]
　　저놈을 처박아라. 나는 저런 종낙을

40 그득히 잡아 놓은 고을로 되돌아가노라.
　　거기 본투로 말고는[719] 모두 토색질하던 놈들이니
　　'아니.'가 거기서는 돈 때문에 '그렇다.'로 된단다."

43 한 놈을 밑으로 집어넣고 그는 투박한
　　돌다리를 지나갔는데, 제아무리 풀어 놓은

716　말레브란케: '몹쓸 손톱'이란 뜻. 제5낭의 악마를 총칭하는 말이다.
717　지타 성녀: 1218년에 토스카나 지역 루카 근처의 한 가난한 집에 태어나 수도자로 루카에서 동정녀의 일생을 보냈다. 시민들은 성녀를 매우 존경하여 그의 사후 1272년(혹은 1278년) 그를 성 프레디아노 성당에 모시고 존숭하였다. 여기서는 성녀의 이름이 루카 시를 가리킨다.
718　다스린 자: 루카의 10인으로 구성되는 고급 행정궁.
719　본투로 말고는: 본투로는 13세기 초에 루카 시 민당의 수령으로 시의 관직 거의 전부를 매수·조종한 자이다. '말고'는 반어反語의 의미다.

개일지라도 이토록 날래 도적을 쫓진 못할레라.

46　빠진 놈은 몸을 꼽쳐 다시 오르려 하니
　　다리에 숨어 있던 뭇 악마들이 외치되
　　"SANTO VOLTO[720]도 여기선 소용없다.

49　여기서는 세르키오[721]에서처럼 헤엄칠 수 없으니
　　너 우리의 쇠갈퀴가 싫거든 아예
　　역청 위에 뜨지를 말아라."

52　그런 다음 백도 넘을 작살로 그놈을 콱콱 찍으며
　　놈들이 말하되, "숨어서 추는 게 이 고장
　　춤이란다. 어디 할 수 있거든 슬쩍 훔쳐보시지."[722]

55　그것은 음식 만드는 자가 제 종을 시켜 고기가

720　SANTO VOLTO: '성스러운 얼굴'이라는 뜻. 루카 시의 주교좌 성당에 안치된 것으로, 니코데모의 작품이라고 전해지는 목제 십자가 상의 그리스도. 하느님의 도우심을 구하는 경우에 그 이름을 부르는 것은 루카 시민들의 습관이었다. 다리 밑의 마귀들은 죄인들이 머리를 내미려는 모양을 보고 이같이 조롱한다.
721　세르키오: 루카 시 부근을 흐르는 강의 이름.
722　훔쳐보시지: 도망칠 기회를 엿보라는 뜻.

뜨지 않도록 곱창칼로 가마솥 한복판에
푹 담그는 것이나 다름없더라.

58 착한 스승이 내게 이르되, "너 여기 있음을
드러내지 않게시리 저 바윗덩이 뒤에
착 엎드려 막이를 삼아라.

61 그러고는 내게 어떠한 어려움이 닥쳐도
넌 무서워 마라. 이전에도[723] 그런 말다툼이
있었기에 나는 이따위 일쯤 알고 있노라."

64 다리 윗머리를 넘어서 저쪽
여섯째 언덕에 다다르자 그이는
이맛살을 찌푸려야만 하였나니.

67 섰던 자리에서 느닷없이 무엇을
달라 하는 가난뱅이한테로 개 떼가
달려들 듯 놈들은 그렇듯 미쳐 날뛰며

---

723 이전에도: 지옥편 9곡 22행 이하 참고.

70 　조그마한 다리 밑에서 튀어나와 깡그리
　　그이한테로 작살을 겨누었으나, 그이는
　　외치시되, "너희 중 어떤 놈이든 행패를 말렷다.

73 　너희 놈이 작살로 나를 찍기에 앞서
　　너희 중 한 놈이 나서서 내 말을 들은 뒤에
　　내게 손을 댈 것을 공론하여라."

76 　놈들은 한 소리로 "말라코다[724]야, 가거라." 하고
　　고함치자 한 놈이 걸어 나오고 딴 놈들은 그냥 있는데
　　"흥! 무슨 소용이 있을 줄 알고?" 하며 나오더라.

79 　내 스승이 말씀하시되, "말라코다야,
　　이미 너희가 한결같이 방해하니
　　내 여기를 하느님의 뜻과 도우심이 없이도

82 　너희 사리로 탈 없이 온 줄로 여겼더냐.
　　우리를 가게 버려 둘지니, 내 이 숲길을

---

[724] 말라코다: '화禍의 꼬리'란 뜻. 제5낭의 마귀의 두목.

저이에게 가르쳐 주는 일은 하늘의 뜻이니라."

85 그제사 한 놈의 교만은 꺾이어 놈은
    갈고리를 발치에 떨어뜨리고
    딴 놈들더러 이르더라. "쳐서는 안 되겠다."

88 길잡이는 내게 "너 다리의 바위 틈에 꾹
    처박혀 앉은 사람아, 이젤랑
    마음 놓고 나한테로 돌아오라."

91 내 몸을 일으켜 재빠르게 그한테 오자
    마귀들도 모두 앞으로 나오기에 나는
    놈들이 언약을 지키지 않을까 무서워했노니.

94 일찍이 조약[725]을 맺고 카프로나[726]에서 나온
    보병들이 뜻밖에도 많은 원수들과 마주치자

---

725 조약: 군대의 생명의 안전을 조건으로 항복할 것을 약속.
726 카프로나: 아르노 하반의 언덕에 있는 피사인의 성. 1289년 8월 루카인과 피렌체인을 맹주로 삼는 토스카나의 구엘피 당이 침입하여 이 성을 함락시켰다. 당시 24세의 단테도 전투원으로 여기에 참가하여 피사 항복군이 통과하는 것을 목격했다.

　　　　이렇듯 기겁하던[727] 일을 내 보았던 탓이어라.

97　　나는 내 온몸을 나의 길잡이한테로
　　　　바싹 들이대고는 좋지 못한 놈들의
　　　　꼬락서니에서 눈을 떼지 못하였노라.

100　　놈들이 갈고리를 드리우고 한 놈이
　　　　다른 놈더러 "저놈 궁둥이에 요걸 대 볼까?" 하매
　　　　뭇 놈이 "옳아, 후려갈겨라." 하고 대답하더라.

103　　그러나 아까 내 길잡이와 말하던
　　　　마귀가 썩 돌아서더니 말하더라.
　　　　"멎거라 멎어, 스카르밀리오네[728]야."

106　　그러고는 우리더러 이르되, "여섯째
　　　　홍문虹門은 바닥이 죄 깨어져 버렸으니
　　　　이 다리를 따라 다시 더 갈 수 없느니라.

727　이렇듯 기겁하던: 이때 점령군들 속에서 "목을 매어라."란 고함 소리가 들리니 항복군이 겁을 먹어 실색하였다고 한다.
728　스카르밀리오네: 마귀의 이름. 원뜻은 '흩음'.

109 그래도 너희가 앞으로 더 가고 싶거든
　　이 바위 굴 속으로 가라. 아주 가까이
　　돌다리 하나가 있으니[729] 길이 될 만하리라.

112 어제 이맘때부터 다섯 시간 후가
　　이 길이 무너진 지 꼭 한 돐인
　　1000하고 266년이니라.[730]

115 내 몇 놈을 저리로 보내어 몸뚱이를
　　말리는 놈이 있는지 살피게 하리니
　　너희는 함께 가라. 너희를 해치지는 않으리라."

118 놈은 또 말을 이어 "알리키노며
　　칼카브리나야 앞으로 나오라. 또 너
　　카냐초도 그리고 바르바리차는 열 놈을 거느리라.

729　돌다리 하나가 있으니: 이는 말라코다의 거짓말이다. 제6낭에 부서지지 않은 돌다리는 하나도 없다(지옥편 23·24곡 참고).

730　112~114 단테는 지옥의 암석 붕괴는 그리스도가 못 박히신 날에 일어났고 (지옥편 12곡 37행 이하 참고) 그리스도는 34세에 돌아가셨다고 믿었다(《향연》 4,23). 즉, 이 34년에 1266년을 합한 1300년이 《신곡》 시현의 해다. 또 그리스도가 돌아가신 시각은 낮 열두 시쯤(루카 23,44 참고)으로 이에 앞서 5시간이면 아침 7시이다. 따라서 지금은 4월 9일 오전 7시.

121　리비코코와 드라기냐초, 어금니 난
　　 치리아토며 그라피아카네, 파르파렐로,
　　 미친놈 루비칸테야, 앞으로 가라.⁷³¹

124　끓어오르는 끈끈이 둘레를 살펴 갈지며
　　 이 굴 위에 길다랗게 놓여 있는⁷³²
　　 돌다리까지 이 사람들을 무사히 데려가라."

127　나는 이르되, "오, 스승이여, 제가 보는 이것이
　　 무엇입니까? 그대 길을 아시거든 길잡이 없이
　　 단둘이서 가십시다. 저런 건 싫으옵니다.

130　그대 평소와 같이 슬기로우시다면
　　 놈들이 이를 악물고 눈썹으로 우리에게
　　 재앙을 을러대는 것을 못 보시나이까?"

731　118~123 이상의 악마들의 이름은 저마다 그 뜻을 가지고 있으니, 예를 들면, 카냐초는 '악견惡犬', 바르바리차는 '곱슬 털', 그라피아카네는 '개를 할퀴어라', 알리키노는 '늘어진 날개', 루비칸테는 '빨간', 스카르밀리오네는 '난발', 드라기냐초는 '이무기' 등이다. 이들의 이름은 그들의 모멸적이며 사악하고 잔인하지만 익살맞은 성질을 나타낸다.
732　길다랗게 놓여 있는: 끊기지 않고 제10낭에까지 사뭇 이어져 있다.

133 　그는 내게 "놀라지 마라.

　　제멋대로 이를 갈게 내버려 두라.

　　그건 역청에 잠겨 고통하는 자들 때문이어니."

136 　저들은 꺾이어 왼쪽 언덕을 따라서

　　걸어가다가 우선 제각기 혓바닥을 이로

　　악물고[733] 그 두목에게 눈짓을 해 보이니

139 　놈은 꽁무니로 나팔을 불더라.

733　137~138 혓바닥을 이로 악물고: 악마들이 두 시인을 속일 일에 대해서 악마 두목과 신호를 하는 모양.

제22곡

단테는 열 놈의 마귀와 함께 걸어가 돌고래처럼 등을 역청 위에 띄우고 있는 탐관오리들을 본다. 그중의 하나 참폴로란 자가 마귀들의 갈고리에 찍혔으나 묘하게 도망가 역청 속에 잠겨 버린다. 마귀들은 이 때문에 서로 싸우기 시작하여 끓는 역청 가운데로 떨어진다.

1 내 일찍이 기사들이 진을 치고
  싸움을 겨루다가 다시 군용軍容을
  수습하여 때로는 물러남을 보았더니라.[734]

---

734 1~3 여기서 말하는 것은 1289년 여름 피렌체의 구엘피 당이 아레초의 기벨리니 당을 격파한 캄팔디노의 전투이다. 단테는 이 전투에도 참가했다고 한다.

4   오, 아레초[735] 사람들이여, 너희 고장에서 파발꾼을
    내 보았더니라. 말 탄 호반들이 창을 들어
    서로 대들며 내닫는 것을 내 보았더니라.

7   때로는 나팔이나 종鐘[736]이거나
    아니면 북소리와 성城 중의 신호[737] —
    내 나라 남의 나라 것에 맞추어 내닫는 것을.

10 그러나 나는 이토록 야릇한 피리 소리[738]에는
    어느 기병도 보병도 그리고 뭍과 별의 표지를
    좇는 어느 배도 움직이는 것을 본 적이 없노라.

13 우리는 열 놈 마귀와 함께 걸어갔노라.
    성자는 성당에 있고, 먹성 좋은 놈은
    술집에 있다더니, 아흐, 길벗도 무서운지고!

---

735 아레초: 토스카나 주 동남쪽에 위치한 지방.
736 종: 당시 피렌체인은 성모 마리아 성당의 문 위에 달려 있는 마르티넬라라는 종을 울려 병사를 모으고, 전장에서는 이 종을 전차에 붙이고 이를 울려 사기를 고무하였다고 한다.
737 성 중의 신호: 낮에는 깃발이나 연기로 신호하고 밤에는 봉화로 한다.
738 야릇한 피리 소리: 21곡 마지막 행의 '꽁무니로 나팔을 불더라.'와 같은 뜻.

16　오직 나의 눈은 역청 위로만 쏠리어
　　구렁 속 그 안에 타고 있는
　　족속이 보고 싶더니라.

19　흡사 돌고래[739]가 뱃사람에게 등어리의
　　활을 내보여 그 바람에 저들의
　　배를 구원하라고 가르쳐 주는 것처럼

22　그와 같이 괴로움을 덜고 싶은 한 죄인이
　　제 등어리를 떠 보이고는
　　번갯불 못지않게 감추어 버리더라.

25　그리고 방죽가의 개구리 떼가
　　다만 코끝만 내어놓고 발모가지와
　　딴 굵은 데는 숨기고 있는 것처럼

28　죄인들도 그같이 사방에 있더니라.

739　돌고래: 당시에는 돌고래가 등을 내보이며 배를 쫓아오는 것이 폭풍우의 전조라고 믿었다.

그러나 바르바리차가 가까이 하자

　　놈들은 펄펄 끓는 밑으로 자취를 감추더라.

31　나는 또 한 놈이 뛰어드는 동안 저 혼자

　　남아 있는 개구리 모양 기다리고 섰던 한

　　죄인을 보았는데 지금도 내 마음이 떨리노라.

34　가장 가까이 마주 있던 그라피아카네가

　　역청을 찌들은 그의 머리칼을 휘감아

　　끌어당기므로 그는 영락없는 물개이더라.

37　나는 진작 저들의 이름을 죄 알았나니,

　　저들이 뽑히었을 때[740] 마음속으로 뇌며

　　나중에 저들이 서로 부르는 것을 귀담아들었음이어라.

40　"루비칸테야, 너 그 손톱을 등 깊이

　　쿡 박아 저놈의 가죽을 벗기라." 하고

740　저들이 뽑히었을 때: 말라코다로부터 단테의 동행으로 뽑힌 열 악마들을 말한다 (지옥편 21곡 118행 이하 참고).

저주받은 놈들이 모두 함께 소리치더라.

43　나는 "나의 스승이여, 그대 하실 수 있으시거든
제 원수들 손에 떨어진 저 가엾은 자가
누구인지를 아심이 좋겠나이다."

46　나의 길잡이가 저자의 옆에 바짝 다가서
저에게 어디 있었더냐고 물으매 그가
대답하되, "나는[741] 나바라[742] 왕국에서 태어났노라.

49　나를 낳은 자는 제 몸과 제 것을 모두
헐어 버린[743] 도둑놈이었기에 내 어미는 나를
어느 상전의 종으로 보내었더니라.

52　그 뒤 나는 어진 임금 테오발도[744]의 신하이더니

741　나는: 참폴로란 자.
742　나바라: 피레네 산맥을 끼고 있는 프랑스 령 및 에스파냐 령 나바라로 이루어진 왕국. 1314년 루이 10세에 의해서 프랑스에 합병되기까지 독립국이었다.
743　49~50 제 몸과 제 것을……: 자살하여 몸과 자기 재산까지 잃는 것.
744　테오발도: 1253년에 나바라 왕이 된 테오발도 2세를 가리킨다. 그는 의부義父 루이 9세를 따라 십자군에 참가했으나 1270년에 돌아오다가 시칠리아에서 죽었다.

거기서 사기질하기에 골똘한 탓으로
이 뜨거운 속에서 그 벌을 받는 것이로다."

55 멧돼지인 양 입 양쪽에서 어금니가
쑥 삐어져 나온 치리아토가 이빨
하나라도 얼마나 뜨끔한지를 저에게 맛보이더라.

58 심술궂은 암고양이들 속으로 생쥐가 온
셈이었도다. 허나 바르바리차는 저를 껴안고
말하더라. "내가 이놈을 잡고 있는 동안 저만큼 비키라."

61 그러고는 내 스승에게 얼굴을 돌려 말하더라.
"그대 저에 대하여 알고 싶거든 딴 놈들이
저를 해치기 전에 저에게 물어보라."

64 이에 길잡이는 "자, 말해 보라. 딴 죄인들 중에
라틴 사람[745]으로 역청 밑에 있는 누구를
아느냐?" 그가 "아까 막 나는 저기서

---

745 라틴 사람: 이탈리아인.

67 이웃으로 있던 자[746]와 작별하고 왔노라.
내 만일 여태껏 그와 함께 숨어 있었던들
발톱도 쇠갈퀴도 무섭지 않았을 것을."

70 리비코코가 "우린 너무 참았다." 하며
쇠갈퀴로 그의 팔을 찍어 당겨
그 살점을 찢어서는 가지고 가더라.

73 덩달아서 드라기냐초가 아래쪽으로
정강이를 훔쳐 잡으려 할 즈음
그 괴수는 언짢은 눈매로 사방을 살피더니

76 그놈들이 다소 가라앉으려 할 무렵에
나의 길잡이는 제 상처를 자꾸 들여다
보던 그에게 서슴없이 물으시니라.

79 "너 불행히도 이 언덕에 오느라 그를 두고
떠나왔다던 그는 누구인고?" 그가

---

746 이웃으로 있던 자: 이탈리아의 이웃인 사르디냐 섬 사람.

대답하되, "고미타[747]라는 수도자였는데

82 갈루라[748] 사람으로 온갖 허기의 그릇이었나니,
그는 제 상전의 원수들을 손 안에 넣고
저들로 하여금 모두 저를 받들게 했느니라.

85 제 말마따나 그는 돈을 걷어 먹고는 저들을
그냥 놓아주었고 다른 직책에 있어서도
크면 컸지 작은 탐관오리는 아니었나니라.

88 그와 더불어 로고도로[749]의 미켈 찬케[750]를
사귀었나니 사르디냐를 들어
말하는 데에 저들의 혀는 피로를 모르는도다.

---

747 고미타: 사르디냐의 수도자로서 갈루라 주지사 니노 비스콘티(연옥편 8곡 53행 참고)의 비서관으로 신임을 얻었으나, 뇌물을 먹고 포로를 방면했기 때문에 결국 교살당했다.
748 갈루라: 1117년 사르디냐 네 개의 관할구 중 한 지역.
749 로고도로: 사르디냐 네 개의 관할구 중 한 지역.
750 미켈 찬케: 프리드리히 2세의 서자로 로고도로 지사인 엔초가 볼로냐인에게 잡혀갔을 때 그곳의 정무를 맡고 있었다. 엔초가 죽은 뒤 그의 미망인 아달라시아를 취하고 스스로 그곳의 지사가 되었으나, 토색질과 간계가 심하여 1290년경 그의 사위 브란카 도리아(지옥편 33곡 137행 이하 참고)에게 살해당했다.

91 오, 너희는 저 이를 가는 놈을 보라.
내 더 말하고 싶어도 저놈이 내 헌데를
긁고자 노리고 있음을 두려워하노라."

94 금시 때릴 듯 눈방울을 굴리던
파르파렐로를 보고 큰 두목이 말하더라.
"저리 비켜라. 요망스러운 날짐승⁷⁵¹아."

97 이리하여 두려워하던 자는 다시 말을 이어
"토스카나 사람이나 롬바르디아 사람들을 너희가
보고 듣고 싶어 한다면 내 저들을 데려오리라.

100 허나 저들이 복수를 무서워할까 싶으니
잠시 말레브란케를 물러가게 하라.
내 이 자리에 이냥 앉아서

103 휘파람⁷⁵²을 불게 되면 나 혼자 대신에

---

751 날짐승: 마귀에게 날개가 있기 때문에 이같이 부른다.
752 휘파람: 휘파람으로 마귀가 없다는 것을 그 반려에게 알린다.

일곱[753]을 오게 하리니, 이는 우리들 중의
누가 밖에 나올 때에 일쑤 하는 버릇이니라."

106 카냐초는 이런 말에 입을 삐쭉대고는
머리를 내저으며 말하더라. "듣거라,
몸을 곤두박질치려고 꾸며낸 저놈의 꾀를."

109 그러자 온갖 술수를 가진 놈[754]이
대꾸하되, "내 벗들에게 큰 슬픔을
마련한대서야 진정 내가 나쁜 놈이지."

112 알리키노는 참다 못하여 뭇 놈을 거슬러
저에게 말하되, "너 몸을 던지기만 하면
나는 네 뒤를 쫓아갈 것도 없이

115 다만 역청 위에 날개를 퍼덕거리리라.

---

753 일곱: 다수를 말함(지옥편 8곡 97~102행 주 참고).
754 온갖 술수를 가진 놈: 마귀를 속여서는 안 된다는 카냐초의 말을 받아 넘기며 묘하게도 참폴로는 반려를 속여서는 안 된다고 말한다. 참폴로의 교묘하고 간사한 말이다.

우리는 마루를 버려두고[755] 언덕을 방패 삼고서
　　　너 혼자 우리를 당해 내는지 보리라."

118　오, 그대 독자여, 야릇한 장난을 들어 보라.
　　　저들은 모두 다 딴 편으로 눈을 돌렸는데
　　　그중에 제일 독한 놈[756]이 맨 먼저 그러더라.

121　나바라 사람은 제때를 잘 틈타서
　　　발바닥을 땅에 버티었다가 순식간에
　　　훌쩍 뛰어 놈들의 두목에게서 몸을 빼치니,

124　어느 놈이고 아뿔싸 하고 뉘우치는데
　　　실패를 저지른 놈은 더욱 그러하여 이내
　　　일어나서 외치더라. "이놈, 놓칠까 보냐." 하고.

127　허나 쓸데없는 일 — 날개는 무서움을

755　마루를 버려두고: 제5낭과 제6낭 사이의 바위 꼭대기를 내려와 언덕을 사이에
　　　두고.
756　제일 독한 놈: 카냐초, 또는 칼카브리나라고 한다. 마귀들은 등을 역청 쪽으로
　　　돌리고 언덕을 내려간다.

앞설 수 없어, 저놈은 이미 폭 잠겨 버렸고
이놈은 가슴을 위로 치켜 날았으니,

130 매가 가까이 오자마자 홀연 집오리는
물속을 파고드므로 시무룩해진 매가
맥이 풀려 위로 돌아가는 것과 같더라.

133 칼카브리나는 조롱당한 것에 분통이 터져
실상은 도망간 것을 쾌히 여기며
그놈과 싸우고자 치달아 그 뒤를 쫓더라.[757]

136 이미 오리汚吏가 스러졌으므로 그놈은
제 동무에게 발톱을 내밀어 이를
구렁 위에서 움켜잡기는 하였으나,

139 이놈도 모진 매 새끼라 저놈을 발톱으로
야무지게 쥐 할퀴어 두 놈이 다
끓는 늪 한가운데로 떨어지고 마니라.

---

757 133~135 칼카브리나는 알리키노에 대해 노하여서.

142 그 순간 열은 얼기설기한 두 놈을 풀어
놓기는 하였어도 끈끈이에 들어붙은
죽지들이라 다시는 더 일어서지 못하더라.

145 바르바리차는 나머지 놈들과 더불어 애석해하며
그중 네 놈에게 작살을 들리어 모두
저쪽으로 날아가게 하였는데, 이리하여

148 놈들은 아주 날쌔게 여기저기[758] 맡은 곳으로
내려가 이미 끈끈이에 붙어 껍질 속까지
타 버린 놈들에게 작살을 내뻗치고 있더라.

151 우리는 이렇듯 뒤범벅이 된 저들을 두고 떠나니라.

---

758 여기저기: 저쪽으로 날아간 네 놈의 마귀와 이쪽에 남은 마귀의 두목과 세 놈의
마귀.

제23곡

단테가 마귀들에게 쫓겨 제6낭에 이르니 여기는 위선자들이 벌받는 곳이다. 그들은 겉은 화려하나 안은 무거운 납으로 된 옷을 입고 다닌다. 단테는 볼로냐의 두 수사修士와 이야기하고 그리스도를 십자가에 못 박은 가야파가 길 위에 못 박혀 있음을 본다.

1 말없이 외로이 동무도 없이
   하나는 앞에 또 하나는 뒤에
   길 가는 수사들[759] 모양 우리는 걸었도다.

---

759 수사들: 아시시의 프란치스코파의 작은 형제들frati minori 수도자들. 길을 갈 때 어른 수사를 앞세우고 일렬로 서서 가는 것이 그들의 예법이다.

4   눈 앞의 싸움으로 말미암아 나의 생각은
     개구리와 생쥐의 이야기가 있는
     이솝의 우화[760]로 향하더니라.

7   마음을 가다듬어 처음과 끝을 맞추어
     보면 '지금'과 '시방'과의 비슷함도
     마귀들이 서로서로 비슷한 것에는 당치 못할레라.[761]

10   그리고 한 생각이 딴 생각에서 일어남같이
     저 생각에서 지금 한 생각이 떠올라 마침내
     처음의 무서움을 갑절 더하더라.

---

760 이솝의 우화: 개구리와 생쥐가 길을 가다가 물가에 왔을 때, 딴 마음을 품은 개구리는 물을 건너기 전에 쥐에게 물속에서 헤엄칠 동안 힘들지 않게 서로 발을 잡아매자 하였다. 이리하여 발을 잡아맨 개구리가 물속 깊이 들어가니 쥐는 그만 죽어 버려 그 몸뚱이가 둥둥 물 위에 떴다. 때마침 한 마리의 솔개가 이를 보고 얼씨구나 하고 쥐를 끌어 올리니 살아 있는 개구리까지 따라 올라와 잡아먹혀 버렸다. 이 이야기는 오늘날 이솝 우화에서는 볼 수 없으나 중세 라틴어 저서에는 들어 있었다.

761 8~9 지금과 시방……: mo와 issa. 모두 '지금'이라는 뜻이다. 토스카나에서는 mo라 하고 롬바르디아에서는 issa라 한다. 이 한 구절은 칼카브리나가 알리키노를 해치려 하는 것이 개구리가 쥐를 해치려 하는 것과 같고, 그들이 함께 역청 속에 떨어진 것은 개구리와 쥐가 함께 솔개에게 잡아먹힌 것과 같다는 말.

13   나는 이리 헤아렸노라. "네놈이 우리로 인해

　　　조롱을 당했기에 정녕코 스스로

　　　몹시 능욕과 멸시를 당한 줄로 여기니,

16   혹시 저 몽니 궂은 맘씨에다가 화딱지마저

　　　더해진다면 놈들이 우리를 뒤쫓아오리니, 그

　　　모진 꼴이란 토끼를 물어뜯는 개보다 더 하리라." 하고.

19   벌써 내 머리털이 무서움에 쭈뼛쭈뼛 일어서는 것을

　　　느꼈기에, 나는 줄곧 뒤를 돌아보며

　　　말하였노라. "스승이여, 스승과 내가

22   이제 곧 숨지 않으면 나는 말레브란케가

　　　무섭소이다. 놈들이 우리 뒤에 다가왔으니

　　　저들을 상상만 하여도 벌써 몸에 닿는 듯하외다."

25   그는 "내 설사 맑은 거울이라 해도 너의

　　　속 모습을 찍는 것이 차라리 네

　　　겉모양을 비추어 보는 것보다 훨씬 빠르리라.

28 이제 너의 속뜻은 꼭 같은 행동 꼭 같은
    모습과 함께 내 생각 안에 들어왔나니
    나는 두 가지[762] 중에서 한 가지 꾀를 내었노라.

31 오른쪽 벼랑이 비스듬히 기울어
    우리는 다음의 구렁으로 갈 수만 있다면
    우리는 상상했던 추격을 벗어나리라."

34 그가 이런 꾀를 못 다 말씀했을 즈음
    어느새 나는 놈들이 날개를 펴고 우리를
    붙들고자 그리 멀지 않은 곳에서 날아옴을 보았노라.

37 그러자 내 길잡이는 마치 어머니가
    시끄러움에 놀라 깨어, 아주 가까이
    타오르는 불꽃을 보고 속옷 한 벌을 입은 채

40 제 몸보다는 아들을 더욱 걱정하여 이를
    껴안고 멈추지 않고 달아나는 것처럼

---

762 두 가지: 너의 생각과 나의 생각.

부리나케 나를 꽉 붙드시더라.

43 그리하여 그는 탄탄한 언덕 한 꼭대기에서
그 아래 다음 구렁의 한쪽을 막는
깎아지른 바위로 곤두박질치셨나니,

46 뭍에서 물레방아의 바퀴를 돌리고자
홈통을 흐르는 물이 바퀴살에 맞부딪칠
그때의 빠른 줄달음질이라도

49 내 스승이 나를 길벗이 아닌
제 자식인 양 가슴에 끌어안고 그
가장자리를 뛰어넘는 것을 견줄 수 없을레라.

52 그의 발이 아래 밑바닥에 닿자마자
저들은 우리를 위 고갯마루에 덮쳐
왔어도 거기 아무런 두려움도 없었으니, 이는

55 놈들로 하여금 다섯째 구렁의 지킴으로
마련해 두신 높은 섭리가 거기서

빠져나올 힘을 온통 앗아 버린 때문이었나니라.⁷⁶³

58 훨씬 아래쪽에 무색옷을 입은 무리⁷⁶⁴가
    지치고 해쓱한 얼굴에 눈물 흘리며 느릿한
    걸음으로 두루 다니는 것을 우리가 보니라.

61 그들은 클루니⁷⁶⁵의 수사들이 지니는
    매무새로 겉옷을 입었는데
    그 카푸초⁷⁶⁶가 눈까지 드리워졌더라.

64 눈부실 만큼 겉은 금칠을 하였어도
    안은 다 납뿐으로 어찌나 무겁던지
    프리드리히가 입힌 것은 차라리 짚일레라.⁷⁶⁷

---

763 55~57 신의 섭리가 다섯째 구렁의 지킴이로 마련하신 마귀는 이 구렁을 빠져나올 수 없다.
764 무리: 위선자의 무리. "불행하여라, 너희 위선자 율법 학자들과 바리사이들아! 너희가 겉은 아름답게 보이지만 속은 죽은 이들의 뼈와 온갖 더러운 것으로 가득 차 있는 회칠한 무덤 같기 때문이다."(마태 23,27)
765 클루니: 독일 라인 강변의 도시인 쾰른. 이곳에 부유한 수도원이 있어 오만해진 수사들이 교황에게 진홍색 옷(추기경의 제복)을 입게 해 달라고 청하였다. 교황은 크게 노하여 조복粗服과 커다란 모자를 착용하게 했다고 전한다.
766 카푸초: 외투목에 달린 모자.
767 프리드리히가 입힌 것은 차라리 짚일레라: 프리드리히 2세(지옥편 10곡 119행 참

67 오, 영원토록 고달파야 할 망토여,
  슬픈 통곡에 마음이 죄는 채 우리는
  그들과 함께 또 왼쪽으로만 향하니라.

70 그러나 무게 때문에 피로한 이 족속은
  어찌나 더디 걷던지 우리가 허리를
  움직일 때마다 색다른 길벗이 나타나더라.

73 이에 나는 길잡이에게 "그 한 일과 이름 따라
  누가 누군지 알기 위하여 줄곧 거닐며
  눈을 사방으로 굴리사이다."

76 그러자 토스카나 말투를 알아들은 한 놈이
  우리 등 뒤에서 고함치더라. "발을 멈춰라.
  검은 하늘을 이렇듯 달리는[768] 자들아,

고) 황제. 황제는 반역자를 벌할 때 그를 발가벗겨 두꺼운 납옷을 입히고 큰솥에 넣어 끓였다고 전한다. 그러나 이 납으로 된 옷도 지옥에 있는 위선자들이 입고 있는 것에 비하면 그 무게가 밀짚과 같이 가볍다는 뜻.

768 이렇듯 달리는: 위선자들의 걸음이 늦기 때문에 보통으로 걷고 있는 시인들이 그들에겐 뛰어가는 것처럼 보이는 것이다.

79 　아마도 너 찾는 것은 내게서 얻어지리라."
　　그래 나의 길잡이는 몸을 돌려 말하시되,
　　"멈춰 보았다가 저놈과 나란히 걸어가라."

82 　나는 우뚝 서서 문득 보았노라. 두 놈이 나와
　　함께 있고자 얼굴에 잔뜩 바쁜 뜻을 보이면서도
　　짐이며[769] 좁은 길 때문에 더디 오는 것을.

85 　바야흐로 다다르매 저들은 아무 말 없이
　　흘긴 눈으로[770] 나를 한참 들여다보다간
　　저희끼리 돌아서서 서로 말하되,

88 　"이자들은 정녕 목구멍 힘으로[771] 사는가 보지.
　　죽은 놈들이라면 무슨 특권으로
　　무거운 옷을 입지 않고 간단 말인가?"

769　짐이며: 무거운 납으로 된 옷.
770　흘긴 눈으로: 위선자는 삐뚤어진 마음 때문에 바로 보지 못한다.
771　목구멍 힘으로: 단테에 의하면 지옥의 모든 망령들은 육체의 기능은 그대로다. 다만 생명의 보람인 호흡은 하지 않는다(그러나 기침하는 일은 있다).

91　그리고 내게 말하더라. "슬픈 위선자들[772]의
족속에게로 온 토스카나 내기야, 너
누구인지 말하기를 꺼리지 마라."

94　내 저들에게 "나는 아르노의 아름다운
강 언저리 굵은 도시[773]에서 태어나 자라났고
언제나 지녔던 몸뚱이와 함께 나는 있노라.

97　그러나 내 보아하니 이렇듯 근심이 볼을
흘러내리는 너희는 누구들이며 너희의
이렇듯 눈부신 형벌은 대체 무엇이냐?"

100　한 놈이 내게 대꾸하되, "납으로 된
귤빛 망토가 몹시 육중하여 그 무게가
이렇듯 저울들을[774] 삐걱대게 한단다.

---

772 슬픈 위선자들: "너희는 단식할 때에 위선자들처럼 침통한 표정을 짓지 마라. 그들은 단식한다는 것을 사람들에게 드러내 보이려고 얼굴을 찌푸린다."(마태 6,16)
773 굵은 도시: 피렌체.
774 저울들을: 너무 무거운 물건을 올려놓으면 저울이 삐걱거리듯 무거운 납옷을 입은 죄인은 비명을 지른다.

103 우리는 놀아 먹던 수도자,⁷⁷⁵ 볼로냐내기들.

나는 카탈라노, 저의 이름은 로데린고,⁷⁷⁶

둘이 다 그대 고장에서 붙잡혀 왔노라.

106 평화를 보전하기 위하여 다만 한 사람을

치우는 것이 거기 풍속이었건만 — 지금도

가르딘고⁷⁷⁷ 주변에서는 우리가 그런 자들로 보이나니라."

109 "오, 수사들이여, 너희 불행은." 하고 시작했다가

나는 더 말하지 않았노라. 말뚝 세 개로

---

775 놀아 먹던 수도자: frati godenti. 원래는 '동정녀 마리아의 기사단'이라 불렸다. 우르바노 4세 교황의 비준을 받아 1261년 볼로냐에서 창설된 수도회로, 여러 시의 알력을 조정하며, 쟁투를 하는 귀족들을 화해시키고, 학정자를 누르고 약자를 돕는 것이 목적이었다. 그러나 차차 기강이 무너져 희락喜樂 수사란 별명이 붙기에 이르렀다.

776 카탈라노, 로데린고: 둘 다 마리아 기사단 출신들. 1266년 기벨리니 당은 베네벤토에서 크게 패하고 피렌체의 구엘피 당이 세력을 만회하였다. 교황은 양당 반목의 참극을 피하고자 볼로냐에서 구엘피 당의 카탈라노와 기벨리니 당의 로데린고를 초청하여 동시에 두 사람을 피렌체의 장관에 임명했다. 그러나 두 사람은 사리사욕을 챙기기 위해 클레멘스 4세 교황의 뜻을 받아들여 구엘피 당을 위해서 힘을 다했다.

777 가르딘고: 피렌체 시의 일부. 구엘피 당의 수령 우베르티 가문의 집이 이곳에 있다. 카탈라노 일파 때문에 기벨리니 당은 추방되고 그 집은 불타 버렸다. 우베르티 가문의 집도 불타서 그 흔적이 당시 가르딘고 부근에 남아 있었다.

땅바닥에 못 박힌 한 놈[778]이 내 눈에 띄었음이러라.

112 나를 보자 수염 속으로 긴 한숨을
내뿜으며 그는 온몸을 비틀었나니,
이것을 안 수도자 카탈라노가

115 나더러 이르되, "너 보는 바 요 못 박힌 놈은
바리사이에게 인민을 위하여 한 사람을
죽음에 부쳐야 마땅하다고 권한 자니라.[779]

118 너 보다시피 놈은 벌거숭이로
척 걸쳐 누웠으니 누구든 딛고 넘어가는 자가
얼마나 무거운지를 먼저 맛보아야 한다.

121 요 모양으로 그의 장인[780]과 아울러 유대인들에게
나쁜 씨앗이었던 의회의 다른 놈들도

---

778 한 놈: 유대인의 대사제 가야파.
779 116~117 인민을 위하여……: "여러분은 아무것도 모르는군요. 온 민족이 멸망하는 것보다 한 사람이 백성을 위하여 죽는 것이 여러분에게 더 낫다는 사실을 여러분은 헤아리지 못하고 있소."(요한 11,49-50)
780 장인: 대사제 한나스(요한 18,13; 루카 3,2 참고).

이 구렁창에서 또한 고통을 겪나니라."

124　이때 나는 베르길리우스가 영겁의 귀양에
　　　이렇듯 십자가에 저주롭게 뻐드러져
　　　있는 자를 이상히 생각함을 보았노라.[781]

127　이윽고 그는 수도자에게 이리 말하더라.
　　　"네게 허락된 일이거든 오른쪽에
　　　어느 구멍이 트였는지 고이 말하라.

130　그리로 우리가 빠져나갈 수만 있다면
　　　이 바닥에서 우리를 벗어나게 하고자
　　　구태여 검은 천사[782]들을 오게 할 필요가 없으리라."

133　이에 그가 대답하되, "너 바라는 것보다는
　　　아주 가까이 한 바위[783]가 있어 큰 둘레에서

781　124~126 베르길리우스가 성경의 이 일을 모르기 때문이라고도 하고, 그가 처음 지옥에 내려왔을 때는 아직 카야파가 이곳에 있지 않았기 때문이라고도 한다.
782　검은 천사: 마귀.
783　한 바위: 돌다리 절벽에서 뻗어 나와 열 개의 골짜기 위를 건너지른다. 그러나 그리스도가 죽으실 때 왜 이 돌다리만 부서졌는지는 불분명하다.

뻗어 나와 험한 골짜기를 사뭇 건너지르다가

136　여기에 이르러선 부서지고 이를 덮지
　　못하나니, 너희는 비스듬하고 바닥 위에
　　들뜬 무너진 데를 밟아 오를 수 있으리라."

139　길잡이는 머리를 숙이고 잠시 섰더니
　　이내 말씀하더라. "저기서 갈고리로
　　죄수들을 훔치던 놈[784]이 거짓말을 한 게로다."

142　이러자 수사가 "내 일찍이 볼로냐에서
　　간특한 악마를 많이 들었어도 그중
　　저놈은 거짓말쟁이,[785] 또 그 아비라고 들었더니라."

145　다음 길잡이는 약간 노기에 얼굴을
　　찌푸린 대로 겅정겅정 걸어가시기에

784　140~141 갈고리로 죄수들을 훔치던 놈: 말라코다.
785　거짓말쟁이: "너희는 너희 아비인 악마에게서 났고, 너희 아비의 욕망대로 하기를 원한다. 그는 처음부터 살인자로서, 진리 편에 서 본 적이 없다. 그 안에 진리가 없기 때문이다. 그가 거짓을 말할 때에는 본성에서 그렇게 말하는 것이다. 그가 거짓말쟁이며 거짓의 아비기 때문이다."(요한 8,44)

나도 짐 진 놈들을 떠나서

148　귀하신 발자취를 뒤따르니라.

제24곡

위선자의 골짜기를 나온 단테는 험한 길을 따라 제7낭에 이르러서 아래를 본다. 여기 무수한 독사가 있어 도둑놈들을 벌한다. 그중의 반니 푸치란 자가 있어 자기 내력을 말하고 피렌체의 재앙을 예언한다.

1   젊으나 젊은 해의 이 한나절에
    태양은 물병자리 아래 머리 빗는데[786]
    밤[787]은 이미 남으로 돌아가누나.

---

786 태양은 물병자리 아래 머리 빗는데: 아름다운 노래로 일년의 시초를 읊는다. 태양이 물병자리에 있을 때는 1월 20일경부터 2월 20일경까지. '머리'는 햇볕을 말하고 '빗는다'는 따뜻해져 감을 말한다.
787 밤: 밤은 태양과 반대의 하늘에 있다(연옥편 2곡 4행 참고). 춘분이 가까워짐에 따라 태양은 북으로, 밤은 낮으로 향하게 되고 차차 밤은 짧아진다.

4 서리는 땅 위에다 그 흰 누이[788]의
   얼굴을 찍으려 해도 그 붓의 붓질이
   그리 오래 남지는 못할 무렵에,

7 말꼴이 떨어지매 농부가 일어나
   눈을 들어 새하얀 들판을 보자
   스스로 허리를 탁 치고는[789]

10 집으로 돌아와선, 할 바를 모르는
   사람처럼 이렁저렁 중얼거리다,
   다시금 나가서 잠깐 사이에

13 온 누리가 바뀌어진 모습을 보고
   희망을 회복하여 작대를 짚고
   밖으로 짐승 떼를 치러 가는 것처럼

---

788 흰 누이: 눈[雪]. 서리는 눈처럼 하얗지만 햇빛을 쬐면 바로 지워진다.
789 허리를 탁 치고는: 서리를 눈으로 잘못 알아보고, 일을 하기 힘든 날을 안타까워 하며 허리를 두드린다.

16　이처럼 스승은 내가 그의 그늘진 이마[790]를
　　보았을 때 나를 놀라게 하시었고
　　이처럼 또한 빨리 아픈 데다 약을 발라 주셨나니,

19　우리가 허물어진 다리에 이르렀을 때
　　길잡이는 내 산기슭에서 처음 보았던[791]
　　그 온화한 얼굴로 나를 대하시니라.

22　우선 그는 무너진 데를 자세히 살피고
　　혼자 무슨 좋은 꾀를 헤아린 다음
　　팔을 벌려 나를 꽉 붙들어 주시니라.

25　그러고는 마치 일도 해내고 생각도 깊이 하며
　　항시 앞일을 미리 살피는 사람처럼
　　나를 한 바위의 꼭대기 쪽으로

28　높이 들어 올리며 다른 바위를 보시고

790　그늘진 이마: 지옥편 23곡 145~146행 참고.
791　산기슭에서 처음 보았던: 지옥편 1곡 61행 이하 참고.

이르시더라. "저리로 타고 올라가라. 그러면
너를 실을 만한지 먼저 알아보아라."

31 그것은 카파[792]를 입은 자들의 길은 아니더라.
아무튼 우리는 간신히 — 그이는 가볍게
나는 매달려 바위에서 바위로 오르니라.

34 만약 저 벼랑보다 이 벼랑 언저리가 더욱
짧지 않았던들 그이는 몰라도 나는
정녕코 움직이지 못하였으리라.

37 말레볼제는 전혀 낮고 낮은 샘의
어귀 쪽으로 기울어져 있는 만큼
어느 골짜기든 그 모양이

40 한쪽은 두둑하고 또 한쪽은 낮은데,
마침내 우리는 맨 끝에 바위가
깨어진 마루에 다다랐더니라.

---

792 카파: 위선자의 납 외투.

43 오르자마자 나는 심장의 호흡이
몹시 가빠져서 다시 더 갈 수 없기에
꼭대기에 닿은 즉시로 주저앉았노라.

46 스승이 이르시되, "이제야말로 너 게을리
하지 말아야 할 때로다. 새깃 위에 앉아서나[793]
이불 밑에 누워선 이름을 내지 못하나니,

49 이것 없이 제 목숨을 마치는 자는
제 흔적을 공중의 연기나 물의 거품처럼
세상에 남길 따름인 것이니라.

52 그런즉 너 나른해진 몸 때문에 약해지지
않았다면 일어나라. 온갖 싸움에 쳐 이기는
그 넋으로[794] 숨가쁨을 이겨 내라.

---

793 새깃 위에 앉아서나: 깃털이 든 베개를 베거나. 편하게 있음을 의미한다. – 편집자 주
794 그 넋으로: 지옥편 9곡 7~8행과 연옥편 16곡 76~78행 참고.

55 아직도 더 높이 올라야 할 사다리[795]가 있으니
    이런 것들[796]을 떠나는 것만으로는 넉넉지 못하도다.
    너 내 말을 알아듣거든 네게 이로운 것을 하라."

58 이때 나는 몸을 세워 스스로 겪는 것
    보다는 한결 호흡이 나아진 듯 꾸며서
    말했노라. "가소서. 전 힘차고 용감하외다."

61 돌다리를 건너서 우리가 접어든 길은
    울퉁불퉁 좁고도 사나운데
    이전의 그것보다 훨씬 힘이 들더라.

64 피로를 행여 보일세라 나는 이야기하며
    가노라니 다음 구렁[797] 속에서 한 소리 —
    말이 되기엔 부족한 소리가 솟아 나오더라.

---

795 올라야 할 사다리: 연옥의 사다리를 말한다.
796 이런 것들: 지옥의 사다리. 지옥의 사다리를 벗어나 죄로부터 떠나는 것만으로는 충분하지 못하니 노력하여 더 나아가 더러운 상처를 연옥에서 정화하고, 비로소 완전한 덕과 축복을 얻을 수 있다는 말.
797 다음 구렁: 제7낭. 도적들의 구렁.

67　이미 나는 거기 걸려 있는 홍예문 뒤에
　　있었는데 그 무슨 소리인지 알지 못해도
　　어쨌든 말하는 자는 화가 치민 것 같더라.

70　나는 아래로 숙여 보았으나 살아 있는 눈들[798]은
　　어둠 때문에 밑바닥까지 닿지 않더라.
　　그리하여 "스승이여, 다음 둘레[799]로

73　가시어 다리를 내려 주소서. 나는
　　여기서는 듣기는 하되 알아듣지 못하옵고
　　굽어보아도 아무것도 분간치 못하옵니다."

76　그가 말하시되, "실행밖에는 내 너에게
　　다른 대답을 줄 수 없나니, 무릇 좋은
　　청이면 말 없는 행실이 따라야 하느니라."

79　여덟째 언덕에 이어지는 다리의

798　살아 있는 눈들: 단테의 눈.
799　다음 둘레: 제7과 제8낭 사이의 언덕.

머리에서 우리가 내려왔을 때에야
구렁은 내 앞에 환히 드러났으니,

82 거기 그 안에 나는 뱀[800]의 징글징글한
무더기를 보았는데 그 흉칙한 꼴이란
지금 생각만 하여도 내 피가 거슬러 흐르도다.

85 리비아 사막[801]인들 그 모래를 자랑 못 할지니
무자수에 나는 뱀, 흙 파는 뱀, 그리고
쌍두사雙頭蛇에, 점박이 독사가 난다 한들

88 통틀어 에티오피아며 홍해 언저리[802]에
있는 그 모두를 합친대도 이러한
역질과 흉악한 것을 보여 주지 못할레라.

91 이 혹독하고 극히 처참한 무리 가운데에

---

800 뱀: 뱀의 교활함과 사람들로부터 증오의 대상이 되는 특성에 도둑질한 자들을 빗대어 표현한 것.
801 리비아 사막: 이집트 서방의 사막. 이하는 뱀의 종류.
802 홍해 언저리: 사막이 많은 아라비아.

벌거벗고 벌벌 떠는 족속이 있어, 숨을 데도
비취 구슬[803]도 바랄 길 없이 달려가더라.

94 그들의 손은 뒤로 젖혀져 뱀들로 묶이었고
 허리론 꼬리며 대가리며 삐져나왔는데
 그것들은 이마에 서리고 있더니라.

97 헌데 보라. 우리들 언덕에 가까이 있는
 한 놈에게로 뱀 하나가 날아오더니
 목이 어깨와 이어지는 거기를 뚫어 버리더라.

100 "O자와 I자[804]를 제아무리 날래게 쓴다 해도
 저놈이 불붙고 타는 이내 고스란히
 재가 되어 떨어지는 것만 같지 못하리니

103 재는 또 땅에 으스러졌다가 도로 다시
 제 스스로 돌돌 뭉쳐져서 갑자기

---

803 비취 구슬: 녹색의 보석으로 홍색의 반점이 있다. 이를 지니고 있는 자는 그 모습이 사람 눈에 보이지 않는다고 하며, 뱀의 독을 지워 없앤다고도 한다.
804 O자와 I자: 둘 다 한 획에 쓸 수 있는 간단한 문자다.

아까 몸으로 돌아가더라.

106 위대한 현자들[805]이 이리 말씀하시었나니
　　가로되, 피닉스[806]가 죽어서 다시 살아나기는
　　오백 년이 가까워 올 무렵이라고.

109 한평생 풀이나 곡식은 먹지 아니하고
　　향과 아모모[807]의 물방울만 먹고 살다가
　　죽을 때 보금자리는 나르드와 몰약이라더니.

112 악마의 힘[808]으로 땅에 끌리거나
　　아니면 사람의 숨통을 꽉 막는[809] 힘에
　　못 견디어 엎어진 사람이 어찌된 영문을

805　위대한 현자들: 푸리니오·클라우디아노·브루네토·라티니·오비디우스 등을 말한다. 위대한 현자들의 말이라고 하고 있지만, 단테가 참고한 것은 오비디우스의 《변신》 15,392 이하이다.
806　피닉스: 불사조. 이집트의 전설에 나오는 독수리를 닮은 영조靈鳥. 500년마다 스스로 몸을 태워 그 재 속에서 재생한다고 한다.
807　아모모: 아모모 나무에서 열리는 씨를 채취하여 만드는 향료.
808　악마의 힘: "더러운 영은 그 사람에게 경련을 일으켜 놓고 큰 소리를 지르며 나갔다."(마르 1,26)
809　숨통을 꽉 막는: 심장과 두뇌 사이의 통로를 막아 생기의 활동을 방해한다.

115 모르고 일어나서, 그 겪은 아픔 때문에
사방을 휘둘러보아도 다만 어리둥절할 뿐
그저 두리번거리며 탄식하는 것처럼

118 엎드렸다 일어난 죄인도 그러하더라.
복수를 위하여 이렇듯 매질을 퍼부으시는
하느님의 권능이, 오, 얼마나 지엄하신고!

121 문득 길잡이가 그에게 누구였음을 물으매
그는 대답하되, "내[810] 토스카나에서 이 사나운
목구멍[811]으로 떨어진 지는 그리 오래지 않도다.[812]

124 내 차라리 노새[813]였으니 사람보다는
짐승의 생활이 좋았노라. 난 반니 푸치라는
짐승. 그러기에 피스토이아[814]가 제격인 굴이리라."

---

810 내: 반니 푸치. 피스토야에 있는 귀족 라세리 가문의 사생아다.
811 122~123 사나운 목구멍: 골짜기.
812 그리 오래지 않도다: 약 5년 전. 반니가 형을 받은 것은 1295년.
813 노새: mulo. '사생아'라는 뜻이다. 노새는 수나귀와 암말과의 사이에서 난 잡종이므로 이렇게 말했다.
814 피스토이아: 죄악의 도시(지옥편 25곡 10행 이하 참고).

127 　나는 길잡이에게 "도망치지 말라 하시고 놈에게
　　물으소서, 무슨 죄가 그를 여기다가 처박았는지.
　　그가 피와 분노의 인물[815]임을 내 보았음이니이다."

130 　저 죄인이 말을 듣자 아닌 체하기는커녕
　　마음과 얼굴을 내 편으로 향하여
　　슬픈 부끄러움에 물들여진 다음

133 　말하되, "너 나를 보고 있는 이 비참 속에서
　　내 너를 만나게 된 일은 차라리 내가
　　저 세상에서 죽은 때보다 한결 아프구나.[816]

136 　네가 무엇을 묻든 나는 거절할 수 없나니,
　　이렇듯 내가 깊은 데에 빠져 있기는 옛날
　　찬란한 성물聖物의 제의실의 도둑[817]이었던 탓이로다.

815 　피와 분노의 인물: 반니 푸치는 피렌체인에 가담하여 피사인의 난(지옥편 21곡 94~96행 주 참고)에 참전했다. 단테는 이때 그를 보았다. 반니 푸치는 또 피스토이아에서도 자신의 포학을 드러냈다.
816 　133~135 증오의 대상이며 적의 무리인 단테에게 벌을 받는 모습을 들킨 사실이 괴롭다는 뜻이다. 단테는 당시 백당, 반니는 흑당이었다.
817 　도둑: 1293년 반니는 두 공모자와 함께 성세노네 성당 제의실의 보고에 들어가

139 그래도 그것은 남에게 잘못 둘러씌워졌나니
너 이 캄캄한 고장을 벗어나거든
이런 꼴을 본 것이 기꺼움이 못 되도록

142 귀 기울여 내 전하는 말을 들으라.
피스토이아[818]에서 네리[819]를 빼앗기고
다음엔 피렌체[820]가 백성과 풍속을 새로 하리라.

145 마르스[821]는 흐린 구름에 싸여 있는
발 디 마그라[822]에서 열기[823]를 잡아당겨
맵고 모진 회오리바람[824]으로

보석·은·성모상 등을 훔쳐 냈으나 발각될까 두려워 지인의 집에 숨겨 두었다. 그 후 란피노 란누초가 죄를 뒤집어 쓰고 사형당하려 할 때 반니는 자수하여 형을 받았다.

818 피스토이아: 1301년 피스토이아의 백당은 흑당을 시외로 추방했다.
819 네리: 흑당.
820 피렌체: 피스토이아와 반대로 흑당이 세력을 잡아 1302년 백당을 추방했다.
821 마르스: 군신軍神.
822 발 디 마그라: 마그라 강이 흐르는 골짜기. 루니자나에 있다(지옥편 20곡 47행 참고).
823 열기: 번갯불. 흑당의 수령으로 용감한 후작 모로엘로 말라스피나를 가리킨다. 1302년 그는 피스토이아에서 추방당한 흑당에 피렌체와 루카의 흑당을 합병해서 피스토이아를 공격했다.
824 회오리바람: 전운戰雲 또는 흑당의 군사들.

148　피체노 벌[825]에서 싸우리니, 그로 인하여
　　　이자가 별안간 안개를 찢고 비앙코[826]는
　　　모조리 이에 맞아서 넘어가리라.

151　내 이를 일러두노니, 너 아파하지 마라."

825　피체노 벌: 위치는 명확하지 않으나 피스토이아 부근에 있다고 단테가 잘못 믿었던 지방을 가리킨다. 그리고 여기서의 싸움은 1302년의 세르라발레 성의 함락을 가리킨다고도 하고, 또는 1306년의 피스토이아 점령을 가리킨다고도 한다.
826　비앙코: 백당.

제25곡

반니 푸치는 욕스러운 주먹을 휘두르며 신을 모욕한다. 단테는 이곳에 그대로 머무르며 피렌체의 도둑놈들이 뱀으로 변하는 것을 본다.

1   도둑놈은 제 말 끝에 두 손을 들어 손가락 사이로
    엄지손가락질[827]을 하며 소리치더라. "하느님아,
    이걸 받아라. 내 네게 이걸 주노라." 하고.

4   이때부터 여기선 뱀들이 내 벗이었나니
    한 마리는 바로 "네놈 말이란 딱 싫다."

---

827 엄지손가락질: 검지와 중지 사이에 엄지손가락을 끼고 주먹을 쥐는 것은 13세기부터 내려오는 상스러운 욕이다.

는 듯 그의 모가지를 칭칭 감았고,

7 또 한 마리는 팔에 휘감기어
앞으로 꽁꽁 묶어 버렸기 때문에
그놈은 팔을 옴짝달싹할 수 없더라.

10 아, 피스토이아[828]여, 피스토이아여, 너 악을
지음에는 네 조상[829]을 앞서면서 어찌
버젓이 재가 되어 스러지지 못하느냐?

13 지옥의 어두운 둘레를 다 돌았어도 이토록
하느님께 거만스러운 넋은 보지 못했나니
테베의 성벽에서 거꾸러진 자도 이만은 못하리라.

16 놈은 뺑소니쳐 다시는 말이 없었으되 나는
또 보았노라. 켄타우로스[830]가 미쳐 날뛰며 "어디냐,

---

828 피스토이아: 피스토이아와 피사는 기벨리니 당의 근거지로 단테는 당쟁을 몹시 증오하여 이들 시市를 지나치게 공격한다.
829 네 조상: 전설에 의하면 피스토이아는 로마의 반역 장군 카틸리나(전 62년 사망)의 패전 후 그의 잔당이 건설한 것이라 한다.
830 켄타우로스: 지옥편 12곡 56행 주 참고.

시어빠진 놈은 어디냐."고 호통치며 오는 것을.

19 생각컨데 마렘마[831]엔들 사람의 몰골이
    되기 시작하는 그 볼기짝 위에 저놈이 싣고
    있는 그만큼 많은 독사는 있지 않으리라.

22 그놈 어깨 위 정수리 뒤에는 한 마리
    용이 날개를 벌리고 도사리고 앉아서
    어느 놈이고 닥치는 대로 불을 붙여 주더라.

25 내 스승이 이르시되, "이건 카쿠스[832]란 놈인데
    아벤티노 산의 바위 밑에서 몇 번이고
    피의 호수[833]를 만든 놈이니라.

---

831 마렘마: 토스카나 지방 해안 일대의 뱀이 많던 습지(지옥편 13곡 7행 주 참고). 뱀이 너무 많아 그 근처에 세워진 훌륭한 수도원이 유지될 수 없게 되었다.
832 카쿠스: 불카누스 신의 아들로 아벤티노의 굴 속에 살던 거인 도적. 헤라클레스가 게리온의 소 몇 마리를 빼앗아 에스파냐에서 그리스로 돌아가다가 이 산 가까이 와서 잠을 자는데, 카쿠스가 이를 훔쳐 발자취를 속이고자 꼬리를 끌고 뒷걸음질 해서 갔다. 그러나 헤라클레스는 소의 울음소리를 듣고 이를 알아 내어 카쿠스를 죽였다(《아이네이스》 8,193~267). 카쿠스는 원래 켄타우로스족이 아니지만 단테가 이를 바꿔 놓았다.
833 피의 호수: 카쿠스가 훔쳐 잡아먹은 짐승의 피가 많았음을 말한다.

28   이놈이 제 형제들[834]과 함께 한길로 가지
     않음은 이웃에 있던 짐승 떼를
     몰래 훔쳐 낸 까닭이니라.

31   비뚤어진 버르장머리는 헤라클레스의
     몽둥이 뜸질에 멎어지기는 하였나니,
     때린 게 백이건만 느낀 것은 열[835]이었느니라."

34   이같이 그가 말씀하시며 지나가시는데
     바로 우리 아래로 세 영혼[836]이 왔어도 놈들이
     "너희가 누구냐."고 외치기까지는

37   나나 스승이나 그런 줄을 몰랐노라.
     이리하여 우리의 이야기는 그치었고
     다만 저놈들에게만 정신을 주었었노라.

---

834 제 형제들: 다른 켄타우로스는 모두 제7환에 있다(지옥편 12곡 55행 이하). 그러나 카쿠스만은 도둑이라 제8환에 있다.
835 느낀 것은 열: 헤라클레스는 카쿠스를 수없이 때렸으나 그는 열 대도 맞지 못하고 죽었다. 베르길리우스는 그가 교살되었다고 기록했다.
836 세 영혼: 아뇰로(68행) · 부오소(141행) · 푸초(148행).

40 나는 저들을 알지 못하였어도 어느 때
흔히 그러한 것처럼 저들도 하나가
또 하나를 부르며 말하더라.

43 "찬파[837]야 너 있는 곳이 어디냐."고.
이내 나는 길잡이가 정신 차리시도록
내 손가락을 턱으로부터 코에다 대니라.[838]

46 읽는 이여, 이제 그대는 나의 말하는 바를
믿기에 더딜지라도 괴이할 게 없도다,
그를 본 나조차 곧이듣기 힘든 것을.

49 저것들 쪽으로 내 눈썹을 치올리고 있을 즈음
발 여섯 돋힌 뱀[839] 하나가 한 놈 앞으로
날더니 그만 통째로 그놈을 감아 버리더라.

---

837 찬파: 피렌체의 도나티 가문 출신 도적으로 구엘피 당에 속했다고 전한다.
838 내 손가락을 턱으로부터 코에다 대니라: 손가락을 입에 갖다 대어 조용히 하라고 하는 손짓. – 편집자 주
839 뱀: 찬파가 변형된 것.

52 　가운데 발로 배때기를 휘어 감고
　　앞발로는 발을 움키더니
　　이쪽저쪽 볼따구니를 물어 제끼더라.

55 　뒷발들은 정강이를 서리고
　　꼬리는 사타구니 사이로 집어넣어
　　허리를 거쳐서 뒤로 내뻗치더라.

58 　나무에 수염을 얽어매는 담쟁이라도
　　설마 이 징그러운 짐승처럼 제 몸으로
　　남의 삭신을 이렇듯 감아 붙이진 못할레라.

61 　문득 그것들은 뜨거운 초와 같이
　　서로 엉기어 빛깔을 뒤섞어 놓으며
　　이놈 저놈[840] 할 것 없이 이전의 모습은 이미 없더라.

64 　그것은 마치 불꽃 붙은 종이가 처음엔
　　누르스름한 빛이 나다가 미처 시꺼멓게

840　이놈 저놈: 사람의 빛도 뱀의 빛도.

되기도 전에 흰 바탕이 스러지는 것 같더라.

67 다른 두 놈이 이것을 보고는 저마다 소리치되
"아하, 아뇰로[841]야, 너 어인 변화인고.
허허, 넌 이제 둘도 하나도 아니로구나!"

70 이미 대가리 둘이 하나가 되어 버렸으니
두 몰골이 한데 얼버무려져 우리에게
보일 때는 둘이란 없어진 셈이더라.

73 사지로부터는[842] 두 팔이 쑥 불거져
정강이 · 종아리 · 배 · 가슴이야말로
일찍이 보지 못하던 몸뚱어리로 되니라.

76 이전의 모습이라곤 거기 말끔히 씻기운 채
뒤바뀐 형상은 둘이로되 어느 것도 아니게
뵈는 것이 그대로 느린 걸음으로 가 버리더라.

---

841 아뇰로: 브루넬레스키 가문 출신으로 권력을 이용해서 공금을 횡령했다.
842 사지로부터는: 용의 앞발과 사람의 양팔이 합해져서 기괴한 두 팔이 생겼다.

79 　여름 한더위의 커다란 채찍[843] 밑에
　　도마뱀이 울타리를 옮겨 가고자 한길로 가로
　　건너노라면 번개처럼 보이듯이

82 　이같이 납빛에 후추씨처럼 검은
　　작은 뱀[844]이 잔뜩 골을 내어
　　두 놈의 배를 겨냥하고 오더니라.

85 　그중 한 놈의 처음으로 영양을 취하는
　　그 자리[845]를 사뭇 꿰뚫고는 그놈 앞에
　　몸을 쭉 뻗치고 떨어져 버리더라.

88 　뚫린 놈은 이를 보고도 아무 말 없이
　　잠이나 열병에 취한 듯이
　　다리가 굳어진 채 하품만 하더라.

---

843 채찍: 여름날의 열기.
844 작은 뱀: 카발칸티(151행 주 참고)가 변형된 것.
845 85~86 한 놈의 처음으로……: 한 놈은 부오소를 말하고. '처음으로 영양을 취하는 자리'는 태아가 모체에서 영양을 취하는 자리, 즉 배꼽을 말한다.

91 그놈은 뱀을, 뱀은 그놈을 마주 보는데
저놈은 상처에서 이놈은 아가리에서
힘차게 연기를 뿜는 통에 연기가 서로 맞부딪치더라.

94 가엾은 사벨로와 나시디오를 들어
이야기할 그 마당에 루카누스[846]는 입을
다물었으니 이제 내 하는 말을 귀담아들을진저.

97 오비디우스[847]여, 카드모스[848]와 아레투사[849]에 대해 말을 마라.
그가 사나이를 뱀으로, 계집을 샘[泉]으로
읊조렸대도 나는 그를 시새움하지 않나니,

---

846 루카누스: 《파르살리아》에 따르면, 카토의 부하인 사벨로는 리비아 사막에서 '세프스'란 뱀에게 물려 그 독에서 생긴 체내의 고열로 타서 재가 되어 죽었고, 나시디오는 '프레스텔'이란 뱀에게 물려 온몸이 부어올라 입고 있던 갑옷이 터져서 죽었다(지옥편 4곡 90행; 《파르살리아》 9,761 이하 참고).
847 오비디우스: 지옥편 4곡 90행 참고.
848 카드모스: 테베의 건설자. 후에 여러 나라를 표랑하다 뱀이 되었다. 그의 아내가 이를 보고 "너희 신들이여, 나의 카드모스를 이전처럼 돌려다오. 아니면 나를 그의 모습으로 바꿔다오."라고 하여 그도 뱀이 되었다(오비디우스 《변신》 4,563~603).
849 아레투사: 디아나 신을 섬기는 여신의 하나. 강의 신 알페이오스에게 쫓기게 되자 디아나에게 기도하여 샘으로 변했다(《변신》 5,572~661).

100 그가 됨됨이 두 낱을 감쪽같이
 바꾼 게 아니어서 거죽만 바뀐
 안은 그대로 두 낱인 까닭이로다.[850]

103 둘이 다 마주쳐짐은 이러하였나니 곧
 뱀은 꽁지를 잘라 꼬챙이를 이루었고
 다친 놈은 두 다리를 한데 겹쳐 있더라.

106 두 다리, 두 종아리가 절로
 착 달라붙어서 이어진 데가 보이지 않을 정도로
 금세 아무 흔적도 없어졌더라.

109 갈라진 꼬리는 없어진 딴 놈의 모양을
 지녔는데 제 살결은 부드럽고
 남의 살은 딱딱히 굳어졌더라.[851]

112 겨드랑 속으로 양팔이 들어감을 내

---

850 100~102 지금까지 말한 여러 가지 이상한 이야기라도, 사람과 뱀, 즉 서로 다른 두 개의 자연이 상대해서 변형하는 신기함에는 미치지 못한다는 말이다.
851 109~111 둘로 갈라진 뱀의 꼬리는 부오소의 발과 다리 등이 된다.

보았는데 그게 졸아들어 갈수록 몽톡하던
　　　짐승의 두 다리가 자꾸만 길어지더라.^852

115　다음 뒷발들은 한데 뭉쳐 사나이가
　　　감추는 그 삭신^853이 되어 버리고 이리하여
　　　불쌍한 놈의 그것은 두 쪽으로 갈라지더라.

118　또 다른 빛깔로 연기가 이놈 저놈을
　　　뒤덮고 한 놈에겐 털을 덮어씌우고
　　　또 한 놈에게선 털을 뽑아낼 동안

121　이놈은 일어서고 저놈은 자빠지더라.
　　　또한 신을 배반한 안광^854을 희번덕이며
　　　그 아래서 저마다의 몰골을 바꾸더라.

124　섰던 놈이 관자놀이께로 얼굴을 실룩거리매

852　113~114 몽톡하던 짐승의……: 뱀의 짧은 앞발이 늘어나서 사람 팔이 된다.
853　삭신: 생식기. ─ 편집자 주
854　안광: 눈만은 변하지 않고 서로 눈총을 주며 얼굴을 변화시킨다. 이하는 뱀의 얼굴이 사람의 얼굴로 변하는 모양.

      그리로 밀린 살점에서 귀가 돋아나
      반반하던 볼 위에 오똑하더라.

127 뒤로 내닫지 않은 채 그냥 있는 살점은
      그 나머지로 낯에 코를 만들고
      알맞을 만큼 두꺼운 입술을 지으니라.

130 자빠진 놈은 낯짝을 앞으로 내밀고
      뿔을 움츠리는 달팽이처럼
      귀를 대가리께로 빨아들이더라.[855]

133 먼저는 한 잎으로도 곧잘 말하던
      혓바닥이 찢어지고 다른 두 쪽 난
      혀는 겹쳐진 다음 연기가 멈추어지더라.[856]

136 짐승이 되어 버린 영혼이
      휘파람을 불며 골짜기로 도망치고

---

855 130~132 사람의 얼굴이 뱀의 얼굴로 변한다.
856 133~135 당시에는 일반적으로 뱀의 혀는 두 쪽이라고 믿었다.

뒤엣놈은 좋알대며 침을 뱉더라.[857]

139 얼마 뒤 그놈은 갓 생긴 어깨를 돌려서
딴 놈[858]에게 말하더라. "내가 한 그대로
부오소[859]가 이 길로 기어서 달려갔으면……."

142 이리하여 나는 일곱째 모래 바탕[860]이 바뀌고
뒤바뀌는 것을 보았나니, 여기 내 붓대가
적이 껄끄러울지라도 서투름을 용서하시라.

145 비록 내 눈이 얼마쯤 흐려졌고 마음도
무던히 산란해지긴 하였어도
저놈들이 꽉 숨어 뺑소니치지는 못했나니,

---

857 침을 뱉더라: 부오소를 저주하여 능욕하는 뜻으로 침을 뱉은 것인지, 또는 다만 아직 말을 할 수 없어 침을 뱉은 것인지는 알 수 없다.
858 딴 놈: 푸초 시안카토.
859 부오소: 피렌체의 도적. 여기서는 뱀이 된 놈을 말한다.
860 모래 바탕: 제7낭의 죄인들을 모멸하여 부르는 말이다. 또는 제7낭의 바닥을 가리키는 것일 수도 있다.

148   나는 푸초 시안카토[861]임을 분명히
    알았노라. 먼저 왔던 세 놈 패 중에
    바뀌지 않은 놈은 그놈 하나뿐이었고

151   또 한 놈[862]은, 가빌레여, 네가 우는 바로 그놈이니라.

---

861 푸초 시안카토: 피렌체의 갈리가이 가문 출신이라고 한다. '시안카토'는 '절름발이'란 뜻이다. "도적질하러 갈 때는 절름발이였기 때문에 도망치기에 불편하더라." – 벤베누티 주
862 또 한 놈: 프란체스코 데 카발칸티. 피렌체인으로 아르노 골짜기의 한 마을인 가빌레 사람에게 살해당하니, 이를 복수하고자 그의 친척들이 많은 가빌레 사람들을 죽였다.

제26곡

단테는 고국 피렌체의 참상을 개탄한다. 이곳을 떠나 제8낭에 이르러 모략가들이 불꽃에 싸여 골짜기를 걸어가는 것을 본다. 단테는 그중에서 트로이 전쟁의 용장 오디세우스를 본다. 그는 비참한 항해의 최후를 이야기한다. 호메로스도 베르길리우스도 오디세우스의 죽음에 관해서는 아무 말도 하지 않았다. 그들은 이 영웅과 이타카까지만 동행하고 그 다음엔 그를 그의 가족들 가운데에 버려둔다. 그러므로 오디세우스의 죽음을 말하는 것은 오직 단테의 독창이다.

1   기뻐하라, 피렌체여, 너 장하기도 하여라.
      바다며 뭍이며 지옥에까지
      네 이름은 나래를 퍼덕이며 떨치는구나.[863]

---

863   1~3 피렌체의 오명이 마침내는 지옥에까지 미쳤음을 비웃는 반어적 표현.

4   도적들 가운데 그따위 다섯 놈이[864] 네
    시민이니 나는 차마 부끄러워……
    넌들 그리 큰 자랑이라 우쭐거릴 게 없구나.

7   그러나 새벽에 가까운 꿈[865]이 참되다면
    다름 아닌 프라토[866]가 네게 갈망하는 바를
    오래지 않아 이제 너는 깨달으리라.

10 설령 벌써 그리됐다 하더라도 이른 것은 아니리니
    꼭 있어야 할 일이거든 차라리 그래라.
    내 늙어갈수록 그것은 내게 더욱 짐스러울 뿐[867]이어니 —

---

864 다섯 놈이: 지옥편 25곡에 나타난 피렌체 귀족 출신들. 아뇰로 · 부오소 · 무초 · 찬파 · 카발칸티의 5인.
865 새벽에 가까운 꿈: 오비디우스 · 호라티우스 등의 저서에서 볼 수 잇는 것처럼, 옛 사람들은 새벽녘에 꾸는 꿈은 참된 꿈이라고 믿었다(지옥편 33곡의 우골리노 백작의 꿈, 혹은 연옥편 9곡의 단테 자신의 꿈 참고).
866 프라토: 피스토이아와 피렌체 사이의 마을. 다른 주석에 의하면 추기경 니콜로다 프라토를 의미하기도 한다. 그는 1034년 베네딕토 9세 교황의 뜻을 받아 당쟁을 조정하러 피렌체에 부임했으나 헛되이 애만 썼다는 것을 알고 하느님과 교회의 저주를 시민들에게 남기고 그곳을 떠났다. 그 때문에 큰 화재와 다리의 파괴 등이 발생하고 1800명 이상이 죽었다고 한다.
867 더욱 짐스러울 뿐: 늘그막에 고향의 재앙을 보는 것은 더욱 마음 아픈 일이다.

13   여기서 우리가 떠났는데 길잡이는 앞서[868]

　　　 우리가 내려왔던 돌사다리로 올라

　　　 나를 끌어 올리시니라.

16   돌다리의 바위와 험한 바위 사이로

　　　 외딴길을 따라 가노랄 제

　　　 손이 아니고 발만으로는 어림없는 일일레라.

19   그때 나는 슬퍼졌고[869] 내가 보고 온 것에

　　　 정신이 쏠릴 제 더욱 거듭 슬펐나니,

　　　 전에 없이 재주를 붙들어 매었기는[870]

22   혹여 덕의 가르침이 싫어 어긋날까 함이요,

　　　 이리하여 운 좋은 별[871] 더 좋은 무엇이[872] 내게 좋은

868　앞서: 지옥편 24곡 79~80행 참고.
869　슬퍼졌고: 천부적인 재능을 타고난 사람들이 세상에서 그 재능을 악용하여 이같이 제8낭에서 벌받는 것을 보고.
870　전에 없이 재주를 붙들어 매었기는: 재능을 남용하지 않으려 단테 자신도 조심한다는 뜻이다.
871　별: 행운을 의미한다(지옥편 15곡 56행 참고).
872　더 좋은 무엇이: 신의 은총.

일[873]을 이바지하면 내 스스로 시기 않고자 함이로다.

25 온 누리를 비추는 것[874]이 제 얼굴을
우리 앞에 덜 가리게 되는 철[875]에,
고개 위에 한 농부 있어

28 파리가 모기에게 밀려날 무렵[876]이면 정녕
몸소 포도를 따고 밭을 일구던 거기 —
골짜기 아래에 반딧불이 떼를 보는 것같이

31 그렇듯 많은 불똥들이 여덟째 구렁
어디나 없이 빛났으니, 이는 내가 그 바닥이
보이는 거기에 다다라서 곧 알아들은 바이라.

34 그리고 마치 곰 떼로써 복수한 그이[877]가

---

873 23~24 좋은 일: 천재. 단테는 지력이 악용된 결과를 보고 자성한다.
874 온 누리를 비추는 것: 태양.
875 25~26 제 얼굴을 우리 앞에 덜 가리게 되는 철: 즉 밤이 짧은 철이니 여름을 가리킨다.
876 파리가 모기에게 밀려날 무렵: 저녁녘.
877 곰 떼로써 복수한 그이: 예언자 엘리사. 어린이들이 그를 대머리라고 놀리자 그는 숲

말 떼가 하늘로 곧장 치오를 때
　　　엘리야의 수레⁸⁷⁸가 떠나려는 것을 보고,

37　눈으로도 그것을 따를 길 없이
　　한 가닥 구름처럼 높이 오르는 오직
　　연기밖에는 아무것도 보지 못하였듯이

40　이같이 불꽃도 모두 수렁의 목구멍⁸⁷⁹을 거쳐
　　하나도 그 도적질을 드러내지 않는데 그러나
　　어느 불꽃이고 한 도적놈씩 훔치더니라.⁸⁸⁰

43　나는 보고 싶어 다리 위에 우뚝 서 있었는데
　　한 바위를 움켜쥐지 않았던들

　　　에서 곰 두 마리를 불러내어 그들 중 42명을 찢어 죽이게 하였다(2열왕 2,23-24 참고).
878　엘리야의 수레: "그러자 엘리야가 회오리바람에 실려 하늘로 올라갔다. 엘리사는 그 광경을 보면서 외쳤다. '나의 아버지, 나의 아버지! 이스라엘의 병거이시며 기병이시여!' 엘리사는 엘리야가 더 이상 보이지 않자, 자기 옷을 움켜쥐고 두 조각으로 찢었다."(2열왕 2,11-12)
879　목구멍: 좁은 밑바닥.
880　어느 불꽃이고……: 불꽃은 죄인을 덮어 밖으로 나타나지 않게 한다. 이 벌은 "혀도 불입니다. 또 불의의 세계입니다. 이러한 혀가 우리의 지체 가운데에 들어앉아 온몸을 더럽히고 인생행로를 불태우며, 그 자체도 지옥 불로 타오르고 있습니다."(야고 3,6)라는 데서 나온 것이다.

가뭇없이 아래로 나둥그러질 뻔했노라.

46 길잡이는 내가 바짝 정신을 차리고 있음을
보고 이르시되, "도가니 속엔 넋들이 있다.
누구도 스스로를 태우는 것에 감기어 있다."

49 내 대답하되, "나의 스승이여, 그대 말씀에
나는 한결 든든하옵니다만 이럴 줄을
지레 알고 그대에게 아뢰고 싶었나이다.

52 에테오클레스가 그 형제와[881] 함께 얹혀진
섶에서 오르던 것처럼 위가 갈라진
불꽃 속으로 오는 자가 누구인지요?"

55 그가 내게 대답하되, "저 속엔 오디세우스와
디오메데스[882]가 벌을 받나니, 이렇듯 저들은

---

881 에테오클레스가 그 형제와: 에테오클레스는 테베의 주권을 빼앗기 위해 그의 쌍둥이 폴리네이케스와 대결했는데 한 칼에 둘 다 쓰러졌다. 사람들이 그 시체를 모아 함께 태웠으나 불꽃은 생전의 원한을 나타내는 듯 둘로 갈라져서 올라갔다고 전해진다.
882 55~56 오디세우스와 디오메데스: 둘 모두 호메로스의 2대 서사시에 등장하는 영

함께 분노했듯이 함께 벌 속으로 뛰어들었느니라.

58 그 위에 저들은 저 불꽃 속에서
로마의 지체 높은 조상[883]이 나갔던
문을 만들어 준 목마의 복병[884]을 탄식한단다.

61 그 속에 저들은 아직도 아킬레우스를 울리는
데이다메이아[885]를 죽게 한 죄를 통곡하며
거기 팔라디움[886]의 벌을 받는 것이로다."

웅으로, 트로이인에 대해 함께 분노했던 것과 같이 지금 신의 벌도 함께 받는다.
883 로마의 지체 높은 조상: 아이네이아스는 트로이 함락 후에 이탈리아로 건너가 로마인의 조상이 된다(《아이네이스》 2,20~21 참고).
884 문을 만들어 준 목마의 복병: 트로이 전쟁이 길어지자 오디세우스는 꾀를 내어 큰 목마를 만들고 그 안에 복병을 숨겨 놓았다. 그러고는 목마를 미네르바 신에게 바치는 제물이라 말한 뒤 그리스 군과 함께 해상으로 퇴각했다. 그리스 군의 퇴각을 믿은 트로이인은 목마를 성 안으로 들여왔다. 그러나 밤이 되자 복병이 일제히 목마 속에서 뛰어나와 성문을 열고 그리스 군을 맞아들였고 이로써 트로이는 함락되었다. 목마로 인해 그가 성으로 들어갈 수 있게 되었으므로 목마를 '문'이라고 표현했다.
885 데이다메이아: 스키로스 섬의 왕 리코메데스의 딸. 아킬레우스의 어머니인 테티스는 자기 아들이 트로이 전쟁에 나가는 것을 막으려고 여장女裝을 시켜 리코메데스 왕에게 위탁했다(데이다메이아는 이미 아킬레우스를 사랑하고 있었다). 오디세우스가 상인으로 분장하여 디오메데스와 함께 스키로스 섬에 와서 아킬레우스를 찾아 내고 그의 마음을 움직여 트로이로 출전하게 하였다. 아킬레우스의 아들을 낳은 데이다메이아는 이별의 슬픔으로 자살했다.
886 팔라디움: 트로이 성 안에 있는 팔라데(미네르바)의 상. 당시에 사람들은 이 상이

64　　내 이르되, "저 불꽃 속에서도 저들이

　　　말할 수 있다면 스승이여, 거듭거듭

　　　천 번이고 거듭 당신께 구하노니

67　　뿔 돋친 불꽃이 여기에 닿기까지 부디

　　　저를 기다려 물리치지 마소서. 이 소원

　　　때문에 저리로 기우뚱 선 나를 보소서."

70　　그는 내게 "너의 소원은 가장 기림을

　　　받음직하도다. 이에 내 그를 들어주려니

　　　너는 모름지기 네 혀를 거두어라.

73　　너 원하는 바를 내 알았으니 말일랑

　　　내게 맡겨 두라. 저들이 그리스인들이었던

　　　까닭에 아마도 네 말을 꺼리리라."[887]

　　　성 안에 있는 한 트로이도 안전하다고 믿었다. 오디세우스와 디오메데스는 걸인으로 변장하여 이 상을 훔쳐 냈다.

887　네 말을 꺼리리라: 이탈리아인인 단테가 그리스에 관해서는 간접으로 얻은 지식 밖에 없으니 충분히 이야기할 자격이 없다는 말인지, 또는 원래 문화인으로 자처하는 그리스인이 교만하여 다른 나라의 사람을 야만시하고 경시한다는 뜻인지, 또는 고대 영웅은 현대 세계의 속인과 서로 이야기하기를 꺼린다는 뜻인지 해석이 분분하다.

76 　어느덧 불꽃이 닿아 내 길잡이에게
　　때와 자리가 되었다 싶은 그때에
　　나는 그가 다음같이 말하심을 들었노라.

79 　"너희 한 불 속에 둘이 된 자들이여,
　　내가 살던 때 내 너희에게 도움이 되었고
　　세상에 드높은 시를 써 두었을 제

82 　그렁저렁 그것이 너희에게 쓰임이 되었다[888]면
　　너희는 꼼짝 말고 오직 너희 중 하나가
　　어디서 헤매다가[889] 죽었는지 일러 다오."

85 　오래된 불꽃의 엄청난 뿔[890]은
　　흡사 바람에 시달리는 불꽃인 양

---

888 너희에게 쓰임이 되었다: 《아이네이스》에 적혀 있어 그 이름이 영원히 남아 있음을 말한다.
889 어디서 헤매다가: 호메로스의 《오디세우스》에, 오디세우스는 오랫동안 표량하다가 고향 이타카에 돌아와 아버지와 처자를 기쁘게 했다고 적혀 있다. 그러나 오디세우스가 부하를 거느리고 미지의 해상으로 나아가 난파당하여 죽었다는 이설이 중세에 전해졌다. 단테는 여기에 플리니우스 이후의 전설을 따랐거나, 또는 새로운 이야기를 지어낸 것이다.
890 엄청난 뿔: 오디세우스가 디오메데스에 비해서 위대하다는 것을 뜻한다.

투덜거리며 펄럭거리기 시작하더라.

88 이리하여 말하는 혀가 그런 것같이
이리로 저리로 끄트머리를 내저으면서
소리를 내지르며 이야기하더라.

91 "아이네이아스가 그를 가에타[891]라 이름 짓기 전에
거기 가까이 일 년 남짓 나를 감춰 주던
키르케[892]를 내가 떠나오던 그때에

94 자식[893]의 사랑도, 늙은 어버이[894]께 대한 효성도,
그리고 페넬로페[895]를 반드시 기쁘게
해 주었을 떳떳한 애정[896]도

---

891 가에타: 남부 이탈리아의 한 장소. 아이네이아스가 이곳에 상륙했을 때 죽은 그의 유모 가에타를 이곳에 매장했기에 그 지방을 가에타라 이름 지었다(《아이네이스》 7,1~4 참고).
892 키르케: 헬리오스의 딸로 요녀. 오디세우스의 일행을 돼지로 변신시켰다(《오디세우스》 10 참고).
893 자식: 텔레마쿠스.
894 어버이: 라에르테스.
895 페넬로페: 오디세우스의 아내. 오랫동안 오디세우스를 한결같이 기다려 정절의 귀감이 되었다.
896 떳떳한 애정: 여기서는 부부애.

97 세상과 인간의 악과 그 값어치를
　　몸소 겪어 보고자 내 속에 품었던
　　정열을 이겨 내지 못하였나니라.

100 오히려 나는 깊고 넓은 바다[897]로, 나를
　　버리지 않았던 몇몇 벗들과 함께
　　외로이 배에 실려 맡겼더니라.

103 멀리 에스파냐와 모로코에 이르기까지
　　나는 이쪽저쪽의 언덕이며 사르디냐의 섬이며
　　골고루 이 바다가 씻어 주는 섬들[898]을 보았노라.

106 그 누구도 넘어 날지 못하도록
　　헤라클레스가 제 표지를 꽂아 놓은
　　저 좁은 목[899]으로 왔을 때에는

---

897 바다: 지중해.
898 섬들: 코르시카·시칠리아 등의 섬들.
899 저 좁은 목: 지브롤터 해협. 게리온의 가축을 빼앗으려고 헤라클레스가 에스파냐로 건너갔을 때, 땅이 끝나는 서쪽 끝에 이 해협을 좁히는 두 산 카르베(에스파냐)와 아빌라(아프리카)를 만들어 세웠다고 한다.

109　나와 길벗들은 늙고 흐려졌었노라.
　　바른쪽으로 나는 세비야⁹⁰⁰를 떠났고
　　왼쪽으론 이미 세우타⁹⁰¹를 떠났더니라.

112　나는 말하였더니라. "오, 너희 천만 위험을
　　거쳐 서녘에 다다른 겨레들이여,
　　너희 감각에 이렇게라도 강인하게

115　아직 남아 있는 목숨에 즈음하여
　　태양을 사뭇 따라서 사람 없는
　　세계⁹⁰²를 찾으려는 그 생각을 버리지 마라.

118　너희는 모름지기 너희의 타고남을 생각할지니
　　짐승처럼 살고자 태어났음이 아니라
　　덕과 지식을 좇기 위함이었나니라."

900　세비야: 에스파냐 서남부의 한 지방.
901　세우타: 지브롤터 해협에 닿아 있는 아프리카의 작은 도시.
902　116~117 사람 없는 세계: 남반구. 당시 사람들은 남반구는 전체가 물에 덮여 사람이 살 수 없는 곳으로 생각했다.

121 이 짧디 짧은 타이름에 나의 길벗들은
　　 어찌나 갈 길을 서두르는지 나중엔
　　 도저히 그들을 멈추게 할 수 없었나니,

124 우리는 뱃머리를 아침으로 돌려[903]
　　 미치게 퍼덕이는 날개인 양 노를 저어
　　 항상 왼쪽으로만 지향하니라.

127 이미 밤이 되어 다른 지극地極[904]의 뭇 별들이
　　 보였는데 우리의 반구[905]는 자꾸 낮아져
　　 바다 밑에서 솟지를 못하더라.

130 깊은 고장으로 우리가 들어간 다음
　　 달 아래 빛이 다섯 번[906] 켜졌다가
　　 또 다섯 번 꺼졌을 무렵에

903　아침으로 돌려: 동쪽 방향으로. 지브롤터 해협에서 항로를 서남쪽(지구에서 보면 동남)으로 잡고 계속 가면 예루살렘의 정반대 지점인 정죄산淨罪山에 닿는다.
904　다른 지극: 남극.
905　우리의 반구: 북극.
906　달 아래 빛이 다섯 번: 5개월 만에.

133　거리 탓인지 희미하게 산 하나[907]가
　　나타났는데 그것은 일찍이 본 적이
　　없을 만큼 높다란 산이더라.

136　우리는 기뻤어도 그것은 이내 통곡으로
　　변하였나니, 새로운 땅에서는 회오리바람이
　　일어나 뱃머리를 냅다 들이친 까닭이었도다.

139　세 번이나 온통 물벼락을 맞고 나서
　　네 번째엔 천의天意대로[908] 뱃머리를
　　치켜 올렸다가 고물을 푹 빠지게 하여

142　마침내 바다는 우리 위를 덮치고 마니라."

907　산 하나가: 연옥의 정죄산. 성도 예루살렘의 반대쪽에 있다.
908　천의대로: 하느님의 뜻대로. 하느님께서는 산 사람이 정죄산에 오르는 것을 허락하지 않으시기 때문이다(연옥편 1곡 130~132행 참고).

제27곡

오디세우스의 불꽃이 침묵하니 새로운 불길이 다시 짖어 댄다. 이것은 무인武人으로 후에 수사가 된 구이도 다 몬테펠트로의 영혼이다. 그는 단테에게 로마냐 지방의 현 상황을 묻고 또 자신의 이야기를 한다.

1   다시는 더 말할 것이 없으므로 불꽃은 곧장
    위로 올라갔다가 잠잠해지더니
    어지신 시인의 허락[909]으로 우리를 하직하더라.

4   이때 그 뒤에서 오는 또 다른 불꽃이
    제 속에서 나오는 흐리멍덩한 소리로써

---

909   허락: 21행 참고.

우리들 눈을 제 뿔로 돌리게 하니라.

7 시칠리아의 암소[910]가 제 몸을 줄로
다듬어 준 자의 통곡과 함께 첫 울음을
울었나니(그것은 마땅한 일이었도다),

10 온통 구리로 된 그것이었어도 신음하는 자의
소리로써, 우는 울음이 정녕
사무치는 듯이 보였음같이

13 처음엔 불 속에서 헤어날 길도 없고 나갈
구멍도 없이 한 많은 소리들은
마치 불소리[911] 그것이러니,

16 차츰 길을 찾아 꼭대기에 오르자

---

910 시칠리아의 암소: 시칠리아 섬 아그리젠토의 폭군 팔라리데를 위해 아테네의 명장 페릴루스가 구리로 만든 암소. 죄인을 이 속에 넣고 불을 태울 때 그 신음 소리는 암소의 울음소리와 같았다. 페릴루스 자신이 최초의 희생자가 되었다. 이 환의 죄인들이 거짓 책략을 꾸미다 스스로 불 속에 빠지는 것은 페릴루스의 운명과 같다.
911 불소리: 불이 바람에 흔들리는 소리(지옥편 26곡 85~87행 참고).

길마다에 혓바닥이 이바지하는
　　　흔들림을 그것에게 전하며 말하는 것을

19　우리는 들었노라. "오오, 너 내게 말을
　　　걸면서 롬바르디아 방언⁹¹²으로 '자, 가거라.
　　　다시는 널 귀찮게 하지 않으마.'라 했던 자여,

22　짐짓 내 조금 더디 왔다 하여 나와 같이
　　　머물러 이야기하기를 꺼려 말지니
　　　꺼려 말 뿐더러 불타고 있는 나를 보아 다오.

25　너 만일 내가 온갖 죄악을 범하던 고장
　　　저 아름다운 라틴 땅⁹¹³으로부터 이
　　　캄캄한 세계⁹¹⁴로 이제 방금 떨어졌거든

28　로마냐인⁹¹⁵들이 평화로운 싸움을 하는지

912　롬바르디아 방언: 베르길리우스의 본국 말(지옥편 1곡 68행 참고).
913　라틴 땅: 이탈리아(지옥편 22곡 64~69행 주 참고).
914　캄캄한 세계: 구이도는 베르길리우스가 벌을 받기 위해 떨어진 죄인인 줄 알고 이같이 말한다(지옥편 4곡 14행 참고).
915　로마냐인: 당시의 로마냐는 라벤나 · 체세나 · 포를리 · 리미니 등의 시를 포함

　　　　　내게 일러다오. 나는[916] 저 우르비노와 테베르가
　　　　　흐르는 고개 사이 산골 출신이었던 탓이로다."

31　　내가 그냥 조심스러이 밑을 굽어보고만
　　　　　있을 즈음, 내 길잡이는 내 옆구리를 슬쩍
　　　　　찌르며 말하더라. "말해 보라. 라틴 내기로구나."

34　　그리하여 나는 대답을 미리 마련해 놓았기에
　　　　　서슴없이 말하기 시작했노라.
　　　　　"오, 맨 아래에 숨어 있는 넋이여,

37　　너의 로마냐는 예나 이제나 그의 폭군들
　　　　　마음에 싸움이 끊이지 않았지만 내가
　　　　　떠날 무렵[917]엔 드러난 싸움은 없었나니라.

　　　하는 이탈리아 동북부 지역이었다.
916　나는: 구이도 다 몬테펠트로. 로마냐의 기벨리니 당의 수장으로 무용武勇이 뛰
　　　어났다. 그가 태어난 몬테펠트로는 우르비노 시와 테베르 강의 수원지인 콜로나
　　　로 산 사이에 있다.
917　38~39 내가 떠날 무렵: 1300년에는 드러난 싸움은 없었고 반목만 있었을 뿐이다.

40 라벤나[918]는 여러 세월 내려온 그대로이고
폴렌타의 독수리[919]가 그를 품어 준 덕택에
체르비아[920]마저 그 나래로 감싸 준 셈이니라.

43 일찍이 오랜 시련을 치렀고 프랑스인의
핏더미가 되었던 땅은 도로 다시
파아란 발톱 아래 있게 되었느니라.[921]

46 몬타냐[922]를 모질게 다스리던 베루키오[923]의

---

918 라벤나: 1270년부터 1441년까지 폴렌타 가문의 지배 아래 있었다. 1300년경에는 지옥편 5곡에 등장하는 구이도가 이 땅을 다스렸다.
919 폴렌타의 독수리: 폴렌타 가문의 문장. 반은 청색 바탕에 하얗게, 반은 황금 바탕에 빨갛게 그려져 있다.
920 체르비아: 라벤나에서 남쪽으로 약 5km 떨어진 곳에 위치한 마을. 당시 폴렌타 가문의 지배 아래에 있었다.
921 44~45 땅은 포를리를 말한다. 1284년 마르티노 4세 교황은 프랑스인 조반 비다피아의 지휘하에 프랑스와 이탈리아 연합군을 편성하여 구엘피 당을 편들어 포를리의 기벨리니 당을 공격했다. 그러나 포를리는 오랜 포위를 견디 냈고 성주 구이도는 적을 물리쳤다. 당시 포를리를 지배했던 오르델라피 가문의 문장은 윗부분이 황금 바탕에 녹색 사자의 그림이었기 때문에 포를리를 '파아란 발톱 아래 있게 되었다.'라고 말한 것이다.
922 몬타냐: 리미니 시의 기벨리니 당의 수령. 1295년 말라테스타 부자의 간계에 빠져 옥사했다. 그래서 리미니 시는 다시 그들 부자의 손에 떨어졌다.
923 베루키오: 리미니로부터 약 4km 떨어져 있는 성으로, 오랫동안 말라테스타 가문이 점령하고 있었다. 늙은 맹견(마스틴)은 지옥편 5곡의 파올로와 잔초토의 아

늙은 마스틴과 젊은 마스틴은 역시 같은 그
자리에서 이빨로 송곳질을 하느니라.

49 라모네[924]와 산테르노[925]의 고을들은
여름부터 겨울까지 편당을 바꿔 놓은
흰 집 새끼 사자[926]가 이끌고 나가며,

52 사비오 강이 그 허리를 씻어 주는 고을[927]은
벌판과 산 사이에 자리 잡고 앉은 그대로
폭정과 자유의 나라 사이에 살고 있나니라.

55 내 이제 청하노니, 너 누구인지 우리에게 일러라.
네 이름이 세상에 떨쳐야 할 것이어든

버지를, 젊은 맹견은 그의 장자 말라테스티노를 의미한다. 부자가 다 성질이 매우 거칠고 사나워서 리미니는 물론 다른 영지의 백성들도 못살게 굴었다고 전한다.
924 라모네: 강의 이름. 여기서는 그 하반에 있는 파엔차 시를 가리킨다.
925 산테르노: 강의 이름. 여기서는 그 부근에 있는 이몰라 시를 말한다.
926 흰 집 새끼 사자: 마기나르도 파가니. 로마냐의 기벨리니 당에 속했다. 문장은 흰 바탕에 푸른 사자이다. 계절이 변하는 것처럼 그는 기벨리니 당에 있으면서 때로는 구엘피 당에 가담해서 싸우는 행동을 했다.
927 고을: 체세나. 사비오 강가에 있었던 도시로 1300년 자치제를 선포하고 매년 장관을 선출하여 전제정치를 막았기에 다른 도시보다 좀 자유로웠으나, 1314년이 되자 리미니의 영주 말라테스티노가 이곳을 지배하게 되었다.

제발 남들보다 야멸차게 굴지 마라."

58　불은 한동안 제 버릇대로 후두둑 소리를
　　내며 날카로운 그 끝을 이리저리
　　휘두르더니 이렇게 한숨짓더라.

61　"나의 대답을 들은 사람이 언제고 한번
　　세상으로 돌아갈 것을 내 짐짓 안다면
　　이 불꽃은 다시 활활거리지 않고 멎으련만,

64　허나 이 바닥에서 살아서 되돌아간
　　누구도 없으니 내 들은 바가 참이라면
　　치욕스러움을 거리낄 것 없이 네게 대답하노라.

67　나는 무사일러니 그 뒤 수도자가 되어
　　허리 묶인 몸[928]으로 속죄하기를 바랐었고
　　또 그것은 나의 믿던 대로 반드시 되었으리라.

928　허리 묶인 몸: 프란치스코 성인을 뒤따른 수도자들. 몸에 새끼줄을 둘렀기에 이같이 불린다. 구이도는 1296년 70세가 넘은 나이로 이 수도회에 들어가 몸을 띠로 묶고 1298년 아시시에 있는 수도원에서 죽었다.

70 　　대사제[929]만 아니었더라면…… 나를 옛 죄악으로
　　　뒷걸음질 치게 한 자에게 화 있을진저.
　　　어찌하여 그리되었는지를 내게서 듣거라.

73 　　어머니가 내게 이바지한 뼈와 살의
　　　허울을 아직 내가 지니고 있었을 그동안은
　　　내 행실이란 사자보다 여우[930]의 짓이었더니라.

76 　　갖은 꾀와 술수를 모르는 것이 없어
　　　나는 어찌나 그 재주를 잘 부렸던지
　　　땅끝까지 소문이 퍼졌더니만

79 　　드디어 내 나이가, 누구든 돛 내리고
　　　닻 감아야 할 그 지경에 다다랐음을
　　　깨달았을 그때에

82 　　이왕 내게 즐겁던 것은 어느덧 싫어져

929　대사제: 보니파시오 8세 교황.
930　사자보다 여우: 세상에 살아 있을 동안 행실이 용맹했다기보다 차라리 교활하였다.

나는 뉘우치고 고해하고 몸마저 버렸더니
아아, 허물도 슬프구나, 구원될 뻔한 것을!

85 새로운 바리사이의 두목[931]이
라테라노[932] 가까이서 싸움을 저지르매,
사라센이나 유대인과의 겨룸이 아니라[933]

88 그 원수란 모두 그리스도인들로서
누구 하나 아크리[934]를 쳐 이기러 감도 아니요,
술탄의 땅[935]의 장사치도 아니면서

91 스스로의 높은 직분도 거룩한 품급도
돌아봄이 없을 뿐더러 항시 홀쭉 야윈

---

931 바리사이의 두목: 보니파시오 8세 교황.
932 라테라노: 로마에 있는 궁전. 단테가 살던 당시에는 대개 교황의 궁전이었다.
933 사라센이나 유대인과의 겨룸이 아니라: 적은 이교도인 이슬람교인이나 유대인이 아니라 동포인 그리스도인이었고, 싸움은 교회를 위한 것이 아니었다.
934 아크리: 시리아의 한 마을. 그리스도인이 점령했던 최후의 거점. 1291년 사라센인의 맹격으로 함락되어, 이로써 십자군 전쟁이 끝났다.
935 술탕의 땅: 이집트의 술탄. 여기서는 주로 알렉산드리아와 이집트 땅을 가리킨다. 아크리 함락 후, 교황은 그리스도인이 이슬람교도와 무역하는 것을 금지했다.

몸을 졸라매기 마련인 나의 새끼[936]를 본체만체,

94 허나 콘스탄티누스가 문둥병을 고치고자
시라티 산속의 실베스트로를 찾아가듯[937]
그자는 나를 의원인 양 찾아와서

97 제 교만의 학질[938]을 떼고자 했더니라.
그는 내 의견을 청하였어도 그의 말이
거만한 듯 보이기에 나는 입을 다물었더니라.

100 다음 나더러 그가 이르되, '의심을 품지 마라.
죄일랑 이제 풀어 줄 터이니, 페네스트리노[939]를

---

936 새끼: 청빈한 삶을 실천하고, 금욕하며, 빈민과 사귀어 하느님과 하나가 되려는 프란치스코회의 표상.
937 94~95 전설에 따르면 콘스탄티누스 대제는 그리스도인을 박해하여 문둥병에 걸렸다. 의사는 그에게 아이들의 피로 목욕하라고 권유했으나, 그는 어머니들의 울음소리를 듣고 아이들을 죽이는 것보다는 자기가 죽는 것이 차라리 낫다고 생각했다. 이때 그에게 베드로 사도와 바오로 사도가 나타나 실베스트로(19곡 116행 주 참고)를 찾아가라고 한다. 그래서 대제는 시라티 산속에 숨어 있던 실베스트로를 찾아가 세례를 받고 문둥병이 나았다. 그는 감사하는 마음으로 교회에 제물(지옥편 19곡 115~117행 주 참고)을 바쳤다.
938 교만의 학질: 콜론나 가문을 섬멸하고 홀로 권세를 부리고 싶은 욕망.
939 페네스트리노: 로마에서 약 8km 떨어진 콜론나 가문의 요새.

땅에 동댕이칠 일이나 가르쳐 다오.

103 너 알다시피 하늘을 열고 닫고 함은
나의 능력, 그 열쇠⁹⁴⁰는 두 낱인데 나의
선임자⁹⁴¹는 그것을 간직하지 못했느니라.'

106 그때 무게 있는 논리는 나를 움직여
이 마당에 침묵은 가장 나쁜 것이다 싶기에
나는 말했더니라. '아버지 내 금시 떨어질 뻔한

109 죄악에서 나를 씻어 주시니 아뢰옵건대
약속은 길게, 그 이행은 짧게 하시와⁹⁴²

---

940 열쇠: 천국의 열쇠.
941 104~105 나의 선임자: 성 첼레스티노 5세 교황. 그가 교황직을 사퇴한 것을 들어 열쇠를 간직하지 못했다고 말한다.
942 약속은 길게……: 콜론나 가문은 중세에 반反 교황적 기벨리니 당으로 자처하던 명문가로, 구엘피 당 특히 오르시니 가문과 불구대천의 원수였다. 1297년 콜론나 가문이 보니파시오 8세 교황의 선거를 무효로 공언하자, 교황은 이들을 거듭 파문하고 그들에게 무력으로 대항하여 1298년 9월에 그들의 최후 거점인 페네스트리노를 함락하였다. 단테는 페네스트리노에서 교황이 승리한 것이 구이도 다 몬테펠트로의 '약속은 너그럽게' 하였다가 이를 지키지 않으면 그만이라는 술책에 의한 것이라고 이부분에서 서술하고 있지만, 후세 역사가들은 철저한 기벨리니 당이었던 구이도 다 몬테펠트로가 그럴 리 없었다고 주장했다.

112 그 뒤 내가 죽었을 때 프란치스코[943]가 내게
　　　마중 나왔었으나 검은 커룹[944] 중 한 놈이
　　　그에게 하는 말이 '못 데려간다, 성가시게 마라.

115 저놈은 능청스러운 꾀를 이바지한 탓으로
　　　내 졸개들 속으로 빠져 들어가야 한다.
　　　이미 나는 저놈의 머리채를 틀어쥐었노라.

118 무릇 뉘우치지 않는 자는 죄를 벗지 못하고,
　　　뉘우침과 제멋대로 구는 것은 서로 어긋나는
　　　모순이기에 함께 있을 수 없나니라.'[945]

121 오호, 가엾은 이 몸이여! 그놈은 나를 붙들고
　　　'넌 내가 논리가임을 정녕코 짐작 못했지?'

---

943 프란치스코: 아시시의 프란치스코 성인. 구이도는 프란치스코회원이었다.
944 검은 커룹: 검은 지천사智天使. 즉 악마(지옥편 23곡 132행 참고)를 뜻하는 말이다.
945 119~120 뉘우침과 제멋대로 구는 것은: 죄를 뉘우치는 마음과 죄를 저지르려는 의지는 서로 어울릴 수 없다.

라고 하였을 때 나는 얼마나 떨었던고!

124 놈이 나를 미노스한테 끌고 가니 그놈은
딱딱한 등에다 여덟 번 꼬리를
휘감고[946] 나서 미쳐 날뛰고 그것을 깨물며

127 말하더라. '요건 도적불[947]의 죄수 종낙이군.'
그리하여 너 보다시피 여기에 빠진 바 되어
이런 옷[948]을 입고 비탄 속에 지내노라."

130 그가 이렇듯 말을 마쳤을 즈음
붉은 그 날 선 뿔을 휘이휘이
내저으며 구슬피 물러가더라.

133 우리들 — 나와 길잡이도 바위 다리 위를
지나쳐 마침내 다른 활문 위에 다다랐는데,

---

946 125~126 여덟 번 꼬리를 휘감고: 제8환에 던지는 신호(지옥편 5곡 10~12행 주 참고).
947 도적불: 죄인들을 덮어 감추는 불, 즉 제8낭.
948 이런 옷: 불의 옷.

그것은 구렁을 덮고 그 안에선 이간질[949]

136 때문에 짐을 지게 된 자들이 삯을 치르더라.

---

949 이간질: 불화와 반목의 씨를 뿌리는 죄를 지은 자는 여기서 그 응보를 받는다.

제28곡

단테는 제9낭에서 종교와 정치 때문에 분쟁을 일삼던 자들이 벌받는 것을 본다. 그들은 모두 지체가 찢기고 잘라졌는데 그중 몸뚱이 한가운데가 찢어진 마호메트를 보고 그와 이야기한다.

1   방금 내가 목도한 피와 상처를 들어
    아무리 푸는 말[950]로 되풀이하기로서니
    뉘 있어 오롯이 이야기할 수 있을런고.

4   실로 어느 말이라도 넉넉지 못하리니
    우리 말이나 정신은 이렇듯 엄청난 것을

---

950 푸는 말: 운율의 제한이 없는 산문.

받아들이기에 너무 그릇이 작은 탓이어라.

7   일찍이 팔자 사나운 풀리아[951] 땅 위에서
    트로이인[952]을 위하여, 그리고
    그르치지 않는 리비우스[953]가 쓴 것과 같이

10 숱한 가락지를 노획한 저 지루한
    싸움[954]을 위하여 흘린 피를 서러워하는
    백성을 한데 모은다 하자.

13 게다가 루베르토 구이스카르도[955]와 맞섰기에

---

951 풀리아: 이탈리아의 남부의 지방 이름으로 나폴리 왕국을 일컫는다.
952 트로이인: 트로이 함락 후 아이네이아스와 함께 이탈리아로 넘어온 사람들. 옛날 로마의 동남쪽에 살았던 산니타인과 로마인은 여러 번 싸웠는데 결국 로마인이 승리했다. 다른 판본에는 로마인이라 되어 있으나 마찬가지로 이탈리아인이란 뜻이다.
953 리비우스: 로마의 역사가(전 59년~후 17년).
954 10~11 지루한 싸움: 제2차 포에니 전쟁(전 218~201년). 카르타고의 명장 한니발이 풀리아의 칸네에서 로마 군을 대패시킬 때, 적 전사자의 황금 반지를 모았더니 그 양이 여러 부대가 되었다고 한다(리비우스 《로마사》 23,7).
955 루베르토 구이스카르도: 풀리아와 칼라브리아의 영주로 노르만 족의 용장이다. 10세기 후반 그리스인과 사라센인의 공격을 받았으나 모두 격퇴했다(천국편 18곡 48행 참고).

뼈아픈 타격을 맛본 사람들이며, 그리고
아직도 그 해골들이 체페란[956] —

16 풀리아인들이 모두 배신한 거기와 탈리아코초[957]의
저쪽 곧 늙은 알라르도[958]가 무기 없이 쳐 이긴
그 자리에 쌓여 있는 백성을 다 합친다 하자.

19 그리하여 더러는 찔리고 더러는 동강 난
지체를 벌려 놓는다 할지라도 그 무엇도
징그러운 아홉째 구렁엔 못 비기리라.

22 나는 턱으로부터 방귀뀌는 자리까지 찢어진
한 놈을 보았는데 설령 허리나 밑바닥이
헐어진 통이라도 이렇듯 창이 나진 못할레라.

---

956 체페란: 교황령과 나폴리 왕국 사이에 있던 전략상 중요한 지점. 1266년 카를로 단지오(앙주의 샤를)가 나폴리 왕국을 공격했을 때 풀리아의 귀족들은 만프레디 왕을 배반하고 이 지역을 적에게 내어 주어 이것이 베네벤토 전쟁이 되었다. 이 전쟁으로 만프레디는 전사하고 전사자는 8천 명이 넘었다.
957 탈리아코초: 로마 동쪽에 있는 아브르조 국의 한 도시로 카를로의 승전으로 유명해진 땅이다.
958 알라르도: 알라르도 디 발레리. 프랑스 군의 노장으로 카를로 1세의 참모였다. 만프레디의 사후 그가 카를로 1세에게 올린 책략으로 코라디노를 물리쳤다.

25 종아리 사이로 창자가 축 늘어졌는데
오장과 아울러 삼켜진 것을 똥으로
빚어 내는 처량한 주머니도 엿보이더라.

28 못 박힌 듯 그를 보느라 내가 골똘할 적에
그는 나를 보고 두 손으로 가슴을 헤치며
말하더라 "자아, 찢어진 내 꼴을 보려무나.

31 마호메트[959]의 잘라진 꼴을 보려무나.
내 앞엔 턱부터 이마 털까지 낯이
깨어진 알리[960]가 통곡하며 걸어간다.

34 그리고 너 여기서 보는 뭇 놈들은 생전에
무지와 분열을 씨 뿌리던 놈들이니
그 때문에 이렇게 토막난 것이란다.

---

959 마호메트: 이슬람교의 창시자(570~632년). 단테는 그로 인해 종교 분쟁이 일어났다고 보았기 때문에 여기서 벌을 받는다고 서술했다.
960 알리: 마호메트의 사촌이며, 그의 사위. 이슬람교 최초로 분파를 만든 자.

37 여기 바로 뒤에 한 마귀가 있어
   우리가 애수의 거리를 한 바퀴 돌고 나면,
   이 무리의 하나하나를 또다시

40 칼날로 이렇듯 혹독히 다스리나니,
   그놈 앞을 되짚어 가기 전에
   상처가 아물어 버린 까닭이니라.

43 아무튼 돌다리 위에서 굽어보는 너는
   누구냐? 아마도 네 고백[961] 탓으로 심판을 받게 된
   저 벌을 받으러 가기가 망설여지는 게로다."

46 내 스승이 대꾸하되, "죽음이 저에게 닿은 것도
   아니요, 괴로워야 할 죄업이 데려온 것도
   아니다. 다만 저에게 알뜰한 체험을 주고자

49 이미 죽은 내가 저를 이끌고 지옥의
   둘레에서 둘레로 이리 내려온 것이어니

---

961 고백: 미노스 앞에서 자백하는 것(지옥편 5곡 8행 참고).

내 네게 말함같이 이는 참말이니라."

52　이를 듣자 백도 넘을 놈들이
　　깜짝 놀라 아픈 것도 잊고서 나를
　　보고자 구렁 속에 움쭉 않고 섰더라.

55　"그럼 이제 곧 정녕코 태양을 볼
　　그대여, 돌친 수사[962]에게 일러 다오. 그가
　　당장 내 뒤를 쫓아올 마음이 없거든

58　달리는 얻기 어려운 승리를
　　눈 더미로 인해 노바라인[963]에게 건네주지 않게
　　양식으로 몸을 든든히 하라고."

962　돌친 수사: 〈사도적 수도회〉의 창설자이자 파르마의 세가렐리의 제자. 1296년 세가렐리가 이단자로 처형되자 돌친 수사는 스스로가 그리스도의 참사도라고 칭하며 사람들을 선동하고 재산과 아내의 공유를 주장하였다. 그는 트렌토의 예쁘고 돈 많은 여자 마르게리타를 '크리스천의 누이'라 하며 첩으로 삼았고 가톨릭을 광신적으로 적대시했다. 1306년경 5천 명의 교도와 함께 제벨로 산지로 들어가 클레멘스 5세 교황의 십자군과 싸웠으나 1307년 3월 식량 부족과 폭설로 항복하였고, 그의 첩 마르게리타와 그를 따르던 교도들과 함께 화형당했다.
963　노바라인: 교황을 도와 돌친 토벌군에 참가하였던 노바라의 사람들.

61 걸어가려고 한쪽 발을 쳐든 다음
마호메트가 이 말을 내게 하고는
바야흐로 떠나고자 땅에 이것을 디디더라.

64 목구멍이 뚫리고 코는 눈썹 밑까지
바짝 끊기었을 뿐더러 귀도
왼쪽 귀밖에 없는 다른 한 놈[964]이

67 딴 여러 놈과 함께 놀란 눈초리로
지켜 섰더니 거죽이 온통 시뻘건
목구멍을 열어 딴 놈들에 앞서

70 이르되, "오, 죄업이 벌주지 못한 그대,
몹시 비슷한 얼굴이 나를 속이지 않는다면
일찍이 저 위 라틴 땅에서 내가 본 그대여,

73 그대 돌아가 베르첼리[965]로부터 마르카보[966]로 굽이치는

---

964 다른 한 놈: 피에르 다 메디치나.
965 베르첼리: 피에몬테 주의 한 시.
966 마르카보: 포 강 하구에 있는 요새.

아리따운 평원[967]을 보시거든

메디치나의 피에르[968]를 잊지 마시라.

76 그리고 파노[969]의 착한 두 사람 —

구이도와 안졸렐로[970]에게 알리시라.

우리의 내다봄이 헛되지 않다면

79 한 사람 흉악한 폭군[971]의 배신 때문에

저들은 저들의 배에서 내던져져

라 카톨리카[972] 근방에서 잠겨 버리리라고.

82 넵투누스인들, 그 옛날 키프로스와 마요르카[973]의

---

967 아리따운 평원: 롬바르디아 평야.
968 메디치나의 피에르: 피에르는 로마냐의 각 시를 돌아다니며 영주들을 이간질한 자이다. 일찍이 단테가 그 집에 손님으로 가서 그를 본 일이 있다. 그러므로 '내가 본 그대여'(72행)라 말한다고도 한다.
969 파노: 리미니에서 동남쪽으로 약 12km 떨어진 작은 마을.
970 구이도와 안졸렐로: 둘 다 파노의 귀족이다. 1312년 리미니의 영주인 말라테스티노(지옥편 27곡 46행 주 참고)의 부탁으로 카톨리카에서 회담을 위해 가던 도중 그의 간계에 속아 넘어가 두 사람 다 익사당했다.
971 흉악한 폭군: 말라테스티노 말라테스타.
972 라 카톨리카: 리미니와 파노 사이에 있는 아드리아 해변의 작은 마을.
973 키프로스와 마요르카: 전자는 지중해 동쪽 끝에, 후자는 그 서쪽 끝에 있다. 그

       섬 사이에서 해적이나 아르고스 종낙[974]에게서도
       이렇듯 어마어마한 죄악이란 보지 못했으리라.

85   여기 나와 같이 있는 자[975]에게는 차라리
       아니 봄만 같지 못한 그 땅[976]을
       다스리고 있는 저 보름보기[977] 배신자는

88   저와 함께 일을 꾀하려 저들을 오게
       하리니, 그때엔 포카라[978]의 바람 앞에도
       저들은 맹세하거나 빌 까닭도 없으리라."

91   나는 그에게 "너 짐짓 네 사연을 내가

사이란 즉 지중해 전체.
974 아르고스 종낙: 그리스인을 가리킨다. 고대에는 그리스인을 지중해를 횡행하는 해적인 줄로 여겼었다고 한다(《아이네이스》 2, 78).
975 나와 같이 있는 자: 쿠리오(96행 주 참고).
976 땅: 리미니. 이 땅을 다스리던 '저 배신자'는 말라테스티노.
977 보름보기: 애꾸눈이. 말라테스티노는 날 때부터 애꾸눈이었다.
978 포카라: 파노와 라 카톨리카 사이에 있는 항해하기 어려운 곳. 여기서 뱃사람들은 신에게 안전한 항해를 빌었다. 구이도와 안졸렐로는 이곳에 이르기 전에 살해당했으므로 빌 필요도 없었다는 말이다.

윗 세상에 전하기 원한다면, 보는 게[979]
마음 아프다던 그가 누군지 밝혀 보아라."

94 그러자 그는 제 동무의 턱에다 손을
대더니 그 입을 벌리게 하고는 부르짖더라.
"그게 바로 이놈[980]인데 말을 못하는구나.

97 쫓겨난 그놈은 카이사르에게 굳이 우기어
방비된 상태로 주저하면 번번이 해를 입는다 하며
그 망설이는 마음을 멈추게 했느니라."

100 오오, 이렇듯 대담스럽게 말하던 쿠리오가
목구멍엔 혀가 끊긴 채 내게는
얼마나 무서워 떠는 자같이 보였던고.

103 이 손 저 손이 다 잘린 다른 한 놈은

---

979 보는 게: 리미니를 보는 게.
980 이놈: 쿠리오. 로마의 호민관. 카이사르로 하여금 루비콘 강을 건너게 하였다. '루비콘 강을 건넌다.'는 말은 로마 공화국에 대한 선전포고와 같은 것이었다. 지금 쿠리오는 자신의 이 권유를 후회한다.

몽땅한 두 팔을 흐린 공중에 치올리고
그러기 피에 버무려져서 소리치더라.

106 "너는 또 저 모스카[981]가 생각나리라 — 에그
'된 일은 그만이다.'라고 한 그놈이 —.
이 한마디는 토스카나인의 짓궂은 씨[982]였다."

109 나는 "그리고 네 겨레의 죽음[983]도."라고 덧붙여
말하였더니, 아픔에 아픔만 더욱 쌓이어
그는 서럽고 미친 사람처럼 가 버리더라.

112 나는 한 족속을 보느라 머무를 뿐이다가
또 무엇을 보았는데, 따로 내세울 증거도
없이 양심이 나를 두둔해 주지 않았던들

---

981 모스카: 모스카 데이 람베르티. 피렌체의 귀족 부온델몬테 가문의 한 청년이 아미데이 가문의 한 소녀와 약혼했으나, 곧 파혼하고 다른 여자와 결혼하였다. 이 때문에 아미데이 가문에서 회의가 열렸을 때 모스카는 "이미 일어난 일은 단행하는 것뿐이다."라고 주장하여 파혼자를 죽이기로 결정했다. 이 일로 시 전체는 기벨리니·구엘피 양당으로 분열되어 분쟁이 오래 지속되었다.
982 토스카나인의 짓궂은 씨: 양당의 분쟁은 토스카나 주 각지로 확대되었다.
983 네 겨레의 죽음: 1258년 람베르티 가문도 피렌체에서 추방되어 행방불명 되었다.

115 　나는 그것과 말 거는 것조차 무서울 뻔했노라.
　　좋은 벗이야말로 양심인지고! 스스로 맑음을
　　느끼는 갑옷 밑에 아무도 두려울 게 없는 것 ─

118 　진정 나는 머리 없는 흉상이 슬픈 족속 중의
　　딴 놈들처럼 걸어가는 것을
　　보았는데 아직도 눈앞에 보는 것만 같구나.

121 　놈은 끊어진 대가리의 머리채를 쥐고
　　초롱인 양 손에 쳐들고 있는데
　　그것은 우리를 쳐다보며 말하더라. "흐흐으."

124 　스스로 제 자신에게 등불이 된 그것은
　　하나면서 둘이요, 둘이면서 하나인데, 어이
　　그럴 수 있는지는 이를 마련한 이가 아시리라.

127 　바위 다리의 바로 발치에 왔을 즈음 그놈은
　　제 말소리를 우리한테 바싹 들이대고자
　　온통 벤 목과 함께 팔을 높이 쳐들더라.

130　다음 그의 말이 "자, 성가신 벌을 보려무나.
　　　너 숨 쉬며 죽은 자들을 보고 가는 자여,
　　　이렇듯 끔찍스러운 것을 어디서 또 보았는가.

133　그대 내 기별을 전할 사람이어니 그대는 알라.
　　　나는 바로 보르니오의 베르트람,[984] 젊으신
　　　나라님[985]에게 몹쓸 간언을 드린 자로다.

136　부자父子를 서로 등지게 한 자가 바로 나이니
　　　간특한 교사로 압살롬이 다윗을
　　　모반케 한 아히토펠[986]도 이에서 더할 수 없으리라.

139　이렇듯 화합된 사람들을

984　보르니오의 베르트람: 베르트랑 드 보른. 프랑스의 페리고르(당시는 영국령)의 귀족으로 시인이었다. 영국 왕 헨리 2세(1133~1189년)의 장자 헨리를 꾀어 부왕을 모반하도록 했다. 1183년 왕자가 죽은 후 그는 부왕에게 잡혔으나 용서받고 수도사로서 세상을 마쳤다.
985　134~135 젊으신 나라님: 헨리 2세의 장자 헨리. 부왕 재위 중 이미 대관식을 올렸으므로 부왕과 구별해 '젊은 왕'이라 불렀다. 다른 판본에는 존 왕이라 되어 있으니 그는 헨리 2세의 막내아들로서 1199~1216년까지 영국 왕이었다.
986　아히토펠: 다윗 왕의 부하였으나 왕자 압살롬이 다윗 왕을 모반하도록 했다(2사무 15,12 이하 참고).

갈라놓은 탓으로, 이 몸뚱이에 있는 근본[987]에서

떨어진 머리를, 아아, 나는 지니노니,

142   이같이 응보는 내 안에 드러나느니라."

---

987 근본: 척수 또는 심장을 가리킨다고 한다(연옥편 25곡 58~60행 주 참고).

제29곡

단테는 제9낭을 떠나 제10낭의 다리를 건너 마지막 언덕 위로 내려오니, 갖가지 수단으로 사람을 속인 자들이 징그러운 병에 걸려 고통을 당하고 있다. 그중 연금술사 아레초인과 시에나인의 망령이 단테에게 자신의 내력을 이야기한다.

1   허다한 백성과 가지가지 상처들에
    나의 안광은 함빡 취하여
    눈은 그냥 울고만 싶어졌는데

4   베르길리우스가 내게 타이르되, "무얼 그리
    보는고. 무슨 일로 네 눈길은 저 아래
    끊어져 슬픈 넋들 속으로 파고드는고.

7 　다른 낭에선 그렇지 않았거늘······.
　너 저것들을 헤아려 볼 셈이라면 이
　골의 둘레가 22마일[988]임을 알렷다.

10 　이미 달님[989]은 우리 발 밑에 있어 우리에게
　허락된 시간[990]이 얼마 남지 않았어도
　너 못다 본 것을 마저 보아야만 하리라."

13 　나는 이내 대답하되, "무엇 때문에 내
　지켜 섰는지를 그대 익히 아셨던들
　아마도 계속 나를 버려두셨으리라."

16 　길잡이는 그대로 걸어가시기만 하기에
　나는 그 뒤를 따르며 이 대답을 하고
　또 덧붙여서 "저 동굴[991] 속, 말하자면

---

988 22마일: 지옥편 30곡 84행 주 참고.
989 달님: 지금은 남쪽 하늘 한가운데에 있다. 즉 오후 1~2시. 지옥에서는 태양을 꺼리기 때문에 시간을 나타낼 때 태양이 아닌 달로 표현한다.
990 허락된 시간: 단테가 지옥에서 보낼 시간은 한밤과 한낮으로 이제 남은 시간은 5~6시간이다.
991 저 동굴: 제9낭.

19   못 박듯 내 눈을 사로잡던 거기
     맨 밑에 내 겨레의 한 넋이 이렇듯
     비싼 죄과를 통곡하는 듯싶사옵니다."

22   이에 스승이 말씀하되, "이제부터 네 마음은
     저놈을 생각노라 괴로워하지 말지니 딴 놈을
     살펴보고 저놈은 저기 그대로 버려두라.

25   나는 아까 저놈이 작은 다리 아래서 너를
     가리키며 손가락으로 모질게 위협함을 보았고
     놈이 제리 델 벨로[992]라 불리는 것을 들은 까닭이로다.

28   그때 너는 일찍이 알타포르테를 차지했던
     놈[993]에게 온통 눈이 팔려 있었기에 저쪽을
     보지 못하였고 놈은 가 버린 것이었도다."

---

992 제리 델 벨로: 단테의 숙부. 성질이 격해 싸움을 좋아하여 피렌체 시의 사케티 가문 사람에게 살해당했다. 그가 죽고 30년이 지나 그의 조카들이 사케티 가문의 사람들에게 복수하여 1342년까지 두 가문의 원한은 풀리지 않았.
993 28~29 알타포르테를 차지했던 놈: 베르트람 달 보르니오(지옥편 28곡 134행 주 참고).

31   나는 아뢰되 "오, 나의 길잡이여, 치욕의
     한몫을 같이 나누어야 할 그 누구[994]의 힘으로도
     한스러운 죽음이 여태 원수풀이를 못하였음이

34   그자로 하여금 치가 떨리게 하였고, 그리하여
     나에게 아무 말 없이 가 버렸는가 하오니 내 그를
     슬퍼함이 한결 더하옴은 여기에 있나이다."

37   이렇게 우리가 서로 말하면서 바위 다리
     위에서 다음 골이 보이는 데까지 닿았는데
     좀 더 빛이 밝았으면 속까지 환히 보였을레라.

40   우리는 말레볼제의 마지막 수도원[995] 위에
     다다라 때마침 그의 수도자들이
     우리 눈앞에 나타나게 되었을 즈음,

---

994 31~32 치욕의 한몫을……: 살해당한 자의 혈족. 당시에 복수는 유족의 당연한 의무이자 일종의 정의로 간주되었다.
995 마지막 수도원: 제9낭. 흡사 수도원의 벽처럼 생긴 모양 때문에 단테가 이렇게 비유했다. 여기서는 위조자와 연금술사, 그리고 위증자 등이 벌을 당한다.

43 저들은 연민으로 살촉을 먹여 가지가지
　　애달픈 화살을 내게 쏘아 버리므로
　　나는 양쪽 귀를 손으로 틀어막으니라.

46 칠월·구월에 걸쳐 발디키아나와 마렘마
　　그리고 사르디냐[996]의 병원들에서 온갖
　　질병들이 온통 한 구덩이 속에 범벅이 되면

49 그러한 고통이 이러한 이 고장의 것이리니,
　　여기서 솟아나는 독한 냄새야말로
　　흐물흐물 썩은 삭신에서 나오는 그것 같더라.

52 우리가 길다란 돌다리의 끝닿은 언덕
　　그 위까지 내려와 왼쪽으로 가자
　　어느덧 나의 눈방울은 더욱 싱싱해져서

55 그 속을 들여다보매 거기엔 높으신 님의

---

996 46~47 발디키아나와 마렘마 그리고 사르디냐: 모두 이탈리아의 습지로 여름에는 강물이 고여 독기가 심하고 질병이 유행했다.

사도, 속지 않는 정의가

여기 적혀 있는 속인 자들을 벌하더라.

58 아이기나[997]에 살던 백성이 모두 병들고

공중은 독기나 더할 나위 없이 찌들어

조그마한 벌레에 이르기까지 모든 짐승이

61 죄다 거꾸러지고 — 시인들이 힘차게

일렀음같이 저 옛 백성은 개미 떼의

씨로부터 다시 소생하였다고 하는데 —

64 설령 그에게 더한 비참일지라도 이

캄캄한 골짜기 갖가지 패를 지어

신음하는 넋들을 보기보다는 못하리라.

---

997 아이기나: 그리스의 작은 섬으로 여신 아이기나로 인해 이같이 불린다. 헤라는 남편 제우스가 아이기나를 사랑하자 노하여 이 섬에 질병을 만연시켜 모두 죽이고, 결국 제우스와 아이기나 사이의 아들 아이아코스만 살려 두었다. 혼자 남은 아이아코스는 많은 개미들이 떡갈나무 위로 올라가는 것을 보고 이같이 많은 백성을 내려 달라고 아버지인 제우스에게 빌었다. 그러자 그 개미들이 사람으로 변해 아이기나 섬은 백성으로 가득 차게 되었다.

67 　더러는 배를 깔고 더러는 딴 놈의
　　어깨 위에 걸쳐 누웠고 어떤 놈은
　　애달픈 지름길을 엉금엉금 기어가더라.

70 　한 발짝 한 발짝 아무 말이 없이 우리는
　　제 몸을 가누지 못하는 병자들을
　　보면서 그에 귀를 기울이며 걸어갔노라.

73 　마치 서로 맞붙어 끓는 냄비와 냄비처럼
　　한데 어울려 앉은 두 놈이 머리에서 발끝까지
　　더럽게 딱지가 진 것을 내 보았노라.

76 　그러나 미칠 듯 못 견디게 근지러워도
　　어느 놈이고 하는 수 없이 손톱으로 제 몸을
　　쉴 새 없이 쥐할퀴고 있었는데, 내 일찍이

79 　제 상전을 애타게 기다리는 — 마지못해
　　깨어 있어야 하는 말꾼에게서도 이렇듯
　　호된 말빗질이란 보지 못하였노라.

82 　또 마치 잉어나 아니면 그보다 훨씬 큰
　　생선의 비늘을 벗겨 내는 식칼인 듯
　　손톱은 딱지를 긁어 내더라.

85 　나의 길잡이가 그들 중 한 놈에게 입을 떼시되,
　　"너 손가락으로 네 몸의 갑옷을 벗기고
　　이토록 손가락을 집게처럼 부리는 자여,

88 　우리에게 말하렷다. 여기 들어 있는 너희들 가운데
　　라틴 사람이 있는지, 그리고 네 손톱이란
　　손톱은 영영 이런 일에만 쓰이는 것인지."

91 　한 놈이 울면서 대답하더라. "여기 그대가
　　꼬락서니를 보시니 우리 둘은 라틴 내기오이다.
　　그러나 우리더러 물으시는 그대는 뉘시니까?"

94 　이에 길잡이는 이르시되, "나는 이 산 이와 함께
　　벼랑에서 벼랑으로 내려온 자로서
　　그에게 지옥을 보여 주고자 하노라."

97　　그러자 맞붙어 있던 받침이 무너지더니
　　　넌지시 그의 말을 들었던 딴 놈들과 함께
　　　어느 놈이나 떨면서 다 내게 몰려오더라.

100　어진 스승은 바짝 다가서며 말하시되,
　　　"너 하고 싶은 대로 저들에게 말하려무나."
　　　나는 그가 원하시는 대로 비로소 말하니라.

103　"첫 세상[998] 사람들의 마음에서 너희에 대한 기억이
　　　사라지지 않고 오히려 여러 해가 지나도
　　　생생하게 남아 있기를 바라거든

106　너희는 누구며 어느 족속인지 내게 일러라.
　　　으깨어져 흉스러운 너희 죄과라 해서
　　　행여 내게 터놓고 얘기함을 꺼리지 마라."

109　하나가 대꾸하되, "나는[999] 아레초의 놈일러니

998　첫 세상: 지상의 세계.
999　나는: 13세기 후반에 살았던 그리폴리노라는 사람.

시에나의 알베로[1000]가 나를 불 속에 집어넣었으나
나를 죽게 한 그 일이 이리로 나를 인도함은 아니니라.

112 실상 나는 놈더러 우스갯소리로 "난
공중을 훨훨 날 줄 아노라." 하였더니,
저 방정맞고 소견머리 없는 놈이

115 나더러 그 재주를 보여 달라 하였다가 내
저를 다이달로스[1001]로 못 만들었다 하여 저를
아들로 여기는 놈[1002]을 시켜 나를 불타게 한 것이니라.

118 그러나 속임수를 허락하지 않는 저 미노스가 나로 하여금
열 낭 가운데 맨 나중의 것에서 벌을
받게 한 것은 세상에서 내가 부린 연금술[1003] 때문이니라."

121 내 시인에게 아뢰되, "시에나 백성처럼

1000 알베로: 시에나의 귀족으로 1259년에는 생존해 있었다.
1001 다이달로스: 지옥편 17곡 106~108행 주 참고.
1002 아들로 여기는 놈: 시에나의 주교.
1003 연금술: 과학을 목적으로 한 것이 아니라 사람을 속이는 것을 목적으로 했기 때문이다.

바람잡이인 사람들이 또 있으오리까.
프랑스인이라도 진정 여기엔 못 당하리다."

124 귀담아듣던 한 문둥이[1004]가 내 말을
받아 대답하되, "알뜰히도 아낄 줄
알던 스트리카[1005]일랑 제쳐 놓구려.

127 아니, 또 정향丁香나무 씨앗이 뿌리박은
동산에서 호사스러운 풍속을 처음으로
발견해 낸 니콜로[1006]도 제쳐 놓구려.

130 포도원과 커다란 숲을 살라먹던
카차 다시안이며 그리고 제 솜씨를
보여 준 아발리아토의 일당[1007]도 제쳐 놓구려.

1004 문둥이: 카포키오(137행 주 참고).
1005 스트리카: 부호인 아버지로부터 막대한 재산을 물려받았던 시에나인으로 절제력이 강했다고 한다. 그러나 이 인물에 대해서는 정확한 자료가 없다.
1006 니콜로: 시에나인으로 말린 정향나무의 꽃봉오리을 이용한 요리법을 발견한 사람이다.
1007 일당: 13세기 후반 시에나에서 스펜데레치아spendereccia(낭비족)로 불리던 열두 젊은이들. 낮잠으로 소일하고 기분 내키는 대로 놀며 음탕함에 빠져 지냈다. 단테가 '제쳐 놓구려.'라고 한 것은 물론 반어적 표현이다.

133　하지만 시에나인과 맞서 그대를 위하는 자가
　　 그 누군지 알고 싶거든 내 편으로 날카로이
　　 눈을 뜨시라. 이제 내 얼굴을 바로 대노니

136　그대는 내가 연금술로써 쇠붙이를 속여 낸
　　 카포키오[1008]의 넋임을 알아보리라. 그리고
　　 내 눈에 익었던 그대라면 내가

139　얼마나 멋들어진 잔나비[1009]였는지 생각나리라."

1008　카포키오: 연금술 때문에 1293년 시에나에서 화형당했다.
1009　잔나비: '원숭이'의 방언. – 편집자 주

제30곡

단테는 제10낭의 언덕을 걸어가면서 속임수 때문에 지옥에 떨어진 죄인들을 본다. 그 속에는 변장하고 불륜의 정욕을 채운 미라와 위조자, 말로써 남을 속인 자들이 몸이 붓는 병과 갈증으로 신음하고 있다.

1　헤라가 가끔가끔 화를 내는 버릇처럼
　세멜레 때문에 그가 테베의 혈족에게
　노발대발 화를 내었을 무렵[1010]

4　아타마스[1011]는 완전히 미치광이가 되어

1010　1~3 헤라는 남편 제우스 신이 테베 왕 카드모스의 딸 세멜레를 사랑하는 것을 보고 그 분풀이를 테베의 백성들에게 한 일이 있다.
1011　아타마스: 카드모스의 딸로 세멜레와 자매인 이노의 남편. 테베의 왕이 되어 이

양쪽 팔에 두 아들[1012]을 안고 가는
아내[1013]를 보자 소리쳤나니라.

7 "그물을 치자꾸나, 이리하여 암사자와
그 새끼 사자들을 길목에서 잡자꾸나."
그러고는 앙칼진 이빨을 쑥 내밀어

10 레아코스라 이름하는 한 놈을 움켜잡더니
휘휘 내두르다가 바위에다 패대기치매
그 계집[1014]은 딴 짐[1015]과 함께 잠겨 버렸더니라.

13 그리고 무엇이든 덤벼드는 트로이인의 교만을
운명이 송두리째 거꾸러뜨려
임금[1016]이 그 나라와 더불어 망해 버렸을 때

노와 두 아들을 낳았다. 그러나 이노가 제우스와 세멜레 사이에서 태어난 아들 디오니소스를 양육하자 헤라가 분노하여 이노와 함께 미치광이로 만들었다.
1012 두 아들: 레아르코스와 멜리케르테스.
1013 아내: 이노.
1014 계집: 이노.
1015 딴 짐: 멜리케르테스.
1016 임금: 프리아모스. 트로이 전쟁 당시 트로이 왕으로 파리스의 아버지다. 패전 후 살해당했다.

16   슬프고 가엾은, 사로잡힌 헤카베[1017]는
      폴릭세네[1018]가 죽은 것을 보고, 게다가
      그의 아들 폴리도로스[1019]를 바닷가에서

19   찾아내고는 미치도록 슬퍼져서
      개같이 짖었나니, 드디어 그 아픔은
      그로 하여금 넋을 잃게 하였느니라.

22   그러나 제아무리 테베나 트로이인의 광포일지라도
      짐승이나 더욱이 사람의 몸뚱이를
      후려갈겨 더없이 모질게 굴었어도

25   내 본 바 해쓱하고 헐벗은 두 영혼이

1017 헤카베: 프리아모스의 아내. 트로이 성 함락 후 그의 딸 폴릭세네와 함께 오디세우스의 종으로 잡혀갔다.
1018 폴릭세네: 프리아모스의 딸. 그리스 군의 용장 아킬레우스의 영혼을 위로하고자 그의 무덤에 바쳐졌다.
1019 그의 아들 폴리도로스: 프리아모스와 헤카베의 막내아들. 부왕 프리아모스는 그를 피신시키려고 보물과 함께 트라키아 왕에게로 보냈으나 그 왕은 그를 죽이고 보물도 다 빼앗고 말았다. 그의 어머니 헤카베가 폴릭세네의 시체를 씻으러 해변에 갔을 때 폴리도로스의 시신이 이곳에 표착한 것을 보았다(지옥편 13곡 47행 주 참고).

우리에서 풀려나온 돼지들인 양

물고 뜯으며 내닫던 그때 같지는 못하더라.

28 한 놈[1020]이 카포키오에게 달라붙더니 목덜미를

이빨로 잡아채서 질질 끄는 바람에

배때기가 여문 바닥에 쓸려 생채기가 나더라.

31 벌벌 떨며 남아 있는 아레초 놈[1021]이 내게

이르되, "저 날도깨비는 잔니 스키키[1022]란 놈인데

이렇듯 미쳐 날뛰며 남을 괴롭힌단다."

34 나는 그에게 "아, 어깨 너머로 어느 놈이

너를 이빨로 물어뜯을까 저어하노니 저기

떨어져 있는 놈이 누군지 제발 말하여 다오."

1020 한 놈: 잔니 스키키.
1021 아레초 놈: 그리폴리노(지옥편 29곡 109행 주 참고).
1022 잔니 스키키: 피렌체의 카발칸티 가문에 속한 자. 부오소 도나티의 아들(또는 조카)인 시모네 도나티는 자기 아버지가 죽은 뒤 잔니를 아버지처럼 변장시켜 자리에 눕히고 공증인을 속여서 자기에게 유리한 유언장(토스카나에서 으뜸가는 노새를 얻을 권리까지 포함된)을 만들었다.

37   그는 내게 "그건 바른 사랑에서 벗어나
      제 아비의 연인 노릇을 하던
      죄스러운 미라[1023]의 오래된 넋이니라.

40   그년이 아주 남인 체 모양을 거짓 꾸며
      그놈하고 이렇도록 죄를 짓게 된 것은,
      마치 저기 저 녀석이 마소 중에도

43   으뜸가는 암컷[1024]을 제 것 삼고자 스스로
      부오소 도나티인 체 유서를 쓰며
      유언을 진짜같이 만든 것과 같도다."

46   나의 눈이 사로잡혀 있던 바 그 미쳐
      날뛰는 두 놈이 지나간 다음 나는
      또 다른 슬픈 족속을 보러 눈을 옮기니라.

1023 미라: 키프로스 섬의 왕 키니라스의 딸. 다른 사람으로 분장하여 어둠을 틈타 제 아비에 대한 불륜을 수행했다.
1024 으뜸가는 암컷: 부오소 도나티가 소유했던 암컷 노새로 앞에서 말한 위조된 유언장에 포함되었다. 당시 토스카나 주 제1의 명마라 불렸다.

49 사람의 가랑이가 돋힌 거기서부터
    몽땅 다리가 끊기어 흡사 비파
    모양으로 생긴 것을 나는 보았노니,

52 심한 수종水腫이 잔뜩 빨아들인
    물기로 인해 사지가 고르지 못했으니,
    그의 얼굴은 배에 너무도 안 어울렸고

55 그로 하여금 입술을 벌린 채로 버려두어
    마치 열병 환자가 갈증을 못 이겨 입술
    하나는 턱으로 또 하나는 위로 쳐드는 것 같더라.

58 그는 우리에게 이르더라. "오, 이 짓궂은 세계에
    무슨 수로 벌 없이 지나가는 그대들인지
    내 모르거니와 그대들은 보고 잊지 마라.

61 마에스트로 아다모[1025]의 가엾은 꼴을……

1025 마에스트로 아다모: 브레시아인. 로메나의 구이도 백작에게 초대되어 화폐 주조의 명령을 받았으나 이를 위조해서 사욕을 채웠다. 후에 이 사실이 드러나 1281년 피렌체에서 화형당했다.

살아선 무엇이든 마음껏 실컷 가지더니
이제 나는 흥…… 한 방울 물[1026]에 허덕이누나.

64 카센티노[1027]의 파아란 봉우리에서
그 시원하고 잔잔한 개천을 이루며 아르노로
흘러내리는 시내와 시냇물들이

67 항시 내 앞에 있음이 까닭 없음이 아니니,
그림자마저 나를 목 태우게 함이야말로
내 얼굴 살을 저미어 낸 그 병보다 훨씬 더하니라.

70 나를 매질하는 사정없는 정의가
더욱 나의 한숨이 숨 가빠지도록
내가 죄지은 그 자리에서 트집을 잡는구나.

1026 한 방울 물: "아브라함 할아버지, 저에게 자비를 베풀어 주십시오. 라자로를 보내시어 그 손가락 끝에 물을 찍어 제 혀를 식히게 해 주십시오."(루카 16,24)
1027 카센티노: 아펜니노 산맥에 있으며 아르노 강의 수원을 이루는 계곡. 자기가 죄를 저질렀던 물 맑고 공기 좋은 카센티노 부근을 회상하면 자신의 고통과 비탄이 더욱 커진다.

73 거기가 로메나[1028] — 내 '세례자'를 찍어서[1029]

　　가짜로 돈을 만들어 내던 자리 — 그 탓에

　　나는 타 버린[1030] 몸을 윗 세상에 남겼노라.

76 그러나 내 만일 여기서 구이도나 알레산드로나

　　그들 형제[1031]의 가엾은 영혼을 본다면

　　브란다의 샘물[1032]인들 나는 거들떠보지도 않으리라.

79 미쳐서 빙빙 싸대는 넋들의 말이

　　옳다면 그 하나는[1033] 이미 이 자리에 있도다.

　　허나 묶여진 사지[1034]를 가지고 내 무엇을 하랴.

1028　로메나: 카센티노의 성으로 구이도 백작 집안의 소유.
1029　'세례자'를 찍어서: 피렌체의 화폐는 한 면에는 이 도시의 수호자인 요한 세례자의 상이, 다른 면에는 이 시의 인장인 백합이 찍혀 있었다.
1030　타 버린: 61행 주 참고.
1031　그들 형제: 아지놀포. 로메나의 백작. 이 형제들은 아다모를 꾀어 화폐를 위조하게 했다.
1032　브란다의 샘물: 시에나의 유명한 샘. 로메나에도 같은 이름의 샘이 있다고 한다. 원한이 골수에 사무치는 그들 형제들이 이곳에서 벌받는 것을 볼 수 있다면 내 몸의 참을 수 없는 갈증쯤 아무것도 아니고, 갈증을 낫게 할 샘물도 부럽지 않다는 말이다.
1033　그 하나는: 아지놀포. 그는 1300년 초에 이미 죽었다. 또는 구이도라고도 한다.
1034　묶여진 사지: 몸이 병으로 움직일 수가 없기 때문이다.

82 백 년에 한 치씩만이라도 걸어갈 수 있을 정도로
　　내 훨씬 가벼워지기만 한다면
　　설사 둘레가 11마일[1035]이요

85 반 마일이 되는 너비일망정
　　나는 진작 길을 나서서 이 괴로운 족속
　　가운데로 그를 찾아다녔으리라.

88 놈들 탓으로 내가 이따위 무리 틈에 끼어
　　있나니, 저들이 나를 꾀어서 쇠 찌꺼기
　　세 캐럿[1036] 되는 피오리노[1037]를 녹여 짓게 했느니라."

91 내 그에게 "너희 오른손 쪽에 아주
　　바싹 달라붙어 겨울날의 축축이 젖은 손처럼
　　연기를 피우는 그 기구한 두 놈은 누구뇨?"

1035 11마일: 제10낭의 둘레는 제9낭의 둘레의 반이다(지옥편 29곡 9행 참고).
1036 캐럿: 피렌체 금화의 금은 24캐럿인데 아다모는 금 21캐럿에 혼합물 3캐럿을 섞어서 위조 화폐를 주조했다.
1037 피오리노: 피렌체의 금화. 한 면에 '백합fiore'이 새겨 있어 이같이 불린다.

94 대답하되, "내가 이 벼랑으로 빗발같이
내려왔을 때 여기에 저들을 보았는데 그런 뒤
저들은 꼼짝 않고 아마도 영원히 못 움직이니라.

97 한 년은 요셉을 모함하던 거짓말쟁이,[1038]
한 놈은 트로이의 거짓말쟁이 그리스인 시논,[1039]
연놈은 호된 열병으로 가득한 냄새를 뿜고 있나니라."

100 그러자 그중 한 놈이 이렇듯 험악하게
이름 대어진 것을 원통히 여겼음인지
굳어진 배때기를 주먹으로 패더라.

103 그것은 마치 북이나 진배없이 둥둥
울리는데, 이때 마에스트로 아다모가 이에
못지않게 뻣뻣한 팔로 그의 낯짝을 갈기며

1038 한 년은……거짓말쟁이: 이집트 왕 파라오의 신하인 포티파르의 아내. 야곱의 아들, 청년 요셉을 마음에 두어 그를 유혹했으나 거절당하자 도리어 그가 자신을 범하려 했다고 누명을 씌웠다(창세 39,6 이하 참고).
1039 거짓말쟁이 그리스인 시논: 트로이 전쟁 때 목마를 만들고 트로이인에게 거짓말을 해서 이것을 성 안으로 들여보낸 자이다.

106 그에게 말하더라. "몸뚱이야 무거워서
　　 움쭉 못하는 나지만 이러한 짓을
　　 하는 데 쓰고자 팔을 지닌 나로다."

109 이내 저놈이 대꾸하되, "불로 들어갈 때는
　　 네 팔이 이렇듯 날래지 못했어도[1040] 돈 만들
　　 그때에는 이렇듯, 아니 한결 더 날랬었지."

112 이젠 수종 든 놈이 "너희 말이야 옳다마는
　　 트로이에서 너 참말을 했어야 할 그때는
　　 그다지 진실된 증언을 아니하였지."[1041]

115 시논이 이르되, "내가 말을 거짓했다면
　　 너는 돈을 거짓 만든 놈, 또 나는 여기 한마디 헛말
　　 때문에 있어도 너는 그 어떤 악마보다 더한 놈이로다."

1040　109~110 불로 들어갈 때는……: 화형에 처해질 때는 손이 결박되어서 이렇게 자유롭지 못했다.
1041　113~114 트로이에서……: 트로이 왕 프리아모스가 목마의 일을 물었을 때는 지금처럼 사실을 말하지 않았다.

118 퉁퉁 부은 배를 가진 놈이 대답하되,
"헛맹세를 한 놈[1042]아, 그 망아지[1043]를 잊었느냐.
온 천하가 알고 있는 그 일을 아파하렷다."

121 그리스인이 하는 말이 "널랑 네 혓바닥을
쪼개 내는 갈증과, 눈앞까지 이렇게
울타리를 쳐 놓은 썩은 물이나 슬퍼해라."

124 이에 위조 금화 만든 놈이 "네놈 아가리는 늘
나쁜 욕을 퍼부으려고 요렇게
찢어졌구나. 내 목마르고 물에 퉁퉁 불었다만.

127 네놈은 불에 타서 대갈통이 들쑤시고
나르키소스의 거울[1044]을 핥게 하려고 여러 말로
너를 권유할 것도 없으리라."

1042 헛맹세를 한 놈: 말[語]과 목마의 일. 시논은 하늘에 걸고 자기 말의 진실됨을 맹세했다(《아이네이스》 2,152 이하 참고).
1043 망아지: 목마.
1044 나르키소스의 거울: 샘물을 말한다. 나르키소스는 에코의 사랑을 거절했기 때문에 벌을 받았다. 그는 수면에 비친 자신의 모습을 사모하게 되어 물에 빠져 죽었다. 그는 죽은 뒤 수선화로 변했다고 한다.

130 저들의 말을 듣노라 우두커니 서 있을 제
　　　스승이 내게 말하시더라. "옳다, 넌 홀렸구나.
　　　자칫하면 내 너와 마음 상할까 싶구나."

133 그가 성내어 이르시는 것임을 깨닫자 나는
　　　몹시 부끄러워하며 그를 향해 돌아섰나니,
　　　내 지금도 그걸 생각만 하여도 몸이 빙빙 도는구나.

136 흉한 꿈을 꾸는 사람이, 오히려
　　　꿈이기를 바라는 것처럼, 이리 된 것이
　　　그리 안 되었으면 싶어지듯이

139 나는 차마 말을 꺼내지 못하였나니,
　　　사과하고 싶고 줄곧 사과는 하여도
　　　아무래도 그리 했는가 싶지 않더라.[1045]

142 스승이 이르시되, "보다 적은 부끄러움이

[1045] 139~141 부끄러움에 당황해서 오히려 사과의 말이 나오지 않았는데, 이 표정이 사과의 뜻을 전달하게 된 것이라고는 생각하지 못하고 아직도 말로 사과해야 한다고 생각한다.

네가 저질렀던 것보다 큰 잘못을 씻나니
이젠 너 그 모든 슬픔에서 벗어날지라.

145 뭇 놈들이 되지 못한 말다툼을 하는 자리에
운명이 너를 데려올는지도 모르니
내 항상 네 곁에 있음을 잊지 말렷다.

148 그따위 것을 듣고 싶어 함은 부질없는 마음이니라."

제31곡

단테는 커다란 뿔 나팔 소리를 따라 제8환을 떠나서 가다가 배처럼 우뚝 솟은 거인들을 본다. 그중 하나인 안타이오스란 자가 베르길리우스의 청으로 그 거대한 몸을 구부려 단테를 지옥 최종의 환(제9환)으로 보낸다.

1　　혀[1046]는 같은 하나건만 먼저는 나를 찔러[1047]
　　　한쪽 또 한쪽 뺨을 물들여 주고[1048]
　　　다음엔 또 나에게 약[1049]을 주나니,

1046　혀: 베르길리우스의 혀.
1047　먼저는 나를 찔러: 지옥편 30곡 131~132행 참고.
1048　물들여 주고: 부끄러움을 주고.
1049　약: 위안의 말(지옥편 30곡 142행 이하 참고).

4   아킬레우스와 그 아비의 창[1050]도 이와 같아
　　먼저는 쓰라림을 주는 것이었다가
　　나중엔 낫게 해 주는 선물이라 들었노라.

7   우리는 처참한 골짜기[1051]에 등을 지고
　　이를 두루 감는 언덕 위로 나서서
　　아무 말 없이 건너질러 가니라.

10   밤도 아닌 그렇다고 낮도 아닌 여긴지라
　　앞을 내다보기 힘든 판인데 홀연
　　드높이 울려오는 뿔 나팔 소리를 내 들노니

13   온갖 천둥 소리를 가라앉힐 그 소리가
　　거쳐 온 길을 거슬러 올라가며
　　나의 눈은 오직 한군데로 쏠리더라.

1050　아킬레우스와 그 아비의 창: 아킬레우스가 그의 아버지 펠레우스에게서 받은 창으로 이 창에 찔려서 생긴 상처는 다시 그 창에 찔려야 낫는다고 한다.
1051　처참한 골짜기: 제10낭. 최후의 낭.

16   샤를마뉴 대제[1052]가 거룩한 군대[1053]를 잃어
처절한 패전이 있은 뒤의 롤랑도
이렇듯 우렁찬 소리는 내어 보지 못했을레라.

19   저쪽으로 고개를 돌이킨 지 얼마 못 되어
높은 탑들이 많이 보이는 것 같기에 나는
"스승이여, 이게 무슨 고장인지 말해 주소서."

22   그는 내게 "어둠 사이로 너무 아득히 너는
꿰뚫어 보는 까닭에 드디어
상상 속에 흐려지고 마는구나.

25   저기에 닿게 되면, 거리의 탓으로
감각이 얼마나 속는 것인지 좋이 알리라.
자, 넌 너대로 모름지기 바삐 서둘러라."

[1052] 샤를마뉴 대제: 〈롤랑의 노래 *Chanson de Roland*〉에 나오는 일화에 따르면 샤를마뉴 대제가 에스파냐의 사라센인을 공격할 때, 그의 조카 롤랑이 적의 맹습을 만나 고전에 빠졌다. 이에 롤랑은 뿔 나팔을 불어 도움을 요청했는데 그 소리가 12km 가량 떨어진 샤를마뉴 대제의 귀에까지 들렸다 한다.
[1053] 거룩한 군대: 십자군

28 　그러고는 지그시 내 손을 어루만지며
　　말하더라. "우리가 더 나아가기 전에
　　뜨끔할 무슨 일이 네게 있을까 하노니,

31 　너는 알렷다, 저놈들은 탑이 아니라 키다리[1054]란다.
　　그리고 놈들은 어느 놈이고 배꼽 아래론
　　언덕이 둘러쳐진 수렁[1055] 속에 있는 것이라고."

34 　마치 안개가 스러지면 수증기가
　　자욱이 공기를 흐려, 감춰졌던
　　모습이 차츰 다시 살아나듯이

37 　진하고 캄캄한 대기를 뚫고 언덕을
　　향하여 한 걸음 가까이하였을 제
　　그릇됨[1056]은 내게서 물러가고 겁만 오싹 커 가더라.

1054 키다리: 자기 힘을 과신하여 신에 대해 반역을 꾀한 자들.
1055 수렁: 지옥 제9환. 거인들은 키가 커서 이 밑바닥의 얼음 감옥을 딛고 서 있으나 상반신은 감옥 위까지 나타난다.
1056 그릇됨: 거인들을 탑으로 잘못 보았던 것.

40　또한 몬테레조니[1057] 둥그런 성벽 위에
　　숱한 망루를 머리에 이고 있는 것처럼
　　징글맞은 키다리들은 수렁을 에워싼 언덕 위에

43　망루처럼 상반신이 우뚝한데
　　우루루 천둥이 울릴 적마다
　　제우스[1058]는 하늘에서 놈들을 을러대는도다.

46　나는 또 어느 한 놈의 얼굴이며 어깨며
　　가슴, 그리고 배때기의 대부분이며
　　그 옆에 드리워진 두 팔을 익히 보았노라.

49　옳거니 대자연이 이렇게 생긴 짐승을
　　만드는 재주를 버리고, 이런 무엄한 따위들을
　　마르스에게서 빼앗은 일이 잘도 한 일이로고.

1057　몬테레조니: 시에나에서 북쪽으로 약 4km 떨어진 곳에 위치한 성으로 1213년에 건축되었다. 원형의 높은 성벽 위에 14개의 높은 망루가 있다.
1058　제우스: 일찍이 제우스는 플레그라의 싸움에서 거인들을 우뢰로 멸망시킨 일이 있다(지옥편 14곡 55~60행 주 참고).

52 자연은 코끼리와 고래 때문에
    뉘우치는 일이 없나니, 알뜰히 보는 자일수록
    그 자연을 더욱 옳고 슬기롭게 여기나니라.

55 지성의 힘이 몹쓸 뜻과 권력에
    어울리는 거기에는 어느 누구도
    이를 능히 막아 내지 못하기 때문이니라.

58 그의 얼굴은 로마의 베드로 사도의
    솔방울[1059]처럼 길고 크게 보이는데
    나머지 뼈들도 이와 어울리게 생겼더라.

61 그리하여 아래로 절반 앞치마가 된
    언덕이 드높이 그를 돋보이게 하여
    프리지아 놈[1060] 셋을 합쳐도 그 머리털까지

1059 58~59 베드로 사도의 솔방울: 원래는 하드리아누스 황제의 무덤을 장식하기 위해서 만들어진 청동 조형물이지만 단테 시대에는 성 베드로 대성당에 있었고, 지금은 바티칸 궁전의 정원에 있다. 그 높이는 약 4m 23cm이다.

1060 프리지아 놈: 네덜란드 북부의 프리지아 지방 사람들은 키가 큰 것으로 유명하다.

64 닿는다 자랑하지 못할레라. 그도 그럴 것이
외투가 여며지는 자리서부터 그 아래가
넉넉히 서른 뼘[1061]이나 될 것을 난 보았노라.

67 'RAPHEL MAY AMÈCHE ZABI ALMI'[1062]
바야흐로 모진 아가리는 짖어 댔으니
이보다 달콤한 성가聖歌란 그에 맞지 않으리라.

70 내 길잡이는 그에게 "얼빠진 혼아,
화 치밀고 불뚱거리려거든
뿔 나팔[1063]이나 쥐고 그걸로 풀려무나.

73 목을 더듬어서 옭아맨 줄이나 찾아봐라.
이 흐려 빠진 넋아, 그리고 크나큰 네
가슴에 감겨 있는 뿔 나팔이나 봐라."

1061 서른 뼘: 약 32척(약 1m).
1062 RAPHEL MAY AMÈCHE ZABI ALMI: 바벨탑을 쌓다가 인류의 언어가 혼란스럽게 되었다는 성서의 기록에 따라 언어의 혼란된 모양을 나타내려고 이같이 무의미한 말을 늘어놓았다.
1063 뿔 나팔: 사냥꾼(창세 10,8-9 참고).

76 그리고 그는 내게 "놈은 스스로 고백한다.[1064]
　　이는 니므롯[1065]인데 그 몹쓸 생각 때문에
　　그 단 한마디 말도[1066] 세상에 쓰이지 않느니라.

79 놈일랑 이냥 버려두고 헛된 수고를 말자꾸나.
　　놈의 말씨가 누구에게도 통하지 못하는 것처럼
　　무슨 말이고 놈에게 통하지 않기 때문이다."

82 이리하여 우리는 왼쪽으로 돌아 멀찍이 길을
　　걷다가 활 한바탕쯤 되는 지점에서 또 하나 몹시
　　사납고 크나큰 놈을 발견했노라.

85 놈을 동여맨 임자가 누구인지[1067]
　　알 길 없으되, 아무튼 사슬이 있어

1064 스스로 고백한다: 말을 할 수 없는 것으로써 그의 죄가 무엇인지 알 수 있다.
1065 니므롯: 창세 10,8-9 참고. 그러나 성경에는 그들이 거인이라고도, 바벨탑의 건조에 관계했다고도 기록되어 있지 않다.
1066 단 한마디 말도: 처음에는 세계의 언어가 하나뿐이었는데 사람들이 바벨에 하늘까지 닿는 높은 탑을 세우려 하여 신의 노여움을 샀고, 언어는 혼란되어 분열되었다(창세 11,1 이하 참고).
1067 누구인지: 지옥편 15곡 11행 참고.

오른팔은 뒤로 한 팔은 앞으로 제껴서

88 묶였는데, 목덜미부터 그 아래를
졸라매서 밖에 드러난 자리는
다섯 겹이나 칭칭 감기었더라.

91 나의 스승이 이르시되, "이 교만한 놈은
지존하신 제우스를 거슬러 제 힘을
다루어 보려 했기에 이런 엄벌을 받는단다.

94 에피알테스[1068]란 이름을 가진 이놈은 일찍이
키다리들이 신들을 놀라게 하던 때엔 거창한
솜씨[1069]를 뽐내더니 그 팔이 다시는 움쭉 못하는구나."

97 나는 그에게 "될 수 있으면 저 측량할 수 없는
브리아레오스[1070]를 바로 나의 이 눈으로

1068 에피알테스: 바다의 신 넵투누스의 아들로서 제우스를 배반했다. 아름답기로 유명한 거인의 하나.
1069 95~96 거창한 솜씨: 산에 산을 겹쳐서 하늘까지 닿으려는 시도.
1070 브리아레오스: 신들과 싸우는 위대한 거인. 원래는 100개의 팔을 가진 괴물로 50개의 방패를 울리고 50개의 창을 휘두르며 50개의 입과 가슴에서 불을 토한

샅샅이 보았으면 하옵니다."

100　이에 그는 대답하되, "너는 예서 아주 가까이에
　　　말도 하고 묶여 있지도 않은 안타이오스[1071]를 보리니
　　　그는 우리를 온갖 죄악의 밑바닥[1072]에 두리라.

103　너 보고파 하는 놈은 훨씬 먼 데에
　　　이놈처럼 묶이어 있되 다만 그
　　　몰골이 보다 더 사나울 뿐이니라."

106　느닷없이 에피알테스가 몸부림을 쳤는데
　　　지진이 제아무리 세차기로 이렇듯
　　　단단한 탑을 흔들어 놓을 수는 없으리라.

　　　다고 했으나(《아이네이스》 10,565 이하), 단테가 말하는 브리아레오스는 거인일
　　　뿐 괴물은 아니다.
1071　안타이오스: 넵투누스 신과 땅 사이에서 출생한 아들로 그는 그 어미인 대지에
　　　접촉하고 있는 한 마음대로 힘을 발휘했으나 헤라클레스가 이 비밀을 간파하
　　　여 그를 공중에 들어 올린 채 죽였다. 그가 '말도 하고 묶여 있지도 않은' 것은
　　　다른 거인들처럼 신에 대한 반역에 참여하지 않았기 때문이다.
1072　온갖 죄악의 밑바닥: 제9환.

109 어느 때보다도 그때 나는 죽음이 무서웠으니
    내 만일 사실을 아니 보았던들
    겁에 질려서 죽고 말았으리라.

112 이리하여 우리는 곧장 앞으로 나아가다가
    안타이오스 있는 곳에 다다라 보니, 굴 밖으로
    내민 품이 머리 말고도 다섯 알라[1073]는 실히 되더라.

115 "한니발[1074]이 그 군졸들과 함께 등을 보였을 제
    스키피오로 하여금 영광의 상속자가
    되게 한 운명의 골짜기[1075]에서, 오오, 너

118 일찍이 사자[1076] 천 마리를 잡아갔고 네
    형제들의 큰 싸움[1077]에 끼어들었더라면

1073 알라: 의미가 분명하지는 않지만 주석가 랑드는 '한 알라'가 아마도 '한 아름'일 것이라고 했다.
1074 한니발: 기원전 201년 포에니 전쟁 때 로마의 스키피오가 카르타고의 한니발과 자마에서 결전하여 승리했다.
1075 운명의 골짜기: 아프리카의 바그라다 강 유역. 자마는 이 골짜기에 있다.
1076 사자: 거인 안타이오스는 사자를 즐겨 먹었다고 전해진다.
1077 큰 싸움: 신들에 대한 거인들의 반역.

땅의 아들들[1078]이 이기었으리라고

121 아직도 그리 믿고 있는 너,
추위가 코키토스[1079]를 가두고 있는 거기로
우리를 내려보내 다오. 너 이를 싫어 마라.

124 티티오스나 티폰[1080]에게 우리를 가게 하진 마라.
이분은 여기서 하는 청[1081]을 들어줄 수 있나니
너는 그저 고개를 숙이고 상를 찌푸리지 마라.

127 더욱이 그는 살아 있는 분이니 너의 이름을
세상에 펼 수 있고, 때에 앞서 '은총'이 그를
곁에 부르지 않는 한 아직도 살 날이 멀었느니라."

130 이렇듯 스승이 말씀하시매 놈은 그 옛날

1078 땅의 아들들: 땅을 어미로 하는 거인들.
1079 코키토스: 얼어붙은 땅(지옥편 32곡 23행 이하 참고).
1080 티티오스나 티폰: 둘 다 신들에게 반역한 거인들.
1081 여기서 하는 청: 지상에서 기억되는 것.

헤라클레스[1082]가 호되게 깍지 끼워졌던 양손을
재빨리 펴서 내 길잡이를 잡아 안으니라.

133 베르길리우스는 자신이 붙잡힌 것을 알자
내게 이르시더라. "이리 오너라, 안아 주마."
이러고는 그 서슬에 그와 내가 한 묶음이 되니라.

136 기울어진 아래쪽에서 카리센다[1083]를 볼라치면
그 위를 지나가는 구름을 반겨
매어 달리듯 보이는 것처럼

139 내 눈여겨본 안타이오스도 굽은 모양이
그와 흡사하였고, 그러기에 딴 길을
거쳐 가고파 한 것도 그때였느니라.

142 그러나 놈은 루시퍼[1084]를 유다[1085]와 한꺼번에

1082 헤라클레스: 101행 주 참고.
1083 카리센다: 1110년 카리센디 가문에서 건축한 볼로냐의 유명한 탑. 높이는 낮지만 경사가 가파르다. 건축한 사람의 이름을 따서 이같이 불린다.
1084 루시퍼: 지옥 왕인 대마귀(지옥편 34곡 28행 이하 참고).
1085 유다: 그리스도를 판 유다 이스카리옷(지옥편 34곡 62행 참고).

삼켜 버린 밑바닥에 우리를 놓아두고는,

꾸부린 채 오래 머물러 있지 아니하고

145　배의 돛대인 양 몸을 일으키더니라.

# 제32곡

단테는 지옥 최종의 환으로 내려간다. 제9환은 각종의 배신자들이 벌을 받는 곳으로 4원으로 구분되어 있다. 단테는 먼저 제1원 카이나에서 혈족을 배신한 자들을 보고, 다음으로 제2원 안테노라에서 조국 또는 자당自黨을 팔아먹은 자들이 얼음 속에 묻혀 있음을 본다.

1 그 온갖 바위들이 짓누르고 있는
  애달픈 구덩이[1086]에 알맞도록
  거칠고 꺽꺽한 싯구를 내 지녔더라면

1086 애달픈 구덩이: 지옥 제9환. 지구의 중심에 있기 때문에 암석의 압력이 모두 이곳으로 쏠린다. 이 환은 4원으로 구분되어 있는데 여기에는 카이나(혈족을 팔아먹은 자)와 안테노라(조국을 판 자), 톨로메아(친구를 판 자), 주데카(은인을 판 자)가 각각 갇혀 있다.

4   나는 내 상념의 진국을 남김없이
    짜내었을 것을……. 이를 못 지녔기에
    말하기를 꺼리지 않을 수 없구나.

7   옳거니, 온 누리의 바닥[1087]을 묘사한다 함이
    조롱조로 희롱하는 노릇이 아니어라.
    더구나 엄마 아빠 부르는 말 따위도 아니어라.

10 허나 암피온[1088]을 도와 테베를 막아 버린
    저 아가씨들[1089]이여, 나를 도우시라. 그리하여
    내 말이 사실에서 어긋남이 없게 하시라.

13 아, 말하기조차 까다로운 자리에 있어

1087 온 누리의 바닥: 프톨레마이오스의 천문학에 의하면 지구는 우주의 중심이다. 따라서 지구의 중심인 지옥의 밑바닥은 전 우주의 중심이 된다.
1088 암피온: 제우스와 안티오페의 아들. 음악적 재능이 뛰어났으며 테베의 왕이 되었다고 한다.
1089 10~11 테베를 막아 버린 저 아가씨들: 무사이Musai 여신들을 일컫는다(지옥편 2곡 7행 참고). 암피온이 테베의 성벽을 건축하려고 무사이에게서 받은 성금琴 쪽을 퉁기니 그 묘음의 마력이 키타이론 산의 암석을 움직여 스스로 쌓여서 마침내 테베의 성벽이 되었다고 한다(호라티우스 《시의 기교Ars Poetica》 394 이하 참고).

짝 없이 불쌍하게 태어난 족속이여,
차라리 세상에서 양이나 염소였었으면 —

16 캄캄한 물구덩이 속, 키다리의 발 밑에서
훨씬 더 아래로 우리가 내려갔을 즈음,
나는 또 높다란 성벽을 쳐다보며

19 "너 조심히 갈지니, 부디 저 가엾고
고달픈 형제들[1090]의 머리를 발바닥으로
밟지 마라." 하는 소리를 들었노라.

22 문득 나는 돌이켜 내 앞 발치에
강추위로 인하여 물이 아니라
유리같이 보이는 호수[1091]를 보았노라.

25 겨울날 오스트리아의 도나우 강도

1090 형제들: 코키토스에 있는 죄인 모두를 나타내는 것이라는 해석이 있다.
1091 유리같이 보이는 호수: 코키토스. 지옥편 14곡 103행 이하에 나오는 크레타 섬의 거인의 눈물이 지옥으로 흘러내려 지옥의 여러 시내가 되고 이 밑바닥에 와서는 얼음 호수인 코키토스가 된다. 얼음은 배신자의 냉혹한 정신을 표상한다.

저기 언 하늘 아래 돈 강[1092]도 여기처럼
두꺼운 너울을 그 물길에 지어 보지 못하였나니,

28 탐베르니키[1093]나 피에트라피아나[1094]가 거기
그 위에 내려앉았다손 치더라도 그
가장자리에 찍 소리 하나 나지 않으리라.

31 시골 색시가 이따금씩 이삭 줍는
꿈을 꿀 때, 물 위로 콧마루 내밀고
개구리가 개골개골 우는 것처럼

34 얼음 속에 있는 슬픈 영혼들은 수줍음이
드러나는 그 자리[1095]까지 납빛이 되어
황새의 입장단처럼 딱딱 이를 떨더라.[1096]

1092 돈 강: 러시아에 있는 강 이름.
1093 탐베르니키: 산의 이름으로 그 소재는 명확하지 않다. 아르메니아의 높은 산이라는 등의 견해가 있다.
1094 피에트라피아나: 토스카나 지방에 있는 산.
1095 34~35 수줍음이 드러나는 그 자리: 얼굴.
1096 황새의 입장단처럼……: 추위 때문에 이빨이 마주치는 소리가 황새의 부리 소리처럼 들린다.

37　　어느 놈이고 얼굴을 푹 숙였어도
　　　추위는 입에서, 슬픈 마음은 눈매에서
　　　저마다의 표적[1097]을 지니고 있더라.

40　　잠시 사방을 둘러보고 나서 내 발치를
　　　내려다보니 거기 두 놈이 붙어 있어
　　　머리칼이 뒤범벅이 되어 있음을 보았노라.

43　　내 이르되, "이렇듯 가슴을 맞대고 있는
　　　너희가 누군지 내게 대어라." 그들은
　　　고개를 돌려 내 편으로 얼굴을 쳐들고는

46　　처음엔 안에서만 축축하던 눈알이
　　　눈꺼풀 위로 비져 나오더니 드디어 추위는
　　　그 안에 눈물을 얼려 덮어 버리니라.

49　　거멀장[1098]인들 나무에다 나무를 이처럼 다부지게

1097　표적: 추위가 혹독한 것은 이가 마주치는 소리로 나타나고, 괴로움이 심한 것은 눈가의 눈물로 나타난다.
1098　거멀장: 가구나 나무 그릇의 사개를 맞춘 모서리에 걸쳐 대는 쇳조각.

맞추어 놓을손가. 저들은 두 마리 염소처럼
붙어 싸우니 분노가 저들을 이긴 셈이로다.

52 추위에 못 견디어 두 귀가 떨어져 나간
한 놈이 얼굴을 숙인 채 말하더라.
"왜 이다지도 우리를 거울처럼 보느냐.

55 이들이 누군지 알려거든 듣거라.
비센치오[1099]가 비스듬히 흐르는 골짜기가 저들
아비 알베르토[1100]와 저들의 것이었느니라.

58 한 몸에서[1101] 태어난 놈들이건만 카이나[1102]를
통틀어 뒤져 보아도 얼음에 절여지기 마땅하기란
놈들보다 나은 망령들을 너 보지 못하리니,

1099 비센치오: 토스카나 주의 강. 그 상류의 골짜기에 두 개의 성이 있는데 모두 알베르토 가문의 소유이다.
1100 알베르토: 망고나의 백작. 나폴레오네와 알레산드로라는 두 아들이 있었는데 1282년 상속 싸움을 하여 전자는 기벨리니 당이 되고 후자는 구엘피 당이 되었다. 이 둘은 서로 싸우다 결국 모두 사망했다.
1101 한 몸에서: 같은 어머니에서.
1102 카이나: 제9환 제1원의 이름. 제 아우를 죽인 카인의 이름을 따서 이같이 불린다.

61 아서가 손으로 한 번 쥐어지르자

　　가슴과 그림자가 꿰뚫린 놈[1103]도

　　포카차[1104]도 그리고 또 토스카나 인이기에

64 잘 알고 있을 — 내가 앞을 더 못 보게시리

　　대가리로 막고 있는 저 이름이

　　사솔 마스케로니[1105]라던 놈도 그만은 못하리라.

67 이젠 너 더 나에게 말을 시키지 마라.

　　다만 내가 카미촌 데 파치[1106]였고 카를린[1107]이

1103　가슴과 그림자가 꿰뚫린 놈: 모드리드. 아서 왕의 아들로 부왕의 영토를 약탈하려는 음모를 꾀하였으나 실패로 돌아가 사형당했다. 전설에 의하면 왕은 이때 창으로 모드리드의 가슴을 찔렀는데 창이 가슴을 완전히 관통해 뚫린 가슴으로 빛이 들어와 땅 위의 그림자까지 찢어진 모습이었다고 한다.

1104　포카차: 피스토이아 지역 백당의 일원으로 그는 백부(또는 아버지)를 살해했다고 한다.

1105　사솔 마스케로니: 피렌체의 토스키 가문 사람으로 백부가 죽자 그 외아들인 조카를 속여 죽이고 재산을 빼앗았다. 그러나 결국 이 사실이 드러나 통 속에 못 박혀 피렌체 시 전체에 조리돌려졌다.

1106　카미촌 데 파치: 알베르토 카미초네. 그의 혈족인 우베르티노를 죽였다.

1107　카를린: 알베르토 카미초네와 같은 파치 가문의 사람으로 1302년 피렌체의 흑당으로부터 뇌물을 받고 같은 백당을 배반하여 피안트라비네 성으로 적을 들여보내니 백당의 많은 사람이 죽고 더러는 갇혔다. 이들 중에 카를린 자신의 백부도 있었다. 이 죄에 비하면 카미초네의 죄는 훨씬 가볍다고 보기 때문에 '나를 두둔해 주기를 바란다.'고 말한 것이다.

제32곡 · 453

나를 두둔해 주기를 바랄 뿐임을 알아 다오."

70 다음 나는 추위에 불강아지처럼 된
천 개의 얼굴들을 보았는데 그 얼어붙은
늪에 오싹 소름이 끼쳤고 늘상 아마 그러하리라.

73 온갖 중력[1108]이 그리로 모아지는
중심을 지향하여 우리가 나아가고,
나는 영원한 응달에서 떨고 있을 제

76 신의 뜻인지, 운명인지, 요행인지는 모르지만
어떻든 머리와 머리들 사이로 빠져나가다가
그만 대가리 하나가 발길에 채어졌더니라.

79 "아얏." 하면서 그놈[1109]이 나를 꾸짖되, "왜
나를 짓찧었느냐, 몬타페르티의 복수를 더하러

1108 온갖 중력: 지옥편 34곡 111행 참고. 이하는 제2원 안테노라에 대한 것.
1109 그놈: 보카. 몬타페르티 전쟁 때 구엘피 당의 편에서 싸웠다. 그가 기수였던 야코보의 손을 쳐서 군기가 쓰러졌는데 이 때문에 구엘피 당의 사기가 크게 저하되어 패하였다.

오지 않은 너라면 왜 나를 괴롭히는 것이냐?"

82 나는 "스승이여, 저놈에 대한 궁금증을
풀려 하오니 여기서 나를 기다려 주소서.
그런 뒤 뜻대로 나를 재촉하셔도 좋으리라."

85 길잡이가 멈추시기에 나는 아직도 바락바락
욕을 하고 있는 놈에게 말하니라.
"너 누구이기에 남더러 이렇듯 말썽이냐?"

88 그놈의 대답이 "그래 네놈은 대체 누구길래
남의 따귀를 갈기며 이 안테노라[1110]를 꺼덕대고
가는 거냐, 산 놈이라면 너무 심하지 않느냐?"

91 나의 대답이 "나야 살아 있다. 그러니 너
명성을 원한다면 네 이름을 기록 속에
적어둠이 응당 네 끔찍한 소원이리라."

1110 안테노라: 제9환 제2원의 이름. 트로이의 노장 안테노레로 인해서 이같이 불린다. 《일리아스》에 의하면 그는 용모와 웅변이 뛰어났던 트로이의 고위 관직자였지만 등불로 신호를 해 목마를 여는 데 도움을 준 매국노였다.

94   그는 내게 "천만에, 내 소원은 딴판이로다.[1111]
　　 너나 어서 여길 떠나 날 더 괴롭히지 마라…….
　　 이 빙판에선 아첨함이 헛된 줄을 모르는구나."

97   그때 나는 그의 정수리 털을 움켜쥐고는
　　 말하니라. "네 이름을 대렷다. 아니면
　　 네 이 위에 머리칼이 하나도 남지 않으리라."

100 이에 그는 내게 "네놈이 내 머리털을 뽑는다 한들
　　 내 누구임을 대지 않을 터이요, 네놈이 천 번
　　 내 두상을 내리박아도 네게 밝히지 않으리라."

103 이미 나는 손으로 머리채를 거머잡아서
　　 한 끄덩이나 넘게 뽑아 버렸으므로
　　 놈이 짖어 대며 눈을 아래로 깔고 있을 즈음

106 한 놈이 부르짖더라. "보카야, 뭘 하고 있느냐.

[1111] 내 소원은 딴판이로다: 다른 죄인들은 자신의 이름이 지상에서 기억되기를 바라나 반역자들은 그렇지가 않다.

턱으로 소리냄도 넉넉하거늘 짖기는 또 왜 하느냐,
어느 악마가 너를 건드리기라도 하느냐."

109 내 이르되, "요 간특한 반역자야,
네놈이 지껄이는 걸 바라지 않겠다. 나는 네놈의 참된
소식을 가져다가 네 부끄러움을 삼으리라."

112 그가 대답하되, "오냐, 어서 가서 네 마음껏
씨부렁대라. 허나 여기서 빠져나가거든 방금
이렇듯 빨리 혀 놀린 저놈[1112]도 빼놓지 말렷다.

115 저놈은 여기서 프랑스인들의 돈 때문에 울고 있단다.
'꽁꽁 언 죄수들이 있는 자리에 두에라인을
내 보았다.'고 너는 일러야 한다.

118 거기 또 다른 누가 있더냐고 네게 묻거든
보라, 피렌체에서 목이 잘린

1112 저놈: 크레모나 시의 부오소 다 두에라. 롬바르디아의 기벨리니 당 영주였다.
1265년 앙주의 샤를이 나폴리의 왕 만프레디를 공격할 때, 샤를에게서 뇌물을
받고 프랑스 군을 그대로 통과시켰다.

베케리아인[1113]이 네 곁에 있구나.

121 거어기 저만치 가넬로네[1114]와 그리고 자는 틈에
파엔차를 열어 준 테발델로[1115]와 함께 있는
놈이 아마도 잔니 데이 솔다니에르[1116]인가 하노라."

124 어느덧 우리가 그놈한테서 떠났을 제,
보아하니 한 구덩이에 고드름 된 두 놈이
있어 골통 하나가 딴 놈의 갓이 된 셈인데,

127 마치 굶주린 자가 빵을 씹어 먹듯이

1113 베케리아인: 테사우로 데이 베케리아. 파비아 사람으로 원래는 발롬브로사 수도원의 원장이었으나, 후에 토스카나의 교황 사절이 되었다. 피렌체 시에서 추방당한 기벨리니 당을 귀환시키려고 시도하다가 1258년 참수당했다.
1114 가넬로네: 〈롤랑의 노래〉에 나오는 전형적인 매국노. 샤를마뉴 군에 들어갔으나 사라센의 왕으로부터 뇌물을 받고 샤를마뉴를 설득하여 퇴각하도록 했다. 이 퇴각을 적군이 샤를마뉴 군의 후진을 급습하여 롤랑과 많은 명장이 전사하고 크게 패했다(지옥편 31곡 16~18행 주 참고).
1115 테발델로: 파엔차인. 1280년 볼로냐의 기벨리니 당 람베르타치 가문의 사람들이 추방되어 그의 집으로 망명해 왔으나, 테발델로는 개인적인 원한 때문에 같은 볼로냐의 구엘피 당 제레메이 가문 사람들을 밤에 맞아들여 망명객들을 해치도록 하였다.
1116 잔니 데이 솔다니에르: 피렌체의 기벨리니 당의 일원이었는데, 1266년 구엘피 당을 통해서 자기 권세를 유지하려 했다.

위에 있는 놈이 다른 놈의 머리통과 목덜미가
맞닿는 곳을 깨물고 있더라.

130 요것이 대갈통이나 나머지 부분을 물고 채는
꼴이란 티데우스[1117]가 골이 나서 멜라니포스의
관자놀이를 깨물어 버린 것과 다름없더라.

133 나는 말하니라. "아, 너 이렇듯 짐승 같은 짓거리로
네가 씹어 먹는 그놈에게 미움을 보여 주며
그따위 말을 하는데 그 까닭을 내게 일러라.

136 필시 너 저놈 때문에 슬퍼하는 곡절이
있을 테니, 너희는 누구며 저놈의 죄가 무엇인지
알고 내 말하는 나의 혀가 마르지 않는 한[1118]

139 윗 세상에서 내 너를 위하여 갚아 주리라."

1117 티데우스: 테베를 포위한 7왕의 한 사람으로 멜라니포스와 싸우다 치명상을
입자 분전하여 적을 죽이고 적의 두개頭蓋를 깨물었다고 한다.
1118 나의 혀가 마르지 않는 한: 내가 죽지 않고 아직 말을 할 수 있는 한.

제33곡

단테는 아직도 안테노라에 있는데 여기서 제 자식들과 함께 굶어 죽은 우골리노 백작의 비참한 최후를 듣는다. 다음으로 제3원으로 내려가 친구를 판 파엔차의 알베리고와 이야기한다.

1   그 죄인은 흉측스러운 먹이에서 입을
    떼더니 뒤로 헝클어진 머리채로
    입을 문지르더라. 그러고는 그가

4   시작하더라. "말을 꺼내기도 전에 지레
    생각만 하여도 마음이 짓눌리는 절망의
    아픔을 너는 나로 하여금 되새기게 하는구나.

7   어떻든 내 말이 씨가 되어 내가 물고 있는
    반역자에게 망신을 열매 맺게 한다면
    너는 눈물에 젖어 말하는 나를 보게 되리라.

10 너 누구인지도 또 어찌되어 이리로 내려왔는지
    내 알지 못하되, 말소리를 들으매
    과연 피렌체 사람임이 분명하구나.

13 너는 내가 백작 우골리노[1119]이며 저놈이 대주교[1120]
    루지에리임을 알아 두어야 하나니,

1119 백작 우골리노: 우골리노 델라 게라르데스카. 피사의 귀족으로 구엘피 당에 속해 있었다. 1284년 멜로리아 해전에서 제노바인들에게 패하였으나 같은 해 피사의 장관으로 선출되었다. 그의 손자인 니노 비스콘티(조반니 비스콘티의 아들. 지옥편 22곡 81행 주 참고)와 시정市政을 같이 돌보았으나, 곧 서로 싸우게 되었다. 이 틈을 노려 피사의 기벨리니 당의 당수인 대주교 루지에리 델리 우발디니가 우골리노 백작을 도와 니노를 추방했다. 이로써 구엘피 당이 완전히 분열되고 그 세력이 쇠해지자, 루지에리는 다시 우골리노 백작도 규탄했다. 이로 인해 맹렬한 싸움이 벌어졌으나 결국 구엘피 당이 패하고 1288년 7월 우골리노는 그의 두 아들 및 두 손자와 함께 구알란디 가문의 탑 속에 유폐되었다가 이듬해 3월 탑 속에서 굶어 죽었다.

1120 대주교: 루지에리 델리 우발디니. 1278년 피사의 대주교가 되었다. 니콜라우스 4세 황제는 구엘피 당에 대한 대주교의 악랄한 행동을 증오하여 그에게 종신 금고의 형을 내렸으나 황제의 사후 사면되어 1295년 비테르보에서 죽었다.

자, 내가 이런 놈과 이웃하게 된 사연[1121]을 네게 이르리라.

16 저놈의 나쁜 심보 때문에 놈을 믿다가
내가 잡히고 다음엔 죽음을 당한
일쯤은 말하는 것조차 새삼스러우리라.

19 그럼 너 들어 보지 못한 일, 곧 나의
죽음이 얼마나 참혹했던지를 듣고서야
저놈이 나를 망쳐 놓은 것을 너는 알리라.

22 나로 인해 '기아'라는 이름을 갖게 되었고
그 속에 다른 사람을 연방 가두게 된
탑[1122] 안에 조그마한 틈서리가 그 구멍으로

25 진작부터 많은 달을[1123] 내게 엿보였을 제
내 미래의 너울을 벗겨 주는

1121 이웃하게 된 사연: 원래 이웃이란 가깝고 친한 사이를 말하는데 지금 두 사람은 같은 곳에 있으면서도 서로 원수다.
1122 탑: 피사의 귀족 구알란디 가문의 탑으로 당시는 시의 소유였다. 우골리노가 그곳에서 굶어 죽은 뒤 '기아의 탑'이라 불리게 되었다.
1123 많은 달을: 1288년 7월부터 다음 해 3월까지 9개월.

흉한 꿈을 나는 보았더니라.

28 이놈은 루카를 피사인에게 보여 주지 않는
  산[1124] 위에서 이리와 그 새끼들[1125]을 사냥하는
  우두머리나 두목으로 내게는 보이더니라.

31 강파르고[1126] 날래고 길든 암캐[1127]와 함께
  놈은 시스몬디와 란프란키와 함께 구알란디[1128]를
  맨 처음에 앞장 세웠더니라.

34 조금 나아가다가 아비와 자식들은 지친 듯
  내게 보였고, 놈들의 옆구리가 날카로운
  이빨에 찢어져 나가는 것처럼 보이더라.

37 꼭두새벽[1129] 잠이 깨었을 무렵,

1124 산: 루카와 피사 사이에 있는 줄리아노 산.
1125 이리와 그 새끼들: 우골리노 백작과 그의 아들들.
1126 강파르고: 몸이 야위고 파리하고.
1127 암캐: 기벨리니 당에 속하는 대주교 일파. 위의 '이리'와 대조적인 단어.
1128 시스몬디, 란프란키, 구알란디: 모두 피사의 귀족으로 대주교의 친지들이다.
1129 꼭두새벽: 새벽녘의 꿈은 진실이라고 믿었다(지옥편 26곡 7행 참고).

나와 같이 있던 내 자식들[1130]이 꿈결에
울며 빵을 보채는 소리를 들었노라.

40 　내 마음을 짓누르던 이 일을 생각할 때
너 슬퍼할 줄을 모른다면 진정 매정하리라.
그리고 울지 않는다면 눈물은 무엇을 위한 것인가?

43 　저들은 벌써 깨었었고 늘 하는 대로
먹을 것을 차려 줄 때가 가까웠건만
꿈 탓으로 모두는 어리벙벙했었노라.

46 　이윽고 나는 무시무시한 탑 아래의 문에
못질하는 소리를 들었고 그리하여 나는
우두커니 내 자식들의 얼굴만 들여다보았노라.

49 　나는 울지 않았노라. 그만큼 마음은 속으로
차돌이었노라. 우는 것은 저들이었는데 안셀무초 놈은

1130　내 자식들: 네 명 중 가도(68행)와 우구이초네(88행)는 백작의 아들이며, 브리가타(89행)와 안셀무초(50행)는 그의 손자다. 넓은 의미로 '자식들'이라 했다.

'아빠, 이렇게 앞만 보시니 왜 그러시지요?'라 하더라.

52 그래도 나는 눈물을 흘리지 않았고
    온종일 그날, 그 밤에 대꾸도 없이
    드디어 해는 다시금 누리에 솟으니라.

55 아련한 빛줄기가 애달픈 옥중에
    새어 들어 내가 내 행색을
    네 아이의 얼굴을 통하여 짐작할 수 있을 때[1131]

58 아픔에 못 이겨 나는 두 손을 깨물었노라.
    이내 저들은 먹고 싶어서 내가 그런 줄
    여기고 당장에 일어나 말하더라.

61 '아버지 차라리 저희들을 잡수시는 게
    저희에게 덜 쓰라린 일이리다. 이 비참의 살을
    입혀 주신 아버지시니 이젠 이를 벗겨 주소서.'

1131 56~57 내가 내 행색을……: 새어 드는 빛줄기에 아버지는 본능적으로 자식들의 얼굴을 들여다보고 그 괴로운 얼굴들을 거울삼아 자기 자신의 괴로움을 깨닫는다.

64 저들을 더 슬프게 않고자 그때 나는 스스로
진정했으되 그날도 다음 날도 우리는 벙어리일 따름
아아, 매정도 한 땅아, 네 어찌 열리질 못했던고.[1132]

67 이렁저렁 우리가 나흘째[1133] 되었을 즈음
가도가 내 발 아래 쭉 뻐드러진 몸을 내던지고
'아버지, 왜 나를 부축하시지 않아요.' 하며

70 그 자리에 죽어 가니라. 그리고 너 나를 보다시피
나는 닷새, 엿새 동안에 한 놈씩 한 놈씩 세 놈이
거꾸러짐을 보았고. 그러기에 아주 눈이 먼

73 나는 하나하나 그것을 더듬어 보며 그 죽은 뒤
꼬박 이틀[1134]을 그것들을 부르고만 있었나니라.
허나 어느덧 슬픔보다는 배고픔이 더 컸더니라."

1132 매정도 한 땅아……: 땅이라도 열려 우리를 삼켜 버려 이 절망과 공포에서 벗어나게 해 주기를 바란다.
1133 나흘째: 못 박는 소리를 들은 날로부터.
1134 이틀: 7일과 8일의 이틀. 다른 판본에는 3일로 되어 있기도 하다.

76　그는 이 사연을 이야기하고 나서 눈을 치켜뜨고
　　뼈다귀가 억센 개 같은 이빨로
　　애처로운 머리통을 찢어 발기더라.

79　아흐, 피사여. 'SI'소리 울려 나오는 거기
　　아리따운 나라[1135] 그 백성의 치욕거리여,
　　너를 벌 주기에 이웃들[1136]이 더딘 바에야

82　카프라이아와 아울러 고르고나가 무너져
　　아르노 강 어구에다 울타리를 치고, 이리하여
　　너 안에 있는 사람들이 모조리 빠져 죽게 하라.[1137]

85　비록 백작 우골리노가 성城을 팔아먹었다[1138]는
　　소문이 있었다손 치더라도 너는 그 자식들마저

1135　아리따운 나라: 이탈리아어 'SI'는 '그렇다'의 뜻이고, 아리따운 나라는 이탈리아를 가리킨다.
1136　이웃들: 피렌체와 루카 사람들.
1137　카프라이아와 아울러 고르고나……: 아르노 강 서남쪽에 있는 섬들로 피사의 시가지는 아르노 하구에 있으므로 이같은 저주를 한다. 이 두 섬이 무너져 하구를 틀어막고 강물이 넘치게 되어 피사의 시민들이 빠져 죽도록 해라.
1138　성을 팔아먹었다: 멜로리아 패전 후 우골리노는 피사 시의 안전을 위해서 몇 개의 성을 루카와 피렌체 군에게 내주었다. 적당敵黨은 이를 매국노 짓이라 했다.

이런 십자가에 매달아서는 아니되었도다.

88 새로운 테베[1139]여, 나이 어린[1140] 우구이초네며
브리가타[1141]며 그리고 이 위의 노래에 불리어진[1142]
다른 두 아이도 죄 없는 사람들이었나니라.

91 우리는 또 한 족속이 된통 얼음에
버무려진 채 엎어져 있다기보다는 발딱
뒤집혀져 있는 그 자리를 지나가니라.[1143]

94 울음, 그것이 그들을 울도록 그냥 두지 않는 거기,
슬픔은 눈시울에 남았던 피눈물에 가로막혀
숨 가쁜 아픔을 북돋고자 안으로만 번지나니[1144]

1139 새로운 테베: 피사를 말함. 테베는 많은 참사가 일어난 곳이기 때문이다.
1140 나이 어린: 실제로는 가도, 우구이초네, 브리가타는 성인이었고, 안셀무초만이 어린아이였다.
1141 브리가타: 안셀무초의 형. 이름은 우골리노며, 브리가타는 별명이다.
1142 이 위에 노래……: 50행과 68행.
1143 91행 이하부터는 제9환 제3원 톨로메아다.
1144 94~96 앞서 흘린 눈물이 얼어서 이후 눈물이 흘러나오지 못한다.

97 이리하여 먼저 눈물은 덩어리져서
  흡사 수정으로 만든 눈꺼풀인 양
  눈썹 아래 오목한 데[1145]를 가득 채우더라.

100 옹이라도 박힌 듯이, 추위에 모든
  감각이 내 얼굴에서 멀찍이
  스러졌다고는 할지라도, 살랑거리는

103 바람을 느끼는 양 싶기에 나는 "스승이여,
  이것을 일으키는 자가 뉘오니까? 아래
  이 고장엔 어느 김[1146]이건 스러지고 마는데?"

106 그는 내게 "어느덧 너는 쇄쇄 바람을 내리는
  까닭[1147]을 네 눈으로 보며
  그 대답을 네게 해 줄 그리로 가리라."

1145 오목한 데: 눈구멍.
1146 김: 당시에는 태양열이 일종의 김[氣]을 발생시켜 이것이 마르면 바람이 되고 습하면 비가 된다고 믿었다(아리스토텔레스 《기상학》 2,4). 지금 단테는 태양 빛이 미치지 않는 지옥 밑바닥에서 바람이 일어나는 것을 이상하게 생각한다.
1147 까닭: 마왕 루시퍼의 날개(지옥편 34곡 49~51행 참고).

109 　문득 얼음을 뒤집어쓴 비참한 것들 중
　　 하나가 우리더러 외치되, "아, 오죽하면
　　 막다른 골¹¹⁴⁸이 너희 차지가 될 만큼 독한 넋들아,

112 　두꺼운 너울을 내 눈에서 걷어 내어 눈물이
　　 다시 얼어붙기 전에 마음이 벅차하는
　　 설움을 나로 하여금 뿜어내게¹¹⁴⁹ 하려무나."

115 　이에 나는 그에게 "너 짐짓 내 도움을 바라거든
　　 너 누구인지 내게 일러라. 그래도 내가 너를
　　 풀어 주지 않는다면 나는 차라리 얼음 밑으로 들어가리라."

118 　하매 그가 대답하되, "난 수도자 알베리고,¹¹⁵⁰
　　 죄스러운 동산의 열매¹¹⁵¹ 때문에 여기

1148 막다른 골: 제4원 주데카. 단테를 주데카에서 벌을 받을 죄인이라고 생각한다.
1149 뿜어내게: 흐르는 눈물로써.
1150 수도자 알베리고: 파엔차의 알베리고 데 만프레디. 향락을 즐기던 수사로 파엔차의 구엘피 당 수령이었다. 형 만프레디와 그의 아들과 세력을 다투다가 1285년 이 두 사람을 연회에 초대한 뒤 '과일을 가져 오라.'는 말을 신호로 자객을 불러들여 그들을 살해했다.
1151 죄스러운 동산의 열매: 손님을 속이는 신호로 과일을 사용했기 때문에 죄스러운 동산의 열매라 했다.

나는 무화과 대신 대추를 딴단다."[1152]

121 나는 이르되, "오, 그럼 넌 벌써 죽었던가?"
그는 내게 "내 몸뚱이가 윗 세상에서
어찌 됐는지 아무것도 나는 모르노라.

124 이 톨로메아[1153]엔 이런 특권이 있어
아트로포스[1154]가 손을 채 쓰기도 전에
영혼은 이리로 떨어지는 것이 일쑤란다.

127 너 내 얼굴에서 유리알 같은 눈물을
너그러이 떼어 줄 수 있기 위해서 너는 알거라.
내가 그랬듯이 영혼이 배반하자마자

1152 무화과 대신……: 받을 형벌을 받는다는 뜻이다. 토스카나에서 무화과는 가장 값이 싸고, 대추는 가장 비쌌다고 한다.
1153 톨로메아: Tolomea. 제9환 제3원. 손님의 신의를 배반한 자가 벌받는 곳. 원래는 유다 예리코의 수장 이름으로 그는 친아버지며 제사장인 마카베오와 그의 두 아들을 성 안으로 초대하여 술을 먹인 후 살해했다(1마카 16,11-16 참고).
1154 아트로포스: 운명의 세 여신 중 하나로 생명의 실을 끊어뜨리는 자. 그 사람이 아직 죽기도 전에 영혼은 먼저 톨로메아에 떨어져 벌을 받는 일이 있다는 뜻이다. 단테는 "파멸이 그들 위로 내려라! 그들은 산 채로 저승으로 내려가리니……."(시편 55,16)라고 한 데서 이런 종류의 형벌을 생각해 냈다.

제33곡 · 471

130 그 몸뚱이는 마귀에게 앗기고
    그런 뒤부터 그의 모든 시간이 돌고 도는 동안
    마귀는 그를 다스리게 되느니라.

133 영혼은 이렇게 생긴 물구덩이에 떨어지나니,
    여기 내 뒤에서 겨울을 나는 영혼도
    정녕 그 몸을 아직 거기 드러내고 있으리라.

136 너는 이제 막 내려왔으니 저놈을 알 법하다.
    그는 세르 브란카 도리아[1155]로서 여기
    갇힌 뒤로 이미 여러 해가 흘렀나니라."

139 그에게 내 말하되, "너는 나를 속이는가
    하노니 브란카 도리아가 언제 죽기는커녕
    먹고 마시고 자고 옷을 입고 있도다."

142 그는 말하더라. "말레브란케의 위 구덩이[1156]

1155 세르 브란카 도리아: 제노바의 도리아 가문 사람으로 미켈 찬케(144행)의 사위다. 1290년경 니아 섬의 로고도로 주를 빼앗고자 장인을 연회에 초대하여 죽였다.
1156 말레브란케의 위 구덩이: 제8환 제5낭. 탐관오리의 골짜기.

> 끈끈한 역청이 끓는 자리에
> 미켈 찬케가 미처 다다르기 전에

145 제 대신 마귀를 제 몸 안에[1157] 집어넣었고
 저와 더불어 같이 배반을 일삼는
 친척 하나도 그렇게 하였나니라.

148 아무튼 이젠 손길을 이리 펴서 내 눈이나
 열어 다오." 그래도 나는 아니 열어 주었나니
 모르는 척 버려둠이[1158] 그에 대한 친절임이로다.

151 아, 제노바 내기들, 온갖 미풍양속일랑 버리고
 갖가지 악덕만 그득 찬 사람들아,
 너희는 어찌 세상에서 꺼지지 않느뇨.

154 너희 중 하나의 영혼[1159]이 로마냐의

1157 마귀를 제 몸 안에: "유다가 그 빵을 받자 사탄이 그에게 들어갔다."(요한 13,27)
1158 모르는 척 버려둠이: 약속을 지키지 않음이.
1159 하나의 영혼: 브란카 도리아.

짓궂은 넋[1160]과 함께 저지른 그런 일로 하여

　　　코키토스[1161]에 이미 미역감고 있고, 몸뚱이는

157　정녕 아직도 윗 세상에 있는 것을 내 보는 듯하건만.

1160　154~155 로마냐의 짓궂은 넋: 알베리고. 그의 고향 파엔차는 로마냐에 있다 (118행 참고).
1161　코키토스: 지옥편 14곡 118~120행 참고.

제34곡

단테는 지옥의 맨 밑바닥, 주데카에 내려가 은인을 판 사람들이 벌받는 것을 본다. 즉 브루투스·유다·카시우스의 무리가 루시퍼에게 물어뜯기고 있다. 마침내 지옥의 모든 것을 본 두 시인은 루시퍼의 털에 매달려 지구의 중심을 지나서, 또다시 지상의 아름다운 별을 보고자 한가닥 거친 길을 따라 걸어간다.

1 "VEXILLA REGIS PRODUENT INFERNI[1162]
   너 알아볼 수 있거든 앞을 내다보라."

1162 VEXILLA……: ('지옥 왕의 깃발이 우리 앞에 펼쳐지나니'라는 뜻) 이 라틴어구의 처음 세 단어는 푸아티에의 주교 포르투나토가 지은 것으로 6세기부터 성주간에 불려온 그리스도 수난 성가이다. 단테는 그 첫 세 마디를 따고 여기에 INFERNI(지옥의)를 덧붙여 다른 뜻으로 썼다. 지옥 왕은 루시퍼, 깃발은 그 날개를 말한다.

라고 나의 스승이 말씀하시니라.

4 마치 안개 자욱이 풍겨지고
   우리의 반구가 밤이 될 즈음하여
   바람이 굴리는 물방아가 아득히 뵈는 것처럼

7 바야흐로 그런 집이 보이는 것만 같더라.
   바람[1163]이 일어, 나는 내 길잡이 뒤로
   움츠러들었으니 거기 아무런 굴도 없음이었어라.

10 어느덧 나는 유리 속의 볏짚마냥 덮어씌워진 채
   훤희 비치는 뭇 넋들이 있는 자리[1164]에
   있었는데, 이를 시구로 엮으며 아직 나는 떠노라.

13 한 패가 누웠고 다른 한 패가 머리나 발바닥을
   쳐들고 섰는가 하면, 어떤 놈은 활처럼
   낯짝을 발목에다 구부리고 있더라.[1165]

1163 바람: 50~51행 참고.
1164 자리: 지옥 제9환 제4원 주데카.
1165 13~15 4종의 죄인. 누워 있는 것은 자기와 동등한 지위에 있는 사람을, 바로

16 　훨씬 앞으로 우리가 나아갔을 무렵에
　　 나의 스승은 일찍이 아리따웠을
　　 피조물[1166]을 나에게 보여 주고 싶었음인지

19 　앞을 비켜서더니 나를 멈추게 하시며
　　 말하더라. "여기가 디스[1167]다. 자, 여기야말로
　　 너 모름지기 용기로 무장해야 될 곳이란다."

22 　그때 얼마나 피가 얼고 맥이 빠졌는지
　　 읽는 이여, 내게 묻지 마라. 나도 이를 아니
　　 적음은 온갖 말을 하여도 넉넉치 못함이로다.

25 　나는 죽은 것도 산 것도 아니었으니, 너
　　 천재의 꽃망울을 지녔거든 이제 스스로
　　 이도 저도[1168] 잃어버렸던 나를 생각해 보라.

　　 서 있는 것은 자기보다 지위가 낮은 사람을, 거꾸로 서 있는 것은 자기보다 높은 사람을, 활처럼 휘어 있는 것은 높고 낮은 두 종류의 은인을 판 놈이다.

1166 　17~18 아리따웠을 피조물: 루시퍼. 하늘에서 쫓겨나기 전에는 천사 중에 그 용모가 가장 아름다웠다(천국편 19곡 46~47행 참고).
1167 　디스: 루시퍼를 말함(지옥편 11곡 64행 참고).
1168 　이도 저도: 죽음도 삶도.

28 　고통의 나라의 황제가 얼음 밖으로
　　반만큼 가슴을 내놓고 있는데
　　키다리들을 이놈의 팔뚝에 견주기보다는

31 　차라리 나를 키다리들과 비겨 봄이 나으리라.
　　그 한 쪽이 그렇게 생겼다면
　　온몸이 얼마나 클지 너는 이제 헤아려 보라.

34 　지금 흉칙한 그만큼 옛날엔 아리따웠더니
　　저를 창조하신 자를 거슬러 눈썹을 치켜떴기에
　　일체의 통곡이 그로부터 나와야 했느니라.[1169]

37 　아, 그 머리에서 세 가지 몰골[1170]을 본다 함은
　　내 얼마나 끔찍스럽고 소스라칠
　　일이었던고! 맞은쪽이 붉은 흙빛이요,

1169 　34~36 신의 특별한 은혜로 모든 천사보다 뛰어나게 아름다웠는데도 창조주를 배반하였으니 지금은 모든 재앙의 바탕이 된 것도 당연한 일이다.

1170 　세 가지 몰골: 이는 삼위일체인 능能·지智·애愛(지옥편 3곡 5~6행 주 참고)에 대한 소위 지옥 왕의 삼위일체라 할 무력·무지·무애(증오)의 상징이다. 황黃은 무력, 흑黑은 무지, 그리고 적赤은 증오를 나타낸다고 한다.

40　다른 두 쪽은 어깻죽지의 한복판
　　위에서 이것과 맞대어져 베실 있는
　　자리[1171]에 서로 어울려 있었는데,

43　오른쪽이 흰빛 누른빛의 중간인 듯 보였고
　　왼쪽은 나일 강이 흐르는 고장에서
　　내려오는 사람들[1172]같이 보이더라.

46　어느 쪽 몰골의 밑에서는 큰 날개 둘이
　　이리도 엄청난 새에게 제격인 양 뻗었는데, 바다의
　　돛폭도 이렇듯 큰 것을 나는 본 적이 없노라.

49　날개들은 깃이 없는 채로 박쥐의 날개 모양이었는데
　　그러나 한 번 퍼덕이기만 하면
　　세 가닥 바람이 그로부터 일게 마련이니

1171　41~42 베실 있는 자리: 정수리. '새'(47행)라고 말한 까닭에 이같이 말했다.
1172　44~45 나일 강이 흐르는……: 이집트 나일 강의 상류인 에티오피아의 흑인.

52 이리하여 코키토스[1173]가 말짱 얼어 버리는 것이더라.
그는 여섯 눈구멍으로 울고 세 조각
턱 위로는 눈물과 피맺힌 침을 뚝뚝 흘리더라.

55 입이란 입은 이빨로 한 죄인을
발기는 게 삼을 찢는 듯한데, 이렇게
세 놈을 아파 못 견디게 굴더라.

58 앞엣놈에게 있어 물어뜯기는 것은 차라리
아무 일도 아니었으니 발톱에 발겨서
등가죽이 온통 저며진 채 남아 있더라.

61 스승이 가로되, "저기 드높이 가장 무서운
벌을 받는 영혼이 유다[1174]이니,
그 골통이 쑥 들어가고 정강이만 쑥 내밀었구나.

1173   코키토스: 지옥편 14곡 119행 참고.
1174   유다: 유다 이스카리옷. 그리스도의 12제자 중의 하나. 스승을 은돈 30닢에 팔고 후회하여 목매달아 죽었다(마태 26,14 이하; 27,3 이하 참고).

64 　머리를 처박고 있는 다른 두 놈 가운데 시꺼먼

　　부리에 대롱대롱 매달린 게 브루투스[1175]인데

　　그 비틀리고 말 없는 꼴을 보아 두려우냐.

67 　또 한 놈 몸집이 커 보이는 게 카시우스,[1176]

　　허나 밤이 다시 접어드나니,[1177] 자, 이제

　　떠나야겠도다. 볼 것은 다 본 것이로다."

70 　그의 뜻대로 내가 그 목을 껴안았더니

　　그는 때와 자리를 엿보다가 마침

1175　브루투스: 카이사르를 암살한 브루투스(전 85~42년).

1176　카시우스: 카이우스 카시우스 롱기누스. 카이사르 암살의 원흉. 여기에 '몸집이 크다.'고 한 것은, 키케로가 루키우스 카시우스를 들어 몸이 비대하다고 기록한 것을 읽고 단테가 혼동한 것 같다. 단테에 따르면 세계는 2대 제도, 즉 로마 교회와 로마 제국에 의해서 통치되어야 한다. 전자는 내세와 영계靈界에 관한 것을 후자는 현세와 속계俗界에 관한 일을 맡는다. 그리고 양자의 주인인 교황과 제왕은 직접 신에게서 사명을 받은 자로 각각 그 범위 내에서 절대의 권력을 보유하고 서로를 이끌어 나란히 가야 한다. 그렇게 해야만 하나는 천상의 낙원을 이루고 하나는 지상의 낙원을 만들 수 있다. 그리스도는 교황의 교황이니 이를 배반한 유다는 신의 섭리를 거슬러 칼을 든 중한 죄인이다. 카이사르는 황제의 황제이니, 이에 거스른 브루투스 등은 신이 부여한 지상의 낙원을 건설할 사명에 반기를 든 중한 죄인이다. 그러므로 유다와 브루투스는 이같이 지옥의 제일 밑바닥에서 벌을 받는다.

1177　밤이 다시 접어드나니: 1300년 4월 9일 성토요일의 저녁. 지옥의 첫 번째 밤은 지옥편 2곡의 1행.

　　　　날개가 꼭 알맞게 펴져 있을 제

73　털이 짙은 겨드랑이에 착 달라붙어
　　　주르르 긴 털을 타고 아래로
　　　털수세[1178]와 얼음장 사이를 내려오더라.

76　옆구리가 쑥 내민 언저리,
　　　허벅지가 굽이치는 데까지 우리가
　　　왔을 즈음, 스승은 지치고[1179] 헐떡이며

79　다리를 버티었던 아까 그 자리에 머리를 대고
　　　되올라가는 사람처럼 털을 움켜쥐었으므로
　　　지옥으로 되돌아가는 줄로 나는 여겼노라.[1180]

82　피로한 사람처럼 숨차 하면서 스승이

1178　털수세: 털이 많이 나서 험상궂게 보이는 수염. – 편집자 주
1179　지치고: 중력이 집중하는 지구의 중심에서 몸을 돌려 빠져 나오기가 몹시 힘들기 때문이다.
1180　79~81 루시퍼의 허리는 지구의 중심에 있다. 여기까지 내려와서 몸을 돌렸다 해도 실제는 전과 같은 방향을 취하여 가는 것이다. 단테는 잠시 착각을 일으켜 지옥으로 다시 돌아가는 줄로 여겼다.

이르되, "꽉 붙들어라.[1181] 이런 사닥다리[1182]로 우리는
이 끔찍스러운 악에서 헤어 나가야만 하느니라."

85 그러고는 바위 틈 사이 밖을 나가더니
  나를 맨 가장자리에 내려 앉히고
  이내 뛰어서 성큼성큼 내게로 오시더라.

88 나는 눈을 들어 아까 떠나올 때의
  모습으로 있는 루시퍼를 보고자 하였는데 높이
  다리를 위로 쳐들고 있는 것을 나는 보았노라.

91 그때 내가 얼떨떨해진 일이란 내
  거쳐 온 데가 어디 어떻게 생겼는지
  분간하지 못하는 바보만이 알리라.

94 스승이 이르되, "발을 세워 일어나라.
  갈 길은 멀고 행로는 거친데

1181 붙들어라: 내 목을 붙들어라.
1182 이런 사닥다리: 지옥편 17곡 82행 참고.

해[1183]는 이미 세 시의 반[1184]에 이르렀구나."

97 우리가 있던 거기는 대궐의 넓은 뜰이
아니요, 바닥이 울퉁불퉁하고 빛은
희미한 천연의 동굴이더라.

100 후닥닥 나는 일어서며 말했노라. "스승이여,
내 이 심연[1185]에서 벗어나기 전에
몇 마디 말씀으로 내 그릇됨을 깨우쳐 주소서.

103 그 얼음[1186]이 어디 가고 이놈은 어찌하여 거꾸로
박혀 있나이까? 해는 어인 일로 눈 깜짝할 사이에
밤에서 새벽으로 옮아졌나이까?"

1183 해: 이제 지옥을 떠났으니 달이 아니라 태양으로 시간을 나타낸다.
1184 세 시의 반: 당시 교회의 성무 일과에 의하면, 낮의 12시간을 4등분하여 prima, terza, sesta, nona(제1시 · 제3시 · 제6시 · 제9시)라 했다. 제1시는 일출시(오전 6시)이고, 제3시는 일출이 있은 뒤 3시간 후를 말하는 것이므로, 그 절반이라 함은 7시 30분 전후가 된다.
1185 심연: 지옥.
1186 얼음: 코키토스의 얼음.

106　그는 내게 "너 아직도 세계를 꿰뚫는
　　 흉한 벌레[1187]의 터럭을 내가 붙잡고 있던
　　 지심 저쪽에 있는 줄로만 아는구나.

109　거기 네가 있던 것은 내 내려올 동안뿐이었나니
　　 내 몸을 돌이켰을 때, 너는 이미 무거운 것을
　　 사방에서 잡아당기는 점[1188]을 지나온 것이니라.

112　그리고 지금은 크나큰 마른 땅에
　　 덮였고[1189] 죄 없이 나고 죄 없이 사셨던
　　 인간[1190]이 그 꼭대기[1191] 아래서 죽으신 반구의

115　맞은편 반구에 너는 다다른 것이니라.

1187　흉한 벌레: 루시퍼. 그는 지구의 중심을 꿰뚫는다. 루시퍼의 추악한 모습을 가리켜 벌레라 표현했다.
1188　사방에서 잡아당기는 점: 지구의 중심.
1189　112~113 마른 땅에 덮였고: 단테에 의하면 마른 육지는 전부 북반구에 있고 남반구는 모두 바다로 되어 있으며 다만 정죄산이 있을 뿐이다.
1190　113~114 죄 없이 나고 죄 없이 사셨던 인간: 그리스도.
1191　그 꼭대기: 예루살렘의 골고타를 가리킨다. '죽으신 반구'는 북반구이며 인도와 에스파냐를 잇는 북반구의 자오선은 예루살렘 도성이 정점이다.

너는 주데카[1192]의 등마루가 되어 있는
좁디좁은 둘레[1193]에 발을 붙였나니

118 저기가 저녁일 제면 여기는 아침이니라.[1194]
그리고 터럭으로 우리에게 사다리를 놓아 준
이놈은 지금도 예나 같이 그대로니라.

121 놈이 하늘에서 떨어진 것이 이쪽이었는데
전에 불쑥 솟아 있던 땅은
이놈이 무서워 바다를 너울 쓰고

124 우리의 반구로 온 것이란다. 그리고
여기 내민 땅도 놈을 피하고자 빈 터를
여기 남겨 두고 솟구쳐 도망친 것이리라.[1195]

1192 주데카: 지옥 제9환 제4원. 은인을 팔아먹은 자들이 벌받는 곳. 유다 이스카리옷의 이름에 기인한 것.
1193 좁디좁은 둘레: 주데카와 정반대 면에 등을 맞대고 있는 조그만 원형의 바위.
1194 저기가 저녁일 제면……: 남북 양 반구의 시간 차는 12시간이다. 즉 남반구는 북반구보다 12시간 늦으므로, 지옥이 저녁일 때 그 맞은 편은 아침이다.
1195 121~126 루시퍼는 하늘에서 쫓겨나 남반구로 떨어졌다. 이때 남반구를 덮고 있던 육지는 공포에 찬 나머지 바다 속에 숨어 북반구로 들어갔다. 또한 정죄산은 루시퍼가 지옥으로 내려갈 때 이에 맞닿을 것을 두려워하여 땅 밑을 떠나

127 저 아래쪽엔 그의 무덤[1196]이 떨어져 있는 것만큼이나
　　　베엘제불[1197]에서 아득히 먼 장소[1198]가
　　　있어 보이지는 않아도 시냇물[1199] 여울

130 소리로 알려지는데, 물줄기는 굽이쳐서
　　　그리 세차지 못한 채 스스로 꿰뚫은
　　　바위 구멍을 거쳐 이리로 내려오는 것이니라."

133 길잡이와 나는 밝은 세계로 돌아가고파
　　　이 가려진 길을 뚫고 들어와
　　　잠시도 쉴 엄두도 낼 수 없이

136 마침내 동그란 구멍[1200]으로 하늘이 옮겨 가는

　　　남반구에서 솟았기 때문에 여기에 빈터가 생기게 된 것이다.
1196　무덤: 지옥.
1197　베엘제불: 루시퍼의 별명. "저자는 마귀 우두머리 베엘제불의 힘을 빌리지 않고서는 마귀들을 쫓아내지 못한다."(마태 12,24)
1198　먼 장소: 지심으로부터 남반구 표면에 이르는 좁은 길. 그 길이는 지옥의 길이와 같다.
1199　시냇물: 죄의 시냇물. 연옥에서 정화된 죄는 이같이 흘러서 지옥으로 돌아간다.
1200　동그란 구멍: 남반구의 출구.

아름다운 것들[1201]을 내가 볼 때까지
그는 먼저 나는 다음에 자꾸만 치올라

139 이리하여 또다시 별들[1202]을 보러 이곳을 나오니라.[1203]

1201 아름다운 것들: 별(지옥편 1곡 40행 참고).
1202 별들: 《신곡》의 3편이 모두 '별들stelle'이란 말로 끝나고 있다.
1203 나오니라: 두 시인이 루시퍼를 떠난 것은 9일 성토요일의 오전 7시 반 전후로 지금 여기서 보는 별은 10일의 샛별이므로(연옥편 1곡 19행 주 참고) 남반구 지하의 좁은 길을 걸어온 시간은 약 20시간이다.

연옥편

I

연옥 영혼을 돌보시며
가장 버림받은 영혼을 돌보소서.

제1곡

단테는 지옥을 벗어나 연옥을 둘러싼 맑은 대기 앞으로 나온다. 멀리 푸른 하늘을 우러러 태초의 족속 외엔 아무도 본 적이 없는 네 개의 별을 보고 그곳에서 연옥의 섬지기 카토를 만난다. 카토는 단테가 어떻게 이곳까지 왔는지를 들은 후 정죄산淨罪山에 오르도록 허락하지만, 산에 오르기 전에 무엇을 해야 할지 일러 준다. 단테와 베르길리우스는 바닷가로 가는데 베르길리우스는 카토가 명한 대로 이슬로 단테의 얼굴을 씻어 주고 그에게 갈대를 둘러 준다.

1 한결 좋은 물 위[1204]를 지치고자 이제야말로

1204 한결 좋은 물 위: 남반구의 바다 위. 지옥의 지겨운 형벌을 노래하는 데서 벗어나 천국에 오르는 사다리인 연옥 정죄산으로 한 걸음씩 다가가고 있으므로 '한결 좋은'이라 한다.

　　　　내 재주의 쪽배는 돛을 올렸나니,

　　　　내 뒤에 그리도 참혹한 바다[1205]를 버려둔 채

4　　　나는 사람의 넋이 씻겨져 하늘에

　　　　오르기에 알맞게 되는 저

　　　　둘째 왕국[1206]을 노래하려 하노라.

7　　　그러나 오, 거룩한 무사이여,[1207] 내 그대들의

　　　　것이어니[1208] 죽었던 시詩가 여기 다시 살게

　　　　하시라.[1209] 그리고 여기 칼리오페[1210]를 잠시 일으켜

10　　 저 가엾은 피에리데스[1211]가 호된 타격에

1205　참혹한 바다: 지옥.
1206　둘째 왕국: 연옥. 즉 구속救贖된 혼이 천국에 오르기 전에 먼저 그 죄를 씻는 곳. 단테가 살던 시대에는 연옥과 지옥이 서로 접해 있다는 전설이 있었고, 단테는 연옥을 남반구의 한 작은 섬에 솟아 있는 산으로 상상하여 말한다.
1207　무사이여: 지옥편 2곡 7행 주 참고.
1208　7~8 그대들의 것이어니: 그대들을 높이 존경하고 사모하니.
1209　8~9 죽었던 시가 여기 다시 살게 하시라: 죽었던 시는 죽음의 왕국인 지옥의 백성들을 노래한 시를 짓는 재능. 이 시재를 다시 살게 하는 것은 바람[望]이 끊일 줄 모르는 연옥의 백성들을 노래하기 위해서다.
1210　칼리오페: 학문과 예술의 여신인 무사이 중 하나로 서사시를 관장한다.
1211　피에리데스: 테살리아 왕 피에로스의 아홉 딸들. 무사이보다 자신들의 재능이

사무치어 용서받기를 절망하였다는
　　　그 가락을 내 노래에 맞추게 하시라.

13　나의 눈과 가슴을 슬프게 하던
　　저 죽어 버린 공기[1212]에서 내 헤어나자마자
　　첫째 둘레[1213]의 끝까지 정말로

16　맑게 갠 하늘의 바탕에 엉키어 있는
　　동방 푸른 옥[1214]의 연연한 빛깔이
　　다시금 내 눈에 기쁨을 자아내더라.

19　사랑에로 충동하는[1215] 아름다운 유성[1216]은

　　뛰어나다고 생각해 노래를 견주고자 했다. 칼리오페가 무사이를 대표하여 피에리데스와 싸워 이기고 그들을 까치로 만들었다(오비디우스 《변신》 5,294~678). 그들이 피에리데스라 불리는 까닭은 출생지 피에리아에서 기인한 것이다.

1212　공기: 어두운 지옥의 공기.
1213　첫째 둘레: 지평선. 즉 지평선 끝까지 온 하늘이 푸르다는 말. 월천月天이라고도 하고 최고천이라고도 한다.
1214　푸른 옥: 사파이어처럼 푸른 하늘색.
1215　사랑에로 충동하는: 그 빛 때문에.
1216　아름다운 유성: 샛별인 금성.

그를 옹위하고 있는 물고기자리[1217]를 덮어
동방 전부를 반만 웃게 하더라.

22 오른쪽으로 몸을 돌이킨 나는 다른
지극地極[1218]으로 정신을 모아 태초의 족속[1219] 이외엔
누구도 본 일이 없는 네 개의 별[1220]을 보았느니라.

25 하늘도 그 작은 불꽃엔 기꺼운 양한데
오! 홀어미 된 북방의 고장[1221]이여,
이런 별들을 쳐다볼 수 없는 너로구나.

1217 물고기자리: 금성의 밝은 빛이 이와 함께 돌아가는 물고기자리의 별빛을 덮어버린 모습. 이것은 4월 10일 새벽의 모습을 말한 것인데, 이때 금성이 물고기자리에 있다는 것은 해 뜨기 1~2시간 전, 즉 오전 4시와 5시 사이라는 말이다. 1300년에 금성은 실제 물고기자리에 있지 않았지만, 단테는 천지창조 때 이곳에 있었다는 전설을 따르고 있다.

1218 22~23 다른 지극: 남극.

1219 태초의 족속: 아담과 하와. 단테가 살던 시대에는 아담과 하와가 낙원에서 쫓겨나온 뒤, 남반구를 '사람 없는 세계'(지옥편 26곡 116~117행 참고)라고 생각했다.

1220 네 개의 별: 상상 속의 네 별. 인간에게 중요한 네 가지의 덕인 사추덕四樞德, 즉 지智·의義·용勇·절節을 표상하는 별이다. 활동적 사추덕을 보기 위해 단테는 오른쪽으로 몸을 돌린다.

1221 북방의 고장: 사람이 사는 북반구. 북반구에서 이런 별들을 볼 수 없음은 덕의 빛을 잃었기 때문이다.

28 그들에게서 눈을 떼어 이미 북두北斗가

　　스러진 거기, 또 하나 다른

　　극¹²²²에로 조금 몸을 돌렸을 때

31 보기에 얼마나 점잖게 생겼던지 어느

　　아들도 아버지로 모실 수 없는 한

　　노인¹²²³이 내 곁에 혼자 있음을 보았노라.

34 길게 드리운 그의 수염은 희끗희끗한데

　　두 가닥으로 가슴에까지 늘어뜨린

1222　29~30 다른 극: 북극.
1223　노인: 로마 공화정 말기의 정치가 카토(전 95~46년). 스토아 학파의 대가로 자유를 부르짖으며 폼페이우스와 손을 잡고 카이사르와 싸웠다. 그러나 파르살로스 전투에서 패하자, 카이사르의 손에 잡히는 것은 죽느니만 못하다며 영혼 불멸을 논한 플라톤의 《파이돈Phaidon》을 밤새도록 읽고 자살했다. 카토는 자유의 보호자로서 정죄산의 섬지기가 되어 죄의 올가미를 벗어나 영靈의 자유를 구하는 혼들을 격려한다. 카토는 자살한 영혼이기에 지옥 제7환 제2원에서 벌을 받아야 할 것이지만 그 당시 일반인이나 교회 모두 그를 깊이 존경하였다. 베르길리우스는 《아이네이스》 8,670에서 "Secretosque Pios, his dantem jura Catonem(은근하고 경건한 자들은 자신들에게 권리를 주는 카토를)"이라고 노래했고, 단테도 죽기까지 자유를 잃지 않으려 한 카토를 존경하고 우러러본 나머지 로마 황제 카이사르의 반대자요 또 자살자며 이교도인 그를 이 중요한 자리에 놓는다. 단테는 그의 다른 저서에서도 여러 번 카토를 격찬한다(《제정론》 2,5,132 이하, 《향연》 4,28,121 이하 참고).

그 머리채와 비슷하더라.

37 네 줄기 거룩한 빛의 빛살이
광채로 그의 얼굴을 곱게 단장하여
나는 마치 해 앞에 있는 양 그를 보았노라.

40 정갈한 솜털을 움직이며 그가 말하되
"눈먼 물결[1224]을 거슬러 영원한
옥獄을 벗어난 너희는 누구들이뇨?"[1225]

43 너희에게 길을 가르쳐 준 자 누구며, 지옥의 골을
항시 시꺼멓게 하는 깊은 밤에서 너희를
나오게 한 등불은 어떤 것이냐?

46 이렇듯 심연의 법칙[1226]은 깨어진 것이냐,
아니면 하늘의 뜻이 달리 바꾸어져

1224 눈먼 물결: 어둠 속을 흐르므로 눈으로는 볼 수 없고 소리로만 알 수 있는 땅속의 하천.
1225 40~42 카토는 두 시인이 지옥에서 도망온 혼인 줄 알고 이같이 말한다.
1226 심연의 법칙: 지옥의 법칙. 즉 지옥의 혼은 그 형장을 벗어날 수 없다는 것.

벌 받은 자들이 나의 암굴[1227]로 오는 것이냐?"

49 이에 내 길잡이는 말씀과 손과
눈짓으로 나를 붙드시고, 나로 하여금 공손하게
다리와 눈썹을 갖게 하시고는 그에게

52 대답하시되, "내 스스로 왔음이 아니라
하늘에서 내려온 한 아씨[1228]의 청으로
이이를 나의 길벗 삼아 돕고 있노라.

55 그러나 진실 그대로의 우리의 사연을 더욱
풀어 이르기를, 그대 원하시니 이를
그대에게 거절하기란 나로서 차마 못할 일이로다.

58 이 사람은 아직 마지막인 저녁을 못 보았어도[1229]
그 미욱한 탓으로 그것에 접근하였었나니

1227 나의 암굴: 연옥. – 편집자 주
1228 한 아씨: 베아트리체(지옥편 2곡 52행 이하 참고).
1229 아직 마지막인 저녁을 못 보았어도: 아직 죽지 않았다는 뜻이다. 하느님의 은혜가 끊어지지 않았다는 뜻도 지닌다(지옥편 제1곡 참고).

하마터면 그만 맴돌 뻔하였더니라.

61 내 말하였음같이 이자를 구하고자
나는 보냄을 받았나니, 내 몸소 나서 온
이 길밖에[1230] 딴 길이 없었나니라.

64 저에게 나는 죄스런 온 백성을 보여 주었고
이제는 그대의 보호 밑에 스스로를
씻는 저 혼들을 보이려 하노라.

67 내 어떻게 이이를 이끌고 왔는지 그대에게
아뢰기는 장황하리라. 높은 데에서 힘이 내려 나를 도왔
으니 그대를 보고 듣게 하고자[1231] 이이를 데리고 왔노라.

70 그럼 이이의 온 것을 그대 기뻐하시라.
자유[1232]를 찾으며 가는 사람이어니, 그 소중함은 그것을
위하여 목숨을 거부하는 자가 아는도다.

1230 이 길밖에: 112행 이하와 지옥편 1곡 91행 이하 참고.
1231 듣게 하고자: 가르치심을(94행 이하 참고).
1232 자유: 죄를 떠나 영혼의 자유를 얻는 것.

73   그대는 이를 아시나니 이 때문에[1233] 그대 우티카에서의
　　　죽음도 쓰겁지 아니하였도다. 거기에다
　　　큰 날에 빛날 입성[1234]을 벗어 던지셨도다.

76   이이는 살아 있고 나도 미노스[1235]가 묶지 못하기에
　　　영원한 법령이 우리로 인해 깨어짐이 아니로다.
　　　다만 나는 그대의 마르키아[1236]의 조촐한 눈들이 있는

79   그 둘레[1237]에 있노라. 아, 거룩한 가슴이여
　　　자신을 그대의 것으로 받아 안도록 지금도 내색하며
　　　그녀는 빌고 있으니 그 사랑 보아 우리에게 너그러우시라.

1233 이 때문에: 카토는 자유를 잃고 세상에 사는 것보다 자유의 몸으로 세상을 떠나려고 자살하였다(《제정론》 2,5,136 이하 참고). 카토가 갈망한 자유는 정치적인 것이었지만 영혼의 자유와 바탕이 닮았다고 본다.

1234 큰 날에 빛날 입성: 최후 심판의 날. '입성'은 육체. 즉 공심판 때까지 갈려 있던 영혼이 그때 가서 다시 결합할 육체.

1235 미노스: 지옥의 법관(지옥편 5곡 4행 참고).

1236 마르키아: 카토의 아내(《향연》 4,28,97 이하 참고)로 림보에 있다(지옥편 4곡 128행 참고). 카토는 이 여인을 아내로 삼고 세 아들을 낳은 다음, 친구인 호르텐시우스에게 아내로 주었으나 그의 사후 마르키아는 다시 카토에게 돌아왔다. 단테는 이를 고귀한 영혼이 하느님께로 돌아가는 상징으로 본다.

1237 둘레: 림보(지옥편 제4곡 참고).

82 　우리로 하여금 일곱 나라[1238]를 가게 할지니
　　만일 저 아래에서[1239] 이야기해도 무방하다면
　　나는 그대의 은혜를 그이에게 전하리라."

85 　이에 그가 이르되, "내 저기[1240] 있을 때는
　　마르키아가 내 눈에 무척 들어 어떠한
　　은혜든 그이가 내게 원한 대로 베풀었노라.

88 　지금은 그이가 악惡한 시내[1241]의 저승에 살므로
　　내 거기서 나왔을 때[1242] 세워진 저 법[1243] 때문에
　　다시는 그이가 나를 움직이지 못하느니라.

1238 일곱 나라: 연옥 정죄산의 일곱 둘레.
1239 아래에서: 지옥에서.
1240 저기: 연옥에서 이같이 말할 때는 북반구, 즉 이 세상을 말한다.
1241 악한 시내: 아케론 강(지옥편 3곡 70행 이하 참고).
1242 거기서 나왔을 때: 림보를 나왔을 때. 카토의 죽음은 그리스도의 죽음보다 80년 앞섰으며, 그리스도가 지옥에 내리시기 전에는 인간의 영혼이 구함을 받지 못하였으니(지옥편 4곡 63행 참고), 그리스도가 지옥에 내리셨을 때 카토는 다른 영혼들과 함께 림보에서 구해졌다.
1243 법: 십자가에 못 박히신 그리스도를 통해 구원된 영혼은 천상의 애정 외에 지옥에서 벌 받는 자로 인해 마음을 움직일 수 없다는 법(지옥편 2곡 91~93행 참고). "게다가 우리와 너희 사이에는 큰 구렁이 가로놓여 있어, 여기에서 너희 쪽으로 건너가려 해도 갈 수 없고 거기에서 우리 쪽으로 건너오려 해도 올 수 없다."(루카 16,26)

91 그러나 네 말대로 하늘의 아씨가 너를
일으켜 이끄신다면 아첨할 것 없이
너 그를 통하여 내게 청함으로써 충분하리라.

94 그럼 가거라. 그리고 이 사람에게 말쑥한 갈대[1244]로
띠를 둘러 주고 그 얼굴을 씻어 주어
온갖 때 묻은 것[1245]을 그이에게서 떨어 주라.

97 천국의 지킴 가운데 맨 첫 번의 지킴[1246]
앞에서 어떠한 안개[1247]에든 흐려진
눈은 도무지 나아가서 안 되나니라.

100 이 작은 섬을 에워싸는 낮고 낮은 저쪽
물결이 부딪치는 아랫녘에는
보드라운 진흙 위에 갈대가 피나니라.

1244 갈대: 죄를 씻는 데 있어 가장 중요한 덕인 겸손의 표상.
1245 때 묻은 것: 지옥의 공기에서 받은 것.
1246 첫 번의 지킴: 연옥의 문을 지키는 천사.
1247 안개: 지옥의 안개.

103   잎사귀 났거나 단단한 어느 풀, 나무든지
　　　저기에서 생명을 지탱할 수 없는 것은
　　　때리는 대로[1248] 휘어지지 아니하는 까닭이니라.

106   다음엔 너희 이리로 돌아가지 않으리니
　　　바야흐로 떠오르는 태양이 너희로 하여금
　　　쉽게 산에 오르도록 길을 가르쳐 주리라."

109   이러고는 그이 사라지기에 나는 말없이
　　　몸을 일으켜 내 길잡이한테 꼬옥 기대고
　　　그에게 눈을 쏘았더니라. 그이 입을 여시되,

112   "내 자취를 따르거라. 이 벌판은 여기서부터
　　　그 낮은 끝으로 기우는 까닭에
　　　우리는 뒤로[1249] 돌아가게 되는도다."

1248   때리는 대로: 물결이 때리는 대로. 갈대는 물결이 치는 대로 잘 휘기 때문에 물가에 살 수 있지만 다른 초목草木은 그렇지 않다. 겸손한 사람은 마음을 굽혀 하느님을 따르기 때문에 형벌을 잘 참아 그 죄를 씻을 수 있지만 덕이 없는 자는 그렇지 않다.
1249   뒤로: 단테는 산의 북방을 향해 동쪽에서 서쪽으로 돌아 올라간다.

115 새벽은 조과朝課 때[1250] 어둠을 제 앞에 물리쳐
지워 버렸으므로 멀찍이 바다가
잔주름 잡히는 것을 나는 알아보았노라.[1251]

118 잃어버렸던 길을 다시 찾기까지는,
헛되이 그리로 가는 줄로 아는 사람처럼
우리는 허허벌판을 걸어갔노라.

121 습한 이슬이 태양과 싸우며[1252] 응달진
자리에 있기 때문에 냉큼 스러지지
않는 거기로 우리가 왔을 즈음,

124 내 스승은 살포시 여린 풀 위에
두 손을 펴시기에, 그 손짓을
알아챈 나는 눈물[1253]에 젖은

1250 조과 때: 동트기 전 새벽이 가까운 밤을 가리킨다.
1251 115~117: 남은 어둠이 새벽에 쫓겨 달아나고, 바다의 잔물결을 볼 수 있게 된다. 그러나 해 뜨기 전의 미풍이 여명에 쫓겨 바다 멀리 잔물결 치는 것을 표현했다는 설명도 있다.
1252 태양과 싸우며: 오랫동안 햇볕에 견뎌 내는 것을 말함.
1253 눈물: 지옥에서 흘린 눈물.

127 　얼굴을 그이 쪽으로 가져갔더니, 거기
　　그는 지옥이 나를 가리어 버렸던 그
　　빛깔[1254]을 환히 다시 보게 해 주시니라.

130 　이윽고 우리는 이 물 위를 배질한[1255] 사람치고
　　아무도 돌아간 일이 없는[1256]
　　황량한 기슭에 닿았더니라.

133 　여기 '다른 분'[1257]의 뜻을 맞추고자 그가
　　내게 띠 둘러 주었는데,[1258] 아, 이상도 하여라.
　　겸손한 식물을 꺾자마자 홀연 뽑힌

136 　자리에서 똑같은 것이 다시 돋아나더니라.[1259]

1254 　빛깔: 본래의 빛깔. 베르길리우스는 지옥의 흐린 공기로 인해 더러워진 단테의 얼굴을 이슬로 씻어 다시 본래의 빛으로 돌아가게 해 주었다.
1255 　배질한: 상앗대나 노 따위를 저어 배를 가게 한. − 편집자 주
1256 　돌아간 일이 없는: 지옥편 26곡 140행과 주 참고.
1257 　다른 분: 하느님 또는 카토.
1258 　띠 둘러 주었는데: 단테는 지옥에서는 정결의 상징인 끈을 두르고(지옥편 16곡 106행 참고), 연옥에서는 겸손의 상징인 갈대를 두른다.
1259 　다시 돋아나더니라: 미덕은 쪼갠다고 해도 줄어들지 않는 것이라는 뜻이다.

제2곡

단테가 베르길리우스와 함께 바닷가에서 해가 뜨기를 기다릴 때 멀리서 한 천사가 연옥으로 갈 영혼들을 배에 싣고 오는 것을 본다. 많은 영혼들을 내려놓고 천사는 떠나는데 그들 중 단테의 친구였던 카셀라가 있었다. 그가 아름다운 노래로 사랑을 읊조리매 모두가 듣고 기뻐하였다. 끝으로 카토가 나서서 훈시를 한다.

1   이미 태양은 자오선 둘레의
    더없이 높은 그 꼭대기로써
    예루살렘을 내리덮는 지평선[1260]에 다다르니라.

1260 지평선: 예루살렘을 정점으로 하고 지브롤터 해협과 인도의 갠지스 강을 양단으로 하는 북반구의 지평선(지옥편 34곡 112~117행 주 참고). 정죄산은 예루살렘의 정반대 쪽에 있으므로 그 지평선은 예루살렘의 지평선과 같다. 4월 10일

4   이리하여 이와 맞보며 돌아가는 밤[1261]이
    힘을 얻었을 제 손에서 떨어뜨리는[1262]
    '천칭'과 함께 갠지스로부터 나오니라.

7   이리하여 내가 있던 거기에 아름다운
    새벽[1263]의 희고도 붉은 뺨은
    나이가 들면서 주황빛이 되니라.

10 우리는 마치 제 갈 길을 맘속으로 가면서
    몸뚱이는 그냥 머무는 사람들처럼
    아직도 바닷가에 남아 있었더니라.

13 헌데 보라, 아침이 다가올 제 화성이

오전 6시에 가까운 새벽으로, 정죄산은 아침이고 예루살렘은 저녁, 에스파냐는 낮, 인도는 밤이다.

1261 밤: 밤은 해와 반대의 점에 있다(지옥편 24곡 1~3행 주 참고). 해는 지금 양자리에 있으므로 밤은 반대쪽인 천칭자리에 있다.
1262 손에서 떨어뜨리는: 밤의 길이가 길어질 때, 즉 추분에 이르면 천칭자리는 낮이 된다. 그러나 지금은 봄이므로 천칭자리가 밤이다.
1263 새벽: 동틀 무렵의 하늘빛을 새벽의 여신으로 본 것. 이 여신의 얼굴빛이 처음에는 희고 뒤에 붉어진 다음 해가 뜨는 데 따라 주황빛으로 변하니, 마치 나이 듦에 따라 얼굴이 변하는 것과 같다.

자욱한 안개[1264]를 꿰뚫고 해면 위
서쪽에 나직이 붉어지는 것처럼

16   다시 또 보기를 바라는[1265] 한 줄기 빛[1266]이
　　　내 앞에 나타났나니, 바다를 거쳐 몹시 빠르게
　　　오는 품이 어느 날아다니는 것도 그 움직임엔 못 당할레라.

19   내 길잡이에게 물어보고자 그것에서
　　　눈을 떼었을 그 순간, 그것이 한결 더 찬란하고
　　　어마어마하여진 것을 나는 보았노라.

22   다음엔 그 양쪽에 무엇인지 알 수 없게
　　　희디흰 것[1267]이 내 앞에 나타났고, 그것과
　　　또 다른 것이 밑으로부터 차차 나오더니라.

25   내 스승은 처음 희던 것이 날개로

1264　자욱한 안개: 화성을 덮고 있는 수증기가 짙고 옅음에 따라 화성의 붉은빛이 짙고 옅게 보인다고 한다(《향연》 2, 14).
1265　다시 또 보기를 바라는: 죽은 뒤 구원되어 다시 이 빛을 볼 수 있길 바라는.
1266　한 줄기 빛: 천사.
1267　희디흰 것: 빛 양쪽의 희디흰 것은 천사의 날개고, 밑의 흰 것은 그 옷이다.

드러나기까지 아무 말도 없으시더니
　　　익히 뱃사공임을 알아보자 소리치더라.

28　"자아, 땅에 무릎을 꿇어라. 보라,
　　　하느님의 천사로구나. 손을 모을지니
　　　너는 이제부터 이러한 시종들을 보리라.

31　보라, 그는 사람의 재주가 역겨워서
　　　이토록 멀고 먼 두 언덕[1268] 사이를 그 날개밖엔
　　　노도 돛대도 아쉬워 않는구나.

34　보라, 그 얼마나 하늘로 날개를 치올리며
　　　썩어질 터럭[1269]같이 바뀌지 않는 영원한
　　　깃으로 바람을 움켜 끌어당기는지."

37　어느덧 하느님의 새[1270]가 우리 쪽으로
　　　더욱 가까이 올수록 더욱더 빛나 보였으니,

1268　멀고 먼 두 언덕: 테베레의 하구(100~102행)와 정죄산의 해안.
1269　썩어질 터럭: 날짐승의 깃들.
1270　하느님의 새: 천사. 날개가 있다고 생각해서 새라 부른다.

그러기에 눈은 가까이선 견디다 못하여

40　나는 이를 아래로 드리우니라. 그리고 그는
　　어찌나 날쌔고 가벼운 쪽배로 언덕에
　　왔던지 어느 물살도 이를 못 삼켰느니라.[1271]

43　하늘나라 사공님은 뱃머리에 우뚝 서 있어
　　영복永福[1272]이 그 몸에 아로새겨진 것 같고
　　백도 넘을 혼들은 그 안에 앉아 있더라.

46　그들이 'IN EXITU ISRAEL DE AEGYPTO'[1273]를
　　이 시편 다음에 적혀 있는 대문과 함께
　　다 같이 한 목소리로 읊조리더라.

49　다음 그가 거룩한 십자가의 성호를 저들에게

1271　못 삼켰느니라: 배에 타고 있는 것은 영혼들뿐이므로 물속에 빠질 리 없다.
1272　영복: 천국의 지복.
1273　IN EXITU ISRAEL DE AEGYPTO: 시편 114편의 첫머리로, '이스라엘이 이집트에서 나올 때'라는 뜻이다. 말하자면 이스라엘 민족이 이집트의 종살이에서 벗어나 해방의 노래를 부른 것처럼 죄악과 영원한 죽음의 공포에서 구원됨을 노래하는 것이다.

그어 주매, 저들은 다 물가에 뛰어내리고
그는 오던 때같이 빨리 가 버리니라.

52 거기 남아 있던 무리는 자리에 낯선
    양하여, 눈에 새로운 것들을 곰곰이
    뇌는 사람같이 주위를 보고 또 보더라.

55 겨냥한 화살로써 염소자리[1274]를 하늘
    한복판으로부터 쫓아낸 태양이
    온 군데마다 날빛을 쏘고 있을 즈음,

58 새로운 무리는 우리를 향해 이마를
    쳐들고 말하더라. "행여 그대들 아시거든
    산에 오르는 길을 우리에게 보이소서."

61 이에 베르길리우스 대답하되, "너희 생각엔
    우리가 이 고장에 익숙한 듯싶나 보다마는

1274 염소자리: 양자리가 지평선 상에 있을 때 염소자리는 중천에 있다. 지금 양자리에서 해가 솟아오르므로 염소자리도 중천에서 벗어나 서쪽으로 내려간다.

너희처럼 우리도 나그네들이란다.

64 다만 너희보다 먼저 다른 길[1275]을 거쳐
    왔을 뿐 험하고 억세던 그 길에 비기면
    이제부터의 오르막은 놀며 가리라."

67 나의 숨 쉼[1276]에서 아직도 내가 살아 있는 줄을
    알아챈 영혼들은 소스라쳐
    놀라면서 새파랗게 질려 있더라.

70 기꺼운 소식을 듣고자 하는 백성들이
    감람[1277]을 들고 오는 사자使者에게로 밀려들어
    서로 짓밟는 것을 아무도 꺼리지 않는 것처럼

73 저 운수 좋은 넋들도 나를 보는 데에만
    모두 골몰하여, 스스로 예뻐지러[1278]

1275 다른 길: 영혼은 육신을 떠난 뒤 테베레 하구에서 배를 타고 연옥에 오지만 단테는 다른 길, 즉 지옥을 거쳐 이곳에 왔다.
1276 숨 쉼: 지옥편 23곡 88행 주 참고.
1277 감람: 16세기까지 좋은 소식을 전하는 사자는 감람나무 가지를 손에 들었다.
1278 예뻐지러: 죄를 씻으러.

가는 것조차 잊은 듯하더라.

76 그중에 한 영혼[1279]이 있어 앞에 나서서
지극한 사랑으로 나를 세 번[1280] 껴안아 주기에
나도 그이와 같이 할 수밖에 없었노라.

79 오호, 꼭 뒤밖에 아니던 헛된 그림자여
나는 세 번이나 그 뒤에 손을 얹어 보았어도
그때마다 그것은 내 가슴으로 되돌아올 뿐이었도다.

82 어처구니가 없어 나는 홍동지가 되었던가[1281]
하노니, 저 허깨비 미소 짓고 물러가고
나는 그를 좇아 앞으로 몸을 내치니라.

85 나더러 멈추라고 상냥스리이 그가 말한 때에야
그가 누구인지를 알고서 그에게 빌었노라,

1279 한 영혼: 카셀라. 단테의 친구며 음악가. 그에 관한 상세한 기록은 거의 없다.
1280 세 번: 아이네이아스는 영계에서 아버지의 혼을 만나 세 번이나 껴안으려 했다 (《아이네이스》 6,700 이하). 이처럼 영혼은 껴안을래야 껴안을 수 없다.
1281 홍동지가 되었던가: 얼굴이 붉어졌던가. – 편집자 주

나와 말하기 위해 잠시만 머무르라고.

88 그가 내게 대꾸하되, "죽을 몸을 가지고도
내 너를 사랑했거니 풀려서도[1282] 또한 사랑하노라.
나는 멈춰 주거니와 너는 어이하여 이 길을 가고 있나?"

91 내 이르되, "나의 카셀라여, 내 지금 있는 자리로
언젠가는 돌아오고자[1283] 나는 이 길을 가노라.
허나 너에겐 긴 동안 어찌 앗기었더냐?"[1284]

94 그는 나에게 "언제든 하고 싶은 대로 아무든
거둬들이는 그이[1285]가 이 길을 거듭 나에게 막았다.
하더라도 그는 조금도 내게 못할 일을 한 게 아니니라.

1282 88~89 죽을 몸을 가지고도 내 너를 사랑했거니 풀려서도: 살아 있을 때도 친구로서 단테를 사랑했듯이 육체의 껍질에서 풀려난 지금에도.
1283 91~92 내 지금 있는 자리로……: 이 영계의 편력에서 얻은 교훈으로 세상에 돌아가 덕 있는 일생을 보내고 죽은 뒤 혼이 다시 이 곳에 돌아오고자.
1284 너에겐 긴 동안 어찌 앗기었더냐: 이미 너 죽은 지 오래거늘 이제야 이곳에 와 있는 것은 무슨 연고냐.
1285 그이: 때를 정하고 태울 혼들을 골라서 배에 태워 정죄산에 보내는 천사.

97 그는 옳은 뜻[1286]을 제 뜻으로 삼는 때문이니
과연 석 달 동안[1287] 그는 들어오고 싶어 하는
자를 아주 편안하게 받아들였나니라.

100 그러기에 테베레[1288]의 강물이 짭짤해지는 거기,
바닷가로 때마침 향하던 나도 그이한테서
자애 깊게 거두어졌나니라.

103 그가 저 강 어귀로 나래를 뻗치고 있음은
아케론[1289] 쪽으로 내려가지 않는 자면
항시 저기 모이게 된 까닭이니라."

106 이에 나는 "항시 나의 모든 소망을 잠재워 주던

1286 옳은 뜻: 하느님의 성의聖意.
1287 석 달 동안: 보니파시오 8세 교황이 선포한 대사大赦의 첫날인 1299년 성탄절부터(지옥편 18곡 28행 주 참고) 1300년 4월 10일까지의 석 달 남짓한 동안. 대사의 은혜를 입은 혼은 천사의 배에 탈 수 있다. 따라서 테베레 강 어귀에 모인 혼들은 이 세상에서 행한 덕행의 크기 순서대로 천사의 배에 오르게 된다. 카셀라도 대사의 성년聖年에 특별히 배에 오르게 되었다.
1288 테베레: 로마에 흐르는 강. 영혼은 교회를 통해서만 구제될 수 있다는 것을 나타낸다.
1289 아케론: 지옥에 있는 강(지옥편 3곡 70행 이하 참고).

사랑 겨운 노래의 기억과 습성을
　　　새로운 나라법이 네게서 거두지 않는다면[1290]

109　몸뚱이와 함께 이곳에 오느라고 이토록
　　　고달파진 내 영혼을 잠시라도 너
　　　위로해 주기를 바라노라."

112　"내 마음에 속삭이는 사랑은."[1291] 하고
　　　그때 그는 달갑게 입을 열었으니,
　　　그 보드라움은 아직도 내 안에 메아리치도다.

115　스승과 나와 그와 더불어 있던 무리들은
　　　더없이 흐뭇하여, 다른 것은 그
　　　무엇도 마음을 스치지 못하는 것 같더라.

118　우리는 모두 우두커니 그 가락에 쏠리어

1290　새로운 나라법이 네게서 거두지 않는다면: 연옥의 율법. 죽은 뒤 연옥의 율법 밑에 있게 된 것이 살아서의 재주를 없애지 않았다면.
1291　내 마음에 속삭이는 사랑은: 'Amor che nella mente mi ragiona.' 단테의 《향연》 3에 있는 칸소네의 1절로 여기에 카셀라가 곡을 붙였다고 한다.

있노라니 점잖으신 한 노인[1292] 있어 꾸짖되,
"느린 혼들아, 이 무슨 일인고?

121　이 무슨 게으름이며 어찌하여 서 있는고?
　　너의 앞에 하느님이 안 보이도록 하는
　　때꼽[1293]을 벗기러 산으로 치달아 오르라."

124　비둘기 떼가 먹이를 찾아 한데 모여
　　곡식이나 가리지를 주워 모을 때면,
　　버릇된 거만을 보임이 없이 조용하다가도

127　저들이 무서워하는 무엇이 나타나자
　　홀연 보다 소중한 것에 떠밀리어
　　모이를 버려두고 가는 것처럼,[1294]

130　새로 온 저 무리는 노래를 그치고 마치
　　어디로 가는 바를 모르는 사람처럼

1292　한 노인: 카토.
1293　때꼽: 죄의 때는 뱀 껍질이나 물고기 비늘처럼 영혼을 덮고 있다.
1294　128~129 보다 소중한……: 모이를 구하는 것보다 위험을 피하는 것이 급함.

낭떠러지를 향하여 가는 것을 나는 보았노라.

133   그에 못지않게 우리도 빨리 떠나 왔느니라.

제3곡

베르길리우스와 단테가 연옥의 성산聖山 밑에 다다랐다. 거기 높다란 바위가 있어 오를 수 없을 때, 왼편에서 오는 영혼들의 무리에게 길을 묻는다. 그들은 파문을 당한 이들의 혼이었다. 그들 가운데 하나인 만프레디 왕이 단테에게 자신이 임종할 때 종교에 귀의한 얘기를 한다.

1   느닷없는 도망질로 저들이 벌판에
    흩어진 다음, 이성理性[1295]이 우리에게 찾아 주는
    산으로 돌이켰을지라도

1295 이성: 인간으로 하여금 정죄산으로 달음질치게 하는 이성의 소리.

4   나는 나대로 미더운 길벗[1296]에게 맡기었나니
    그이 없이 내 어찌 달음질치랴?
    뉘 있어 산으로 나를 이끌어 주랴?

7   그는 스스로[1297] 꺼림한 듯[1298] 내게 보였나니
    오, 지체 높고 맑으신 양심이여, 하찮은
    허물조차 그대에겐 얼마나 쓰거운 찔림인고.

10 모든 일에 있어 점잔을 깎아내리는
    조바심을 그의 발이 동댕이쳤을 때,
    처음엔 죄어져[1299] 있던 내 마음이

13 알고 싶은 대로 뜻을 활달히 하였나니,
    하늘을 보고 바다 위에 높이 솟은
    산으로 내 얼굴을 주었느니라.

1296 길벗: 베르길리우스.
1297 스스로: 카토는 배에서 내린 혼들을 꾸짖어 참회하게 하는데, 베르길리우스는 스스로 반성하여 참회한다.
1298 꺼림한: 마음에 걸려 언짢은 느낌이 있다.
1299 죄어져: 카셀라의 노래와 카토의 질책에 마음을 조이던 단테는 이제 눈앞의 경치에 마음을 편다.

16 뒤에 붉게 타고 있는 태양은
　　내 그림자 앞에 부서졌으니 나로 하여
　　그 빛살이 가려졌음이니라.

19 나는 오직 내 앞에서만 땅이 캄캄하여진 것을
　　보았을 제, 버림을 받음이 아닌가[1300] 하는
　　무서움에서 옆으로 몸을 틀었더니라.

22 이에 나의 힘 되시는 이, 정 깊게 돌이키시더니
　　비로소 내게 이르되, "왜 아직도 안 믿느냐? 내
　　너와 함께 있고 그리고 네 길잡이인 줄을 모르느냐?

25 내가 그림자 짓던 그 몸뚱이가
　　파묻힌 거기는 이미 석양[1301]이니 그것을

1300　버림을 받음이 아닌가: 베르길리우스는 영혼이므로 햇빛을 받아 땅 위에 그림자를 만들 수 없다. 단테는 땅 위에 자기 그림자만 있는 것을 보고 베르길리우스가 자기를 버리고 떠난 줄 안다.

1301　석양: Vespero(오후 3시~6시). 연옥의 오전 6시는 그 정반대 지점인 예루살렘의 오후 6시가 된다. 이탈리아는 예루살렘과 에스파냐의 중앙에 있으므로 이미 저녁(오후 3시)이 된다(15곡 1~6행 주 참고).

브린디시[1302]에서 가져다가 나폴리가 지니느니라.

28 지금은 비록 내 앞에 아무런 그림자가
없더라도 하늘과 더불어 너 놀라지 말지니
어느 빛살이고[1303] 서로 가로막음이 없느니라.

31 뜨겁고 차가운 벌을 견디게 하려고
'전능'[1304]은 이런 몸[1305]들을 마련하였어도
하시는 그 모양만은 우리에게 아니 뵈려 하시나니라.

34 세 위격位格 안에 하나의 몸을 지니신
그지없으신 그 길을 우리의 이성이
능히 거쳐 가기를 바라는 자는 미치광이로다.[1306]

1302 브린디시: 베르길리우스는 기원전 19년 9월 26일 그리스로부터 돌아오는 길에 브린디시에서 병사했다. 그의 소원에 따라 옥타비아누스 아우구스투스 황제는 그 유해를 나폴리로 옮겨 후하게 장사 지냈다.
1303 어느 빛살이고: 당시의 천문학에 의하면 구천九天은 모두 투명하여 한 하늘에서 발한 빛은 아무 방해 없이 다른 하늘을 통과한다.
1304 전능: 하느님의 전능.
1305 이런 몸: 영체와 같이 그림자가 없는 몸.
1306 34~36 지옥의 영혼은 베르길리우스처럼 육체는 아니더라도 인체와 같이 더위와 추위를 느낄 수 있는 일종의 몸을 지니고 있다. 이 신비는 삼위일체의 신비처럼 사람의 머리로는 알 수 없다.

37   사람의 종낙아, 그저 QUIA[1307]에 만족하라.
     모든 것을 너희가 볼 수 있었던들
     마리아가 아기를 낳을 것도 없었으리라.[1308]

40   더구나 너희는 소망이 채워졌어야 할 그들에게
     있어서도 되레 그 바람[望]은 열매를 맺지 못하고,
     영원한 통곡을 위하여 남아 있음을 보았던 것이니[1309]

43   아리스토텔레스와 플라톤,[1310] 그리고 다른
     많은 자들을 내 말함이니라." 이러고는 이쯤에서
     이마를 숙이고[1311] 마음 어지러워 그는 더 말이 없더라.

1307   QUIA: 아리스토텔레스는 지식을 scire quia, 즉 사물에 있는 그대로의 지식과, scire propter quid, 즉 사물의 존재 이유에 관한 지식, 이렇게 둘로 나누었다. 여기서는 이러한 신비로운 體의 존재를 사실로서 받아들일 뿐 그 이유를 물을 필요가 없다는 뜻이다.
1308   마리아가 아기를 낳을 것도 없었으리라: 그리스도가 탄생하여 신의 은총과 계시가 이루어졌다.
1309   40~42 림보에 갇혀 있는 현인들처럼 지식욕을 채울 수 있는 유식하고 유덕한 사람들까지도 세상에서 그 원을 채우지 못하고 지금은 오히려 '가망도 없이 뜬 소망'(지옥편 4곡 42행 참고) 속에 영원히 통곡하고 있다.
1310   아리스토텔레스와 플라톤: 다 같이 림보에 있다(지옥편 4곡 135행 참고).
1311   이마를 숙이고: 베르길리우스도 저들처럼 림보에 머무르는 몸임을 생각하고.

46   어느덧 우리가 산비탈에 다다르니, 거기
     어찌나 바위가 험하게 생겼던지
     날랜 다리라도 별수 없음을 보았노라.

49   레리치와 투르비아[1312] 사이의 더없이 거칠고
     허물어진 길이라도 이에 비기면
     수월하고 트여 있는 사다리일레라.

52   나의 스승이 걸음을 멈추며 이르시되,
     "날개 없는 자가 오를 수 있도록
     이 비탈이 어느 쪽으로 기우는지를 누가 알런고."

55   이렇듯 그는 맘속으로 길을 다듬으며
     얼굴을 떨어뜨리고 있고, 나는 또
     뼁 둘러 있는 바위를 쳐다보고 있을 때,

58   왼쪽으로부터 무리지어 나타난

1312   레리치와 투르비아: 레리치는 스페치아(현재 라 스페치아)만에 있는 고성이며 투르비아는 모나코 위에 있는 도시로서, 이 두 곳은 지중해안인 리비에라의 양단이 된다. 이 둘 사이의 산은 높고 험해서 그 당시에는 이곳에 길이 없었다고 한다.

혼들[1313]이 우리를 향해 발을 옮기는데
　　　움직이는 성싶지도 않게 더디 오더라.

61　나는 말했노라. "스승이여, 당신의 눈을 드소서.
　　　당신이 몸소 못하시더라도 보소서,
　　　여기 우리에게 가르쳐 줄 자가 있나이다."

64　이에 그는 보시자마자 눈살을 펴
　　　대답하되, "저들이 더디 오니 우리가 그리로 가자.
　　　그리고 사랑하는 아들아, 희망[1314]을 굳게 하라."

67　우리가 천 발짝을 옮긴 뒤에도 저
　　　족속은 팔매질 잘하는 사람이 손으로
　　　던질 그만큼 먼 곳에 아직 있을 무렵,

70　저들은 모두 높은 벼랑의 투박한 바위에

1313　혼들: 교회가 꺼리는 일을 범하였지만 죽음을 앞두고 뉘우친 혼의 무리. '더디 옴'은 구제의 길에 늦게 들어왔음을 나타낸다.
1314　희망: 길을 물을 수 있는 희망.

붙어 굳어진 듯 엉킨 듯 멈춰 서[1315] 있었나니,

흡사 길 가던 사람이 의심쩍게 살피며 선 것 같더라.

73 베르길리우스가 입을 떼되, "오 끝을 잘 맺어[1316]
이미 뽑힌 넋들이여, 생각노니 너희 모두를
기다리는 저 평화의 이름으로

76 우리에게 일러라, 위로 오를 수 있게
어디메에 산이 기울어져 있는지를.
때를 잃음은 현자일수록 더욱 꺼리기 때문이니라."[1317]

79 마치 양 떼가 한 마리 두 마리 혹은 세 마리씩
우리에서 나오고, 남은 놈들은 눈과 코끝을
땅에 비비며 얼떨떨해 하느라면

1315 멈춰 서: 베르길리우스와 단테가 혼들에게 길을 물으려고 왼쪽으로 걸어가자 이를 본 혼들이 마치 길 가던 사람이 무언가에 놀라서 발을 멈추듯 멈춰 섰다. 이는 연옥에서는 항상 오른쪽으로 걷는데, 이것은 선을 향해 나아가는 상징으로 멸망을 향해 가는 지옥의 왼쪽과 상반된다(지옥편 9곡 132행 참고).

1316 끝을 잘 맺어: 죽을 때 하느님의 품 안으로 돌아온.

1317 때를 잃음은 현자일수록 더욱 꺼리기 때문이니라: 길을 알지 못하면서 걸어 나간다는 것은 때를 잃는 것이다. 그러나 현자일수록 때의 귀중함을 안다.

82　먼젓놈이 하는 그대로 다른 놈들도 따라 하며,
　　저놈이 멈춰 서면 숫된[1318] 채 멍하니 그 까닭도
　　모르면서 꽁무니에 모여드는 것처럼,

85　그즈음 저 행복한 '양 떼'의 우두머리도
　　상냥한 얼굴, 점잖은 걸음걸이로
　　앞으로 오는 것을 내 보았노라.

88　나의 오른쪽 땅에[1319] 빛이 깨어지고
　　그리하여 나 때문에 바위에
　　그늘진 것을 앞에 있는 자들이 보고는,

91　주춤 서고 슬쩍 뒤로 물러서매
　　바싹 따라오던 다른 이들도 한꺼번에
　　무슨 영문인지도 모르면서 덩달아 그러더라.

94　"너희가 묻지 않아도 나는 분명히 고하노라.

1318　숫된: 순진하고 어수룩한. – 편집자 주
1319　오른쪽 땅에: 시인들은 길을 묻기 위하여 왼쪽으로 갔기 때문에 지금 해는 그들의 왼쪽에, 산은 오른쪽에 있다.

너희가 보는 이것은 사람의 몸이란다.
그러기에 햇빛이 땅 위에 갈라지느니라.

97 놀라지 말고 오직 너희는 믿거라.
하늘로부터 오는 힘이 없으면서 이
장벽을 넘으려 애쓰는 것이 아니로다."

100 이렇듯 스승이 말하매 저 의젓한 족속은
손등으로 표시하며 말하더라.
"돌아서 곧장 앞으로 들어가라."

103 그리고 저들 중 하나가[1320] 입을 떼더라.
"너 누구길래 줄곧 가면서 낯을 돌리는가.
저 세상에서 언제 나를 본 일이 있는지 헤아리라."

1320 하나가: 만프레디. 프리드리히 2세 황제의 서자로 1231년경 시칠리아에서 출생했으며 아리고 6세 황제와 코스탄차 황후의 손자다. 1258년부터 나폴리와 시칠리아의 왕이 되었으나 교회는 그를 방탕하다고 하여 배척하였다. 결국 클레멘스 4세 교황은 프랑스 왕 루이의 동생 앙주의 샤를을 시칠리아의 왕으로 앉혔다. 1266년 1월 샤를은 나폴리 왕국을 공격하였고, 만프레디는 패하여 같은 해 2월 베네벤토 전쟁에서 전사했다(지옥편 28곡 15행 주 참고).

106 내가 그를 향해 똑바로 보느라니
금빛 머리에 아리따운 훌륭한 모습인데
한쪽 눈썹이 맞아서 갈라졌더라.

109 나는 겸손히 한 번도 그를 본 적이
없노라 하였더니 그는 이르되, "자, 보라."
하며 가슴 위의 상처를 내게 보이니라.

112 다음은 눈웃음 지으며 말하되, "나는 만프레디
황후 코스탄차[1321]의 손자이니라. 그러기에
네게 부탁하노니, 너 돌아가거든

115 내 예쁜 딸[1322] — 시칠리아와 아라곤의
자랑스러운 어미한테 가라. 그리고

1321 코스탄차: 프리드리히 2세 황제의 어머니(천국편 3곡 118행 주 참고). 만프레디는 서자이기 때문에 부친 대신에 조모의 이름인 코스탄차를 말한다.
1322 딸: 만프레디의 딸 코스탄차. 증조모와 이름이 같다. 1262년 아라곤 왕 피에트로 3세의 아내가 되어 알폰소 · 야코포 · 페데리코의 세 아들을 낳았다. '시칠리아와 아르곤의 자랑스런 어미'라 함은 알폰소는 아라곤의, 야코포는 시칠리아의 왕이 되었기 때문이다. 1291년 알폰소가 죽은 뒤에는 야코포가 아라곤의 왕이, 페데리코가 시칠리아의 왕이 되었다.

다른 풍문이 있거든 그에게 진실을 전하라.[1323]

118 물고를 낸 두 번 칼질에 내 몸이
빠개진 다음 기꺼이 용서해 주시는
그이에게 울며 나는 몸을 맡겼더니라.[1324]

121 내 죄악은 징그러운 것이었어도
끝없으신 선善은 한껏 팔을 벌려
그에게 돌아오는 모든 이를 받아들이시나니라.

124 클레멘스[1325]한테서 보냄을 받아 나를
쫓아 낸 코센차의 목자[1326]가 만약에 그때

1323 다른 풍문이 있거든 그에게 진실을 전하라: 내가 파문당하고 죽어 지옥에 버림받은 줄로 세상 사람들이 알고 있거든 코스탄차에게 내가 연옥에 있음을 알려다오.
1324 119~120 기꺼이 용서해 주시는 그이에게 울며 나는 몸을 맡겼더니라: 하느님에게 돌아왔다는 뜻이다.
1325 클레멘스: 클레멘스 4세 교황.
1326 코센차의 목자: 이탈리아 남쪽 칼라브리아 주에 있는 마을인 코센차의 목자. 즉, 대주교를 가리키는 말로 그 이름은 바르톨로메오 비냐텔리라고 하지만 분명하진 않다. 그가 클레멘스 4세 교황의 명을 좇아 베네벤토 근처의 무덤에서 만프레디의 유해를 파내어 이를 베르테의 냇가에 버렸다는 설이 있었다.

하느님 안에 있어서의 이 대목[1327]을 잘 읽었다면,

127 내 몸의 백골은 베네벤토 근처의 다리
끝, 육중한 돌 더미[1328] 아래에
아직도 간직되어 있으리라.

130 그렇건만 지금은 왕토王土[1329] 밖 베르데[1330]의 언저리에
빗물이 그를 씻고 바람이 불어 제치나니,
그이 꺼진 등불[1331] 잡고 이것을 거기로 옮겼더니라.

133 한 줄기 푸름을 희망이 지니고 있는 한[1332]

1327 하느님 안에 있어서의 이 대목: "아버지께서 나에게 주시는 사람은 모두 나에게 올 것이고, 나에게 오는 사람을 나는 물리치지 않을 것이다."(요한 6,37)
1328 돌 더미: 만프레디가 샤를에게 패하여 전사한 후 샤를의 군대는 한 사람씩 만프레디의 무덤 위에 돌을 던졌다고 한다.
1329 왕토: 나폴리 왕국.
1330 베르데: 나폴리 왕국 국경을 흐르는 가릴리아노 강을 말하는 것 같다. 그러나 트론토 강의 한 지류인 카스텔라노라고 하는 등 이설이 많다.
1331 꺼진 등불: 보통 장례 때 처럼 등불을 켜고 옮기지 않았다는 것.
1332 한 줄기 푸름을 희망이 지니고 있는 한: 식물이 완전히 시들지 않고 푸른 기운이 남아 있듯이 사람이 죽기 전에 뉘우치고 하느님께로 돌아갈 수 있는 한 가닥 희망이 남은 한.

저들[1333]의 저주로 인해 아주 죽으란 법은 없나니,
그로 인해 영원한 사랑이 못 돌아오지 않느니라.[1334]

136 거룩한 교회를 거슬려 고집하다가
죽는 자는, 종국에 가서 뉘우쳤다 하더라도
제가 젠 체하던 때의 삼십 곱을

139 바깥인 이 언덕[1335]에서 — 좋은 기도[1336]로 이 법이
보다 더 줄어지지 않는 한 — 기다려야
한다더니 그것이 참말이로다.

142 이렇다면 너 보아 온 내 처지와 아직도 금지된[1337]
이것을 나의 착한 코스탄차에게 알리어

1333 저들: 목자들(교황 혹은 대주교).
1334 영원한 사랑이 못 돌아오지 않느니라: 하느님의 은총이 다시 그에게(파문을 당한 자에게) 내릴 수 없다는 법은 없다.
1335 바깥인 이 언덕: 연옥 문밖. 단테는 거룩한 교회를 거슬러 죄를 범한 자는 설사 뉘우친 뒤 죽는다 해도 죄 중에 있었던 기간의 30배를 연옥 문밖 언덕에 머무른 후에야 죄를 씻을 수 있다고 생각했다.
1336 좋은 기도: 세상에 사는 선인의 기도가 연옥 바깥 영혼들의 고통의 기간을 줄여 빨리 연옥으로 들어갈 수 있게 한다.
1337 아직도 금지된: 세상에 사는 선인의 기도가 없이는 그 기간이 다하기까지 연옥으로 들어가지 못하는 것.

나를 기쁘게 해 줄 수 있을지 헤아리라.

145   여기서[1338] 우리는 저 위 세상 사람들에게서 얻는 바가 많음이니라."

1338   여기서: 연옥 전체. 지금도 가톨릭 교회는 지상에 있는 선인들의 기도가 연옥 영혼들을 도울 수 있다고 가르친다(연옥편 4곡 130~135행, 연옥편 6곡 25~27행, 연옥편 11곡 31~36행 참고).

제4곡

좁고 험한 바윗길을 거쳐 두 시인은 어느 높은 데에 올랐다. 베르길리우스가 단테에게 어찌하여 여기서는 해가 왼쪽으로 뜨는지 그 까닭을 가르쳐 준다. 그리고 커다란 바위에 가까이 가서 태만하였던 혼들을 본다. 단테는 그들 중 하나인 벨라콰와 대화를 한다. 그리고 나머지 다른 혼들을 본다.

1 즐거움이나 아니면 슬픔에 우리의
    어느 기관이 붙들려 있을 때면,
    영혼이 아주 그것에 쏠리는 탓으로

4 다른 기능에는 더 힘쓰지 못하는 것 같으니,
    이는 우리 안의 한 영혼이 딴 영혼 위에

덧씌워진다고 믿는 그릇됨[1339]과는 다르니라.

7   그러기에 사람은 제 영혼이 몹시 당겨지는
    무엇을 듣거나 보게 될 적이면,
    시간이 지나가도 잘 알지 못하나니

10 곧 듣는 능력이 다르고, 영혼을 온통
    차지하는 힘이 또한 다르기 때문인데
    이것은 묶인 듯하고 저것은 풀려 있는 듯하니라.

13 나는 저 영혼[1340]을 듣고 보면서 이것을
    실상 겪었던 것이니, 태양이
    좋이 50도[1341]나 떠오른 것을

1339 그릇됨: 플라톤 파의 학설과 마니케오의 이론을 가리킨다. 그들에 의하면 인간에게는 세 개의 다른 영혼이 있어, 식물적 영혼은 간과 창자에, 감각적 영혼은 심장에, 지적 영혼은 두뇌에 있다고 했다. 그러나 단테는 인간에게 세개의 영혼이 있다면 인간은 동시에 2개 이상의 자극에 마음을 쓸 수 있어야 하는데, 실제 인간을 살펴보면 기쁨이나 슬픔과 같은 강한 자극을 받으면 영혼의 다른 기능은 정지하므로 영혼이 하나라는 것이 명백하다고 생각했다. 이것은 토마스 아퀴나스 성인의 생각을 단테가 빌린 것이다.

1340 저 영혼: 만프레디의 혼.

1341 50도: 해는 24시간에 360도를 회전하니 한 시간에 15도씩 돈다. 50도를 도는 데 3시간 20분이 걸리게 되므로 지금은 일출 후 3시간 20분, 즉 9시 20분이다.

16 나는 전혀 알지 못한 채 뭇 영혼들이
    한 소리로 "너희가 찾는 데가 여기로다." 하고
    우리에게 외치는 자리로 우리가 왔더니라.

19 포도가 검게 익어 갈 무렵, 시골 사람이
    조그만 쇠스랑 하나 가득 가시로
    거듭거듭 막는 울타리의 구멍이라도[1342]

22 무리가 우리한테서 떠났을 즈음, 오직
    내 길잡이와 그 뒤의 내가 올라간
    틈서리보다는 더 작지 못할레라.

25 산레오[1343]로 가거나 놀리[1344]로 내려가거나 혹은
    비스만토바[1345] 그 꼭대기에 오르려면
    발만으로 충분하지만 여기선 사람이 날아야 되나니

1342 19~21 포도가 익는 가을, 농부는 가시로 울타리를 메워 도둑을 막는다.
1343 산레오: 우르비노 시 근처에 있는 작은 마을로, 험준한 산 위에 있다.
1344 놀리: 리비에라 해안의 사보나와 아르벤가 사이에 있는 절벽 아래에 위치한 조그만 어촌.
1345 비스만토바: 에밀리아 주 레지오 지방의 험준한 산의 이름.

28　이는 나에게 희망을 주고 빛을 이바지한
저 길잡이 그 뒤에서 날쌘 날개와
대망의 깃을 가지고서 한다 이름이로다.[1346]

31　으서진 바위를 뚫고 들어 우리는 기어올랐으나
어느 쪽에서고 서슬이 우리를 옹색케 하여
발과 손은 땅바닥을 보채더라.

34　드높은 언덕의 맨 끄트머리에 트인
산마루에 우리가 닿았을 때 나는 말했노라.
"스승이여, 어느 길을 가오리까?"

37　이에 그가 나에게 "한 발짝도 넌 내려딛지 마라.
밝으신 호위가 우리 앞에 나타낼 때까지
내 뒤에 붙어서 산으로 오르기만 하라."

40　눈에 겹도록 산마루는 우뚝한데

[1346] 빛을 이바지한: 이성의 빛(연옥편 3곡 1~3행 주 참고). 이 산을 오르고자 하는 자는 단테가 베르길리우스를 신뢰하듯 길잡이를 좇아 덕德으로 나아가고자 하는 큰 바람을 날개 삼아 날아야 한다는 뜻.

비탈은 사분원의 중앙[1347]에서 중심에 이르는
선보다 훨씬 가파르더라.

43 나는 지쳐서 드디어 입을 열었노라.
"아, 어지신 아버지, 돌이켜서 보소서.
그대 멎지 않으시면 난 혼자 남게 되리라."

46 "나의 아들아, 예까지만 네 몸을 끌어 올리라."
그는 산 이쪽을 두루 에워버린 조금
위에 있는 낭[1348]을 가리키며 내게 말하시니라.

49 그의 말씀은 나를 격려시키고 말았으니
나는 힘을 내어 그의 뒤에 기어오르며
이리하여 곱창길[1349]을 발 아래 두니라.

52 거기 둘이는 앉아서 우리가 올라왔던

1347 사분원의 중앙에: 사분원의 중앙에서 원의 중심에 이르는 선, 즉 45도의 각도다. 그러니까 이곳의 비탈은 45도보다 더 급한 경사를 이루고 있다.
1348 낭: 산등성이에 퉁겨 나와 산을 둘러싸고 있는, 일련의 고도가 높고 평탄한 땅.
1349 곱창길: 비탈진 길.

동쪽을 바라보았나니 무릇

회상이란 사람을 기꺼이 하는 까닭이로다.

55 처음엔 낮고 낮은 물가로 눈을 드리웠다가

다음 해를 마주 보고서는 왼쪽으로

들이비치는 것이 어리둥절해지더라.[1350]

58 우리와 북쪽 사이로 들어오는 빛의

수레[1351] 앞에 내 완전히 소스라쳐

섰음을 시인이 잘 아시고 그는

61 나에게 "만일 카스토르와 폴룩스[1352]가

위아래로 제 빛을 이끄는 바

1350 어리둥절해지더라: 단테는 동쪽을 향해 돌아섰을 때 왼쪽에 햇빛이 내리쬐는 것을 보고 기이하게 생각한다. 북반구 지역에서는 동쪽을 향하고 서면 해가 오른쪽에 있기 때문이다. 지금 단테는 유럽의 대척점에 있고 여기는 태양의 회전 방향도 정반대라는 것을 잠깐 잊고 놀란 것이다.

1351 58~59 빛의 수레: 태양.

1352 카스토르와 폴룩스: 쌍둥이자리(천국편 27곡 98행 참고). 제우스 신은 백조의 모습을 하고 레다를 찾아가 두 개의 알을 낳게 했다. 그 하나에서 미녀 헬레네(지옥편 5곡 64행 주 참고)가 나오고 다른 하나에서는 쌍둥이 카스토르와 폴룩스가 나왔다. 이 쌍둥이가 죽었을 때 제우스는 이들을 하늘로 보내서 쌍둥이자리의 별이 되게 했다고 한다. 쌍둥이자리는 양자리보다 더 북쪽에 있다.

저 거울과 함께 있었더라면

64 홍옥색 황도대[1353]가 옛길[1354]에서 벗어나지
않는 한 아직도 북두에 보다 가까이
돌아가는 것을 너는 보았으리라.

67 이것이 어찌된 일인지 알아보고 싶거든
속을 가다듬어 그려 보려무나.
시온[1355]이 이 산과 함께 땅 위에 있어도

70 둘이 다 하나인 지평선을 지니면서
반구만은 서로 다르다는 것을.
그러기에 너의 맑은 지성이 이를 잘 살핀다면

1353 홍옥색 황도대: 태양이 그 안에 있으므로 태양이 지나가는 길의 일부가 태양에 의해서 붉게 물든 것이다.
1354 옛길: 황도. 해가 지구의 주위를 회전하는 궤도를 잘못 벗어나지 않는다면 쌍둥이자리가 양자리보다 북극곰자리에 더 가까이 있다. 만일 태양이 양자리(지금은 태양이 이곳에 있다)에 있지 않고 쌍둥이자리(하지에는 태양이 이곳에 있다)에 있다면 태양의 회전궤도는 지금보다 훨씬 북쪽에 있을 것이다.
1355 시온: 예루살렘. 예루살렘은 정죄산과는 지구의 정반대 면에 있으므로 그 지평선은 양자에게 공통된다.

73 망측하게도 저 말 부릴 줄 모르던 파에톤[1356]의
 길[1357]이 어찌하여 이 산의 이쪽 그리고 저 산의
 저쪽을 지나야 하는지 알 수 있으리라."

76 내 이르되, "정녕코 내 스승이여,
 저의 재주가 짐짓 모자라는 줄을
 분별하기에 지금처럼 환히 본 일이 없나이다.

79 천체의 운행에 있어 어느 학술[1358]에선
 적도라 불리는 바 곧 언제나 해와
 겨울 사이에 남아 있는 중앙의 환[1359]은

82 그대 말씀하신 이치대로 이쪽에서 북쪽을

1356 파에톤: 지옥편 17곡 106행 주 참고. 여기 이후에도 《신곡》에서 파에톤의 전설이 많이 인용된다.
1357 길: 황도.
1358 어느 학술: 천문학.
1359 80~81 언제나 해와 겨울 사이에 남아 있는 중앙의 환: 적도. 적도는 해가 있어 여름이 되는 반구와 해가 없어 겨울이 되는 반구 사이에 위치한다. 즉 북반구가 겨울일 때 태양이 동지선 혹은 그 부근에 있으므로 적도는 겨울과 태양 사이에 있고, 남반구가 겨울이 되면 태양은 하지선 혹은 그 부근에 있으므로 적도는 정죄산의 겨울과 태양 사이에 있다. 즉 적도를 기준으로 태양은 오르내리므로 적도를 하늘 중앙의 환이라 부른다.

향하여 뻗어 있는 것이 히브리 사람들[1360]에게는

이것이 더운 고장으로 뻗어 있는 듯 보이나이다.

85 어떻든 당신 뜻이 계시거든 얼마만큼 더

가야 할지 알려 주소서. 제 눈이 기어

오를 수 없도록 이 산은 우뚝하오이다."

88 이에 그가 나에게 "이 산은 아래서

처음에만 항시 힘할 뿐 위로

오를수록 수고가 덜하다 이르느니라.[1361]

91 그러기에 이 산이 너한테 재미있어 보여

치오르기가 흡사 배를 저어 흐름 위에

떠내려가듯 네게 수월하여질 때면

1360 히브리 사람들: 히브리인들이 시온 산(예루살렘)을 중심으로 팔레스타인에 살고 있을 때, 연옥 정죄산과 그 북쪽에 있는 적도와의 거리는 예루살렘과 그 남쪽에 있는 적도와의 거리와 같다. 히브리인들이 남쪽으로 있다고 보는 적도는 정죄산에서 보면 북쪽에 있다.

1361 88~90 회개하고 덕으로 나아가는 것이 처음에는 매우 어렵지만 굽히지 않고 노력하는 사이에 수월해진다.

94　그때 너는 이 길의 마지막에 있으리라.
　　거기 너 고달픔이 그칠 것을 기다릴지니
　　내 더 대답치 않아도 이의 진실됨을 알 것이니라."

97　그가 말씀을 다 하시자마자 가까이서
　　한 소리가 울리되, "아마도 너는
　　우선 주저앉고야 말게 될 것을."

100　그 소리에 우리는 각각 몸을 돌이켜
　　아까까지도 그나 나나 알지 못하였던
　　크나큰 바위를 왼편에서 보니라.

103　그리고 우리가 다가서니 거기엔 바위 뒤
　　응달에 사람들[1362]이 서 있는데 그들은 마치
　　게으르다 못해 엉거주춤 서 있는 자 같더라.

106　그중 하나는 내 보기에 매우 피곤한 듯
　　두 무릎을 깍지 껴 안고 그 사이에

1362 사람들: 게을러서 죽을 때까지 회개를 미루어 왔던 자들의 혼.

얼굴을 틀어박은 채 있더니라.

109 내 이르되, "오, 점잖으신 어른이여, 저놈을
눈여겨보소서. 아무리 태만이 제 누이
이기로 늘어진 꼴이 저럴 수 있사오리까."

112 홀연 그는 우리를 돌아보며 정신을
차리고는 무릎에서 얼굴을 겨우 떼더니
말하더라. "자, 오르시오. 힘이 장사이구료."

115 그제야 나는 그가 누구인 줄을 알았고,
여태까지 제법 숨 가빠하던 그 고통도
그한테 가는 것을 가로막지 못하였으니

118 이렇듯 내 그에게 갔을 즈음 그는 억지로
머리를 쳐들고 말하더라. "해가 그대의
왼쪽 어깨 위로 수레를 어떻게 모는지 잘 보셨는지?"

121 그의 느려 빠진 꼴과 짧은 말씨는
적이 내 입가에 웃음을 자아내더라.

문득 나는 시작하되, "벨라콰[1363]여, 다시는

124 너로 인해 울지 않으마.[1364] 아무튼 너는 어찌 되어
이 자리에 앉았는지 말이나 하라. 길잡이를
기다리느냐, 아니면 예전 버릇[1365]을 되풀이하느냐?"

127 그는 "형제여, 위로 가면 무슨 소용인고?
문 위에 앉은 하느님의 날개 달린 천사[1366]가 내가
고난[1367] 속으로 들어가는 것을 내버려 두지 않을 것을.

130 내가 마지막까지 착한 한숨[1368]을 끌었었기에
살아서 하였던 그만큼 문밖에서[1369] 먼저 맴돌아야
할 것을 하늘이 내게 마련하셨나니,

1363 벨라콰: 벨라콰는 하프와 그 밖의 현악기를 만드는 재주가 탁월했지만 영적인 일이나 일상생활의 일에 있어서는 대단히 태만한 사람이었다. 단테는 음악을 좋아하여 그와 친구 사이였다.
1364 울지 않으마: 지옥에 있지 않고 구제된 연옥에 있기 때문에.
1365 예전 버릇: 현세에서의 태만하던 버릇.
1366 하느님의 날개 달린 천사: 연옥문을 지키는 천사(연옥편 9곡 76행 이하 참고).
1367 고난: 문안에서 죄를 씻기 위해 받는 가책.
1368 착한 한숨: 참회와 개심의 한숨.
1369 문밖에서: 연옥편 3곡 139~141행 주 참고.

133　은총 안에 사는 마음으로부터 솟아나는
　　 기도[1370]가 우선 나를 도와주지 않는 한 하늘에서
　　 들어주지 않는 다른 기도가 무슨 쓸 데 있으랴?"

136　이미 시인은 내 앞에 오르시면서
　　 이르시더라. "그만 오너라. 태양[1371]은 자오선에
　　 닿았으니, 보라, 바닷가[1372]에는

139　벌써 밤이 모로코[1373]를 발로 덮고 있구나."

1370　기도: 지옥의 영혼들은 단테에게 기도를 말하지 않았다. 그러나 연옥의 영혼은 거듭거듭 기도를 청한다.
1371　태양: 지금은 정오이기 때문에 태양은 자오선에 닿아 있다. 즉 중천에 있다.
1372　바닷가: 갠지스 강(연옥편 2곡 4행 이하 참고).
1373　모로코: 아프리카 서북단에 있는 나라. 단테에 의하면 모로코는 예루살렘의 서쪽 90도에 있고 지옥은 모로코의 서쪽 90도에 위치한다. 따라서 연옥이 정오일 때 예루살렘은 한밤중이며 모로코는 저녁이다.

제5곡

태만한 자들의 처소를 떠나서 두 시인은 다시 산을 오르다가 시편을 노래하며 오는 한 무리를 만난다. 이들은 죽기 직전까지 회개를 미루다가 죽음을 당한 자들의 영혼으로 단테에게 기도를 청한다. 여기 단테와 이야기하는 혼들은 야코포 델 카세로, 부온콘테 다 몬테펠트로, 그리고 비참한 결혼을 말하는 톨로메이의 피아다.

1 나는 이미 그들 영혼을 떠나
내 길잡이의 발자국을 좇고 있더니,
마침 내 뒤에서 손가락질을 하며

4 한 영혼이 소리치되, "보라, 밑에 있는 자의[1374]

1374 밑에 있는 자의: 단테의. 단테는 베르길리우스 뒤를 따라 산에 오르고 있기 때

왼쪽에 햇빛이 비치지 않는 듯 보이는 것을,[1375]

　　　그리고 산 사람처럼 행동하는 것을."

7　　이 말소리에 내가 눈을 돌렸을 때에

　　　오직 나만을, 그리고 부서진

　　　빛[1376]을 깜짝 놀라서 쳐다보는 자들을 내 보았노라.

10　스승이 말하시되, "어찌하여 네 마음은 이다지 설레는고?

　　　걸음은 느리기만 하니

　　　대체 이 고장의 속삭임이 네게 어떻단 말인고?

13　너는 내 뒤를 따를 뿐 무리의 지껄임을

　　　버려둘지니 바람에 불려도 한 번도 끝이

　　　흔들린 적이 없는 굳건한 탑 모양 섰거라.

16　사람은 매양 생각에 생각이 덮칠 때

　　　문이다.
1375　왼쪽에 햇빛이 비치지 않는 듯 보이는 것을: 동쪽에서 서쪽으로 돌아 올라가기 때문이다(연옥편 1곡 114행 주 참고). 지금 해는 오른쪽에 있어(연옥편 4곡 57행 주 참고) 왼쪽에 그림자가 생긴다.
1376　부서진 빛: 땅에 던져진 그림자(연옥편 3곡 88행 참고).

스스로 겨눔대[1377]에서 빗나가나니
하나의 힘이 다른 하나를 약하게 하는 까닭이니라."[1378]

19   "갑니다."라는 것밖에 내 무엇을 더
말할 수 있던가? 나는 그리 말하고 사과하는
사람에게 알맞은 낯빛을 약간 띠었더니라.

22   그때 산허리를 가로질러[1379] 한 백성이
'MISERERE'[1380]를 한 구절 한 구절 번갈아
노래하면서 우리 앞으로 다가오더라.

25   저들은 빛살이 내 몸을 거쳐 통하지
못하는 것을 알게 되자 저들의 노래를
길고도 굵은 외마디 "오오."로 바꾸더라.

1377   겨눔대: 목표. – 편집자 주
1378   16~18 생각이 여러 개 겹치면 어느 하나에도 몰두할 수 없다. 단테는 지금 저 혼의 말에 마음을 빼앗겨 제대로 산에 오르지 못하고 있다.
1379   가로질러: 시인들은 산을 오르지만 혼들은 산허리를 맴돌고 있기 때문이다.
1380   MISERERE: '불쌍히 여기소서.'(시편 51편의 서두) 다윗이 범죄 후 읊은 것으로 흔히 통회성시痛悔聖詩라고 한다.

28 그 가운데 둘이서 파발꾼마냥 우리를
　　만나려고 달려오더니 "그대들의
　　내력을 우리에게 알리라."라고 묻더니라.

31 그러자 내 스승님이 "너희는 물러가서
　　너희를 보낸 그들에게 전갈하라.
　　이 사람의 몸은 거짓 없는 살이라고.

34 만약 그들이 내 짐작대로 이이의 그림자를
　　본 탓으로 걸음을 멈춘 것이라면 대답은 다 된 셈이니
　　이이에게 존경을[1381] 바침이 그들에게 이익이 되리라."

37 잔잔한 밤이나 해 질 무렵 8월의
　　구름을 찢는 불타는 수증기[1382]라도
　　이렇듯 날랜 것을 내 보지 못하였나니.

1381 존경을: 단테가 세상에 돌아가면 많은 혼들이 연옥에 있음을 알려 선인들의 기도로 연옥의 영혼들이 지내야 할 보속補贖 기간을 단축시킬 수 있다. 그래서 연옥의 혼들은 단테에게 존경을 바치고 그 이익(기도)을 받고자 한다.
1382 수증기: 중세에는 유성 또는 여름밤의 번갯불을 불타는 수증기라고 했다.

40　그렇듯 저들은 눈 깜짝 사이에 올라가 버리니라.
　　거기에 다다라서 저들은 다른 자들과 함께 말고삐 없이
　　달리는 떼거리처럼 우리를 향해 되돌아오더라.

43　시인이 이르시되, "우리한테로 몰려오는
　　이 무리가 많은데 네게 청이 있어 오는 것이매
　　그냥 계속 가면서 들어 보거라."

46　그들이 오며 외치되, "타고난 몸뚱이를
　　그냥 지니고 흥겹게 걸어가는 영혼이여,
　　잠시 발걸음을 고요히 하라.

49　일찍이 우리 중에 누구를 본 적이 있어
　　그의 소식을 저 고장에 그대 전할 수 있는지 살펴보라.
　　아, 어찌 가기만 하느뇨, 어찌하여 멎지 않느뇨?

52　우리도 한때는 모두 폭력 때문에 죽어서[1383]

1383　폭력 때문에 죽어서: 전사(부오콘테), 사사로운 원한(야코포 델 카세로), 가정 비극(피아) 등의 이유로 죽어서.

최후의 시각까지 죄인들이었더니, 그때
하늘의 빛[1384]이 우리를 깨우치게 하여

55 스스로 뉘우치고 용서해 주며[1385] 당신을
뵈옵고 싶은 원으로 우리를 애타게 하신
그 하느님과 화해한 몸들로 세상을 나섰느니라."

58 이에 나는 "너희 얼굴을 보아도 내
아무도 모르겠노라. 그러나 나기를 잘한[1386]
혼들이여, 내 너희 원을 풀어 줄 수 있다면

61 말하라. 세계에서 세계에로 이렇듯 내
길잡이의 자취를 따라 두루 찾게 해 주신
그 평화[1387]의 이름으로 나는 일을 하리라."

1384 하늘의 빛: 신의 은총.
1385 용서해 주며: 나에게 죄를 범한 사람을. "너희가 다른 사람들의 허물을 용서하면, 하늘의 너희 아버지께서도 너희를 용서하실 것이다."(마태 6,14)
1386 나기를 잘한: 천국의 기쁨을 얻도록 태어난.
1387 평화: 천국의 행복.

64 이리하여 하나[1388]가 입을 떼되, "무력함이[1389]

의지를 꺾지 않는 한, 그대 맹세치 않아도

그 좋은 뜻을 우리 모두 믿노라.

67 그러기에 다른 이들 먼저 나 홀로

말하고 그대에게 묻노니, 로마냐와 카를로의

사이에 앉은 나라[1390]를 그대 언제 보거든

70 파노[1391]에서 나를 위한 그대의 기도가

잘 올려져서 나로 하여금

무거운 죄과를 씻게[1392] 하시라.

1388 하나: 야코포 델 카세로. 파노(지옥편 28곡 76행 주 참고)의 구엘피 당원으로 1296년부터 1297년에 걸쳐 볼로냐의 장관이었고 이때 페라라의 후작인 에스티 가문의 아초 8세의 원한을 샀다. 1298년 밀라노의 장관이 되어 이곳으로 부임할 때 에스티 가문의 땅을 피하여 빙 돌았으나 파도바인의 땅을 지나 오리아코 부근에 왔을 때 아초 8세의 명을 받은 암살자에게 피살되었다.
1389 무력함이: "사실 내 안에, 곧 내 육 안에 선이 자리 잡고 있지 않음을 나는 압니다. 나에게 원의가 있기는 하지만 그 좋은 것을 하지는 못합니다."(로마 7,18)
1390 사이에 앉은 나라: 마르카 단코나. 로마냐와 나폴리 왕국과의 사이에 있다. 나폴리 왕국은 당시 카를로(앙주의 샤를)의 치하에 있었기 때문에 '카를로'의 사이라 한다.
1391 파노: 마르카 단코나에 있는 지방. 카세로의 고향.
1392 죄과를 씻게: 빨리 연옥 문안으로 들어가서.

73 　나는 그곳 사람일러니 내게 깃들이고
　　있던 피[1393]가 쏟아져 나온 깊은 상처가
　　안테노리의 품 안[1394]에서 다루어졌느니라.

76 　내 가장 마음 놓고[1395] 믿었던 거기였건만,
　　에스티 사람[1396]은 정의가 원하는 것보다 훨씬 더
　　심하게 나에게 분을 품고 이같이 했느니라.

79 　그러나 오리아코[1397]에서 기습을 당하였을 때
　　미라[1398] 쪽으로 내 도망쳤던들
　　아직도 나는 숨 쉬는 거기에 있으리라.[1399]

82 　늪으로 달아난 나는 억새와 진흙에

1393　73~74 내게 깃들이고 있던 피: 나 야코포의 육체를 낳아 준 피.
1394　안테노리의 품 안: 파도바인의 영내. 이 땅을 트로이의 안테노레(지옥편 32곡 89행 주 참고)의 자손들이 세웠다는 전설에 따라 이같이 부른다(《아이네이스》 1,242 이하).
1395　마음 놓고: 에스티 가문의 땅과 멀리 떨어져 있으므로(64행 주 참고).
1396　에스티 사람: 에스티 가문의 아초 8세.
1397　오리아코: 파도바와 베네치아 사이에 있다. 카세로는 이곳에서 암살되었다.
1398　미라: 오리아코 부근에 있으며 브렌타 강으로 통하는 운하가 있는 지방.
1399　숨 쉬는 거기에 있으리라: 나는 지금도 세상에 살아 있으리라.

얽히어 넘어졌고, 그리하여 내 피로써
　　　땅에 호수가 이루어짐을 보았노라."

85　　다음 다른 자가 이르되, "아, 높은 산으로
　　　그대를 이끄는 저 소원이 채워지거라.
　　　그대 어지신 자비로 내 소원[1400]을 도우시라.

88　　나는 몬테펠트로 출신 부온콘테[1401]로다.
　　　이마 떨구고 이자들 틈에 내가 가기는
　　　조반나[1402]도 다른 이들도 나를 돌보지 않음에서니라."

91　　내 그에게 "그 무슨 폭력, 무슨 운명이었기에
　　　캄팔디노[1403] 밖에서 너는 방황하게 되어

1400　내 소원: 평화를 얻고자 하는 소원(61~63행의 평화).
1401　부온콘테: 지옥편 27곡에 나오는 구이도 다 몬테펠트로의 아들. 기벨리니 당의 지도자로서 아레초의 구엘피 당을 추방하기 위하여 여러 번 전장에 나갔으나 1289년 6월 캄발디노 전투에서 전사했다.
1402　조반나: 부온콘테의 아내. 세상에 있는 아내도 다른 친척들도 나를 기억해 주지 않기 때문이다.
1403　캄팔디노: 아르노 계곡의 비비에나 부근에 있는 카센티노(지옥편 30곡 64행 주 참고)의 한 평원. 1289년 6월 아레초의 기벨리니 당은 피렌체의 구엘피 당과 싸워 패했다. 단테도 당시 피렌체의 기병으로 이 전쟁에 참여했다고 알려졌다(지옥편 22곡 1~3행 주 참고).

네 무덤조차 모를 지경이 되었는고?"

94　그가 대답하되, "오호, 아펜니노 수도원[1404]의
　　　꼭대기에서 생겨나서 아르키아노[1405]라
　　　이름하는 물이 카센티노 산록을 지나는데

97　그 이름이 스러지는 그 자리[1406]에 나는
　　　목이 뚫린 채 맨발로 도망치고 피를
　　　땅바닥에 흘리면서 다다랐더니라.

100　거기 시력은 흐려졌고 말은 마리아[1407]의
　　　이름을 부르며 끊어졌나니, 그 자리에
　　　쓰러진 채 내 몸뚱이만 남게 되었나니라.

1404　수도원: 1012년 라벤나의 로무알도(1027년 사망)성인이 세운 카말돌리 수도원.
1405　아르키아노: 이 수도원 위를 흐르는 두 줄기 물이 비비에나의 북쪽 언덕에서 만나서 아르노 강으로 흘러 떨어지는 데 이를 아르키아노 강이라 한다.
1406　이름이 스러지는 그 자리: 아르키아노 강이 아르노 강으로 흘러들어가는 자리. 여기서부터는 아르키아노란 이름은 없어지고 아르노라 불린다. 캄팔디노부터 이곳까지는 약 1km.
1407　마리아: 임종 때 성모 마리아를 불렀다.

103 정말이지 하느님의 천사가 나를 거두었고[1408]
지옥의 사자는 '오, 천상의 너 어찌하여 내게서
앗아가느뇨. 한 방울 눈물 때문에 저를

106 내게서 빼앗아 영원한 몫[1409]을 너는 가져가나,
나는 남은 한 쪽을 달리 조처하리라.'라고
외쳤으니, 그대 산 사람들에게 이를 전해 다오.

109 저 습한 증기가 공중에 엉키어 있다가 추위가
이를 엉키게 하는 자리에 닿자마자 홀연 물로
돌아가는 것을 그대도 잘 아는 바라.

112 악惡밖에 아니 찾는 저놈[1410]의 악한 뜻은
그 지성과 함께 엉키어 날 때부터 지니던

1408 하느님의 천사가……: 그의 아버지 몬테펠트로가 죽었을 때 프란체스코 성인이 데리러 왔으나 악행이 커서 지옥의 마귀에게 빼앗기고 말았다(지옥편 17곡 112~120행 참고). 그러나 그의 아들은 한 방울의 눈물을 흘린 덕분에 하느님의 천사에 인도되어 연옥에 오게 되었다. 이런 식의 이야기는 성경에서도 많이 볼 수 있다. 미카엘 대천사와 악마가 모세의 주검을 가지고 다툰 일이 있다(유다 1,9 참고).
1409 영원한 몫: 영혼.
1410 저놈: 지옥의 악마.

제 힘[1411]으로 먹구름과 바람을 일으켰나니라.

115　이리하여 해 질 녘에 프라토마뇨[1412]로부터
　　　저 웅장한 연봉[1413]에 이르기까지 높은
　　　안개로 골짜기를 뒤덮어 하늘까지 흐리게 하매

118　비 밴 대기는 물로 변하여 버렸나니
　　　비가 내리고 땅이 감당 못 하는
　　　나머지는 실개천으로 흘러와서

121　마침내 큰 강물[1414]로 모아졌는지라,
　　　정작 진짜 강으로 뿌듯하게 내닫는
　　　바람에 아무것도 이를 걷잡지 못하더라.

1411　113~114 날 때부터 지니던 제 힘: 여기서 힘은 능력을 말한다. "그 안에서 여러분은 한때 이 세상의 풍조에 따라, 공중을 다스리는 지배자, 곧 지금도 순종하지 않는 자들 안에서 작용하는 영을 따라 살았습니다."(에페 2,2)라고 하였고, 토마스 아퀴나스 성인도 "선천사善天使나 악천사惡天使나⋯⋯ 구름을 비로 엉키게 하고 또는 이러한 무엇을 함으로써 천체의 운행뿐 아니라 물체에 있어 무엇을 할 능력이 있다."(《신학대전》1,64,1 및 1,112,2)라고 말했다.

1412　프라토마뇨: 카센티노에서 발다르노를 갈라놓는 지금의 피라토 베키오.

1413　연봉: 아펜니노 산맥. 프라토마뇨는 서쪽에, 아펜니노는 동쪽에 있다.

1414　큰 강물: 직접 바다로 빠지는 강으로, 여기서는 아르노를 가리킨다. '실개천'은 카센티노의 여러 하천, 즉 아르키아노 등을 말한다.

124 세찬 아르키아노는 강기슭에 내 식은
몸을 보고 아르노에다 밀어 넣었나니,
내 고통[1415]을 못 이겨하던 순간에

127 내 스스로 만들었던 십자가[1416]를 내 가슴 위에서
풀어내었고, 아르노는 둑으로 물 밑으로
나를 굴리더니 나중엔 제 찌꺼기[1417]로 덮치고 휘감았느니라."

130 둘째 영혼에 잇달아서 셋째가 말하되,
"언제 세상으로 돌아가서 그대
오랜 나그넷길을 쉬게 되거든

133 나 피아[1418]를 생각해 주소서.
시에나가 나를 냈고 마렘마는 나를

1415 고통: 참회의 고통.
1416 내 스스로 만들었던 십자가: 가슴 위에 팔을 십자형으로 얹어 만든 십자가.
1417 제 찌꺼기: 물결에 휩쓸려 내려온 모래와 진흙.
1418 피아: 톨로메이 가문에 속한 시에나의 부녀로 마렘마에 있는 피에트라의 넬로와 혼인했으나 넬로에게 살해당했다. 죽음의 원인으로, 넬로가 새로운 정부를 맞기 위해서 살해했다고도 하고 또는 피아가 자살했다고도 하나 원인은 그 죽은 때와 함께 분명하지 않다.

망쳤는데,[1419] 이 일이야말로 약혼 때 제 보석을

136 　내게 가락지로[1420] 해 준 그이[1421]가 알리다."

1419 　134~135 시에나가 나를 냈고……: 시에나에서 출생해서 마렘마(지옥편 13곡 7행 주 참고)에서 죽었다.
1420 　135~136 약혼 때 제 보석을……: 피아의 결혼은 약혼반지까지 받은 후 이루어진 것이니 법률상 정당한 결혼이었다는 것을 강조한다.
1421 　해 준 그이: 남편인 넬로 델라 피에트라.

제6곡

비명에 죽은 자들의 영혼들을 떠난 뒤 단테는 베르길리우스에게 기도의 가치에 대하여 묻는다. 같은 만토바 출신이던 소르델로가 베르길리우스를 기쁘게 맞아 주는 것을 보고 단테는 문득 조국 생각이 들어, 반역과 불화 속에 있는 이탈리아인들을 개탄한다.

1 차라[1422]의 노름판이 끝났을 즈음
　　잃은 자는 처량하게 주저앉아 거듭
　　골패짝을 던지며[1423] 슬프게 배우노라면

1422 차라: 당시 유행하던 도박으로, 세 개의 주사위를 던져서 승패를 겨루었다.
1423 2~3 거듭 골패짝을 던지며: 노름에 진 사람은 처량하게 앉아서 거듭거듭 주사위를 던져 본다. 마치 어떻게 던지면 자기가 원하는 숫자가 나올지를 알아내려는 듯이.

4   다른 놈과 함께 가는 모든 사람이
    하나는 앞에 가고 하나는 뒤에서 붙잡고
    곁에서는 그에게 알아 달라 하여도,

7   그는 멎지도 않은 채 이 사람 저 사람에게
    귀만 기울이며, 손을 내밀어 주기만 하면 다시는
    붙들 누구 없이 소란함에서 제 몸을 빼치듯이

10 나 역시 꽉 들어선 저 무리 가운데에서
    이쪽저쪽 저들에게 얼굴을 돌려주고
    약속[1424]만 하면서 거기를 빠져나오니라.

13 여기에는 기노 디 타코[1425]의 억센 팔에
    죽음을 당한 아레초 사람,[1426] 그리고

1424 약속: 지상의 선인들에게 그들을 위한 기도를 청해 주겠다는 약속.
1425 기노 디 타코: 시에나의 유명한 도둑. 보카치오의 《데카메론》 10,2에도 기록되어 있다.
1426 죽음을 당한 아레초 사람: 베닌카사 다라테리니. 13세기 사람으로 아레초의 법관이었는데 마렘마에서 도둑질한 죄목으로 시에나의 귀족 기노 디 타코의 형(혹은 숙부)을 사형에 처한 일이 있다. 후에 베닌카사가 로마 교황청의 심사관이 되었을 때 기노 디 타코도 로마에 들어가 형의 죽음에 대한 보복으로 법정에서 베닌카사를 살해했다. 기노는 비록 도둑이지만 약탈물의 공정한 분배와

쫓기어 도망치다가 물에 빠진 자[1427]가 있더라.

16 같은 자리에 페데리고 노벨로[1428]가 손을
펴 벌리고 있는데, 저 착한 마르추코[1429]로 하여금
강한 자임을 보이게 해 준[1430] 피사인[1431]도 그러하더라.

19 오르소[1432] 백작과 또 제 말마따나 범죄보다는
원한과 시기 때문에 그 영혼이
육체에서 갈라졌다는 이른바

기부, 그에게 항복하는 무리에 대한 관용 등으로 높이 평가되었다. 후에 로마에 초청되었고 보니파시오 8세 교황에 의해서 기사가 되었다.

1427 물에 빠진 자: 아레초의 기벨리니 당 수령인 타를라티 가문의 구초. 구엘피 당 보스톨리 가문의 사람과 싸울 때 말이 아르노 강으로 뛰어들어 익사했다.

1428 페데리고 노벨로: 카센티노의 구이도 노벨로의 아들. 1291년(혹은 89년) 비비에나 부근에서 보스톨리 가문 사람에게 피살되었다.

1429 마르추코: 스코르니자니 가문 사람으로 피사의 법관. 1286년 프란치스코회에 들어가 1291년부터 1297년까지 피렌체의 산타 크로체 수도원에서 살다가 죽었다. 그의 아들 파리나타가 피살되었을 때 그는 가해자를 관대하게 용서했다.

1430 강한 자임을 보이게 해 준: 아들의 원수를 용서함으로써.

1431 피사인: 이름은 파리나타. 앞에 나온 마르추코의 아들.

1432 오르소: 프라토의 백작 나폴레오네 델리 알베르티(지옥편 32곡 57행 주 참고)의 아들. 사촌 알베르토에 의해 살해되었다.

22 피에르 달라 브로차[1433]도 나는 보았노라. 그러니
　　브라반테의 아씨[1434]여, 몹쓸 무리[1435] 속에 아니
　　끼이려거든 여기 있을 때 미리 삼갈진저.

25 어서 성자가 되고 싶음에서 사람들이
　　빌어 주기를 오직 빌 따름인 저 모든
　　영혼들한테서 내가 놓여 나왔을 제

28 나는 시작했노라. "오, 나의 빛이여, 그대
　　어느 대문에 밝히시기를 하늘의 정하심은
　　기도가 굽히지 못한다고 내게 단언하신 듯하거늘

1433 피에르 달라 브로차: 비천한 출생이나 프랑스 왕 필리프 3세의 신임을 얻어 주치의이자 시종이 되었다. 그러나 마리아 디 브라반테 왕비의 사건으로 반역죄를 선고받고 사형당했다.

1434 브라반테의 아씨: 브라반테 공 앙리 6세의 딸로 이름은 마리아. 필리프 3세의 두 번째 아내이다. 1276년 첫 번째 왕비의 아들 루이가 죽었을 때 피에르는 그 사인을 마리아 왕비의 독살이라고 하여 그녀의 원한을 샀다. 후에 필리프 3세가 카스틸리아의 왕 알폰소 10세와의 전쟁으로 바쁠 때 피에르를 질투하던 자와 마리아 일파가 그를 반역으로 몰아 피에르는 사형당했다.

1435 몹쓸 무리: 지옥에 떨어진 자들. 죄 없는 사람을 죽게 만든 죄로 사후 지옥 제8환 제10낭에 떨어지지 않으려거든 아직 세상에 있을 때 그 죄를 회개하라. 마리아는 1321년에 죽었으니 단테의 이 경고를 들었을 것이다.

31 이 백성은 이 짓을 하옵니다.
그럼 저들의 희망은 헛될 것이옵니까,
아니면 그대 말씀이 내게 잘못 알려졌습니까?"

34 이에 그가 나에게 "내 글은 분명하고
저들의 희망도 옳은 마음으로 보기만
한다면 헛된 것이 아니니라.[1436]

37 여기에 들어 있는 자가 다하여야 할 것을
사랑의 불이 일순간에 채운다 할지라도[1437]
심판의 맨 꼭대기[1438]가 낮아지는 것은 아니거니,

40 내 거기서 이 점을 분명히 말한 바는[1439]

1436 34~36 내 글은……: 나의 이야기와 영혼들이 구하는 바는 서로 모순되지 않다.
1437 사랑의 불이 일순간에……: 만일 세상에 있는 사람들이 사랑에 불타는 마음으로 연옥 문 바깥 혼들을 위해서 기도하여 이 기도로 혼들이 정하여진 시기가 오기 전에 문안에 들어갈 수 있다 해도.
1438 심판의 맨 꼭대기: 하느님의 공정하고 지엄한 심판이 변하지 않는다. 즉 하느님께서 세상 사람의 기도를 들어준다 해도 그 정의는 조금도 변하지 않는다.
1439 말한 바는: 아이네이아스가 지옥에 내려가서 바다에 빠져 죽은 팔리누루스를 만난다. 아이네이아스가 스틱스 강에 왔을 때에 팔리누루스는 자신을 데리고 이 강을 건널 것을 청하나 아이네이아스의 길잡이 시빌라는 이것을 거절하면서 말하되, "기도로 하느님의 정하심을 바꿀 수 있다고 생각지 마라."(《아이네

기도가 하느님과 나뉘어져 있는 탓으로
기도로써도 허물이 아니 지워진다 함이니라.

43 진실로 진리와 지성[1440] 가운데의 빛이셔야
하는 그 여인이 네게 말씀 아니하시는 한
이렇듯 깊은 의심 속에 굳어지지 마라.

46 너 알아들었는지 모르되, 나는 베아트리체를
말함이로다. 이 산 위 그 꼭대기에서
웃으며 복스러운 그를 너는 보리라."

49 나는 "어른이여, 더욱 빨리 가사이다.
전같이 나는 피로하지 않사온데
보시다시피 산 그림자가 던져져 있소이다."

이스》 6,337 이하) 이것은 팔리누루스처럼 신의 사랑을 잃은 자의 기도는 원하는 바가 이루어질 리 없다는 것이다(연옥편 4곡 133~135행 참고). 이처럼 단테는 그리스도교의 교리에 관한 문제를 베르길리우스로부터 인용하는데 이것은 그가 《아이네이스》를 크게 존중하고 있다는 일례다. 토마스 아퀴나스 성인은 같은 문제에 대하여 "하느님의 예정이 성자들의 기도로 촉진되지 아니하니라."고 하였다(《신학대전》 1,23,8).

1440 진리와 지성: 하늘의 신비롭고 깊은 뜻은 인지(베르길리우스)만으로는 깨닫기 힘드니 신의 뜻과 천계의 빛(베아트리체)에 의하지 않으면 안 된다는 뜻.

52   그이 대답하되, "옳다. 할 수 있는 데까지
오늘 중으로 우리는 앞으로 나아가리라.
그러나 사실은 네 생각과는 다르니라.[1441]

55   저 높은 데에 닿기 전에 태양이 돌아옴을
넌 보리니, 그것은 이미 비탈에 가리워져
너는 그 빛살을 꺾지 못하게 되었도다.[1442]

58   어떻든 보라, 저기 한 영혼이 저 혼자
외로이 앉아 우리를 마주 보고 있구나.
그가 그 중 가까운 길을 우리에게 가르쳐 주리라."

61   우리가 그한테 왔더니만, 아, 롬바르디아[1443]의
혼이여, 너 어찌 이다지도 도도하며 뽐내는지,
눈매는 어이 그리 점잖고 무뚝뚝한고!

1441 사실은 네 생각과는 다르니라: 단테는 밤까지는 산꼭대기에 오를 것이라고 생각하지만 사실 산에 오르는 것은 대단히 어렵고 여러 날이 걸린다.
1442 55~57 산꼭대기에 닿기 전에 해가 져서 지금 땅 위에 단테의 그림자는 없다.
1443 롬바르디아: 지옥편 1곡 68행 주 참고.

64   그는 아무것도 말하지 않은 채
　　　우리를 가게 버려 둘 뿐 도사리고 앉은
　　　사자처럼 보고 있기만 하더라.

67   베르길리우스는 그에게 가까이 가, 보다 더 수월한
　　　오르막을 우리에게 가르쳐 달라 하였어도
　　　그는 그 청을 들어주지 않고 다만

70   우리 세상일만 묻더라. 이에
　　　내 길잡이가 "만토바[1444]……." 하고 입을 떼자
　　　혼자 제 속에 갇혀 있는 그 영혼은 먼저

73   있던 자리에서 그이 쪽으로 일어나면서
　　　"오, 만토바 사람아, 나는 내 고장의
　　　소르델로[1445]란다." 하며 서로 껴안더니라.[1446]

1444 만토바: 지옥편 1곡 69행 주 참고.
1445 소르델로: 13세기의 시인으로 만토바 사람. 1200년경 만토바 영내 고이토에서 출생. 방랑 생활을 하다가 프랑스의 샤를 앙주 1세를 무인 겸 시인으로 섬겼다. 샤를이 이탈리아로 진군할 때 소르델로도 함께했으며 본국에 돌아와 1269년경 사망했다. 그가 죽은 때와 장소 등은 불분명하고 이설도 많다.
1446 껴안더니라: 단테는 혼을 껴안으려 해도 할 수 없으나 혼끼리는 서로 껴안는

76 아으, 노예[1447] 이탈리아, 고달픈 여인숙이여,
호된 풍파에 사공[1448] 없는 배여,
고을들의 아씨 아닌 갈보 집이여,

79 제 고장의 정든 소리만 들어도
점잖은 저 영혼이 이리도 성급하게
동향인을 여기서 맞아 주거늘,

82 시방 너 안에 사는 자들을 싸움이 없을 수
없으니, 성 하나, 해자 하나로 둘러막은
사람들이 서로 물고 뜯고 하는구나.

85 가엾은 것이여, 네 안에 평화를 누릴 한
구석이나 있는지, 네 바다 언저리를
더듬고 다음에 네 품속을[1449] 들여다보라.

것이 가능하다. 그러나 항상 그런 것은 아니다(연옥편 21곡 130~136행 참고).
1447 노예: 정통을 이은 군주가 아니라 여러 귀족들이 서로 정권을 다투는 나라.
1448 사공: 황제. 단테는 제국과 황제의 관계를 배와 사공에 비유했다.(《향연》 4,4)
1449 85~87 해안의 곳곳으로부터 나라 안 구석에까지.

88   안장이 비어 있거늘 유스티니아누스가
    재갈을 고친다 한들 무슨 소용이 있겠느냐,
    이것이나 없었던들 망신이나 덜했을 것을.[1450]

91   아하, 하느님이 네게 알리신 바[1451]를 잘
    들었다면 너는 오직 경건할 뿐 카이사르를
    그 안장에 앉혀 두어야 했을 백성이여,

94   보라, 네가 고삐에 손을 얹어 놓은 다음부터
    박차로 다스려질 그것이 아니었기에
    이 야수[1452]는 얼마나 사납게 되었던가!

97   오, 독일인 알베르트[1453]야, 너 다스리기 힘든

1450 88~90 유스티니아누스가……: 로마 제국의 유명한 유스티니아누스 황제(천국편 6곡 10~12행 주 참고)가 이탈리아를 위해서 법전을 개혁한다 한들, 권위를 갖추어 이 법으로 나라를 다스릴 군주가 없으니 무익한 일이다. 차라리 법이나 없었으면 좋았으리라.

1451 하느님이 네게 알리신 바: "황제의 것은 황제에게 돌려주고, 하느님의 것은 하느님께 돌려 드려라."(마태 22,21) 여기서의 뜻은 너희 교황과 사제들은 영적인 일에 전심하고 정계의 일은 황제(카이사르)에게 맡겨야 한다는 것이다.

1452 야수: 이탈리아.

1453 독일인 알베르트: 오스트리아 합스부르크 왕가의 알브레히트 1세. 루돌프 황제의 아들. 1298년 신성 로마 제국의 황제로 선출되었으나 대관식을 하러 이

두멧 짐승의 그 안장 머리에 걸터
앉아야 할 네가 이를 버리고 말았으니,

100 네 선혈 위에 사정없는 심판이 별로부터
내리어, 그 놀랍고 밝음에 네
후계자[1454]가 이를 두려워하게 할진저.

103 너며 네 아비[1455]가 욕심 때문에 저리로
끌려가서[1456] 제국의 꽃밭을
황폐하게 버려둔 탓이니라.

106 소견 없는 사람아, 너 몬테키와 카펠레티[1457]

탈리아에 가지 않았다. 그는 1308년 5월 그의 조카 요한에게 피살되었다.
1454 후계자: 알베르트의 후계자는 룩셈부르크의 하인리히 7세(천국편 30곡 136~138행 주 참고)로 1311년 이탈리아로 와서 1312년 로마에서 대관식을 올리고 1313년 부온 콘벤토에서 죽었다. 이에 그가 당시의 정의를 바로잡으리라는 단테의 희망은 깨어지고 말았다.
1455 너며 네 아비: 너 알베르트와 그 아버지 루돌프(연옥편 7곡 91행 이하 참고).
1456 저리로 끌려가서: 독일에 머물러.
1457 몬테키와 카펠레티: 《로미오와 줄리엣》에 나오는 베로나 시의 몬터규·캐플릿 양가(둘다 기벨리니 당). 또 오르비에토 시의 모날디(구엘피 당)·필리페스키(기벨리니 당) 양가. 같은 지방에 살면서 원수인 사이를 예로 든 것. 이것으로 이탈리아 전역의 싸움을 나타낸다.

그리고 모날디와 필리페스키를 보러 오라

저들은 이미 슬퍼하고 이들은 떨고 있도다.[1458]

109　오라, 잔인한 자여, 와서 네 양반들의

압제를 보고 그 흠집을 다스려라.

그제야 너는 산타피오라[1459]가 그늘진 것을 보리라.

112　너의 저 로마를 보러 오라. 외로운 홀어미

되어 우는 그는 밤낮 "내 카이사르여, 어찌하여

나를 데려가지 않는고." 하며 부르나니,

115　와서 저 백성이 얼마나 서로 사랑하는지[1460]

보라. 그리하여 우리를 가엾이 여기는 마음이

네게 일지 않거든 와서 네 이름이나 부끄러워하라.[1461]

1458　저들은……: 몬테키와 카펠레티 양가는 이미 비극 속에 슬퍼하고 모날디와 필리페스키 양가는 불안 속에 있다.
1459　산타피오라: 시에나 지방 알도브란데스코 가문의 영지. 이 가문은 기벨리니 당에 속해서 한때 성세하였으나 시에나의 구엘피 당과 싸워 그 힘을 잃었다. 그 후 산타피오르는 질서가 문란해져, 비참한 상황에 빠졌다.
1460　서로 사랑하는지: 서로 심하게 싸운다는 것을 비꼬는 말.
1461　네 이름이나……: 이탈리아인들이 황제인 너를 얼마나 모멸하는지나 보아라.

118 　우리를 위하여 땅에서 십자가에 못 박히신
　　　오, 지존하신 제우스[1462]여(내 이리 말할 수 있다면),
　　　당신의 의로운 눈길은 딴 어디로[1463] 향하셨나이까.

121 　우리 인식을 아주 초월하는 바 그 어느
　　　선을 위하여 당신 섭리의 심연에
　　　미리 마련이라도 해 두신 것이옵니까.

124 　이탈리아의 고을마다 폭군 떼로 가득 차 있고
　　　모든 망나니들은 패를 지어서
　　　마르켈루스같이 되기에[1464] 말씀이옵니다.

127 　나의 피렌체여, 사리를 분별할 줄 아는 네
　　　백성의 덕분에, 이러한 잘못된 길이 너에게
　　　미칠 리 없으니[1465] 기뻐하여 마땅하도다.

1462　제우스: 여기서는 그리스도를 뜻한다.
1463　딴 어디로: 죄악 속에 이탈리아를 버려둔 채.
1464　마르켈루스같이 되기에: 로마의 집정관 마르쿠스 클로디우스 마르켈루스. 그가 카이사르에게 대적했던 것처럼 군주들도 정쟁을 이용해서 로마 제국에 대적하기 때문이다.
1465　128~129 너에게 미칠 리 없으니: 이러한 비난의 소리를 신경조차 쓰지 않을

130　많이들 정의를 마음속에 지니기는 하여도

　　　분별없이 활을 잡지 않으려기에 쏘는 데는

　　　더디거늘, 네 백성은 입 끝으로만 그러는구나.[1466]

133　많이들 공동의 짐을 꺼려하되[1467] 네

　　　백성은 부름 없이도 대답이 빠르고

　　　소리치는 구나, "나부터 지겠노라."고

136　자, 너는 기뻐하라. 기뻐하여 마땅할지니

　　　너 부유하고 편안하고 슬기로운 너,

　　　내 말이 진실된지는 결과가 감추지 않으리라.

139　옛법을 지어 내고 그토록 개명했던[1468]

　　　아테네나 라케다에몬[1469]도 네게 비하면

　　　흉내밖에 아니되는 민복을 지녔을 뿐이니,

　　　테니. 정쟁 문란의 중심인 피렌체를 조롱하는 말.
1466　130~132 많은 이탈리아인들은 정의를 마음에 지니고도 함부로 입에 올리지 않으나 피렌체의 시민들은 마음에도 없는 정의를 말로만 논한다.
1467　공동의 짐을 꺼려하되: 공직. 사리를 위해서 공직을 탐하는 것을 비난하고 있다.
1468　개명했던: 문명이 발달했던. – 편집자 주
1469　아테네나 라케다에몬: 그리스의 아테네와 스파르타.

142　너의 꾸며낸 제도란 너무도 불분명해
　　시월에 길쌈한 것이[1470] 동짓날
　　중순도 넘기지 못하는 네 꼴이로구나.

145　너 아는 동안에도 몇 번이나 법률이며
　　화폐며 벼슬자리, 그리고 관습을
　　네가 뜯어고쳤고 벼슬아치를 바꾸었더냐.[1471]

148　너 만일 깊이 생각하여 빛을 볼 수 있다면
　　흡사 너는 저 깃털[1472] 위에서도 쉴 새 없이
　　뒤척거리며 그 아픔을 덜려 하는

151　병든 여인과 같음을 너는 보리라.

1470　143~144 시월에 길쌈한 것이……: 피렌체의 법령이 쉽게 변함을 말한다. 특히 단테는 피렌체의 백당이 추방되었을 때 상황을 말한 것 같다. 1301년 10월 15일부터 2개월간 임기를 맡은 백당의 수도원장이 발로아의 카를로의 정변으로 11월 8일에 흑당을 위해서 강제로 사직한 일이 있다.
1471　벼슬아치를 바꾸었더냐: 집권당이 바뀔 때마다 모든 것이 따라서 바뀐다.
1472　깃털: 속이 깃털로 된 이불.

제7곡

소르델로는 자신과 이야기하는 이가 베르길리우스인 것을 알자 정중한 예를 올린다. 베르길리우스가 그에게 길을 물으니 대답하되, 연옥에 법이 있어 낮에만 갈 수 있다 한다. 마침내 그의 인도를 받아 어디를 가니 아름답기 그지없는 곳에서 '살베, 레지나'의 노래가 들린다. 그곳에 있는 자들은 모두 군왕 제후의 영혼들이었다.

1   정중하고 반가운 인사가 세 번 또 네 번[1473]
      거듭된 뒤에 소르델로가 물러서더니
      말하더라, "그대[1474]는 누구시니이까." 하고.

1473 세 번 또 네 번: 일곱 번.
1474 그대: 소르델로는 베르길리우스에게 존경을 나타내어 그에게 2인칭 복수 대명사를 쓴다.

4   "하느님에게 올라가야 할 영혼들이
    이 산을 향하여 가기 전에[1475] 나의
    해골은 옥타비아누스[1476]에 의하여 묻혔나니라.

7   나는 베르길리우스로다. 나는 아무 죄업도 없이
    다만 신앙이 없는 탓으로 천국을 잃었노라."
    이렇듯 내 길잡이가 그때 대꾸하시더라.

10 갑작스레 무엇을 제 앞에 보는 사람이
    스스로 놀라 "그렇다, 아니다." 뇌면서
    믿을 둥 말 둥 하는 것처럼

13 이이도 그리 보였는데, 눈시울을 내리깔더니
    그에게 겸손히 돌아와서 아랫사람이
    예를 하는 거기를[1477] 껴안더라.

1475 이 산을 향하여 가기 전에: 그리스도의 구제 사업이 끝나기 전 선인의 혼들은 모두 림보(지옥편 4곡 45행 주 참고)에 내려간다. 여기서는 아직 정죄산을 향하여 올라가기 전을 말한다
1476 옥타비아누스: 옥타비아누스 아우구스투스(연옥편 3곡 27행 주 참고).
1477 거기를: 무릎 아래. 당시에는 나이가 더 어리거나 직위가 낮은 사람은 상대의 무릎 아래를 껴안아 예를 표시했다.

16 그는 이르되, "오, 라틴의 영광이여. 그대로 인해
   우리 국어[1478]가 쓸모 있게 드러났거니
   오, 내 태어난 고장의 영원한 보람이여,

19 이 무슨 공[1479]과 어인 은총이 그대를 내게 보이심인고.
   내 그대의 말씀을 듣기에 합당하다면 말하소서,
   지옥인가 아니면 수도원[1480]에서 오셨는가."

22 그가 대답하되, "슬픈 나라의 온갖 환을
   거쳐서 내 여기 왔노니, 하늘의 힘이
   나를 움직여 저와 더불어 나는 가노라.

25 함이 아니라 아니함 때문에 나는 네가
   보고파 하는 높은 태양을 잃었노라.
   그리고 내가 이를 안 것도 너무 늦었었노라.[1481]

1478 우리 국어: 라틴어.
1479 무슨 공: 소르델로 자신의 공.
1480 수도원: 지옥의 환(지옥편 29곡 40~42행 주 참고).
1481 25~27 '나는 죄를 범해서가 아니라 믿어야 할 신을 믿지 않았기 때문에 (네가 보고싶어 하는) 신을 보지 못한다. 그리고 나는 죽은 뒤에야 신을 알았노라.'

28　　아픔보다는 다만 어둠 때문에 슬픈
　　　고장[1482]이 아래에 있나니, 거기선 통곡이
　　　저주가 아닌 한숨으로 들리느니라.

31　　거기 나는 인간의 죄악[1483]이 채 벗겨지기 전에[1484]
　　　죽음의 이빨에 씹힌 죄 없는
　　　어린이들[1485]과 함께 있노라.

34　　거기 나는 세 가지 거룩한 덕[1486]을 입지는
　　　못했어도 악습이 없으면서 다른 덕들을
　　　알고 그 모두를 지킨 자들과 함께 있노라.

37　　아무튼 너 알고 또 할 수 있다면 어떤 신호를
　　　우리에게 하여 바야흐로 연옥이 시작하는
　　　그리로 보다 더 빨리 우리가 가게 하라."

1482　고장: 림보(지옥편 4곡 25행 이하, 4행 주 참고).
1483　인간의 죄악: 아담과 하와의 범죄는 모든 인간에게 그 죄악의 경향을 남겼다.
1484　벗겨지기 전에: 세례를 받음으로써 원죄를 씻기 전에.
1485　어린이들: 세례를 받지 못하고 죽은 어린이들.
1486　세 가지 거룩한 덕: 신信·망望·애愛의 향주삼덕向主三德. 림보의 영혼들은 모든 덕을 갖추었어도 향주삼덕을 알지 못했다.

40　그이 대답하되, "우리에겐 일정한 자리란 따로
　　없고 위로나 둘레로나 다닐 수 있으니
　　내 갈 수 있는 데까지만 그대 곁에서 인도하리라.

43　그러나 보라, 날이 이미 기울었으니
　　밤에 올라갈 수야 없는 일,
　　푸근히 묵어갈 생각을 함이 좋으리로다.

46　여기 저만큼 오른쪽에 영혼들[1487]이 있으니
　　그대 나와 뜻이 같을진대 내 그대를 저들한테
　　데려가리니, 그대 저들을 알게 됨은 즐거운 일이리라."

49　그이 대답하되, "이는 어쩐 까닭인고? 밤에 오르려
　　하는 자는 남한테 방해를 받음인가?
　　아니면 그러한 힘이 없다 함인가?"

52　이에 착한 소르델로는 손가락으로 땅을

1487　영혼들: 82행 영혼들.

그으며 이러더라. "알게 되리라. 해[1488]가 진 다음이면
이 금 하나도 그대는 못 넘어서리니,

55 다른 무엇보다도 밤의 어둠이
위로 올라감을 막는 것, 그것이
힘을 앗아 그 의지를 꺾음이니라.

58 지평선이 낮을 가두고 있는 동안[1489]이면
사람은 어둠과 함께 아래로 돌아와
산허리를 헤매어 돌아다닐 뿐이니라."

61 그때 내 어른이 놀란 듯 말하시되,
"그럼 너 말한 것보다 더 즐겁게 쉴 수
있으리라던 그리로 우리를 이끌어 다오."

1488 해: 햇빛은 신의 은총을 상징한다. 그러므로 햇빛에 비춰지지 않고는 정죄의 준험한 산길을 한 걸음도 오를 수 없다. "사람이 낮에 걸어 다니면 이 세상의 빛을 보므로 어디에 걸려 넘어지지 않는다."(요한 11,9), "빛이 너희 가운데에 있는 것도 잠시뿐이다. 빛이 너희 곁에 있는 동안에 걸어가거라. 그래서 어둠이 너희를 덮치지 못하게 하여라. 어둠 속을 걸어가는 사람은 자기가 어디로 가는지 모른다."(요한 12,35)
1489 낮을 가두고 있는 동안: 밤 동안(52~54행 주 참고).

64 거기서 그리 멀지 아니한 데로 우리가
　　 왔을 즈음, 지상의 계곡이 움푹한 것처럼
　　 후미진 산 하나를 내 보았노라.

67 그 영혼이 이르되, "언덕 기슭이 저절로
　　 품에 안아 주는 저기로 가서 우리는
　　 저기서 새 날을[1490] 기다리자꾸나."

70 비탈도 평지도 아닌 굽은 길이 하나 있어
　　 골짜기 중턱으로 우리를 인도하는데
　　 그곳 변두리는 절반도 더 파묻혔더라.

73 황금, 순은, 주홍도 백연白鉛도, 그리고 윤이 나고
　　 청아한 인도의 나무[1491]며
　　 금세 부스러진 싱싱한 벽옥일지라도,

76 마치 작은 것이 큰 것에 지는 것처럼

1490　새 날을: 날이 밝기를.
1491　73~74 윤이 나고 청아한 인도의 나무: 흑단黑檀.

이 품 안에 생겨난 풀과 꽃의
빛깔에는 그 어느 것도 지고 말리라.[1492]

79 그뿐이랴, 자연은 여기에 채색을 했을 뿐 아니라
천 가지 향기의 훈훈함이 이곳을
전혀 새롭고도 분간하지 못하게 하더라.

82 잔디와 꽃 위에 뭇 영혼[1493]들이 앉아서
'SALVE, REGINA.'[1494]를 부르는 것을 내 거기
보았는데, 밖에선 골짜기 때문에 아니 보일레라.

85 우리를 데려온 만토바 사람이 시작하되,
"이제 석양이 보금자리로 들기 전에
저들 가운데로 내 그대들을 인도함이 어떨꼬?

1492 73~78 금속·식물·보석·그림·푸른 하늘을 다 합쳐도 이 계곡을 메우고 있는 찬란한 색채를 형용할 수가 없다.
1493 뭇 영혼들: 나랏일에 매여 죽을 때까지 죄를 뉘우치지 못한 왕자들. 이 골짜기가 찬란한 것은 왕들이 세상에 있을 때 누린 영화를 뜻하는 것이다(지옥편 4곡 109~114행 참고).
1494 SALVE, REGINA: 가톨릭 시간경의 저녁 기도 끝에 성모 마리아께 바치는 노래 '기뻐하소서, 모후이시여. 그중 '하와의 자손이…… 눈물의 골짜기에서…… 당신을 우러러' 하는 대목은 이 연옥 영혼들에게 잘 어울리는 것이다.

88 　아래쪽 구렁에서 저들 틈에 끼이느니보다
　　이 언덕에서 저들 모든 이의 거동과
　　모습을 너희는 더 잘 볼 수 있으리라.

91 　그중 높은 자리[1495]에 앉았으면서 제 할 일을
　　게을리한 듯[1496] 보이고, 다른 이의 노래에도
　　입을 놀리지 아니하는 자가 황제

94 　루돌프[1497]였느니라. 능히 상처[1498]를 낫게 할 수
　　있던 그이였건만, 이탈리아를 죽였고 필경
　　남을 시켜 되살리고자[1499] 했어도 때는 늦었었도다.

1495 그중 높은 자리: 세상에서 지위가 가장 높았기 때문에. 134행의 굴리엘모가 제일 낮은 자리에 앉은 것도 지위를 따른 것이다.
1496 91~92 제 할 일을 게을리한 듯: 신성 로마 제국의 황제이면서도 이탈리아에 와서 임무를 다하지 않은 것(연옥편 6곡 105~106행 주 참고).
1497 루돌프: 합스부르크 가문의 루돌프 1세. 1273년 10월부터 1291년 7월까지 황제였다.
1498 상처: 정쟁政爭과 당쟁黨爭.
1499 되살리고자: 룩셈부르크의 하인리히 7세(연옥편 6곡 102행 주 참고)가 이탈리아를 통일하여 구제하려 했으나 이미 늦어서 이루지 못했다. 하인리히가 이탈리아에 온 것은 1311년이다. 그러나 《신곡》의 이 구절이 하인리히가 죽기(1313년 8월) 전에 지어진 것이라고 하면 96행의 '늦었다'라는 것은 뜻을 이루기 어렵다는 의미일 수도 있다.

97 보기엔 그를 위로하는 듯 보이는 자 또 있으니

　　저 몰다우가 엘베로, 엘베는 바다로

　　흘러가는 물줄기가 비롯되는 땅[1500]을 다스린

100 오토카르[1501]란 이름을 가진 자로, 기저귀를 차고 있을 적[1502]엔

　　제 아들 벤체슬라우스,[1503] 사치와 안일이

　　먹여 키운 그 털보보다 훨씬 나았더니라.

103 그리고 인자하게 생긴 자[1504]와 더불어 은근한

　　상담을 하는 듯 보이는 저 납작코[1505]는

1500　땅: 보헤미아 지방. 엘베 강의 지류인 몰다우 강이 이 지방에서 발원한다.

1501　오토카르: 1253년 보헤미아 왕이 된 후 루돌프를 황제로 승인하지 않고 여러 차례 그와 싸웠으나 1278년 8월 비엔나 부근 마르키펠토에서 전사했다.

1502　기저귀를 차고 있을 적: 나이 어린 오토카르가 장년의 벤체슬라우스보다 훨씬 우수한 군주이다.

1503　벤체슬라우스: 벤체슬라우스 4세(1270~1305년). 아버지 오토카르를 계승하여 보헤미아의 왕이 되었다. 그의 첫째 부인은 앞에서 말한 루돌프 황제의 딸이다. 그에 대한 단테의 냉정한 비판을 천국편 19곡 125~126행에서 볼 수 있다.

1504　인자하게 생긴 자: 나바라 왕 테오발도 2세(지옥편 22곡 52행 참고)의 형제 엔리코. 1270년 나바라 왕위를 계승했고 1274년 죽었다. 그의 딸 조반나(제인)는 단테가 '프랑스의 불행'이라고 부르는 프랑스 왕 필리프 4세의 아내가 되었다.

1505　납작코: 프랑스 왕 필리프 3세(1245~1275년). 루이 9세의 아들로 1270년 아버지를 이어 왕이 되었으나 아라곤의 페드로 3세와 싸워 대패했다. 이리하여 프

도망치며 백합을[1506] 흩으며 죽었느니라.

106 저기 그의 가슴 치는 꼴을 보라. 그리고
한숨지으며 그 손바닥으로 볼을
상(牀)처럼 받치고 있는 자를 보라.[1507]

109 저들은 프랑스의 불행[1508]의 아비요, 장인이니
저들은 그의 썩고 더러운 생활을 알고
있기에 저들을 찌르는 아픔이 온 것이니라.

112 그럴싸한 몸집[1509]으로 사내다운 코를 가진
자[1510]와 함께 맞추어 노래 부르는 자는

랑스 왕가의 명예를 땅에 떨어뜨렸기에 납작코라고 말하고 있다.
1506 백합을: 백합은 프랑스 왕가의 문장이다.
1507 106~108 필리프 3세는 가슴을 치며 자기 아들인 필리프 4세를, 엔리코는 얼굴을 손에 받치고 한숨지으면서 자기의 사위인 필리프 4세를 부끄러워한다.
1508 프랑스의 불행: 프랑스 왕 필리프 4세(1268~1314년). 단테는 《신곡》 안에서 그를 사정없이 비난한다(연옥편 20곡 91~93행 참고).
1509 그럴싸한 몸집: 아라곤 왕 페드로 3세(1236~1285년). 1276년 아라곤 왕위를 계승. 1282년 시칠리아의 프랑스인 대학살 후 이 섬의 왕이 되었다. 그의 아내는 만프레디의 딸 코스탄차(연옥편 3곡 115행 참고)이다.
1510 112~113 사내다운 코를 가진 자: 샤를 앙주 1세(1220~1285년)로 프랑스 왕 루이 9세의 동생이다. 정복지인 나폴리와 시칠리아의 왕이다.

온갖 가치의 허리띠를 두른 그이니,

115 그 뒤에 앉은 젊은이[1511]가 그이 뒤에
임금으로 남았던들 진정 그 가치가
그릇에서 그릇으로[1512] 옮았으리라.

118 다른 후사[1513]를 들어 이리 말할 수 없나니,
자코모와 페데리코가 왕국을 차지했어도
아무도 한결 나은 유업은 못 지니느니라.[1514]

121 인간의 옮음이 가지를 거쳐 되살아나기란[1515]
이것을 주시는 그분께서
당신께 빌도록 마련하시는 까닭이니라.[1516]

1511 젊은이: 아라곤 왕 페드로 3세의 장자 알폰소 3세. 1285년 아버지를 계승하여 왕이 되었으나 1291년 31세로 죽음.
1512 그릇에서 그릇으로: 아비에서 아들로.
1513 후사: 대를 잇는 자식. – 편집자 주
1514 119~120 자코모는 페드로의 둘째 아들로, 처음 시칠리아의 왕이다가 형 알폰소의 사후 아라곤의 왕이 되었다. 페데리코는 자코모의 동생. 자코모가 아라곤 왕이 되자 시칠리아의 왕이 되었다. 두 형제 모두 아버지 페드로의 '유업'을 완성하지 못했다.
1515 인간의……: 어버이의 덕이 자손에게 전하여진다는 것은.
1516 122~123 덕은 직접 하느님으로부터 나오는 것이며, 유전에 의한 것이나 저절

124 　내 말은 코 큰 자에게나 그와 더불어
　　　노래하는 피에르에게나 똑같이 적용되기에[1517]
　　　풀리아와 프로방스[1518]가 슬퍼한 지 오래니라.

127 　나무는 그 씨보다 낫지 못함같이
　　　코스탄차[1519]는 베아트리체[1520]나 마르게리타[1521]
　　　보다도 그 남편을 더욱 기리나니라.[1522]

130 　소박한 생활을 한 임금인 영국의 헨리[1523]가
　　　저기 혼자 앉은 것을 그대들은 보라.

　　　로 생기는 것이 아니라는 것을 알게 하여, 인간이 자기 의지로 하느님께 이를
　　　구하게 하심이다.
1517 똑같이 적용되기에: 자코모와 페데리코가 그들의 아버지의 미덕을 이어받지
　　　못한 것처럼 샤를 2세도 그의 아버지 샤를 1세의 덕을 갖추지 못했다.
1518 풀리아와 프로방스: 샤를 1세의 뒤를 이어 그의 아들 샤를 2세(1243~1309년)가
　　　풀리아와 프로방스를 다스렸다. 2세는 아버지 1세에 미치지 못하여 백성이 비
　　　탄에 빠졌다.
1519 코스탄차: 페드로 3세의 아내.
1520 베아트리체: 프로방스의 백작 라이몬드의 딸로 샤를 1세의 아내.
1521 마르게리타: 부르고뉴 출신으로 1268년 즉 베아트리체가 죽은 이듬해에 샤를
　　　의 후처가 되었다.
1522 127~129 나무는……: 앙주의 샤를과 아라곤의 페드로의 자식들이 각각 그 아버
　　　지에게 미치지 못하는데, 지금 베아트리체를 전처로, 마르게리타를 후처로 취한
　　　샤를 자신이 코스탄차의 남편인 페드로에게 미치지 못하는 것과 같다는 뜻.
1523 헨리: 영국 왕 헨리 3세(1206~1272년).

이는 제 가지에 보다 나은 소생[1524]을 지니느니라.

133 그들 가운데 맨 밑에 앉아서
위를 쳐다보는 그이가 후작 굴리엘모,[1525]
그이로 인해 알렉산드리아며 그 싸움이

136 몬페라토[1526]와 카나베세[1527]를 울렸느니라."

1524 보다 나은 소생: 그의 아들 에드워드 1세(재위 1272~1307년). 모든 점에 있어 훌륭한 군주였다.
1525 굴리엘모: 이탈리아 몬페라토와 카나베세의 후작 굴리엘모 7세. 기벨리니 당의 수령으로 구엘피 당과 크게 싸웠다. 1290년 피에몬테 사람들이 알렉산드리아를 부추겨 굴리엘모를 모반하자 그는 이 난을 진압하러 그곳으로 갔지만 도리어 생포되어(1290년 9월) 갇혀 있다가 1292년 2월에 죽었다. 그의 아들 조반니 1세는 아버지의 원수를 갚고자 알렉산드리아와 싸워 영토는 황폐해지고 백성은 오랫동안 환란에 시달렸다.
1526 몬페라토: 북부 이탈리아에 있는 포 강 남쪽에 있다. 굴리엘모의 영지였고, 지금 피에몬테 일부이다.
1527 카나베세: 북부 이탈리아 포 강의 북쪽 땅이다. 굴리엘모의 영지였다.

제8곡

연옥의 해가 질 무렵 군왕 제후들의 영혼들이 저녁 기도를 노래한다. 녹색 옷을 입은 천사 둘이 골짜기를 지키러 내려온다. 소르델로는 두 시인을 계곡으로 인도한다. 군왕의 계곡에서 단테는 니노를 만나 이야기한다. 그곳에 나타난 뱀을 천사들이 쫓은 뒤 단테는 쿠라도와도 이야기하고 그의 예언을 듣는다.

1 때[1528]는 이미 정든 벗들과 이별을 고하는 날,
    배 떠난 사람들이 생각을 거듭하며
    마음이 바야흐로 구슬퍼지는 그러한 때,

1528 때: 연옥의 첫 밤으로 오후 6시경 저녁 무렵.

4 죽어 가는 해를 울음 울듯 멀리서
종소리가 들리노라면, 첫길 나선 순례자가
사랑에 아파하는 그러한 때일러라.

7 내가 다시 더 듣고 싶어하지도 않을 즈음
뭇 혼들 중 하나가 일어서며 잠자코
귀 기울이라고 손짓하는 것을 보았노라.

10 그는 두 손을 모아 쳐들고 눈은
동쪽을 응시하면서 하느님께
아뢰는 듯하더라, "딴 것엔 마음이 없습니다."라고.

13 'TE LUCIS ANTE'[1529]가 그의 입에서 자못
경건스러이 그리고 부드러운 곡조와 함께
흘러나와 드디어 나는 넋을 잃고 말았노라.

16 이어 다른 혼들도 하늘의 뭇 바퀴로

1529 TE LUCIS ANTE: '빛이 다하기 전에'라는 뜻이다. 교회가 저녁 기도 때 부르는 시의 첫 구절로 밤의 유혹을 거슬러 하느님의 도우심을 청한다. 여기서 이 노래를 부르는 까닭은 뱀을 피하기 위해서다.

눈을 주면서 그를 따라 성가의 전곡을
아름답게 정성을 다하여 노래하더라.

19　자, 독자여, 진리에게 눈을 날 세울지니
　　이제 휘장은 아주 얇디얇아서
　　안을 훤히 비춰 보기가 쉬움이니라.[1530]

22　나는 보았노라, 이 위엄스런 대열[1531]이
　　파랗게 질리어 겸손스러이 잠자코
　　무엇을 기다리는 양 위만 쳐다보고 있는 것을.[1532]

25　그리고 또 이글거리는 두 자루 칼[1533]을 들고
　　두 천사가 높은 데서 쫓아 내려오는데

1530　휘장: 단테가 여기서 말하는 비유는 어려운 것이 아니어서 쉽게 그 의미를 깨달을 수 있다는 뜻이다. 여기서는 뱀으로 표상된 유혹과 그에 대처하는 길을 보인다. 이미 구속救贖의 길에 들어선 영혼이라 해도 처음엔 유혹(38행의 뱀)을 면할 수 없다. 그러나 영혼에게 이러한 유혹을 이기겠다는 의지가 있으면 신앙으로 말미암아 하늘의 도움(26행의 천사)을 입어 죄를 범하지 않게 된다.
1531　위엄스런 대열: 이곳 혼들이 세상에서 군주나 통치자들이었으므로 이같이 부른다.
1532　23~24 유혹을 만나는 것이 두려워서 하느님의 도우심을 겸손히 구하고 기다린다.
1533　이글거리는 두 자루 칼: 칼끝이 부러지고 이지러진 것은 적을 죽이기 위한 것이 아니라 다만 막기 위한 것이기 때문이다(창세 3,24 참고).

그 칼끝이 부러지고 이지러진 것을 내 보았노라.

28 이제 갓 나온 풀잎사귀처럼 파아란[1534]
옷을 입고, 그들은 푸른 날개를 치며
퍼덕이면서 그것을 뒤로 젖히더니라.

31 하나는 우리들 약간 위에 서서 머물고
또 하나는 맞은편 언덕에 내려서
무리는 그 가운데에 자리 잡게끔 되었느니라.

34 그들의 머리에 두드러져 보이는 것이 금발인데
그 얼굴에는 내 눈이 아찔하였나니
지나친 감각은 어지러워지는 탓이니라.

37 소르델로가 이르되, "저 둘은 이제 곧
뱀[1535]이 나올 것이기에 계곡을 지키려고

1534 파아란: 희망의 상징. 지옥은 적색, 천국은 백색으로 표상되고 녹색은 연옥의 의지를 표상하는 색이다.
1535 뱀: 유혹의 상징(창세기 3장 참고).

마리아의 슬하[1536]에서 온 것이니라." 하므로

40 나는 어느 길로 그것이 올지를 몰라
두리번거리며 오싹 소름이 끼치어
미더운 어깨[1537]에로 착 달라붙었노라.

43 다시 소르델로가 "자 이젠 저 거대한
혼령들이 있는 골짜기로 내려가 저들과 얘기하자꾸나.
그대들을 봄이 저들의 큰 기쁨이니라."

46 겨우 세 걸음 내려왔을까 말까
나는 아래에 닿으매 나를 알고자 함인지
나만을 보고 있는 자를 내 보았노라.

49 때는 이미 하늘이 어둑해질 무렵이었으나
그의 눈과 내 눈 사이에 앞서 가리어졌던 것[1538]을

1536 마리아의 슬하: 성모 마리아가 계신 곳, 즉 엠피레오의 하늘(천국편 31곡 118행 이하 참고).
1537 미더운 어깨: 베르길리우스의 어깨.
1538 50~51 아주 어두운 것은 아니지만 어둑한 저녁이라 멀리서는 보이지 않던 것이 가까이에서는 보인다.

못 알아볼 정도는 아닐러라.

52 나는 그에게, 그이는 내게 가까이 하였으니
점잖으신 양반 니노[1539]여, 죄인들 가운데서
그대를 못 보았을 때 내 얼마나 좋아했던고.

55 꽃다운 인사가 우리들 사이에 침묵할 수
없었나니, 그이 "그대 멀고 먼 물을 건너서[1540]
산기슭에 오신 지 얼마나 되는고." 하고 물으시매

58 나는 말했노라, "슬픈 고장[1541] 속에서 오늘 아침[1542]
내 왔노니, 이렇듯 가며 다른 삶[1543]을 얻으려는

1539 니노: 니노 비스콘티. 피사의 구엘피 당 수령 조반니 비스콘티와 우골리노 백작의 딸 사이에서 태어난 아들(지옥편 33곡 13행 주 참고)로 조부 우골리노와 여러 번 싸웠다. 1275년 사르디냐 섬 갈루라의 판사를 지낸(지옥편 22곡 81~82행 주 참고) 뒤에 조부와 피사의 시정을 맡았으나 서로 싸움이 그치지 않아 1288년 피사를 떠났다.
1540 물을 건너서: 니노는 단테가 다른 연옥 영혼들과 마찬가지로 테베레의 하구로부터 천사의 배를 타고 온 줄 안다.
1541 슬픈 고장: 지옥.
1542 오늘 아침: 4월 10일의 아침.
1543 다른 삶: 영원한 생명.

몸이어도 아직은 첫 삶[1544]에 있노라."

61 내 대답이 들린 연후에 소르델로와
그이는 뒤로 물러서 흡사 갑자기
어리둥절하는 사람들 같더라.[1545]

64 하나[1546]는 베르길리우스에게 또 하나[1547]는 거기 앉았던 이에게
"쿠라도[1548]여, 일어서서 하느님이 사랑으로
뜻하신 바[1549]를 보러 오라."고 외치며 돌아서니라.

67 다음엔 내게 돌이켜 "건너야 할 여울도 없이
첫 번 그의 뜻을 간직하신 '그이'로부터

1544 첫 삶: 현세.
1545 어리둥절하는 사람들: 혼들은 단테의 호흡에 의해서(연옥편 2곡 67행 이하) 또는 그 그림자에 의해서(연옥편 3곡 88행 이하) 그가 육체를 지니고 살아 있는 사람인 줄 알고 놀란다. 여기서 소르델로는 이미 해가 져서(연옥편 6곡 56~57행) 단테의 그림자를 볼 수 없었고, 또 베르길리우스에게만 열중하여 단테를 주목하지 않았기 때문에 니노와 함께 놀란다.
1546 하나: 소르델로.
1547 또 하나: 니노.
1548 쿠라도: 쿠라도 말라스피나(110행)의 '영혼'.
1549 뜻하신 바: 육체를 지닌 채로 영계를 편력하는 것.

그대에게 주어진 각별한 은총[1550]에 의하여 비노니,

70 그대 넓은 물결의 저쪽에 닿을 때면
나의 조반나[1551]에게 말하여 죄 없는 아들에게
대답을 주시는 그리로[1552] 나를 위해 기도하게 하라.

73 그의 어머니[1553]는 흰 목도리[1554]를 바꾼 다음이라
다시는 나를 사랑할 성싶지 않나니
가엾어라.[1555] 그는 아마 다시 그 목도리를 찾으리라.

76 눈길과 감촉이 끊임없이 불붙지 않는 한

1550 각별한 은총: 사람의 머리로는 알 길 없는 심오한 하늘의 뜻을 지니고 계신 신으로부터 네가 받는 각별한 은총.
1551 조반나: 니노의 외동딸이자 리차르도 다 카미노의 아내. 1300년에는 9세밖에 되지 않았다.
1552 그리로: 하늘로.
1553 그의 어머니: 에스티의 오피초 2세(지옥편 12곡 111행 참고)의 딸로 이름이 베아트리체다. 1296년 니노가 죽은 뒤 고향 페라라로 돌아가 1300년 밀라노의 마테오 비스콘티의 아들 갈레아초에게 재가했다.
1554 흰 목도리: 검은 옷에 흰 목도리는 과부의 복장이다. 베아트리체가 이것을 버렸다 함은 재가한 것을 말한다.
1555 가엾어라: 재가를 후회하고 과부였던 옛날을 그리워할 것이라는 뜻. 그 이유는 분명하지 않지만, 1302년 갈레아초가 가족과 함께 밀라노에서 쫓겨나서 비스콘티 가문은 비탄에 빠졌다.

계집에 있어 사랑의 불이 그리 오래가지 못함을
저 여인을 두고 아주 쉽게 알 수 있으리라.

79 밀라노인들을 싸움터로 몰아넣는 독사도
갈루라의 수탉이 한 것처럼 이토록
저의 무덤을 예쁘게 하지는 못하리라."[1556]

82 알맞을 만큼 마음에 타오르는 그
곧은 정열의 도장을 제 얼굴에
찍은 채 그는 이렇게 말하더니라.

85 게걸든 나의 눈은 곧장 하늘을 치달아
그 굴대에 아주 가까이 있는 수레처럼
뭇 별들이 아주 느린 거기만을 보니라.

88 이에 내 길잡이가 "아들아, 무얼 하늘에서
보는고?" 나는 그에게 "온통 이쪽 극을

1556 79~81 독사는 갈레아초의 가문인 밀라노 비스콘티 가문의 문장이고 수탉은 니노의 가문인 피사의 비스콘티 가문의 문장이다. 독사의 문장에는 재가의 기념이 남게 되므로 수탉의 문장만큼 명예로운 것이 될 수 없다는 것.

불사르는 세 햇불[1557]을 보나이다."

91　그이 나에게 "너 오늘 아침 보던 네 개의
　　　밝은 별[1558]이 저기 내려앉고 그들 있던
　　　자리에는 이들이 올랐느니라."

94　그이 말하실 즈음 소르델로가 그이를 제게로
　　　당기며 이르되, "저기 우리 원수를 보라."
　　　하며 손가락을 펴 거기를 보라더라.

97　조그마한 골짜기의 막힘이 없는 그쪽에
　　　한 마리 뱀이 있었는데, 정녕코 그것은
　　　하와[1559]에게 쓰거운 밥을 주었을 놈일레라.

100　매끄럽게 몸을 다루는 짐승답게
　　　흉물스러운 띠는 꽃과 풀 사이로 날름대며

1557　세 횃불: 향주삼덕인 신信·망望·애愛의 표상. 사추덕인 지智·용勇·의義·절節은 활동의 덕으로 낮에 해당하고 밤에는 관상의 삼덕이 빛을 낸다.
1558　오늘 아침 보던 네 개의 밝은 별: 연옥편 1곡 22행 이하 참고.
1559　하와: 뱀은 하와를 유혹하여 금단의 열매를 따 먹게 했고(창세 3,1 이하 참고) 이 원죄는 전 인류의 불행의 씨앗이기 때문에 '쓰거운'이라고 표현했다.

쉴 새 없이 머리와 등을 꿈틀거리며 오더라.

103 하늘의 매들이 처음 어떻게 움직였는지를 내
보지 못했기에[1560] 말할 길 없거니와
누구나 다 움직이고 있는 것을 내 잘 보았노라.

106 푸른 날개에 대기가 찢기는 것을 느끼자
뱀은 도망치니 천사들도 몸을 돌려
나란히 있던 자리로 높이 날아가니라.

109 법관[1561]이 부를 제 그에게 가까이 갔던
영혼[1562]은 이 싸움이 끝날 때까지 잠시도
내게서 눈을 떼지 않더라.

112 그것이 입을 열되, "그대를 높은 데로 이끄는
촛불이 칠보의 마루[1563]에 다다를 수 있을

1560 103~104 하늘의 매는 천사를 말한다. 단테는 뱀이 다가오는 것에 정신이 쏠려 천사가 어떻게 날았는지 보지 못했다.
1561 법관: 니노. – 편집자 주
1562 영혼: 쿠라도 말라스피나. 118행의 쿠라도의 손자인 젊은 쿠라도.
1563 칠보의 마루: 연옥 정죄산 맨 꼭대기에 있는 변함없이 아름다운 지상 낙원.

만큼의 초를 자유 의지 안에 지닐지어다.

115 발 디 마그라[1564]나 그 이웃 땅의 소식을
정말 알거든 내게 일러 다오. 내
일찍이 거기에서 세도 당당했던 자였었노라.

118 쿠라도 말라스피나라 불리었어도
나는 늙은이[1565] 아닌 그 후예였는데
내 겨레에게 품었던 사랑[1566]이 여기에서 정화되어지느
니라."

121 내 그에게 이르되, "오호, 내 일찍이 그대의
나라를 거친 적은 없을망정 유럽에
사는 자라면 뉘 이를 모를런가.

1564 발 디 마그라: 루니자나의 마그라 유역의 골짜기. 말라스피나의 성이 이곳에 있었다(지옥편 24곡 146행 참고). 여기서는 '너를 이끌어 하늘에 오르게 하는 신의 은총과 결합하여 그 꼭대기에 오를 때까지 의지가 약해지지 않도록 하라.'는 뜻이다.
1565 늙은이: 110행의 젊은 쿠라도의 조부로, 젊은 쿠라도와 이름이 같았다. 후작 페데리코의 아버지.
1566 사랑: 종족의 영화를 위한 세속적 사랑.

124 그대 집안을 떨치는 명성은 임금들을
　　 찬양하고 그 나라를 외치나니 거기
　　 있어 보지 못한 자조차 이를 알게 되느니라.

127 내 그대에게 맹세하노니 — 위로 나를 가게
　　 해 주시라 — 그대의 훌륭한 종족은 재물과
　　 칼의 영예를 때 묻히지 않았느니라.[1567]

130 버릇과 됨됨이가 남달랐으므로
　　 죄진 머리[1568]가 세상을 비틀어도 홀로
　　 곧게 걸어 궂은 길을 질책하였느니라."

133 이에 그이 "그럼 가거라. 몬토네[1569]가
　　 네 발굽을 모조리 버티고 걸터앉은
　　 널평상에 태양이 일곱 번 쉬기 전에[1570]

1567　128~129 재물과 칼의 영예를……: 자선과 용기의 덕을 깨뜨리지 않았다.
1568　죄진 머리: 보니파시오 8세 교황을 가리키는 듯하다. 교황으로 정쟁에 간섭했기 때문에 죄를 졌다고 표현했다.
1569　몬토네: 양자리를 가리킨다. 태양은 지금 이곳에 있다.
1570　태양이 일곱 번 쉬기 전에: 지금부터 7년이 지나기 전에.

136 심판의 길이 아니 멈추어지기만 한다면[1571]

어느 다른 이의 칼보다도 더 큰 못으로,

이 점잖은 의견이

139 네 머리 한가운데에 못을 박을지어다."[1572]

1571 심판의 길이……: 하느님의 섭리하심(단테가 피렌체에서 추방되어 나그네가 된 것)이 변하지 않는 한. 1306년 가을 피렌체에서 쫓겨난 단테는 루니자나에 가서 말라스피나 일가를 방문하고 환대를 받았다.
1572 137~139 세상이 무엇이라 하든 자신의 경험으로 본 것을 틀림없이 머리에 새겨 알아야 한다는 뜻이다.

제9곡

군왕의 계곡에서 단테는 깊이 잠이 들었다. 그리고 독수리 한 마리가 나타나 자기를 채 가는 것 같은 꿈을 꾼다. 펄쩍 깨어 보니 곁에는 베르길리우스뿐이다. 루치아가 단테를 연옥 문 앞에 데려다 놓는다. 연옥의 문지기인 베드로 사도의 안내로 드디어 연옥 안으로 들어섰다.

1   옛 사람 티토노스의 계집[1573]이 그 달콤한
    벗의 팔을 벗어나 동방 드높은
    언덕에 벌써 희게 밝더라.

1573 티토노스의 계집: 티토노스는 트로이의 임금이며, 계집은 에오스. 에오스는 새벽의 여신 · 새벽노을 · 새벽 등을 가리킨다.

4   그의 이마는 꼬리로 사람을 후려치는
    쌀쌀한 짐승[1574] 모양으로 생긴
    숱한 보석으로 인해 찬란하더라.

7   우리 있던 자리에 밤은 두 걸음을[1575]
    기어올랐고, 이미 나래를 아래로
    펴 셋째 걸음으로 접어들려 하더라.

10 이때 아담의 것[1576]을 나와 더불어 지니던
    나는 잠을 못 이겨 풀밭 위에 고꾸라졌는데
    이미 거기는 우리 다섯[1577]이 앉았던 곳일레라.

13 새벽이 가까워 오자 제비가 아마도 그 옛날의
    아픔을 기억해서 그러함인지

1574   쌀쌀한 짐승: 전갈. 전갈자리의 별이 새벽하늘에 나타남을 말한다.
1575   밤은 두 걸음을: 걸음은 시간을 말한 것으로 지금 두 걸음을 올랐다고 하였으므로 오후 8시이고, 이미 셋째 걸음으로 접어들었다고 하였으므로 오후 8시와 9시 중간인 시각이다.
1576   아담의 것: 원조 아담으로부터 계승한 것, 즉 육체.
1577   다섯: 단테 · 베르길리우스 · 소르델로 · 니노 비스콘티 · 쿠라도 말라스피나.

구슬픈[1578] 노래를 지저귀기 시작하고,

16　우리의 얼은 몸 밖에 훨씬 떠 놀아
　　전혀 생각에 사로잡히지 않으므로 스스로의
　　환상이 성스러워지는 듯 느껴질 무렵,[1579]

19　문득 하늘에 금빛 나래 지닌 독수리
　　한 마리가 떠 있어 그 죽지를 펴고 금시
　　아래로 내려오는 것을 내 꿈에 본 양하더라.

22　그리고 나는 가니메데스[1580]가 그 높은 모임에로

1578 구슬픈: 판디온 왕의 두 딸 필로멜라와 프로크네의 이야기. 필로멜라는 형부인 트라키아 왕 테레우스에게 욕을 당하고 그 일이 드러나지 않도록 혀를 뽑혔다. 이 사실을 알게 된 프로크네는 자신과 테레우스 사이에 태어난 아들 이티스를 죽이고 이를 테레우스에게 먹여 복수하였다. 테레우스에게 쫓기는 몸이 된 자매는 신들에게 도움을 구했고 이에 신들은 필로멜라를 제비로, 프로크네를 꾀꼬리로 만들었다(연옥편 17곡 20행 참고).

1579 느껴질 무렵: 새벽(지옥편 26곡 7행 주 참고). 단테는 연옥에서 세 밤을 지내는데 새벽녘마다 꿈을 꾼다(연옥편 19곡 7~32행, 연옥편 27곡 92~93행). 당시에는 새벽녘의 꿈이 참된 꿈이라고 믿어 왔었는데, 연옥에서의 단테의 꿈도 모두 일어날 일들의 단서가 된다.

1580 가니메데스: 트로이의 트로스 왕의 아들로 세상에서 가장 아름다운 청년이었다. 이다 산으로 사냥 갔을 때 제우스 신이 보낸 독수리에 채여 올림포스에 가서 제우스 신을 섬겼다.

끌려갔을 즈음 제 한 무리를 버리고
간 그 자리¹⁵⁸¹에 있는 것 같더니라.

25 나는 스스로 헤아리되, "아마도 이 새는 항시
여기서만 나래를 퍼덕이고 정녕코 딴 데서는
발로 무엇을 집어 올리기를 꺼리나 보다."

28 다음 순간 그것은 잠시 빙글 돌더니
번개처럼 무섭게 내리박혀 나를
움켜잡고 불꽃¹⁵⁸²에까지 오르는 것만 같더라.

31 거기서 그도 나도 타 버리는 줄 알았나니
꿈에 보인 불길이 어찌나 호되던지
드디어 잠을 깨게 되었느니라.

34 그 어미가¹⁵⁸³ 제 품 안에 아킬레우스를 잠재우며

1581 그 자리: 프리기아의 이다 산.
1582 불꽃: 화염계. 당시의 우주관에 의하면 공기와 달 사이에 화염으로 된 권圈이 있어서 지옥을 둘러싸고 있다고 한다.
1583 그 어미가: 아킬레우스의 어머니 테티스는 트로이 전쟁을 두려워하여 자고 있는 아들을 케이론(지옥편 12곡 65행 주 참고)의 손으로부터 빼앗아 에게 해의 스

케이론으로부터 스키로스 — 그 뒤 그리스인들[1584]이
여기서 그를 데리고 간 — 까지 도망쳤을 때,

37 그는 잠이 깬 눈을 사방으로 굴리며
있는 데가 어딘지 몰라 소스라쳐
놀라던 것처럼 그 같이 나도 얼굴에서

40 잠이 스러졌을 무렵, 부르르 몸을 떨며
마치 무서워서 몸이 언 사람처럼
새파랗게 질리게 되었더니라.

43 내 곁에 계시기는 오직 나의 '위로'[1585]뿐
해[1586]는 벌써 두 시간도 더 불끈 솟았는데
내 얼굴은 바닷가를 향해 있었느니라.

　　키로스 섬에 데려다 여장을 시켜 숨겼다. 그러나 그는 오디세우스한테 발견되어 트로이 전쟁에 참가했다. 잠에서 깨어난 아킬레우스가 스키로스 섬에 와 있는 것에 얼마나 놀랐겠는가(스타티우스 《아킬레우스》 1, 247 이하).
1584　그리스인들: 오디세우스와 디오메데스(지옥편 26곡 55행 주 참고).
1585　위로: 베르길리우스.
1586　해: 4월 11일 오전 8시경.

46 내 어른이 이르시되, "놀라지 말고 안심
하거라. 우리는 좋은 수가 있으니
힘을 늦추지 말고 맘껏 뽐내거라.

49 이제야 너는 연옥에 다다랐으니
저어기 빙 둘러막은 벼랑을 보라.
저기 벌어진 듯한 들머리를 보라.

52 아까 태양을 앞서 가는 새벽에
저 아래를 꾸미는 꽃들 위에서
네 영혼이 네 안에서 잠들었을 제

55 한 귀부인이 와서 말하였느니라, '나는 루치아[1587]이니
나로 하여금 잠자는 이 사람을 데려가게 하라.
내 그의 길을 수월하게 해 주리라.'라고.

1587 루치아: 신의 은총의 상징. 단테가 숲속에서 길을 잃고 헤맬 때 그를 돕고자 베르길리우스를 부르고(지옥편 2곡 97행 주 참고) 또 베아트리체를 움직여 그를 구하러 가게 한 것도 루치아다. 지금도 단테가 가는 험한 길을 도와 정죄의 문까지 오게 한다.

58 소르델로와 귀한 다른 혼들은 남아 있는데

그는 너를 붙들어 날이 밝을 무렵에

위로 갔고 나도 그의 자취를 따랐느니라.

61 거기 너를 놓아 둔 다음, 그의 아리따운 눈은

저 훤히 트인 문[1588]을 우선 내게 보였나니

이리하여 그와 함께 잠도 가 버린 것이니라."

64 참것이 그에게 드러난 후에 스스로

의심 속에 확실해지고 그 두려워함이

용기로 바뀌는 사람처럼

67 그렇듯 나도 스스로 바뀌었노라. 내 길잡이는

나의 걱정 없어함을 보자 벼랑을 타고

높은 데로 오르기에 나도 뒤에서 따르니라.

70 독자여, 그대는 얼마나 내 시재詩材를 높이는지

잘 보리니, 보다 나은 솜씨로 내

1588 훤히 트인 문: 51행과 75행 참고.

이를 다룰지라도 괴이쩍어하지 마라.

73 우리는 가까이 가서 한군데에 다다르니
먼저 보던 자리처럼 벽이
쩍 벌어진 듯 틈이 있는데, 거기

76 문[1589] 하나가 있어 그 아래엔 그리로
통하는 서로 색이 다른 세 층계와 아직껏
한마디 말도 없는 문지기를 보았노라.

79 그리고 더욱더욱 눈을 크게 떴을 즈음
나는 그가 맨 위층에 앉아 있는 것을 보았는데
너무도 산란하여 그의 얼굴을 도무지 감당할 수가 없더라.

82 그의 손에 뽑아든 칼 그 빛이
우리 쪽으로 몹시도 번쩍거려

1589 문: 본 연옥으로 들어가는 문. '문'은 베드로 사도의 문(지옥편 1곡 134행 주 참고)으로 참회를 상징한다. 여기서 '문지기'는 참회를 듣고 정죄의 길에 들게 하는 사제를 상징한다.

나는 헛되이 낯을 들고 또 들고 하였노라.[1590]

85 "선 자리에서 말하라. 너희 바라는 것이 무엇이며
호위자[1591]는 어디 있는고? 위로 오름이 너희에게
해로울까 하니 조심들 하라." 그가 말을 하매

88 내 스승이 그에게 대답하되, "이 일을 익히 아시는
하늘의 아씨[1592]께서 '저리로 가라. 거기
문이 있느니라.'고 우리더러 말씀하셨노라."

91 상냥한 문지기가 거듭 말을 시작하되,
"그분이 너희 앞길을 쾌히 열어 주실지니
자, 우리네 층층대로 나아들 오라."

94 그리로 우리가 갔는데, 그 첫 층계의
한 대리석은 어찌나 닦여져서 맑던지

1590 헛되이 낯을……: 칼을 보려 자꾸 고개를 들어도 그 찬란한 빛 때문에 볼 수가 없었다.
1591 호위자: 천사는 단테와 베르길리우스가 연옥에 있을 혼들이 아님을 벌써 알고 어떤 특별한 은총으로 이곳에 왔는지를 묻는다.
1592 하늘의 아씨: 루치아.

그 안에 내가 있는 양 나를 바라보았노라.

97 어두운 자줏빛보다 진하게 물들여진 둘째 층은
껄끄럽고 구워진 돌로 되었는데
가로 세로 금이 간 것이고,

100 위에 얹힌 셋째 층은 활활 타는
반암斑岩인 양 핏줄에서 용솟음치는
피와 같이 보이더라.[1593]

103 그 위에 하느님의 천사가 두 발바닥을
디디고 내게는 금강석[1594]만 같이
보이던 문지방에 앉아 있더라.

106 섬돌 셋을 거쳐서 오르신 내 길잡이는

1593 94~102 연옥 문 전의 세 층계는 회개의 3요소다. 즉 제일 밑에 있는 층계는 참회자가 맑은 양심으로 자신의 죄를 비춰 보는 것을 의미한다. 어두운 색인 둘째 층은 마음의 어두운 그늘을 의미한다. 그리고 가로와 세로로 금이 간 것은 죄를 고백하는 마음이 고집을 이긴 것을 의미한다. 불긋한 반암인 셋째 층은 고해성사를 통해 신의 뜻을 채우겠다는 불타는 사랑을 표시한다.

1594 금강석: 죄인에게서 죄에 대한 고백을 듣는 사제의 권위는 하느님의 뜻으로 정해진 것이므로 얼마나 견고한가를 나타낸다.

나를 이끌고 간곡하기 그지없이 말씀하시되,
"그가 자물쇠를 열도록 겸손히 빌어라."

109 거룩한 발밑에 맡기듯 몸을 던져
자비가 내 앞에 열려지기를 빌었는데,
그러나 이에 앞서 나는 세 번 가슴을[1595] 두드렸노라.

112 일곱 P[1596]를 칼끝으로 내 이마에
그으시고는 그이 "안에 들어가거든 너
이 상처를 씻어라." 하고 말씀하더라.

115 재[1597] 아니면 파내어져 마른 흙이
그의 옷 빛깔과 같을 법한데
그것 밑에서 그이는 두 개 열쇠[1598]를 꺼내리라.

1595 세 번 가슴을: 성경에는 세리가 죄를 뉘우치고 제 가슴을 치는 대목(루카 18,13)이 나온다. 이는 생각과 말과 행위의 세 가지 죄를 뉘우치는 표시.
1596 일곱 P: 연옥 7계에서 차차로 씻겨질 일곱 가지 죄Peccati로서, 교만·인색·음욕·분노·탐욕·시기·나태의 표시. 만일 죄의 사함을 받았어도 그러한 죄의 사념이 마음에 있는 동안은 천국에 들어갈 수 없다.
1597 재: 잿빛은 겸손과 참회의 표시로 여기서는 고해 사제가 겸손한 마음으로 그 임무를 다하고 있음을 말한다.
1598 두 개 열쇠: 천국의 열쇠(마태 16,19 참고).

118 하나는 금이요 또 하나는 은으로 되어 있어[1599]
    흰 것일랑 먼저, 노란 것은 그 다음에 문에다
    그이 대기에 나는 흡족했노라.

121 그이 우리에게 이르되, "언제고 이 열쇠 중
    하나가 자물쇠 안에서 바로 돌지 못하면
    이 길은 열리지 않는 것이다.

124 그 하나가[1600] 더욱 귀하나 다른 하나를 엶에는
    비상한 솜씨나 재간이 있어야 하나니
    매듭을 풀어 주는[1601] 것이 이것이기 때문이니라.

127 이것들을 베드로한테서[1602] 내 받았으니 그는
    나에게 이르되, 내 발밑에 사람들이 엎드리거든

1599 하나는 금이요……: 금으로 된 열쇠는 사람의 죄를 푸는 신권, 은으로 된 열쇠는 참회자의 참뜻과 법에 따라 판단하는 고해 사제의 재량을 나타낸다.
1600 그 하나가: 황금으로 된 열쇠를 말한다. 즉 죄를 사하는 사제의 권위는 그리스도의 피로 말미암은 것이기 때문이다.
1601 매듭을 풀어 주는: 죄인의 죄와 그 참회하는 마음의 참뜻을 잘 판단해서 죄를 사할 것인가 아닌가를 정한다.
1602 베드로한테서: 베드로는 그리스도로부터 열쇠를 받아 그것을 천사에게 맡겼다 (지옥편 19곡 91행 참고).

그릇 열망정 잠가 두진 말라 했느니라."

130 거룩한 문을 밀고 나서 그이

이르되, "들어들 가라. 허나 너희에게 알리노니

뒤돌아보는[1603] 자는 밖으로 되돌아가기 마련이니라."

133 헌데 저 거룩한 문의 쇠로 된 수톨쩌귀들이

암톨쩌귀들 안을 빙빙 돌며 구를 때,

그 소리가 어찌나 대단하고 요란하던지

136 충실한 메텔루스[1604]를 빼앗겼기 때문에

그 뒤엔 홀쭉 야윈[1605] 타르페이아일지라도

그토록 우렁차지는 못했을레라.

1603 뒤돌아보는: 죄로 돌아가는 자는 신의 은총을 잃는다. "쟁기에 손을 대고 뒤를 돌아보는 자는 하느님 나라에 합당하지 않다."(루카 9,62)
1604 메텔루스: 루키우스 케킬리우스 메텔루스. 카이사르가 사투르누스 신의 신전이 있는 타르페이아(로마에 있는 언덕)에서 로마의 보물을 훔쳐 군사 자금에으로 쓰려 할 때 로마의 충실한 호민관인 메텔루스가 이를 막으려 했으나 뜻을 이루지 못했다. 이때 신전에서 괴상한 소리가 났다고 한다.
1605 홀쭉 야윈: 보물을 잃은 것을 말한다.

139　몸을 돌이켜 나는 처음 가락[1606]에 뜻을 모으매

　　 "TE DEUM LAUDAMUS"[1607]가 부드러운 소리에

　　 섞인 목소리로 들리는 것 같더라.

142　내 듣고 있던 그것은 마치 흔히 오르간에

　　 맞추어 노래할 적에 그 가사가

　　 들리다 말다 하는 것 같은 바로 그러한

145　인상을 나에게 주었느니라.

1606　처음 가락: 문안에 들어섰을 때 처음 들리는 노래.
1607　TE DEUM LAUDAMUS: '하느님, 당신을 찬미하나이다.'라는 뜻. 4세기의 암브로시오 성인이 지었다고 전해진다.

제10곡

좁고 굽은 길을 거쳐서 시인들은 연옥의 첫 지점에 도달한다. 깎아지른 두렁이 흰 대리석으로 되어 있는데 거기에는 성모 마리아, 춤추는 다윗 등 겸손의 표상들이 조각되어 있다. 멀리 영혼들이 무거운 돌짐을 지고 오는데, 그들은 교만한 죄를 지었던 자들의 영혼이었다.

1   영혼의 궂은 사랑[1608]은 굽은 길도
    곧은 양 여기게 하는 것이어서 ― 나들이 잘
    아니하는 그 문지방에 우리가 들어섰을 때

1608 영혼의 궂은 사랑: 선한 행위와 악한 행위가 모두 사랑에서 나온다(연옥편 17곡 103~105행 참고). 사랑이 바르게 표현되면 선행의 바탕이 되고 바르지 않게 표현되면 죄악의 바탕이 된다.

4   그것이 소나무로 닫혀졌음을 깨달았노라.
    내 만일 그것으로 눈을 돌렸던들[1609]
    실수를 감당할 만한 어떤 핑계를 댈 수 있었겠는가.

7   밀치락달치락하는 어느 물결과도 같이
    이리저리 꿈틀거리는[1610] 한 패어진
    바위를 타고 우리는 오르니라.

10 내 길잡이가 입을 떼되, "여기선 잔꾀를[1611]
    피워야 하리니 여기나 저기 우묵한
    쪽으로 바싹 대어 가자꾸나."

13 이런 일이 우리 걸음을 굼뜨게 하였으니

1609 내 만일 그것으로……: 만일 잘못하여 뒤를 돌아본다면 정죄산에의 특권은 다시 빼앗기고 아무리 고해성사를 드려도 죄의 용서를 받지 못하리라(연옥편 9곡 132행 참고).
1610 꿈틀거리는: 길은 좁고 바위투성이라 굴곡이 심하다.
1611 11~12 여기나 저기……: 좁고 굽은 길이기 때문에 바위가 가로막고 있지 않은 곳을 골라서 가라. 연옥 7계 중 제1계로 올라가는 길을 말한 것으로, 덕으로 돌아가는 첫걸음을 얼마나 어렵고 또 신중하게 선택해야 하는지 잘 알아야 한다는 것을 뜻한다.

우리가 저 바늘구멍[1612] 밖으로 나오기에 앞서

이지러진 달은 다시 누울 양으로[1613]

16 제 잠자리로 돌아왔느니라. 그러나

우리가 산이 뒤로[1614] 움츠러든 자리로 올라와

훨훨 거침없이 되었을 즈음

19 나는 지치고,[1615] 우리 둘이는 다 갈 바를 몰라[1616]

광야의 길보다 더없이 쓸쓸한

허허벌판 위에 우두커니 서 있었노라.

22 허공이 닫혀지는 그 끝에서부터

곧장 치솟은 높은 언덕의 기슭까지는

1612 바늘 구멍: 바위들 사이에 뚫린 좁은 길. "부자가 하느님 나라에 들어가는 것보다 낙타가 바늘귀로 들어가는 것이 더 쉽다."(루카 18,25)
1613 달은 다시 누울 양으로: 달이 제 잠자리로 돌아가는 것은 서쪽으로 넘어가는 것을 말한다. 보름달이 된 후의 5일째의 달(지옥편 20곡 127행 참고)로서 지금은 오전 9시가 지났다.
1614 산이 뒤로: 산이 뒤로 물러나서 앞쪽에 넓은 땅이 생겼다. 이 평지가 연옥 정죄산의 제1권이다.
1615 나는 지치고: 단테만 무거운 몸뚱이를 지니고 있기 때문에 지쳤다.
1616 갈 바를 몰라: 단테나 베르길리우스 모두 연옥의 길을 모른다. 베르길리우스는 지옥의 길만 알고 있다.

사람 몸집의 세 배는 실히 될러라.[1617]

25 그리고 내 눈이 나래를 펼 수 있는 데까지
    왼쪽에나 오른쪽에나 이 추녀
    끝[1618]은 그렇게만 내게 보이더라.

28 우리들 발이 그 위로 채 움직여지기도 전에
    나는 알아보았노라, 오를 수 없게
    깎아지른 이 두렁 언저리는

31 희디흰 대리석으로 되어 있음을, 그리고
    폴리클레이토스[1619]는커녕 자연마저 무색할 만큼
    조각으로 꾸며져 있는 것을.

34 기나긴 금단禁斷에서 천국을 열고

1617 22~24 연옥 정죄산에는 상하 7개의 대지臺地가 있다. 한 대지의 외측과 내측과의 사이, 즉 길의 폭은 사람의 키의 3배다.
1618 26~27 추녀 끝: 정화의 권圈의 뜻으로 쓰인다.
1619 폴리클레이토스: 고대 그리스의 유명한 조각가(전 452~412년). 단테 이전에 이탈리아에서 그 조각 기술로 널리 칭찬받았다.

오랜 세월에 눈물로 기다렸던 평화의[1620]

천명天命을 지상에 가지고 온 천사[1621]가

37 　여기 아리따운 모양으로 아로새겨진 채

우리 앞에 나타났다니, 그 천연스러움이란

말없는 석상으로만 여길 수 없더라.

40 　지고의 사랑[1622]을 열어 주고자 열쇠를 돌린

부인[1623]이 거기 새겨져 있었으므로 정녕코

천사도 'AVE'[1624]를 말한 것만 같더라.

43 　더욱이 밀랍에 찍힌 형상인 듯

그럴싸하게 'ECCE ANCILLA DEI'[1625]란

말씀이 그 모습에 박혀 있었음에랴.

1620 　25~35 정죄산에서 씻겨질 7죄에 대한 7덕의 첫 번째 예로 성모 마리아를 든다.
1621 　천사: 성모 마리아에게 수태를 고하는 가브리엘 대천사(루카 1,26 이하 참고).
1622 　지고의 사랑: 인간에 대한 신의 사랑.
1623 　부인: 마리아.
1624 　AVE: 가브리엘 대천사가 마리아에게 하례하는 말. "은총이 가득한 이여, 기뻐하여라. 주님께서 너와 함께 계시다."(루카 1,28)
1625 　ECCE ANCILLA DEI: 마리아가 천사에게 한 말. "보십시오, 저는 주님의 종입니다. 말씀하신 대로 저에게 이루어지기를 바랍니다."(루카 1,38)

46 사람이 심장을 지니고 있는

그쪽[1626]에 나를 있게 하신 어진 스승이

"한군데로만 정신을 팔지 마라." 하시기에

49 눈과 함께 나는 마리아의 뒤로[1627] 옮겨

나를 움직여 준 그이가 계시던

바로 그편에 딴 사연이

52 바위에 새겨져 있음을 보았노라.

그리하여 이를 내 눈앞에 들이대고 싶어

나는 베르길리우스를 앞질러서 다가서니라.

55 거기엔[1628] 맡겨지지 않은 소임[1629]일랑 두려워하라고

바로 그 대리석에 거룩한 궤[1630]를 끄는

1626 46~47 심장을 지니고 있는 그쪽: 왼쪽.
1627 뒤로: 베르길리우스가 있는 쪽, 즉 오른쪽에.
1628 겸손의 두 번째 예로 이스라엘의 다윗 임금을 든다.
1629 맡겨지지 않은 소임: 우짜가 하느님의 궤(거룩한 궤)에 손을 대어 그 벌을 받고 죽은 일(2사무 6,6-7 참고).
1630 거룩한 궤: 주님이 모세에게 명하여 만들게 한 계약의 궤(탈출 25,10 이하 참고). 다윗은 이것을 예루살렘으로 옮기려고 아비나답의 집에서 가져 갔다(2사무 6,1 이하 참고).

수레와 암소가 새겨져 있더라.

58 그 앞으로 사람들이 보이는데 모두들
일곱 합창대로 나뉘어 내 두 감각의 하나에겐
"아니." 또 하나에겐 "옳아, 노래한다."라고 하게 했느니라.[1631]

61 역시 거기 그려져 있던 분향焚香의
연기도 매한가지로 눈과 코가 서로
아니 맞아 그렇다, 안 그렇다고 하더라.[1632]

64 거기 축성한 그릇 앞에 서서 가며
겸손한 '성영자聖詠者'[1633]가 춤추고 뛰놀 적에
그는 임금보다 낫기도 못하기도 하였더니라.[1634]

1631 아니……: 대리석에 그려져 있는 사람들의 노래하는 모습이 진짜 같아서, 귀는 '그들이 노래하지 않는다.'라고 말하지만 눈은 '옳아, 그들은 노래한다.'라고 말한다.
1632 62~63 눈과 코가……: 눈은 향이 타고 있다고 말하고, 코는 향 냄새가 나지 않는다고 말한다.
1633 성영자聖詠者: 시편의 작자 다윗 임금. 다윗 임금은 계약의 궤 앞에서 신을 찬미하며 춤을 추었다(2사무 6,12 이하 참고).
1634 임금보다 낫기도……: 뛰면서 춤을 춘다는 것은 임금의 위엄을 깎는 일이다('못

67　맞은편 우람한 궁궐의 창문에 그려진
　　미칼[1635]은 이상한 눈초리로 비쭉대고 슬퍼하는
　　여인처럼 이것을 바라보고 있더니라.

70　미칼의 뒤에 희끄무레하게 비치는
　　다른 이야기를 똑똑히 읽고자 나는
　　섰던 자리에서 발을 옮기니

73　거기엔 그의 덕이 그레고리오[1636]로 하여금
　　그 위대한 승리[1637]를 거두게 한 로마
　　군왕의 드높은 영광이 엮어져 있더라.

하기도'). 그러나 그것이 겸손한 마음에서 나온 것이기 때문에 임금보다 우월하다('낫기도').

1635　미칼: 사울의 딸이며 다윗의 아내. 왕궁의 창문으로 다윗 임금이 춤추는 것을 보고 이를 업신여기고 슬퍼하니 왕은 신을 찬미하고 영광을 드리는 것은 좋은 일이라 했다(2사무 6,16 이하 참고).

1636　그레고리오: 로마의 트라야누스(재위 98~117년) 황제가 죽은 뒤 성 그레고리오 1세 교황은 황제의 혼이 구제되기를 기원하였는데, 이 기도로 황제의 혼은 지옥으로부터 구원되어 천국에 올라갔다는 전설이 있다. 또는 황제는 지옥으로부터 다시 세상에 돌아와 세례를 받았다고도 한다. 하지만 모두 근거없는 말들이다.

1637　위대한 승리: 성 그레고리오 1세 교황의 기도로 지옥에 떨어진 트라야누스의 혼을 구해 낸, 지옥에 대한 승리.

76　트라야누스 황제를 내 말함이니,[1638] 그의 말
　　재갈 옆에 한 홀어미[1639]가 눈물 글썽이며
　　비통한 꼴을 하고 있더니라.

79　밝히듯 그의 주위에는 기사들이 꽉
　　찼는데 저들 위에는 금 독수리[1640]들이
　　바람에 나부끼는 양하더라.

82　이 모든 사람들 가운데에서 가엾은 그 여인은
　　"폐하, 죽은 제 자식의 원수를 갚아 주소서.
　　이것이 저의 한이옵니다."라고 말하는 것 같더라.

85　그이 여인에게 "내 돌아오기까지만 기다리라."
　　대답하매 여인은 설움에 복받쳐 하는
　　사람처럼 "폐하, 혹여나 아니 돌아오신다면?"

1638　73~76 겸손의 세 번째 예로는 트라야누스 황제의 이야기를 들고 있다.
1639　한 홀어미: 트라야누스 황제가 원정을 떠나는 길에 한 과부가 나아와 탄원하자 그는 들어 줄 시간이 없다고 거절하였는데, 그렇다면 지배를 그만두라는 부인의 말에 그는 돌아서서 청을 들어 주었다고 한다(천국편 20곡 45행 참고).
1640　금 독수리: 로마 군대의 깃발로, 누런 바탕에 독수리를 수놓았다.

88   그이 또 "내 자리를 받을 그이 네게 그리하리라."
       저는 "폐하가 자비를 잊으신다면
       남의 선행이야 폐하에게 무슨 소용이 되리까."

91   드디어 그는 "그럼 너 안심하라. 떠나기 전에
       나의 본분을 다하고야 말지니
       정의가 원하고 자비가 붙드는구나."

94   여기서야 얻어 볼 수 없기에 우리한테는 전혀
       새 소식[1641]인 이 보일 듯이 분명한 말씀을, 새로운 것이라곤
       본 적이 없으신[1642] 그이가 지어내시니라.

97   이렇듯 엄청난 겸허의 모습들 — 이들을
       만드신 분[1643] 때문에 보기에 더욱 소중한

1641 새 소식: 정의와 연민의 감정이 이처럼 복잡한 변화를 나타낸다는 것은 세상의 조각가가 할 수 없는 일이다. 또는 정의와 연민의 정을 찾아보기 힘든 메마른 세상을 신랄하게 풍자한 것이다.
1642 95~96 새로운 것이라곤 본 적이 없으신: 시간을 초월하고 전지전능하신 신에게는 새로운 것이란 없다.
1643 만드신 분: 하느님.

것들을 쳐다보느라 스스로 즐기고 있을 때

100 시인이 속삭이되, "보라, 이쪽에 사람이[1644]
많으나 걸음은 더디나니 이들은 우리를
높다란 층계로 오르게 하리라.

103 눈에 신기한 것들을 보고파 하여 두리번거리면서
보며 황홀해졌던 나의 눈들도
그이한테로 돌이키는 데에는 더디지 않았느니라.

106 독자여, 하느님이 어떻게 빚이 갚아지기를
원하시는지 들어 보고 그대의 착한
뜻을 혹여 버리지나 말지니,

109 마음을 고난의 형태에 두지 말고 그
끝을 생각하라. 제아무리 모진 것이어도

1644 사람이: 일곱 가지 대죄 중 가장 무거운 죄인 교만의 죄를 씻는 혼들. 그 죄가 가장 무겁기 때문에 제일 밑에서 죄를 씻는다. 또 이들은 무거운 돌을 짊어지고 있기 때문에 걸음이 더디다.

위대한 선고宣告 너머까지 갈 수 없음을 생각하라.[1645]

112　내가 "스승이여, 내 보기엔 우리 쪽으로 움실거리는
저것들이 사람들인 성싶지 않사옵고 내
보아도 얼떨떨하여 모르겠나이다."라 말하매

115　그이는 내게 "저들 고통의 육중한 짐이
저들을 땅으로 꾸부러뜨리기에 처음엔
내 눈도 이와 씨름질을 했느니라.[1646]

118　그러나 저기를 자세히 살펴보라. 그리고
저 바위[1647]를 업고 오는 자를 보고 분간하라.
너는 곧 저마다 그 눌리는 꼴을 알아볼 수 있으리라."

1645　106~111 정죄자들의 고난이 얼마나 가혹한지를 듣더라도 그 외형만을 보고 회개의 길에서 멀어지지 마라. 정죄자는 괴로운 고난의 길을 걸은 후 마침내 지극한 행복에 이른다는 것을 생각하라. 또 아무리 모진 고난이라도 '위대한 선고', 즉 최후의 심판 날이 닥치면 연옥의 벌은 멎지만, 지옥의 벌은 영원히 그치지 않는다는 것을 생각하라.

1646　내 눈도 이와……: 나도 그것이 사람인지 아닌지 분간하지 못했다.

1647　바위를 업고 오는 자: 세상에서 자기를 높이려던 자가 지금 바위를 짊어지고 땅에 구부리고 간다.

121　오, 마음의 눈은 병들었으면서도

　　　물러서는 발걸음엔 믿음을 지니고 있는

　　　오만한 그리스도인들, 가엾으며 느려 빠진 자들아,

124　우리는 거침없이 심판으로 날아갈

　　　천사 같은 나비[1648]의 모양을 하기 위하여

　　　태어난 벌레들임을 알지 못하느냐?

127　형체마저 다 갖추지 못한 버러지같이

　　　완전하지 못한 벌레 같은 너희거늘

　　　어찌하여 너희 마음이 높이만 들떴겠느냐.[1649]

130　천장이나 지붕을 받치기 위한

　　　굄목[1650]을 대신하는 어느 상像이 때로는

　　　무르팍을 가슴에 붙이고 있어

1648　천사 같은 나비: 사람의 영혼을 가리킨다. 당시 일반적으로 나비는 영혼을 표상했다.
1649　127~129 완전하지 못한 세상의 사람들에게 교만의 죄를 경계하라는 경고다.
1650　굄목: 때때로 사람의 모양을 조각하여 마치 사람이 대들보를 받치고 있는 것처럼 보이게 하기도 한다.

133 이를 보는 사람에게 가짜 괴로움에서

　　　진짜 괴로움을 일으키게 함과 같이

　　　정신을 가다듬어 보매 저들도 이같이 생겼더니라.

136 진정 저들이 많이 또는 적게 등짐을 져서

　　　그에 따라 더 혹은 덜 쭈그러졌는데

　　　보다 더 잘 견딘다 싶은 그런 자도

139 울면서 "더는 못 배기겠다."라고 말하는 것 같더라.

제11곡

교만한 자들의 영혼들이 돌짐을 지고 주님의 기도를 외며 간다. 손쉽게 올라갈 수 있는 길을 이들에게 물으니 움베르토라는 혼이 대답한다. 다음 오데리시가 단테를 알아보고 그에게 세상 영화의 덧없음을 말한다. 끝으로 단테는 자신의 귀양살이가 쓰거우리라는 것을 미리 듣는다.

1   "오, 하늘에 계시어도 가두지 않으시고[1651]
     위로부터 처음 내신 것들에게 보다 더한
     사랑을 베푸시는 우리 아버지시여,

1651 가두지 않으시고: 하느님이 하늘에 계신 것은 거기 갇혀서가 아니라 '처음 내신 것들', 즉 천사와 각 천즈들을 깊이 사랑하시기 때문이다.

4   온갖 조물은 당신의 이름과 권능을
    찬송할지니 감미로운 당신의
    기운[1652]에 감사를 드림이 지당하나이다.

7   당신 나라의 평화를 우리에게 내리소서.
    그 평화 오지 않는 한 우리는 우리 스스로의
    모든 재주로도 그를 얻을 능력이 없나이다.

10 당신 천사들이 호산나[1653]를 부르며
    그 뜻을 당신께 제사드림같이
    인간들도 제 것을 그리하게 하소서.

13 나날의 만나[1654]를 오늘도 우리에게 주소서.
    이것 없이는 덧거친 이 광야[1655]를 나아가고자

1652 기운: 하느님의 힘을 말한다.
1653 호산나: 신을 찬미하는 말(마태 21,9; 요한 12,13 참고). 천사들이 신의 뜻에 맡기듯 사람도 사심을 버리고 신의 뜻에 복종하라.
1654 만나: 이스라엘 백성이 광야에서 먹었던 양식(탈출 16,13 이하 참고). 여기서는 신의 은총을 뜻한다.
1655 광야: 연옥을 가리키는 것으로, 만나와 관련시켜 이같이 부른다. 하느님의 은총 없이는 죄를 씻을 수 없다.

　　　　더욱 애타는 자도 뒷걸음만 칠 것이오이다.

16　　또한 우리가 겪는 바 악을 누구에게나
　　　용서하여 줌과 같이 당신도 우리 한 일을
　　　보지 마옵시고 너그러이 용서하소서.

19　　하잘것없이 넘어가는 우리의 힘을
　　　옛 원수[1656]와 더불어 겨루지 말게 하시고
　　　이렇듯 악을 돋우는 그에게서 건져 주소서.

22　　이 마지막인 기도[1657]야말로 사랑하는 주여,
　　　진정 보람이 없어진 우리를 위함이 아니옵고
　　　오직 우리 뒤에 남을 자들을 위함이로소이다."[1658]

25　　이같이 저 그림자들은 저들과 우리에게

1656　원수: 악마.
1657　마지막인 기도: "저희를 유혹에 빠지지 않게 하시고……"라는 기도는 세상 사람들을 위한 것이다. 즉 정죄의 문안에 들어선 혼들은 이미 그 뜻이 하느님께로 향해 있어 악의 유혹을 받을 수 없기 때문에 이 기도가 그들에겐 필요없다.
1658　1~24: 교만의 죄를 씻는 자들의 기도로, '주님의 기도'(마태 6,9 이하; 루카 11,2 이하 참고)를 바탕으로 한 것이다.

상서로운 길¹⁶⁵⁹을 빌며 이따금 꿈에 보이는

그런 것과 흡사한 짐을 지고 가는데¹⁶⁶⁰

28 누구나 다 서로 다른¹⁶⁶¹ 괴로움에 시달려

한 세상의 흐림¹⁶⁶²들을 닦아 내면서

첫 둘레¹⁶⁶³를 위로 돌아가더라.

31 저기서 항시 우리를 위하여 선업이 이루어지거늘

여기 좋은 뿌리를 마음에 지니고 있는 자들은

저들을 위하여 무엇을 빌어 주며 무엇을 하여 줄꼬.¹⁶⁶⁴

34 옳도다. 이승에서 묻혀 간 때를 씻음에

1659 길: 정죄의 길.
1660 26~27 꿈에 보이는 그런 것과……: 악마에 눌려 마치 무거운 짐에 눌리듯 느껴지는 것.
1661 서로 다른: 죄의 가볍고 무거움에 따라 돌의 무게도 다르다(연옥편 10곡 136~137행 참고).
1662 흐림: 교만한 마음.
1663 첫 둘레: 제1권(연옥편 10곡 25~27행 주 참고).
1664 31~33 정죄자들이 세상 사람들을 위하여 항상 기도를 하고 있으니, '좋은 뿌리를 마음에 지니고 있는 자', 즉 세상에서 좋은 뜻을 따르는 사람은 그들을 위하여 기도하여(신은 세상에 있는 선인들의 기도를 들어주신다. 연옥편 4곡 133~135행 참고) 저들에게 보답하라는 뜻.

저들을 도울지니, 이제 저들은 맑고
거뜬하게 별들의 바퀴[1665]에로 나설 수 있으리라.

37 "아아, 정의와 자비가 어서 빨리 너희 짐을
벗겨 주어, 너희는 날개를 퍼덕이고
너희 뜻대로 둥둥 떠 보았으면…….

40 층층대[1666]로 가는 가장 빠른 길이 어느
쪽인지 가리키라. 그리고 길이 하나 아닌 여럿이거든
그중 덜 비탈진 길을 알려 다오.

43 나와 함께 가는 자는 그 입고 있는 아담의
살덩이의 짐 때문에 제 맘과는
엉뚱하게도 올라가기에 더디니라."

46 내가 따르던 그이[1667]가 이르신 이 말씀에
저들이 대답한 말이 누구로부터

1665 별들의 바퀴: 천국의 모든 하늘.
1666 층층대: 제1권에서 제2권에 걸쳐 있는 층층대.
1667 그이: 베르길리우스.

왔는지는 분명치 않았어도 아무튼

49 이르되, "우리들과 같이 언덕을 따라 오른쪽으로
오기만 하면 산 사람으로도
오를 수 있는 길을 너희가 만나리라.

52 거만한 내 목덜미를 짓누르고 있는 — 이 때문에
푹 숙인 얼굴을 지녀야 하노라 —
바윗덩이에 내가 방해받지만 않는다면,

55 아직 산 채로 이름을 대지 않는 이 사람을
혹시나 내 아는 이인지 보기도 하고, 이 짐을
가엾게 여겨 달라고도 해 보기나 하련만

58 나는 라틴 사람,[1668] 유명한 토스카나인의 아들이었노라.
굴리엘모 알도브란데스코는 내 아버지인데

1668 나는 라틴 사람: 움베르토 알도브란데스코. 시에나의 마렘마에 있는 산타피오라의 백작 굴리엘모(연옥편 6곡 111행 주 참고)의 둘째 아들. 기벨리니 당에 속해 시에나와 자주 싸웠고 1259년 시에나의 자객에 의해서 캄파냐티코(66행 주 참고)에서 살해되었다.

일찍이 그 이름이 너희에게 알려졌는지 모르겠구나.

61 내 조상의 오랜 피와 훌륭한 공훈들이
몹시도 나를 교만하게 만들어, 나는
공통된 어머니[1669]를 생각함이 없이

64 모든 사람을 지나치게 업신여기다가
이로 말미암아 죽었으니, 이는 시에나 사람이나
캄파냐티코[1670]의 아이들도 다 아는 바이니라.

67 나는 움베르토이로다. 교만은 나 하나만을
해친 것이 아니라, 내 모든 일가들을
저와 함께 앙화 속으로 끌어넣었느니라.

70 이러기에 그것을 위하여 내 여기 하느님이
만족하실 때까지 이 짐을 져야 하노니

1669 공통된 어머니: 사람은 자기의 출생지를(또는 하와를) 어머니로 생각한다. 그의 교만은 그의 동향인들을 격노하게 해 결국 그들에 의해서 살해되었다.
1670 캄파냐티코: 옴브로네 계곡을 이루는 한 언덕 위에 있는 성으로 알도브란데스코가의 소유였다.

산 자들 속에서 아니한 바를 여기 죽은 이들 사이에서
　　　하노라."[1671]

73　들으며 나는 얼굴을 떨어뜨렸더니[1672]
　　그중 말하지 않던 자 하나가 저를
　　꼼짝 못하게 하는 짐 밑에서 몸을 틀어

76　나를 보자 알아보고는 저들과 더불어
　　온전히 몸을 꾸부리고 가는 나한테로
　　간신히 쏘는 눈초리를 지탱하면서 부르더라.

79　내 이르되, "오호, 그대는 아굽비오[1673]의 자랑,
　　파리에서 채색화라 불리는 그
　　예술의 자랑, 오데리시[1674]가 아닌가."

1671　산 자들 속에서 아니한 바를……: 살아 있을 때 교만하여 죄를 씻지 않았으므로 죽어서 이 죄를 갚아야 한다.
1672　얼굴을 떨어뜨렸더니: 단테는 스스로 자기의 교만함을 반성한다(연옥편 13곡 136~138행 참고).
1673　아굽비오: 굽비오. 마르케 주州에 있다.
1674　오데리시: 치마부에 파에 속하는 굽비오의 색채 화가. 주로 볼로냐와 로마에서 활동하고 조토와 단테와도 친분을 쌓았다.

82 그가 이르되, "형이여, 볼로냐인 프랑코[1675]가
    채색한 화폭이 훨씬 싱싱한 것이니
    자랑이야말로 모두 그의 것이요 내 것은 한쪽뿐[1676]이니라.

85 뛰어나고 싶어하는 큰 욕심 때문에
    내 마음이 쏠리어, 내가 살던 동안에는
    전혀 그에게 버릇이 없었노라.

88 이러한 교만 때문에 여기 벌을 받으나
    죄지을 수 있었을 적에 하느님께 내가
    돌아가지 않았던들 여기마저 못 했을 뻔했노라.[1677]

91 오호, 인간 능력의 덧없는 영광이여,
    무디어진 세대에 이어지지 않는 한
    봉우리 위에 푸르름이 어이 그리 잠시만 머무는고![1678]

1675 프랑코: 볼로냐의 색채 화가로 오데리시의 제자 또는 후배. 13세기 말부터 세상에 알려졌다.
1676 한쪽뿐: 그는 다만 선배로서(또는 스승으로서) 그 영예의 일부만 받을 수 있다.
1677 89~90 죄지을 수 있었을 적에……: '살아 있는 동안에 회개하지 않았다면 아직 정죄의 문안에 들어서지도 못했으리라.'라는 뜻.
1678 92~93 무디어진 세대에 이어지지 않는 한……: '무디어진 세대'는 선배를 능가

94　　그림의 분야에 있어서 치마부에[1679]가 차지한 줄
　　　믿었다가도 어느덧 조토[1680]가 명성을 떨치게
　　　되고, 이리하여 저이의 이름은 흐려졌나니라.

97　　이렇듯 한 구이도[1681]가 다른 구이도[1682]에게서 언어의
　　　영광을 빼앗았으며 아마도 하나 또 하나를
　　　둥지에서 쫓아낼 자[1683]가 지금 생겨났을 것이니라.

100　 세상의 소문이란 한바탕 부는 바람과 같으니,
　　　여기서 오는가 하면 또 저기서 쫓아오고,

　　　 하는 인물이 나오지 않는 세대며, 쇠퇴일로의 세대가 아니라 왕성하게 진보하
　　　 는 세대가 이어지면 후배의 예술이 선배의 영광을 능가한다는 뜻이다.
1679　치마부에: 조반니 치마부에(1240~1302년). 피렌체의 유명한 화가며 조토의 스
　　　 승. 이탈리아 미술의 부흥자.
1680　조토: 피렌체의 유명한 화가(1266~1337년). 단테의 친구였고 베네딕토 11세 교
　　　 황 등의 후원을 받았다.
1681　한 구이도: 구이도 카발칸티(지옥편 10곡 59행 주 참고).
1682　다른 구이도: 볼로냐의 귀족 구이도 구이니첼리(1276년 사망). 단테 이전까지
　　　 이탈리아 최고의 시인으로 평가받았고 단테도 그를 스승이라 불렀다. 구이도
　　　 카발칸티가 구이도 구이니첼리의 문학적 명성을 흐리게 했다고 한다.
1683　둥지에서 쫓아낼 자: 단테가 시인으로서의 자신의 명성이 두 시인(구이도)을 능
　　　 가하게 될 것을 암시하고 있다. 또는 이 대목이 페트라르카의 영광을 예언한
　　　 것이라고 보는 견해도 있으나 그는 아직 출생하지 않았다. 따라서 어느 특정한
　　　 사람을 지적한 것이 아니라 일반적으로 영고성쇠의 끊임없는 변천을 말한 것
　　　 으로 보는 것이 옳을 것 같다.

그리하여 방향을 바꾸는 족족 이름도 바꾸는도다.

103 다 늙은 육체를 너에게서 벗어던지는 것이
'파포'나 '딘디'[1684]를 버리기에 앞서 죽은 것보다
더욱 명성을 얻는다 한들 그것이 천 년을

106 더 가겠느냐?[1685] 더욱이 천 년을 영원 앞에 견주기란
눈 깜빡하는 사이를 하늘에서 가장 더디게 도는
환[1686] 앞에 견주기보다 더 짧은 순간이니라.

109 내 앞에 빠듯이 길을 돌아가는 그이,[1687] 한때는
토스카나 천하를 진동시키더니 이제는
속삭이는 소리조차 시에나에 없다.

1684 파포나 딘디: pappo(pane)나 dindi(denari). 아이들이 쓰는 말로 빵과 돈을 의미한다. 파포와 딘디를 버린다는 것은 아이의 말을 버리고 어른이 된다는 뜻이다.

1685 103~106 다 늙어서 죽어 세상에 명성을 남긴다 해도 천 년도 안 되어 잊히므로 어린아이일 때 죽은 것과 다를 바 없다는 뜻.

1686 107~108 가장 더디게 도는 환: 항성천恒星天(제8천). 당시 천문학에 의하면 이것이 한 번 도는 데 3만 6천 년이 걸린다고 했다.

1687 길을 돌아가는 그이: 프로벤찬 살바니. 시에나의 기벨리니 당의 수령으로 세력이 토스카나까지 미쳤다. 1260년 몬타페르티 전투(지옥편 10곡 85~87행 주 참고)에서 공을 크게 세워 1261년 몬타프로치아노의 장관이 되었으나 1269년 콜레 전투(연옥편 13곡 115행 주 참고)에서 패하여 포로가 되었다.

112 　지금은 몸이 팔렸어도 저 때에는
　　으스대던 피렌체의 분격憤激이
　　꺾이었을 제[1688] 그는 시에나의 임금이었느니라.

115 　너희 이름은 왔다가 가 버리는
　　풀잎의 빛깔과 같은 것, 흙에서 새파랗게
　　돋아나게 한 그것이 이것의 빛깔을 가시게 하느니."[1689]

118 　그에게 나는 "그대의 참된 말이 좋은 겸손을
　　내 맘속에 들게 하고, 내 커다란 부풀음은 가라앉으나
　　금세 그대 말한 바는 누구에 대한 것이뇨?"

121 　그이 대답하되, "프로벤찬 살바니가 그이인데
　　어림없게도 온 시에나를 제 손아귀에
　　넣으려 하였기에 이곳에 있느니라.

1688　112~114 몬타페르티 전투에서 구엘피 당인 피렌체인은 전멸했다(지옥편 10곡 85~87행 주 참고).
1689　115~117 태양이 그 빛과 열로 풀을 싹트게 하고 또 시들게 하는 것과 같이 사람의 영광도 시간의 흐름에 따라 쇠퇴한다는 의미다.

124　죽은 뒤 그는 늘 이 모양으로 쉴 새 없이
　　　걸어가나니 저기서 너무 덤비던 자는
　　　갚기 위하여 이리도 엄청난 속전贖錢[1690]을 바치느니라."

127　나는 "뉘우치기도 전에 목숨의 끝을
　　　맞이한 저런 영혼이 저 아래[1691]에 머물러
　　　있어야 하고, 좋은 기도[1692]가 그를

130　돕지 않는 한 그 살던 만큼의 때가
　　　지나기까지 이 위로 오르지 못한다면
　　　그가 여기 오게 되기는[1693] 어찌된 셈이오니까?"

133　그이 말하되, "더할 나위 없이 그가 떵떵거리며
　　　살 제, 온갖 체면을 벗어던지고 자진하여
　　　시에나의 캄포에 버티고 섰더니라.

1690　속전: 죄를 면하기 위해 바치는 돈. – 편집자 주
1691　저 아래: 연옥 문밖(연옥편 4곡 127행 이하 참고).
1692　좋은 기도: 세상의 선인이 바치는 기도.
1693　여기 오게 되기는: 죽은 후 바로 문안으로 들어온 것.

136 그리하여 거기 카를로의 옥중에 겪고 있는
　　 형벌에서 제 동무를 빼내고자
　　 그는 온 핏줄이 떨리기에 이르렀나니라.[1694]

139 더 말하지 않겠노니, 내 말이 흐림을[1695] 내 아노라.
　　 그러나 얼마 아니 가서 네 이웃들은
　　 너 이를 알 수 있도록 하여 주리라.[1696]

142 이 일이야말로 그에게 저 울타리[1697]를 치워 주었느니라."

1694 133~138 탈리아코초 전투(지옥편 28곡 13~18행 주 참고)에서 프로벤찬의 한 친구가 앙주의 샤를과 싸워 포로가 되었다. 이때 프로벤찬은 1만 피오리노의 속전으로 그의 목숨을 구할 수 있다는 소리를 듣고, 그를 구하기 위해 캄포(시에나 최대의 광장)에 자리를 잡고 사람들에게 구걸하여 포로가 된 친구를 구했다. 자기를 낮춘 이 행동이 그의 욕심과 교만을 고쳤다.
1695 흐림을: 사람에게 구걸한 경험이 없으므로 분명히 알아듣지 못한다는 뜻.
1696 140~141 얼마 아니 가서 네 이웃들은……: 머지않아 네 이웃들(피렌체인)이 너를 고향에서 추방하고 그때 네가 사람의 동정을 구하고 스스로 몸을 떨기에 이를 때 비로소 내 말을 분명히 알아들으리라는 뜻이다.
1697 울타리: 연옥 문. 친구에 대한 프로벤찬의 사랑과 겸손의 행위가 그를 연옥 문 밖에서 기다리지 않고 바로 들어올 수 있게 해 주었다.

제12곡

베르길리우스의 말을 듣고 단테는 오데리시를 두고 나아간다. 가면서 첫 둘레의 바위에 교만으로 벌 받는 모습이 새겨진 것을 본다. 겸손의 한 천사가 나와서 단테의 이마에서 P자를 하나 지워 주어, 그는 한결 가벼워진 몸으로 둘째 둘레를 향한다.

1   멍에를 지고 가는 암소들처럼 나는
    짐을 진 저 영혼[1698]과 나란히 어지신
    스승님[1699]이 허락하신 데까지 걸어갔노라.

1698   짐을 진 저 영혼: 오데리시.
1699   스승님: 베르길리우스.

4   그러나 그이 "저를 두고 앞서 가라. 여기선
     모름지기 누구나가 제 힘껏 돛과 노를
     합쳐서 제 배를 저어야 하기 때문이니라." 할 때

7   생각은 굽혀지고 움츠러진 채 그대로
     남았을망정 길 가는 사람이면 으레
     그렇듯이 다시 나는 꼿꼿이 몸을 폈노라.[1700]

10   이미 나는 움직여 내 스승의 발자국을
     즐겨 따르노라니 어느덧 둘이는
     가뿐하게[1701] 보여졌나니라.

13   이에 그이 내게 말하되, "눈을 내리뜨라.
     길을 수월케 하기 위하여 네 발바닥이
     디딘 자리를 봄이 좋으리라."

16   묻힌 사람들 위에 그들의 기념이

1700 굽혀지고: 단테는 겸손한 마음으로 자신의 교만을 반성하고자 하기 때문에 마음을 굽히고자 하지만 길을 빨리 걷기 위해서 몸을 편다.
1701 가뿐하게: 돌을 진 자들에 비해서.

되기 위하여 평평한 무덤이 옛날 그들이
어떠한 자들이었음을 새겨 지니고,[1702]

19 이리하여 거기 가끔 정든 사람만을
쿡쿡 찌르는 추억의 찌름 때문에
눈물이 흐르는 것처럼 이같이

22 산에서 쑥 내밀어 길이 된 여기도
그와 같이 그려진 것을 보았으나, 그러나 그
솜씨의 절묘함은 훨씬 비할 바가 아니더라.[1703]

25 나머지 피조물보다 한결 귀하게[1704]
만들어진 자가 하늘로부터 나직이

1702 17~18 평평한 무덤이 옛날 그들이……: 높게 쌓아 올린 무덤이 아니라 땅에 대리석을 평평하게 깔고 그 표면에 고인의 모습을 조각하여 기념으로 삼는 것. 중세에 널리 행해졌던 매장법이다.
1703 22~24 11곡에서는 산허리의 흰 대리석에 겸손의 예들이 새겨져 있는 것을 보았으나 지금 돌아 올라가는 길바닥에는 교만의 예들이 새겨져 있어 교만의 정죄자들이 이를 딛고 가게 되어 있다.
1704 한결 귀하게: 지옥편 34곡 17행 참고.

번개[1705]처럼 떨어짐을 한쪽에서 보고,[1706]

28 다른 쪽에서는 브리아레오스가 하늘의 살을
맞고 싸늘하게 죽어 무겁게
땅바닥에 자빠진 것을 보았으며,[1707]

31 팀브라에우스[1708]며 팔라스[1709]며 마르스[1710]가 아직도
무장한 채 저들 아비의 주위에서
거인들[1711]의 끊어진 사지를 보고 있음을 보았노라.

1705 번개: "나는 사탄이 번개처럼 하늘에서 떨어지는 것을 보았다."(루카 10,18) 단테는 여기서 4연(25~36행)은 모두 vedea(나는 보았다)로 끝나고, 다음의 4연(37~48행)은 모두 o(오!)로 시작된다. 다음의 4연(49~60행)은 모두 mostrava(드러내다)로 끝나고, 또 그 다음의 1연(61~63행)은 vedea(제1행), o(제2행) mostrava(제3행)를 함께 넣었다.
1706 25~27 교만의 첫 번째 예로 지옥 왕 루시퍼를 든다.
1707 28~30 교만의 두 번째 예로 브리아레오스를 든다. 거인들이 신들과 싸울 때 제우스 신이 번갯불로 쏘아 죽인 거인으로 백 개의 관을 가졌다(지옥편 31곡 98행 주 참고).
1708 팀브라에우스: 아폴로 신. 본래는 트로이 근방의 지방 이름이나 이 신의 신전이 그곳에 있어서 이같이 부른다.
1709 팔라스: 지혜의 여신 미네르바.
1710 마르스: 군신. 이상의 3신이 그들의 아버지 제우스와 함께, 펠레그라 전쟁(지옥편 14곡 55~60행 참고)에서 죽은 거인들의 시체를 보고 있다.
1711 세 번째 예로 신들과 싸워서 죽은 거인들.

34 거창한 노작勞作¹⁷¹²의 기슭에서 얼떨떨한 듯¹⁷¹³

 니므롯이 저와 함께 신아르에서

 뽐내던 백성을 보는 것도 내 보았노라.¹⁷¹⁴

37 오, 니오베여, 사라진 일곱과 일곱 자식들

 가운데에 길바닥에 새겨진 너를

 내 얼마나 쓰라린 눈으로 보았던고.¹⁷¹⁵

40 오, 사울이여, 길보아에서 제 칼 위에

 죽은 뒤 거기는 비도 이슬도¹⁷¹⁶ 모른다는데

1712 노작: 바벨 탑.
1713 얼떨떨한 듯: 신의 노여움을 사서 언어가 혼란해졌기 때문에(지옥편 31곡 78행 주 참고).
1714 34~36 교만의 네 번째 예는 성경에 나오는 니므롯(지옥편 31곡 77행 주 참고)으로 신아르 평원에 바벨탑을 세워 하늘에까지 닿게 하려다가 하느님의 노여움을 샀다.
1715 37~39 교만의 다섯 번째 예는 신화의 니오베. 탄탈로스의 딸 니오베는 테베 왕 암피온의 아내로 7남 7녀를 낳은 것을 뽐내며 여신 레토가 아폴론과 디아나, 두 명의 자식밖에 낳지 못했다고 업신여겼다. 그리고 레토에게 공물을 바치는 것이 옳지 않다고 했다. 이에 노한 레토는 두 자식을 보내어 니오베의 자녀를 모두 죽였고 니오베는 슬픈 나머지 돌이 되었다고 한다(오비디우스 《변신》 6,146 이하 참고).
1716 비도 이슬도: 임금 사울의 죽음을 슬퍼하는 다윗의 슬픈 노래. "길보아의 산들아 너희 위에, 그 비옥한 밭에 이슬도 비도 내리지 마라."(2사무 1,21)

너 어찌 여기에 나타나 보이는고.[1717]

43 오, 미친 아라크네[1718]여, 어느덧 거미가 다 된
    너를 보노니 너 스스로 잘못 저지른 일의
    찢어진 헝겊[1719] 위에 너는 서럽구나.

46 오, 르하브암이여, 여기 네 모습이 이미 위협적으로
    보이는 양 싶지도 않고 누구에게 쫓기지도
    않건만, 벌벌 떨며 수레를 달릴 뿐이로구나.[1720]

49 단단한 도로는 또한 알크마이온이 저
    방자한 노리개의 값 비쌈을 제 어미에게
    보여 주는 모양을 드러내더라.[1721]

1717 교만의 여섯 번째 예는 성경(1사무 31,1 이하)의 이스라엘 왕 사울. 블레셋 군과 싸워 패하고 팔레스타인의 길보아 산상에서 자살하였다.
1718 교만의 일곱 번째 예는 신화의 아라크네(지옥편 17곡 18행 주 참고).
1719 찢어진 헝겊: 길쌈 경쟁에서 진 미네르바는 노하여 아라크네의 헝겊을 찢었다.
1720 46~48 교만의 여덟 번째 예는 구약 성경에 나오는 이스라엘 왕 솔로몬의 아들 르하브암. 부왕의 사후 백성들이 감세를 호소했으나 왕이 이를 거절하자 백성들은 왕의 부역 감독 아도람에게 돌을 던져 그를 죽였다. 그러자 왕은 급히 수레를 타고 예루살렘으로 도망쳤다(1열왕 12,1 이하 참고).
1721 49~51 교만의 아홉 번째 예로 신화에 나오는 에리필레를 든다. 그리스 7왕의 하나인 암피아라오스는 자신이 테베 전쟁에 나가면 죽는다는 것을 점술로 알

52   신전 안에서 자식들이 산헤립[1722]을
      넘어뜨리는 모양이며 죽은 그를
      거기에 버려두고 간 모양도 보여 주더라.[1723]

55   키로스에게 "피에 주린 놈아, 자, 피로 너를
      채워 줄 것이니라." 하면서 토미리스[1724]가 행한
      잔혹함과 둘도 없는 살육도 보여 주더라.[1725]

58   홀로페르네스가 죽음을 당한 후

　　　고 숨어 있었으나(지옥편 20곡 31~36행 주 참고) 그의 아내 에리필레는 불카누스가 만든 황금 목걸이를 뇌물로 받고 암피아라오스가 숨은 곳을 폴리네이케스에게 알려 주어 암피아라오스는 전쟁에 나가 죽었다. 아들 알크마이온은 어머니를 죽여 아버지의 원수를 갚았다.
1722　교만의 열 번째 예는 아시리아 왕 산헤립. 교만하여 유다와 예루살렘을 위협하고 하느님을 업신여겼다. 그러나 주님의 천사가 그의 부대를 부수고 그를 니네베로 돌아가게 했다. 산헤립이 자신의 신 니스록의 신전에서 예배할 때 그의 두 아들 아드람멜렉과 사르에체르가 그를 죽이고 아라랏 지방으로 도망했다(2열왕 19,36-37 참고, 이사 37,37-38 참고).
1723　50~54 방자한……: 이 목걸이를 지니는 자는 반드시 불행하게 된다는 설이 있기 때문이다.
1724　토미리스: 스키타이족이 살았던 카스피 해 동쪽의 마사제테스 여왕. 페르시아 왕 키로스가 여왕의 아들을 속여 죽이자 토미리스는 키로스와 싸워 그의 머리를 베었다. 그리고 피로 가득 찬 가죽 주머니 속에 넣어 '피에 주린 놈아……'라고 하며 복수했다.
1725　55~57 교만의 열한 번째 예로 페르시아 왕 키로스를 든다.

아시리아인이 뺑소니를 친 모양이며,

아울러 맞아 죽은 자의 유해[1726]를 보여 주더라.[1727]

61 나는 재가 되고 폐허가 된 트로이를 보았나니

아아, 일리온[1728]이여, 저기 드러나는 그림은

이 얼마나 낮고 천해진 너를 보여 주는고.[1729]

64 어떠한 붓과 솜씨의 명공名工이었길래

온갖 뛰어난 재주를 놀라게 할

그림자와 선을 여기 그려 냈을꼬.

67 죽은 건 죽고, 산 것은 산 대로 보이는데

사실을 본 그 누구라도 내가 구부리고 가면서

1726 유해: 대장 홀로페르네스의 머리 없는 시체.
1727 58~60 교만의 열두 번째 예는 아시리아 대장 홀로페르네스. 아시리아 군대가 베툴리아라는 고을을 포위했을 때 과부 유딧은 고향을 구하고자 적진에 들어가 홀로페르네스를 살해했다. 이를 안 아시리아 군은 달아났다(유딧 11,1 이하 참고).
1728 일리온: 트로이의 다른 이름.
1729 61~63 교만의 열세 번째 예는 트로이(지옥편 1곡 73~75행 주, 지옥편 30곡 13~15행 참고).

밟던 것을 나보다 더 잘 보지는 못했으리라.[1730]

70 이제 하와의 자손이여, 뽐내어 보려무나.
번쩍 든 얼굴을 하고 가며 낯짝을 숙이지 마라.[1731]
혹여 불행한 길이 보일까 하노라.

73 풀려나지 못한 마음이 생각하던 것보다는[1732]
훨씬 더 많이 우리는 산을 돌았었고,
해 가는 길도 거의 다하였을 무렵에

76 끊임없이 앞만 살피며 가시던 그이 입을
떼니라. "고개를 들어라. 이렇듯 생각에
잠겨서 가기에는 시간이 충분치 않나니

1730 68~69 단테가 이제까지 본 인물과 사건들은 조각된 것에 불과하나 그 조각이 너무도 세밀하고 생동감이 있어 내가 밟고 온 사건들을 실제로 목격한 자라도 나만큼 진상을 자세히 알지는 못하리라는 것.
1731 70~71 '하와의 자손'은 인류를 뜻한다. 세상 사람들의 교만한 마음이 오랜 옛날부터 끊일 줄 모르는 것을 비꼬는 말.
1732 풀지 못한 일에만 마음이 쏠려 다른 일을 생각할 겨를이 없는 것(연옥편 4곡 1행 이하 참고).

79 　보라, 저기 우리한테 오려고 차리고
　　있는 천사를. 하루의 일을 마치고
　　여섯째 계집종[1733]이 돌아오는 것을.

82 　얼굴과 몸차림을 정성으로써 꾸미거라.
　　그래야 그는 기꺼이 우리를 위로 이끌으리니.
　　알거라, 이날이 다시는 지새지 않으리라."

85 　나는 그의 때를 잃지 말라[1734]는 이르심에
　　늘상 익숙한 까닭에 이 일에 대한
　　그의 말씀이 희미할 리 없었느니라.

88 　하이얀 옷을 입은 어여쁜 피조물[1735]이
　　샛별같이 반짝이는 그러한
　　얼굴을 하고 우리들한테 다가오더니

1733 여섯째 계집종: 해가 든 시간부터 여섯째 시간이 지난 뒤. 즉 정오.
1734 때를 잃지 말라: 베르길리우스는 이것을 단테에게 여러 번 경고한다(연옥편 3곡 76~78행 참고).
1735 피조물: 천사.

91   팔 벌리고 날개를 펴자 말하더니라.
    "너희는 오라. 여기 층대가 가까이 있다.
    이제부터는[1736] 손쉽게 올라가리라."

94   이런 알림을 듣고 오는 자는 매우 드무니[1737]
    아, 높이[1738] 날고자 태어난 인간의 종낙이여,
    너희는 어찌하여 실바람에도 이리 넘어지느뇨.

97   그는 바위가 부서져 있는 자리로 우리를
    이끌고, 거기서 날개로 내 이마를 치고는[1739]
    앞길이 안전하리라고 내게 약속하더라.

100 루바콘테[1740] 위에 잘도 다스려지는 고을[1741]을

1736 이제부터는: 교만의 죄를 벗었기 때문에.
1737 알림을 듣고 오는 자는……: '알림'은 천사의 말을 뜻한다. 이 말을 듣고 오는 자가 드문 것은 겸손한 자가 적기 때문이다.
1738 높이: 천국에 오르기 위하여.
1739 이마를 치고는: 앞서 연옥 문을 열어 준 천사가 단테의 이마에 새겨 준 일곱 P 중의 하나를 지워 준다(연옥편 9곡 112행 참고). 이것은 교만의 죄가 씻겼기 때문이다(각 환의 끝마다 같은 일이 반복된다).
1740 루바콘테: 피렌체를 흐르는 아르노 강에 있는 다리의 이름. 지금은 폰테 알레 그라치에라 불린다.
1741 고을: 피렌체. '잘도 다스려지는'은 반어적 표현이다.

굽어보는 성당[1742]이 앉아 있는 산을

올라가자면 오른쪽[1743]에

103 몹시도 가파른 오르막이 부서져 층대를

이루는데, 이는 문서나 통판桶板[1744]이

무사하였던 시절[1745]에 만들어진 것이니라.

106 이와 같이 여기서도 다음 둘레로부터

다급하게 깎아지른 언덕이 늦추어졌어도

여기저기 높은 바위가 다가 있더라.[1746]

109 그리고 우리가 몸을 향할 제 뭇 소리가

1742 성당: 피렌체 시의 산 미니아토 알 몬테 성당.
1743 오른쪽: 산길을 올라가다 두 갈래 길이 있는 중에서 오른쪽 길에.
1744 문서나 통판: 당시 피렌체를 들썩였던 두 가지 사기 사건. 1299년 피렌체의 니콜로 아치알리올리란 자가 자신과 메세르 발도 다굴리온(천국편 16곡 54행 참고)이란 자의 부정을 은폐하려고 메세르와 공모하여 시의 공증 기록 중 자신들에게 불리한 사항을 지워 버렸다. 또 같은 때에 소금 출납원인 키아라 몬테시 가문의 사람이 사욕을 채우려고 시에서 소금을 받을 때는 일반 저울을 사용하고, 시민에게 팔 때는 저울을 속여서 팔았다.
1745 무사하였던 시절: 이런 부정이 없었던 옛날.
1746 100~108 제1환에서 제2환에 이르는 층층대를 피렌체 시의 산 미니아토 알 몬테 성당에 오르는 층대와 비교한다.

'행복하여라, 마음이 가난한 사람들!······.'[1747] 이렇게
노래하는데, 말로는 그를 이루 다 표현하지 못할레라.

112 아, 이러한 어구들은 지옥의 그것들과 얼마나
다른고! 여기선 노래를 들으며 들어서는데,
거기선 무서운 통곡을 거쳤으니······.

115 어느덧 우리는 거룩한 층층대를 올랐는데
먼저 평지[1748]에 있을 때와는 달리
한결 몸이 가벼워진 것을 나는 느꼈노라.

118 이에 나는 "스승이여, 이르소서. 무슨 무거운 것이
제게서 걷어졌기에 저는 걸으면서도
아무런 피로를 거의 느끼지 않나이까?"

121 그이 대답하되, "다 지워질 듯[1749] 아직도

1747 행복하여라······: "행복하여라, 마음이 가난한 사람들! 하늘 나라가 그들의 것이다."(마태 5,3) 한 가지 죄가 씻길 때마다 천사가 단테의 이마에서 하나의 P를 씻어 주고(97~99행 참고) 또 그리스도의 산상 설교 한 구절이 들려온다.
1748 평지: 제1환의 대지.
1749 지워질 듯: 교만으로 말미암아 우리는 하느님을 멀리 떠나고 이것은 결국 모든

네 얼굴이 남아 있는 P자들이
　　　첫 번째 글자처럼 말끔히 씻어질 때야말로

124　너의 발들은 좋은 소망에 못 이겨
　　　피로를 느끼지 못할뿐더러
　　　위로 끌어올려지는 것이 즐거우리라."

127　머리에 무엇을 이고 가는 사람들이
　　　이를 잊고 가다가, 남들이 하는 눈치에
　　　이상한 생각이 들어 문득

130　알아볼 양으로 손의 힘을 빌어 더듬다가
　　　이내 찾아, 눈으로는 할 수 없는
　　　일을 하는 것처럼 나도 그때 그러하여

133　오른쪽 손가락으로 여섯
　　　글자만을 찾았었는데 이는 열쇠를

죄의 시작이며 끝이 된다(《신학대전》 2,167 참고). 이같이 교만한 마음이 여러 악의 근원이기 때문에, 지금 그 마음이 지워졌으니 다른 죄도 머지않아 지워질 것이다.

가진 자[1750]가 내 관자놀이 위에다 새긴 것일레라.

136   나의 길잡이는 이를 보고 미소 지으시니라.

1750   134~135 열쇠를 가진 자: 연옥 문을 지키는 천사(연옥편 9곡 103행 이하 참고).

제13곡

단테는 질투한 자들이 있는 둘레에 닿아서 그곳에서 눈을 철사로 꿰매고 고행의 옷을 입은 혼들을 본다. 그 가운데 시에나의 여인 사피아가 시인과 이야기하면서 "나는 내가 잘되는 것보다 남이 잘못되는 것을 더 기뻐했었다."라고 토로한다.

1   층대의 맨 위에 우리가 다다랐더니,
      오름으로써 죄를 벗게 하는 산은
      여기 또다시 깎이어져

4   첫째 둘레에서처럼 질펀한 자리가
      여기 자그마한 산에 둘러싸였는데
      다만 그 활등[1751]이 조금 더 굽어 있을 뿐이더라.

1751 활등: 제2환은 제1환보다 작기 때문에 활등이 더 굽었다.

7   여기엔 그림자나 볼 만한 글씨도 없고
    벼랑과 같이 말끔한 채 흐릿한
    바윗돌의 색깔[1752]만 보이더라.[1753]

10 시인이 까닭을 말하시되, "길을 물으러
    여기서 사람을 기다리다가는 우리가
    모처럼 고를 일이[1754] 너무 더딜까 저어하노라."

13 다음 그는 줄곧 태양으로 눈을 주며
    바른쪽을 중심으로 하여 움직대더니
    왼쪽으로 몸을 돌려 버리니라.

16 그이 이르되, "오, 감미로운 빛[1755]이여, 그를
    믿음으로 내 새로운 길로 드나니, 너 우리를
    인도하라. 이 안에 들기엔 인도함이 필요하도다.

1752 바윗돌의 색깔: 납빛으로 질투의 색이다.
1753 7~9 제1환에서 본 것 같은 인물이나 사건의 조각은 없다. 제2환은 눈을 잘못 굴려 죄를 범한 질투자들이 정죄하는 곳인데, 이들의 눈시울은 쇠줄로 꿰여 있어 볼 수가 없다. 이들이 죄를 씻을 수 있도록 말로 가르친다(25행 이하 참고).
1754 11~12 우리가 모처럼 고를 일이: 길을 택하는 것이.
1755 빛: 은총.

19　너 세상을 다사롭게 하고 너 그 위에 비치나니
　　다른 까닭[1756]이 줄곧 거스르지 않는 한
　　너의 빛살은 항상 앞잡이여야 하는도다."

22　이승으로 친다면 1마일이 실히 될 곳을
　　우리는 여기 재빠른 마음 때문에
　　얼마 아니되는 사이에 벌써 갔더니라.

25　문득 영혼들이 보이지는 않으면서
　　사랑의 향연에의 정중한 초대[1757]를
　　이야기하며 우리를 향해 날아옴을 들었노라.

28　날며 지나간 첫마디 소리가 높직이
　　'VINUM NON HABENT'[1758]라 말하고는

1756　다른 까닭: 죄의 장애.
1757　사랑의 향연에의 정중한 초대: 사랑의 향연에 초청한다는 것은 사랑의 예화를 들어 정죄자가 마음에 사랑을 기르기를 구한다는 뜻이다. 사랑은 질투의 반대이기 때문이다.
1758　VINUM NON HABENT: 예수님은 갈릴레아 카나의 혼인 잔치에 초대되어 갔다. 잔치에서 술이 떨어지자 어머니 마리아가 "술이 없다." 했고 이 말을 들은 예수님은 물을 포도주로 바꾸었다(요한 2,3 이하 참고).

되풀이하면서 우리 뒤로 가 버리니라.[1759]

31 차차 그 소리가 멀어져 아주 안 들리게
되기 전에 또 한 소리가 "나는 오레스테스로다."
하고 외치며 지나갔는데, 이 역시 멎지 않더라.[1760]

34 내 이르되, "오, 아버지 이 무슨 소리들입니까?"
묻기가 무섭게 홀연 세 번째 소리가 나되,
"너희에게 해 끼친 자를 사랑하여라."[1761]

37 이에 착한 스승이 "이 둘레는 질투의
죄과를 매질하느니라. 그러기는 하나
매의 채찍[1762]은 사랑에서 나온 것이니라.

1759 28~30 사랑의 첫 번째 예로 성모 마리아의 자비의 말씀을 든다.
1760 31~33 사랑의 두 번째 예로 필라데스의 얘기를 든다. 트로이 전쟁 때의 그리스 명장 아가멤논의 아들 오레스테스는 스트로피오스 왕의 아들 필라데스와 친구 사이였다. 아가멤논을 살해한 아이기스토스가 오레스테스마저 죽이려고 하자 필라데스는 "내가 오레스테스다."라고 말하며 친구 대신 죽으려 했다.
1761 34~36 사랑의 세 번째 예로 그리스도의 교훈을 든다. "너희는 원수를 사랑하여라. 그리고 너희를 박해하는 자들을 위하여 기도하여라."(마태 5,44)
1762 매의 채찍: 이 둘레에서 질투의 죄를 씻는 혼들을 매질하는 채찍은 질투와 반대되는 덕, 즉 사랑의 모범들이다.

40　재갈[1763]은 이와 소리가 달라야 하나니
　　내 요량엔 너 용서함의 지름길에
　　다다르기 전에[1764] 이를 들은 줄로 믿노라.

43　그럼 중천 밖으로 똑바로 눈을 고정시키거라.
　　우리들 앞에 앉아 있는 백성을 너
　　보리니, 모두 다 바위 곁에 나란히 앉았구나."

46　그때 나는 먼저보다 크게 눈을 떠
　　내 앞을 보고 바위의 빛깔과 다름없는
　　외투를 입은 그림자들을 보니라.

49　그리고 우리가 좀 더 앞으로 나아간 다음
　　"마리아여, 우리 위해 비소서."라는 외침과 "미카엘이여.",

1763　재갈: 질투의 죄악으로 말미암은 재갈은 채찍과 전혀 다른 소리, 즉 **책벌責罰**의 소리를 내어 이 죄를 저지르지 않게 한다. 채찍은 적극적 교훈, 재갈은 소극적 교훈을 나타내므로 전자는 덕을 예로 들고 후자는 죄에 대한 벌을 예로 든다. 연옥의 일곱 둘레마다 이같은 두 가지 방법이 나온다.
1764　지름길에 다다르기 전에: 셋째 둘레로 올라가는 사다리, 단테의 이마에 새겨져 있는 P자를 지워 줄 천사가 서 있는 곳에 다다르기까지. 재갈, 즉 질투에 대한 벌의 예는 연옥편 14곡 133행 이하에 나온다.

"베드로여.", "모든 성자여." 하는 외침을 들었노라.[1765]

52 아직껏 땅을 걷는 사람 치고 그때
    내가 본 것에 대하여 동정하는 마음에
    찔리지 않을 만큼 독한 사람은 없으리라.

55 내가 저들에게 가까이 다가가서 저들의
    모습이 나에게 확실하여졌을 때
    무거운 슬픔[1766]이 눈에서 흘러나온 까닭이니라.

58 저들은 허름한 고복苦服[1767]을 두른 듯한데
    하나가 어깨로 다른 이를 떠받치고 있고
    모두는 언덕에 기대어 있더라.

61 그것은 마치 끼니가 떨어진 장님들이 저들의

1765 50~51 성모 마리아와 미카엘 대천사, 베드로 사도, 그리고 모든 성인들과 그 밖의 여러 천사를 찬미하며 그 도움을 구하는 기도Litanie dei Santi(성인 호칭 기도)를 노래한다.
1766 무거운 슬픔: 눈물.
1767 허름한 고복: 거센 털 등으로 만든 거친 옷으로, 중세 은수자나 수도자들 및 신자들이 이 옷을 입고 몸을 찌르는 아픔을 참으며 일종의 고행을 했다.

쓸 것을 구걸하고자 대사일大赦日[1768]에 모여 서서,
머리에 머리를 포개며 밀려들어

64 말로써 소리를 내기보다 차라리
보여 줌으로써 더욱 알게 하여 어서 빨리
남에게 동정을 일으키게 하려는 때와 같더라.

67 그리고 장님에게는 해가 쓸데없듯이
내 지금 말하는 여기의 그림자들에게도
하늘의 빛이 몸소 이바지하려 않느니,

70 말하자면 모두의 눈시울을 철사로
꿰매어 마치 잠자코 있지 아니하는
길들이지 않은 매[1769]에게 하는 것과 같더라.[1770]

1768 대사일: 교회에서 특사가 있는 날. 많은 사람들이 죄를 사하려고 모여든다. 이런 때면 장님들도 교회 앞에 모여 동정을 구하는 말을 할 뿐만 아니라 가엾은 모양으로 사람들에게 구걸한다.
1769 매: 매가 길들여지기 전에는 사람을 보면 도망치기 때문에 눈꺼풀을 꿰매어 길들였다고 한다.
1770 70~72 눈을 크게 떠서 남을 질투하게 되므로 눈시울을 꿰어 감게 하고 이 죄인들을 고친다.

73 남을 보면서도 자기는 안 보여 주고 그냥
  간다는 것이 욕된 짓을 하는 것만 같기에
  나는 내 슬기로운 길잡이에게 몸을 돌이키니라.

76 나의 침묵이 뜻하는 바를 그이 잘 아시고
  나의 물음을 기다릴 것 없이 이르시되,
  "말해 보려무나, 간단히 그리고 요령 있게."

79 베르길리우스는 아무런 울타리도 둘러 있지
  않으므로 떨어질 염려가 있는 대지臺地의
  바깥쪽에서 나한테 오시니라.[1771]

82 또 다른 쪽엔 경건한 그림자들이
  있었는데, 뜨끔한 솔기 때문에 눈물이
  짜내어져 뺨을 적시는 그들이더라.

85 나는 그들을 쳐다보며 말을 시작했노라. "오

1771 79~81 둘레의 바깥쪽, 즉 길의 오른쪽은 첫째 둘레로 떨어지는 절벽이므로 베르길리우스는 단테를 떨어지지 않게 하려고 그를 왼쪽, 즉 안쪽에 세우고 자신이 오른쪽에 서서 간다.

　　　　높다란 빛을 반드시 보고야 말
　　　　오직 그 일에만 너희 소망을 둔 족속이여,

88　　한시바삐 은총이 너희들 양심의
　　　　거품을 풀어 주어 기억의 시내가
　　　　이를[1772] 거쳐 맑게 흘러내리게 하였으면…….[1773]

91　　너희 중에 라틴의 영혼[1774]이 있는지 말해 다오.
　　　　이는 나에게 기쁘고 소중한 일인 것이니
　　　　아마도 내 이를 안다면 그대에게도 좋으리라."[1775]

94　　"오, 나의 형제여, 누구나 다 그야말로 참다운
　　　　고을[1776]의 시민이기는 하되, 너 내게 말하려는 것은

1772　이를: 양심을.
1773　88~90 하느님의 은총이 너희 마음의 더러움을 씻어 주어, 레테의 흐름에 죄의 기억이 양심으로부터 씻겨 내려가기를.
1774　라틴의 영혼: 이탈리아인.
1775　좋으리라: 단테가 세상에 돌아가 그의 친구들에게 청하여 그를 위하여 기도를 올려 줄 것이므로.
1776　94~95 참다운 고을: 천국. "사실 땅 위에는 우리를 위한 영원한 도성이 없습니다. 우리는 앞으로 올 도성을 찾고 있습니다."(히브 13,14)

순례자[1777]로서 이탈리아에 산 자일 것이로다."

97 내가 섰던 거기보다 조금 앞에서 이것을
나는 대답 삼아 들은 것 같기에
더 들릴 수 있게 그리로 바싹 가까이 나아갔노라.

100 다른 자들 중 그림자 하나가 나 보기엔 무엇을
기다리는 듯한데 누가 어떻더냐 묻는다면
장님처럼 턱을 위로 추어올리고 있다 하리.

103 내가 이르되, "오르고자 몸을 가누는 혼이여,
내게 대답한 그이가 너라면
곳이나 이름을 대어 내게 알려라."

106 그이 대답하되, "나는 시에나 출신일러니, 여기
이런 무리와 함께 눈물 흘리며 그분[1778] 우리에게
당신을 주시도록 죄스런 삶을 씻고 있노라.

1777 순례자: 세상에 있는 사람은 하늘을 고향으로 둔 순례자다.
1778 그분: 하느님.

109   이름은 사피아[1779]라 불리면서 실상

　　　나는 총명하지 못하였고[1780] 내 행복보다는

　　　남의 잘못됨을 더 기뻐했노라.

112   내 너를 속이는 줄로 여기지 않으려거든

　　　네게 말한 대로 내가 어리석었음을 들어 보라.

　　　내 나이가 활등을 넘었을 즈음[1781]

115   내 고장 사람들은 콜레[1782] 근처 벌판에서

　　　저들의 원수들과 맞부딪쳤고 이리하여

　　　나는 하느님께 빌어 그 뜻[1783]이 이루어지라 했더니라.

118   저들은 거기서 꺾이어져 패주敗走의 쓰라린

1779　사피아: 시에나의 귀부인. 출신이 불분명하나 카스틸리온첼로의 영주 기니발도 디 사라치노와 결혼했다.
1780　총명하지 못하였고: 그의 이름 Sapia와 Savia(총명한)를 활용해 쓴 문장이다.
1781　활등을 넘었을 즈음: 35세를 넘었을 때(지옥편 1곡 1~3행 주 참고).
1782　콜레: 토스카나 주 엘사 계곡 언덕에 있는 지방. 1269년 6월 시에나의 기벨리니 당과 피렌체인이 싸워 전자가 패하고 그 수장 프로벤찬 살바니(연옥편 11곡 109행 참고)는 잡혀 사형당했다.
1783　그 뜻: 시에나 군의 패배. 사피아의 질투심은 당시 더할 나위 없이 세력이 강했던 프로벤찬의 패배를 원할 만큼 깊은 것이었다.

길로 돌아갔고 나는 추격을 보면서
　　　다른 무엇에도 견줄 수 없는 기쁨을 느꼈노라.

121　외람되이 얼굴을 쳐들고 한때
　　　좋은 날씨에 콩새[1784]가 그리하듯 하느님께
　　　"이제부터는 네가 무섭지 않다."라고 외쳤느니라.

124　내 생애의 나중에야 나의 하느님과의 화해를
　　　원하였어도, 피에르 페티나이오[1785]가 자비에 겨워
　　　나를 딱히 여기고 그의 거룩한 기도 중에 나를

127　기억해 주지 아니했던들 나는 뉘우침
　　　만으로는 마땅히 내가 갚아야만 될 것을

1784　콩새: 옛 이탈리아 속담에 따르면, 콩새는 눈 오는 추운 날씨에 몸을 움츠리는데 어느 날 하늘이 맑고 날씨가 풀린 듯한 것을 보고 힘을 얻어 "겨울은 이미 지나갔다. 주여, 나는 당신이 무섭지 않습니다."라고 소리쳤다. 하지만 아직 겨울이 가지 않은 것을 알고는 후회했다 한다.
1785　피에르 페티나이오: 페트로 다 캄피. 시에나에 살던 가난한 빗 장수다. 이 때문에 페티나이오(빗 장수)란 별명을 얻었다. 청렴하고 정직했으며 많은 선행을 했다. 후에 프란치스코 수도회에 들어가 1289년 죽었다. 지금도 시에나에서는 그의 덕을 찬미한다. 시민들이 돈을 모아 그의 묘를 세웠다.

여지껏 덜지 못한 채 있었으리라.[1786]

130 도대체 너는 누구이기에 우리 형편을 묻고
가며, 생각하니 꿰매지도 않은 눈을
가지고 호흡마저 하면서 말을 하는 것이냐?"

133 내 이르되, "내 눈도 어느덧 내게서부터
앗기겠지만 잠깐 동안뿐이니 질투로 삐뚤어져
저지른 허물이 크지 않은 때문이니라.[1787]

136 내 영혼을 졸라매는 보다 더 큰 무서움은
이 아래에 있는 고통[1788]인 것이니, 아래의
무거운 짐이 벌써 나를 짓누르는구나."[1789]

1786 덜지 못한 채 있었으리라: 아직도 연옥 문밖에 있었으리라.
1787 133~135 나도 언젠가는 이곳에 와서 질투의 죄를 씻기 위하여 눈이 꿰어질 것이나 그렇게 되는 것은 짧은 기간일 것이다.
1788 136~137 보다 큰 무서움은……: 첫 둘레에서 느끼는 고통. 단테는 자기가 질투보다는 교만의 마음이 더 크다는 것을 알고 있다.
1789 137~138 아래의 무거운 짐이 벌써……: 첫 둘레의 정죄자들이 지고 있는 돌을 지금부터 지고 있는 심경이다.

139 이에 그이 내게 "너 아래로[1790] 돌아가리라 믿는다니
그럼 윗녘 우리한테로 인도한 자는 누구뇨?"
나는 "나와 같이 있는, 말 없는 그이니라.

142 나는 살아 있으니, 뽑힌 영혼아,[1791] 너 만일
세상에서 죽을 내 다리를
옮겨 주었으면 하거든[1792] 내게 청하라."

145 그이 대답하되 "오, 이야말로 듣느니 처음이로다.
하느님이 너를 사랑하심은 큰 표지이니
언제고 네 기도로 나를 도와다오.

148 그리고 너 애타게 바라는 그것[1793]으로써 네게
청하노니, 토스카나의 땅을 밟게 되거들랑

1790 아래로: 첫 둘레. 사피아는 단테가 정죄자인 줄 알고 다시 첫 둘레로 가서 죄를 씻는 것이냐고 묻는다.
1791 뽑힌 영혼아: 연옥편 3곡 73~75행 참고.
1792 옮겨 주었으면 하거든: 세상이 돌아가 너의 지인들을 찾아다니며 너를 위한 기도를 청할 것을 원한다면.
1793 애타게 바라는 그것: 천상의 지복.

내 일가들 중에 내 이름을 장히[1794] 세워 다오.

151 너 그들을 탈라모네[1795]에 희망을 걸고 있는
저 속없는 백성 중에서 보리라. 저들은
디아나[1796]를 목말라하던 때보다 더욱 희망을 잃을 것이
리라.

154 그러나 거기 더한 것은 해장海將[1797]들을 잃은 것이리라."

1794 이름을 장히: 지옥에 있지 않고 연옥에 있다고.
1795 탈라모네: 토스카나 해안에 있는 작은 항구. 시에나 사람들은 이곳을 피사인과 제노바인에 대한 상업상·군사상 중요한 곳으로 만들려고 1302년에 샀으나 효과는 별로 없고 많은 자본과 노력만 허비했다.
1796 디아나: 시에나 시 지하를 흐른다고 믿어지던 하천의 이름. 시에나는 물이 귀하므로 이 지하수를 발굴하려고 노력을 아끼지 않았으나 허사였다. 이에 시민들은 크게 실망했다고 한다.
1797 해장: 의미가 불분명하다.

제14곡

둘째 둘레에서 시인은 구이도와 리니에리 두 영혼을 본다. 리니에리는 단테가 아르노 변두리에서 왔다는 말을 듣고, 그 지역에 사는 백성이 부패한 것을 개탄하는데 구이도도 덩달아서 로마냐의 주민을 꾸짖는다. 문득 들려오는 소리가 질투로 벌 받는 실례를 알린다.

1 "죽음이 날아들기도 전에
   우리의 산을 두루 다니고 제 맘대로
   눈을 떴다 감았다[1798] 하는 저이는 누굴꼬."[1799]

1798 눈을 떴다 감았다: 이 둘레에서 죄를 씻는 혼들은 철사로 눈을 꿰맸는데(연옥편 13곡 70~72행 참고) 단테는 그렇지 않아 눈을 뜨고 감을 수 있다.
1799 1~3 구이도의 말.

4   "누군지는 내 몰라도 제 혼자가 아님을 내 아노라.
    너 그에게 더 가까이 있으니 그에게 물어보라.
    그리고 그를 공손히 맞아 말씀하게 하라."[1800]

7   이렇듯 두 영혼[1801]이 서로 기대어 거기
    오른쪽에서 나를 들어 얘기하다가,
    나한테 말을 걸려고 얼굴을 쳐들고는

10 그중 하나[1802]가 말하니라. "오, 몸 안에 담겨진 채
    하늘을 향해 가는 영혼이여, 자비[1803]로써
    우리를 위로하라, 우리에게 이르시라.

13 어디서 오시는 누구이신고?
    일찍이 그대처럼 은혜받은 이 없기에
    그대 우리를 이토록 놀라게 하는도다."

1800 4~6 리니에리의 말.
1801 두 영혼: 구이도 델 두카(81행 참고)와 리니에리 다 칼볼리(88행 참고).
1802 하나: 구이도. 14곡에서는 구이도가 말하고 리니에리는 듣는다.
1803 자비: 하느님께 받는 은총, 즉 몸뚱이를 지닌 채 연옥을 거쳐 천국에 가는 것을 가리킨다.

16　이에 나는 "토스카나의 중턱을 굽이쳐 흐르는
　　 시냇물[1804]이 팔테로나로부터 생겨나서
　　 수로水路 백 마일로도 다 재지 못할 텐데

19　그 변두리[1805]에서 이 몸을 지녀 온 나이니
　　 내 이름이 아직 크게 울려 퍼지지 않은 만큼
　　 내 누구임을 네게 말함이 부질없는 소리니라."

22　이때 앞서 말하던 자가 대답하되, "내 총명으로써
　　 그대의 뜻을 속속들이 꿰뚫는다
　　 친다면 그대 아르노 강을 말함이로다."

25　또 다른 하나가 그에게 이르되, "마치 지겨운 일에 대해
　　 그리하듯 이 사람이 저 시내의 이름을
　　 숨기는 것은 무슨 까닭일꼬?"

1804　시냇물: 아르노 강. 피렌체 동북쪽에 있는 아펜니노 산맥 중 한 봉우리인 팔테로나에서 샘 솟아 카센티노 계곡을 거쳐 토스카나 중부를 흐른다. 단테는 이곳에 올라간 적이 있다. 길이는 약 47km에 이른다(《향연》 4,11 참고).
1805　그 변두리: 피렌체.

28 이에 대한 질문을 받았던 그림자가 빚을
    갚되[1806] "나는 모르노라. 그러나 이러한
    계곡의 이름[1807]이야 없어져 마땅하리라.

31 그건 그 근원 즉 펠로로[1808]를 끊는 높고 험한
    산맥[1809]의 다른 어느 곳도 그 수준을 넘지
    못할 만큼 그득한[1810] 거기서 비롯하여

34 뭇 강들이 그 안에 흐르는 그 무진장한
    물꼬[1811]로부터 하늘이 빨아올린 것을
    돌려주려 쏟아 놓는 거기까지

1806 28~29 빚을 갚되: 대답하되.
1807 계곡의 이름: 강의 이름과 같다. 계곡은 강의 이름과 같이 아르노의 계곡이라 불린다.
1808 펠로로: 시칠리아 섬의 동북단. 시칠리아는 원래 이탈리아 본토의 일부였으나 땅의 변화로 따로 떨어지게 되었다고 해서 '끊긴'이라는 표현을 썼다(《아이네이스》 3,141 이하에 이런 전설이 있다).
1809 산맥: 아펜니노 산맥. 칼라브리아에서 끝나는 긴 산맥은 펠로로 곶과 마주보고 있다.
1810 그득한: 아펜니노 산맥 중 아르노 강의 수원지보다 물이 많은 곳은 거의 없다. 이 수원지로부터 테베 강도 샘 솟는다.
1811 34~35 무진장한 물꼬: 바다. 태양열로 바닷물이 증발하고 하늘로 올라간 수증기는 비가 되어 강에 내리고 강이 이것을 다시 바다로 실어 온다.

37　　자리가 나쁜 탓인지 아니면 저들을 들쑤시는

　　　몹쓸 버릇 탓인지[1812] 사람들은 모두

　　　덕을 원수로 여겨 뱀처럼 쫓나니라.

40　　그러기에 이 슬픈 골짜기에 사는 자들[1813]은

　　　저들의 됨됨이[1814]를 아주 바꾸어 버려

　　　키르케[1815]가 저들을 먹여 기른 듯싶더라.

43　　사람이 쓰기 마련인 어느 음식보다는

　　　차라리 상수리가 제격인 더러운 돼지[1816]의

　　　틈바구니로 우선 냇물이 지질한[1817] 길을 뻗치느니라.

46　　이어 흘러내려 오다가 제 힘이 허락하는 것보다

1812　37~38 자리가 나쁜 탓인지……: 기후나 풍토의 영향 때문인지 또는 나쁜 풍속 때문인지.
1813　골짜기에 사는 자들: 아르노 강 연안 카센티노 계곡의 주민들.
1814　됨됨이: 사람의 본성이 바뀌어 짐승과 같이 되었다.
1815　키르케: 호메로스의 《오디세이아》에 나오는 요녀(지옥편 26곡 93행 주 참고). 사람을 변하게 하여 짐승이 되게 하는 힘이 있다(《아이네이스》 7,10 이하 참고). '키르케가 먹여 기른 것과 같다.'는 말로 불쌍한 카센티노의 주민들이 짐승과 같이 된 것을 비웃는다.
1816　돼지: 카센티노(지옥편 30곡 64행 주 참고)의 주민.
1817　지질한: 물이 적은.

더 매섭게 짖어 대는 강아지[1818]를 만나

그것들이 역겨워 코끝을 돌려 버리느니라.[1819]

49 흐르고 흘러가다가 물의 부피가 커짐에 따라

이 방자하고 애꿎은 개천은 차차

강아지로부터 이리[1820]가 되는 것을 보고

52 다시 보다 더 움푹 패인 못들을 내려와

속임질로 그득한 여우[1821]들을 만나나니 이것들은

자기를 사로잡는 재주를 아니 무서워하느니라.

55 남이 듣는다[1822] 하여 입을 다물 내 아니로다.

진리의 신이 내게 풀어 주는 이것[1823]을

1818 46~47 제 힘이 허락하는 것보다……: 아레초 사람. 그들은 오랫동안 피렌체의 지배 아래 있었는데, 자신들의 힘을 생각하지 않고 피렌체인과 끊임없이 싸웠다.
1819 코끝을 돌려 버리느니라: 아르노 강은 아레초에서 1.5km쯤 떨어진 곳에서 갑자기 방향을 꺾어 서쪽을 향한다.
1820 이리: 피렌체 사람.
1821 여우: 피사 사람.
1822 남이 듣는다: 단테를 가리킨다. 구이도가 리니에리에게 이야기하는 것을 단테가 곁에서 듣고 있다.
1823 진리의 신이 내게 풀어 주는 이것: 성령이 계시하는 바에 따라 예언하는 것.

이제라도 이이[1824]가 생각한다면 그에게 유익하리라.

58 나 너의 손자[1825]를 보아하니, 그는 거센
강의 강둑 위에서 저 늑대들의
사냥꾼이 되어서 저것들을 다 떨게 하는구나.

61 그는 저것들의 고기를 산 채로 팔고[1826]
늙은 짐승인 양 저것들을 잡아 족치니
숱한 것들에게는 목숨을, 제게는 영예를 잃게 하는구나.

64 애달픈 숲속에서 피에 젖어 그가 나오니
숲은 그대로 버려져 이로부터 천 년까지
다시는 이전처럼 우거지지 못하리라."[1827]

1824 이이: 단테. 여기서 단테가 아르노 계곡의 주민에 대해 비난하는 것은 그 주민들에 대한 것으로만 해석할 것이 아니라 이탈리아인 전부, 그리고 전 세계에 대한 것으로 보면다. 이는 다음의 이야기를 보아도 이해할 수 있다. 《신곡》에서 왜 신자가 아닌 이보다 그리스도인을 더 많이 지옥에 넣었느냐는 질문을 받은 단테는 "나는 그리스도인을 더 잘 알고 있기 때문이다."라고 대답했다.
1825 너의 손자: 리니에리의 손자. 포를리의 풀체리 다 칼볼리. 1302년 피렌체의 행정관이 되어 흑당의 뇌물을 받고 백당에 속하는 구엘피 당원을 많이 살해하거나 추방했다.
1826 팔고: 뇌물을 먹고 백당을 흑당의 손에 넘겨준 것을 말한다.
1827 64~66 피렌체. 이리들의 소굴인(부패하고 타락한) 피렌체는, 풀체리가 장관직

67　애처로운 재난의 소식에 그 재앙이
　　어느 쪽에서 쳐들어오든 간에
　　듣는 자의 얼굴이 실룩거리는 것과 같이

70　듣고 싶어 갸우뚱 섰던 저 영혼[1828]도
　　제게 한 말을 알아들은 다음 스스로
　　얼떨떨하여 슬퍼함을 내 보았노라.

73　하나의 말과 다른 하나의 모양이 내게
　　저들의 이름을 알고 싶게 하기에
　　애원 비슷하게 저들에게 이를 청했노라.

76　이리하여 먼저 내게 말했던 혼령이 다시
　　시작하되, "너는 너 내게 하고 싶지 않은 일을
　　굳이 너를 위해 시키는 것이 네 원이로구나.[1829]

　　　에서 물러설 때 더욱 무참히 짓밟아 놓았기 때문에 이전의 번영을 회복하자면
　　　오랜 세월이 걸리리라는 말.
1828　영혼: 리니에리.
1829　77~78 단테는 자기의 이름을 대기 싫어하면서(20~21행 참고) 영혼에게는 이름
　　　을 묻는다.

79 허나 하느님이 너 안에 이렇듯 크신 그 은혜[1830]를
 비춰 주시니 나도 네게 인색치 않으리라.
 그럼 알거라, 나는 구이도 델 두카[1831]로다.

82 질투로 인해 내 피가 들끓었던 것이니[1832]
 사람이 즐거워하는 것을 보기만 하면
 원한의 빛에 물든 내 얼굴을 너는 보았으리라.

85 몸소[1833] 뿌린 씨에서 이런 검불을 거두노니
 아, 사람들아, 함께 누리게 되어 있지 않은
 거기[1834]다가 어찌하여 마음을 두는 것이냐.

88 이 사람은 리니에리[1835]이다. 그는 칼볼리 가의 명예요

1830 은혜: 몸뚱이를 지닌 채 영계靈界를 다니는.
1831 구이도 델 두카: 로마냐의 포를리 가까이 있는 부레티노로(112~114행 주 참고)의 귀족 출신. 13세기 사람으로 기벨리니 당에 속하나 이름만 전해진다.
1832 질투로 인해 네 피가……: 구이도와 그의 동료 리니에리는 '만일 질투로 인해 불타지 않았다면 고상한 신사들'이었다.
1833 몸소: 자기가 지은 죄 때문에 이런 벌로 죄를 씻는다.
1834 86~87 함께 누리게 되어 있지 않은 거기: 세상의 재복(연옥편 15곡 43행 이하 참고). 세속의 행복인 이기심은 타인을 물리치고, 이와 반대로 영적 보배는 타인과 나누어 가짐으로써 더욱더 커지고 빛난다.
1835 리니에리: 리니에리 다 칼볼리. 포를리의 귀족 출신. 13세기 후반 사람으로 구

자랑거리다. 하지만 그의 세력을 그 뒤
이어받을 누구도 생겨나지 못했구나.

91　그리고 포 강과 산과 바다와 레노의 사이[1836]에
참됨과 기쁨에[1837] 따라야 할 덕을
잃은 것이 이 혈족[1838]만이 아니니라.

94　말하자면 이 영역 안에는 독스러운
둥지[1839]가 빽빽이 들어서 있어 이제
따비질한다 해서 뽑아 버리기엔 늦었느니라.

　　엘피 당에 속했다. 칼볼리에 있는 그의 성은 1277년 구이도 다 몬테펠트로에게 함락되었다고 한다.
1836　포 강과 산과 바다와 레노의 사이: 리니에리의 고향인 로마냐. 이 지방의 북에는 포 강, 남에는 아펜니노 산맥, 동에는 아드리아티코, 서에는 볼로냐 근처를 거쳐 흐르는 레노 강이 있어 각각 경계를 이루고 있다.
1837　참됨과 기쁨에: 정신적으로, 그리고 처세에 필요한 문무의 덕. 그러나 여기서 기쁨을 끊임없이 덕을 실천하는 데서 오는 기쁨이라고 보다 높은 의미로 해석하기도 한다.
1838　혈족: 칼볼리 일가.
1839　94~95 독스러운 둥지: 패륜의 무리.

97 맘씨 좋은 리치오[1840]며 아르리고 마나르디[1841]며

　　피에르 트라베르사로[1842]와 구이도 디 카르피냐[1843]는

　　어디 있느뇨. 오, 도둑 아이[1844]가 되어 버린 로마냐 사람아,

100 어느 때나 볼로냐에 파브로[1845]가 다시 일어나며

　　어느 때나 파엔차에 베르나르딘 디 포스코[1846]가

　　잡풀의 빼어난 줄기로 다시 일어나겠느냐.[1847]

1840 리치오: 리치오 디 발보나.

1841 아르리고 마나르디: 브레티노로 사람. 리카르도 마나르티와 리치오의 딸 카테리나와의 결혼은 《데카메론》의 이야기 소재로 쓰였다.

1842 피에르 트라베르사로: 라벤나의 영주.

1843 구이도 디 카르피냐: 몬테펠트로 사람.

1844 도둑 아이: 서자. 타고난 성품이 비굴해서 조상의 덕을 이어받을 힘이 없다고 단테는 말한다.

1845 파브로: 파브로 데이 람베르타치. 비천한 가문에서 태어났으나, 볼로냐에서 그를 따를 자는 결코 없다고 단테가 말했을 정도로 고결하게 살았다고 한다. 기벨리니 당의 일원이었다.

1846 베르나르딘 디 포스코: 비천한 집안에서 태어났으나 덕과 재능으로 파엔차를 다스렸다.

1847 97~102 13세기에 로마냐를 다스리던 명문가 출신들의 이름을 열거한다. 리치오·아르리고·피에르·구이도 모두 마음이 너그럽고 어질며 고결한 정신의 신사들이었다.

103　토스카나 사람[1848]아, 구이도 다 프라타[1849]를,
　　　우리와 같이 살던 우골린 다초[1850]를,
　　　페데리고 티뇨소[1851]며 그의 족속을,

106　이 집도 저 집도 뒤를 이을 대 끊어진
　　　트라베르사라와 아나스타지[1852] 가들을,
　　　귀부인들과 기사들을, 그리고 그다지도

109　마음들이 야속하기만 하던 거기[1853]에서
　　　애정과 의기가 우리를 북돋아 준
　　　그 고락苦樂을 기억하며 내 울어도 이상히 여기지 마라.[1854]

1848　토스카나 사람: 단테를 가리킨 말.
1849　구이도 다 프라타: 프라타는 파엔차와 포를리 사이에 있는 지역.
1850　우골린 다초: 토스카나의 우발디니 가문 사람.
1851　페데리고 티뇨소: 리미니 사람으로 브레티노로에 살았다.
1852　트라베르사라와 아나스타지: 둘 다 라벤나의 오랜 명문가인데 1300년경에는 후손이 거의 끊긴 상태였다고 한다.
1853　거기: 로마냐.
1854　110~111 애정과 의기가 우리를……: 사랑이나 의협심을 이유로 기사들이 모험을 즐기고 그 속에서 고락을 맛보던 옛날을 그리며.

112 오, 브레티노로[1855]여, 죄를 입지 않으려
네 집안과 많은 무리[1856]가 물러갔거늘
너는 어찌 한사코 도망치지 않았더냐.

115 좋을시고, 바냐카발[1857]아, 다시는 자식이 없겠구나.
가엾어라, 카스트로카로. 딱도 해라, 코니오여,
아직도 더럭더럭 요따위 백작들을 낳는구나.[1858]

118 악마가 훌쩍 가고 나면[1859] 파가니 족속은
편하리라. 그러나 그렇다 해서 그들의
깨끗한 흔적[1860]이 언제까지 남진 않으리라.

1855 브레티노로: 지금은 베르티노로. 포를리와 체세나 사이에 있는 로마냐의 작은 지방으로, 지금 말하고 있는 구이도 델 두카와 아르리고 마나르디의 고향이며 97~108행에 나오는 많은 가문이 살던 곳이다. 그 당시 서로간에 사이가 좋은 것으로 유명했다.
1856 네 집안과 많은 무리: '집안'은 브레티노로를 다스리던 마나르디 가문을 가리키는 듯하다. '많은 무리'가 물러간 것은 1295년 이곳에서 기벨리니 당이 추방된 것을 말한다고 한다.
1857 바냐카발: 이몰라와 라벤나 사이에 있는 마을. 13세기경 말비치니 가문의 사람이 영주였는데 아들이 없었다고 한다.
1858 116~117 카스트로카로는 몬토네 골짜기에, 코니오는 이몰라 근처에 있는 로마냐의 마을. 어진 조상들에게 부덕한 자손들이 나왔기 때문에 이같이 말한다.
1859 가고 나면: 파가니 가문의 가장 마기나르도가 1302년에 죽은 것을 뜻한다. 마기나르도는 그의 변절 때문에 '악마'란 별명이 있었다(지옥편 27곡 51행 주 참고).
1860 흔적: 아름다운 가풍.

121 오오, 판톨린의 우골린[1861]이여, 너의 이름은
탄탄하니, 다시는 못난이가 이를 흐리게
할 수 있는 두려움이 없느니라.

124 그러나 이제 어서 가라, 토스카나 사람아, 이젠
말하기보다 차라리 울고 싶으니
우리 말에 정신이 죄어들었기 때문이로다."

127 우리가 떠나는 소리를 저 사랑스러운 혼들이
듣고 있을 줄을 우리가 알았노라.
저들은 침묵함으로써 우리 길을 믿음직스럽게 해 주더라.[1862]

130 우리가 단둘이서 걸어 나갔을 즈음.
하늘을 찢어 내는 번개인 듯
맞은 편에서 내달은 한 소리[1863] 이르되,

1861 우골린: 우골리노 우발디니. 파엔차의 귀족이었으며 덕이 높았다. 1282년 후손을 남기지 못하고 죽었으며 그 때문에 그의 명성이 깨끗하게 남았다.
1862 127~129 눈으로 볼 수 없는 저 혼들은 우리의 발소리를 듣는데, 우리가 오른쪽으로 간다는 것을 알고 아무 말도 하지 않는다. 우리가 방향을 바로 잡았기 때문이다.
1863 소리: 보이지는 않고 소리만이 들린다(연옥편 13곡 25~27행 참고). 공중에서 나

133 "만나는 자마다 저를 죽이려 할 것입니다."[1864]
　　이러고는 홀연 구름이 쪼개어지자
　　흩어지는 천둥처럼 도망치더라.[1865]

136 이것들을 듣다가 우리가 잠시 쉬는 듯할 때
　　이번에는 신속히 이어지는 우뢰에 견줄
　　우렁우렁한 큰 소리로 또 하나가 이르되,

139 "난 바위가 된 아글라우로스이다."
　　그때 나는 시인에게 기대고자
　　앞으로가 아니라 뒤로 걸음을 옮겼노라.[1866]

142 이미 사방은 숨결같이 고요한데
　　그이 내게 이르되, "이는 억센 재갈이니[1867]

　　는 소리는 질투의 예들을 말한다.
1864　만나는 자마다……: 하느님의 벌을 두려워하는 카인의 말(창세 4,14).
1865　133~135 질투로 벌을 받는 첫 번째 예로, 질투로 동생 아벨을 죽인 카인을 든다(창세 4,3 이하 참고).
1866　139~141 질투로 벌을 받는 두 번째 예. 아테네 왕 케크롭스의 딸 아글라우로스는 그의 언니 헤르세가 헤르메스 신에게 사랑받는 것을 질투하다가 신의 벌로 바위로 변했다고 한다(오비디우스 《변신》 2,708 이하).
1867　이는 억센 재갈이니: 이 예들은 남의 행복을 질투하지 말라는 소극적 교훈인

인간은 그 테 안에 머물렀어야 옳았도다.

145 그렇거늘 너희[1868]는 미끼를 먹은 탓으로 옛
원수[1869]의 낚시가 제 곁으로 너희를 끄는도다.
그러기에 재갈[1870]도 휘파람[1871]도 별반 소용없느니라.

148 하늘이 너희를 부르고 너희를 에워 돌며
무궁한 그 아리따움[1872]을 너희에게 보여주건만
너희들의 눈은 땅만을 보고 있도다.

151 일체를 가마시는 이,[1873] 너희를 때리심[1874]도 이 탓이니라."

'재갈'이다.
- 1868 너희: 세상 사람.
- 1869 원수: 악마.
- 1870 재갈: 벌의 예(연옥편 13곡 40행 참고).
- 1871 휘파람: 덕의 예를 들어 덕으로 가기를 권유하는 것. 새 잡는 사람이 새를 부르는 것을 들어 비유했다.
- 1872 아리따움: 여러 별들(지옥편 34곡 136~137행 참고).
- 1873 일체를 가마시는 이: 모든 것을 아시는 분. – 편집자 주
- 1874 때리심: 벌하심.

제15곡

천사의 가르침에 따라 두 시인이 셋째 둘레에의 사다리를 거쳐 오른다. 단테는 베르길리우스에게 구이도 델 두카의 말을 설명해 달라고 한다. 스승의 설명이 있은 다음 단테는 온화함의 실례로 순교자 스테파노 등을 본다.

1 언제나 아기들마냥 재롱부리는
 권圈[1875]이 세 시의 끄트머리와 해 돋을
 시초의 사이에 보여 주는 그만큼의

4 동안을 이미 태양은 황혼을 향하여

1875 권: 태양천. '언제나 아기들처럼 재롱부리는'의 의미는 사계절 내내 쉬는 일 없이 회전하는 모습이 아기가 노는 것과 같다는 뜻이다.

제 갈 길을 남긴 듯한데, 저기[1876]는
저녁때요 여기[1877]는 한밤중이더니라.[1878]

7 그리고 우리는 산을 끼고 돌아
벌써 서쪽을 바라보고 곧장 걸었으므로
햇살이 우리들 콧마루를 비치더라.

10 나는 먼저보다 한결 더 눈부심에
이마가 무거워짐을 깨닫게 되자,[1879]
전혀 모를 일이라 망설이고는

13 내 눈썹 맨 위쪽에다 두 손을 펴들어
마치 양산이나 받는 것처럼
너무 센 빛을 덜고자 하였노라.

1876 저기: 연옥 정죄산. '저녁'은 오후 3시부터 6시까지의 사이.
1877 여기: 이탈리아. 단테에 의하면 정죄산이 오후 3시면 그 정반대 쪽인 예루살렘은 새벽 3시이고, 예루살렘의 서쪽 45도에 위치한 이탈리아는 한밤중이다.
1878 1~6 지금 시간은 일몰 전 3시간. 즉 태양이 일출(오전 6시)로부터 세 번째 시간(오전 9시)의 끝에까지 운행하는 만큼의 거리가 지금부터 일몰(오후 6시)까지 사이에 남았으므로 지금은 오후 3시경이다.
1879 10~11 강한 햇빛과 저쪽에서 오는 천사의 빛이 합쳐져 단테는 눈이 아찔해질(이마가 무거워진다) 정도다.

16　　물이나 거울로부터 광선이 이와

　　　정반대의 방향으로 튈라치면

　　　위로 오르는 그 모양이 내려오는 모양이나[1880]

19　　꼭 같을뿐더러, 돌멩이의 떨어지는

　　　선에서 똑같은 거리에 있다 함을

　　　실험이나 학술이 가르치는 바이니라.[1881]

22　　이 모양으로 여기 내 앞에 반사되는

　　　빛에 내가 얻어맞는 듯하였고, 이로

　　　말미암아 내 시각은 이내 도망쳤느니라.

25　　내 이르되, "어지신 아버지여, 이게 무엇입니까.

　　　아무리 애를 써서 가리려 해도 하는 수 없이

　　　그것이 우리 쪽으로 오는 것만 같사이다."

1880　18~20 반사각과 입사각은 서로 같다. 따라서 '돌멩이의 떨어지는 선', 즉 수직선과 반사선과의 사이는 수직선과 입사선과의 사이와 같다.

1881　16~21 단테가 천사에게서 오는 눈부신 빛을 피하려고 두 손으로 눈을 가려 직사광선을 막았지만 그 빛이 땅에 부딪쳐 반사하는 것을 막을 수 없었음을 설명하려는 것이다.

28 　그이 내게 대답하되, "천국의 족속이 잠시
　　네 눈을 부시게 하더라도 놀라지 마라.
　　올려 보내려고 인간을 찾아온 사자란다.

31 　이러한 것을 보는 것이 어느덧 네게 걱정이
　　되기는커녕 도리어 자연이 너로 하여금
　　느끼도록 마련하는 그 즐거움이 되리라."[1882]

34 　축복받은 천사한테로 우리가 다가갔을 때
　　그이 반가운 소리로 말하되, "너희는 이리로
　　들어오라. 다른 것보다 훨씬 가파르지 않은 이 층계로."

37 　거기를 떠나 이미 우리가 올라갈 무렵
　　뒤에서는 '자비로운 사람들,[1883] 기뻐하라
　　너 이겼도다.'[1884] 하고 노래하더라.

1882　31~33 죄가 씻겨지는 데 따라 점점 더 빛을 즐기게 되리라.
1883　자비로운 사람들: "행복하여라, 자비로운 사람들! 그들은 자비를 입을 것이다."
　　　(마태 5,7) 질투의 죄와 반대되는 축복의 노래다.
1884　이겼도다: 질투에 이겼다.

40　나와 내 어른은 다만 둘이서 위로 가기만
　　하는데, 가면서 나는 그의 말 속에서
　　유익한 것을 얻으려고 생각에 잠겼노라. 그리하여

43　나는 그를 마주보며 이리 물었노라.
　　"로마냐의 저 영혼[1885]이 '함께', '누리지
　　못한다'를 들먹인 것은 무얼 말함입니까?"

46　그이 나에게 "제 스스로 큰 잘못[1886]으로 인한
　　해로움을 그는 알고 있나니, 이러기에 울부짖음을
　　덜어 주려 그가 우릴 나무라는 것이니 이상할 것 없느니라.

49　서로 나누면 제 몫이 적어진다는 거기[1887]에
　　너희 욕심이 골똘한 탓으로
　　질투가 한숨에 풀무질을 하는 것이나,

1885　로마냐의 저 영혼: 구이도 델 두카(연옥편 14곡 85~87 참고).
1886　큰 잘못: 질투(연옥편 14곡 82행 이하 참고).
1887　거기: 지상의 세속적인 행복들. 즉 부와 명예, 권세 등.

52 　아득히 높은 테두리[1888]의 사랑이
　　너희들 소원을 위로 지향케 한다면
　　이런 무서움은 너희 가슴에 없으리라.[1889]

55 　이는 거기서야 '우리 것'이라 일컫는 자[1890] 더
　　많을수록 제각기 차지하는 복도 더 많아지고 저기
　　수도원[1891]에선 보다 더한 사랑이 타는 까닭이니라."

58 　내 이르되, "내 처음부터 말을 아니했던들
　　이렇듯 아쉬워하지 않았을 것을.
　　이제는 마음속에 의심이 더럭 나는도다.

61 　하나의 보배를 나눔에 있어 차지하는 자
　　적기보다는 이를 가지는 자 더 많을수록
　　더욱 넉넉하다 함은 어이될 수 있습니까?"

1888　아득히 높은 테두리: 엠피레오의 하늘.
1889　52~54 천상의 사랑. '너희들이 천상의 행복을 사랑하여 이것에로 마음을 지향하면 서로 뜯고 빼앗으려는 일이 없으리라.'는 뜻이다.
1890　'우리 것'이라 일컫는 자: 행복을 누리는 자.
1891　수도원: 천국을 가리킨다(연옥편 26곡 129행 주 참고).

64 이에 그이 내게 "너 땅의 것에만 정신을
    쏟는 까닭에 진정한 광명[1892]에서
    어둠을 따내기만 하는구나.

67 위에 있는 바 끝이 없고 말로 다할 수 없는
    저 보배[1893]는 마치 햇볕이 환한 물체로
    쏘아 드는 것같이 사랑한테 달려와

70 그것이 뜨거운 만큼 그만큼 스스로를 주나니,
    이리하여 사랑이 펼쳐지는 그대로
    다함없는 힘이 그 위에서 크느니라.[1894]

73 또한 천상을 사모하는 백성이 많을수록
    사랑할 보배도, 서로 사랑함도 더욱 더하여

1892 진정한 광명: 베르길리우스가 진리를 말해도 단테는 알아듣지 못하고 지상의 일만 생각한다.
1893 저 보배: 하느님. 그의 무한한 은총은 햇빛과 같아서 햇빛이 광택 있는 물체를 비추듯 그분을 사랑하는 자에게 은총이 내린다.
1894 70~72 하느님에 대한 사랑이 뜨거울수록 그분으로부터 받는 은총도 크고 그만큼 행복도 크게 느껴진다(천국편 14곡 40~42행 참고).

거울처럼 서로서로를 주고받느니라.[1895]

76 내 하는 말이 너의 허전함을 못 채워
 준다 할망정 너 베아트리체를 보리니, 그는
 이것 및 다른 모든 네 소원을 풀어 주리라.

79 다만 너의 슬픔 때문에 곪아 버린
 다섯 상처[1896]가 앞의 두 상처[1897]처럼
 재빨리 스러지도록 힘을 다하라."

82 "나를 흡족하게 하시나이다."라고 내가 말하려 할
 즈음에 이미 다음 둘레[1898] 안에 닿았음을 보고
 두리번거리는 눈들[1899] 때문에 침묵하게 되었노라.

1895 73~75 천상의 행복을 사랑하는 사람이 많을수록 하느님의 은총도 많고 또 이에 따라서 하느님을 사랑하는 그들의 사랑도 더 뜨거워지니(55~57행 참고), 이렇게 각각 자기의 행복을 타인에게 비추어 주는 것이 마치 거울과 같다.
1896 다섯 상처: 단테의 이마에 새겨진 일곱 P 중의 다섯(연옥편 9곡 112~115행 참고).
1897 앞의 두 상처: 이미 지워진 교만과 질투.
1898 다음 둘레: 세 번째 둘레. 분노의 죄를 씻는 곳.
1899 눈들: 주위를 살피려고 두리번거리는 단테의 눈.

85 여기 나는 어느 황홀한 영혼에 대뜸
    사로잡혀 있는 듯 많은 사람들을
    어느 성전에서 보는 양하더라.

88 들머리 위에 한 여인[1900]이 상냥스럽게
    어머니다운 모습으로 이르되, "내 아들아,
    어찌하여 우리들한테 이리 했더냐.[1901]

91 보라, 네 아버지와 내가 슬퍼하며 너를
    찾았더니라." 여기 그이가 말을 끊으시매
    아까 보이던 것이 사라져 버리더라.[1902]

94 다음엔 또 다른 여인[1903]이 내게 나타나 남한테
    몹시 성을 낼 적에 억울해서 흘리는

1900 여인: 마리아.
1901 내 아들아: 마리아와 요셉은 예루살렘에서 파스카 축제를 지내고 집으로 돌아오는 길에 아들 예수가 없어진 것을 알았다. 예수를 찾아 예루살렘으로 돌아간 그들은 삼 일만에 성전에서 학자들과 교리를 논하는 예수를 찾아냈다. 마리아는 이를 보고 위와 같이 말했다(루카 2,41 이하 참고). 단테는 마리아의 온화하고 인자한 이런 모습을 자비의 예로 들고 있다.
1902 85~93 자비로움의 첫 번째 예로 성모 마리아를 든다.
1903 여인: 페이시스트라토스의 아내.

그 물을 방울방울 뺨에 드리우고는

97 말하는 것 같더라. "그 이름[1904] 때문에 신들끼리 그렇듯
싸웠고 그로 인해 온갖 학문이 찬란하던
그 도시의 어른이 너라 한다면

100 오, 페이시스트라토스여, 네 딸을 껴안았던
저 무엄한 팔을 너는 원수 갚거라."
그러자 한 인자하고 유순하여 보이는 어른이

103 점잖은 얼굴로 저에게 대답하는 양하더라.
"우리를 사랑하는 자가 우리 때문에 벌을 받는다면
우리에게 불행을 원하는 자에게 우리 무엇을 할꼬."[1905]

1904 그 이름: 아테네 시에 이름을 지을 때 그 명예를 위하여 아테나와 포세이돈 사이에 격렬한 싸움이 벌어졌으나 결국 아테나가 승리를 얻어 이같이 명명했다는 전설이 있다(오비디우스 《변신》 6, 70 이하 참고).
1905 94~105 자비로움의 두 번째 예로 아테네 왕 페이시스트라토스(전 527년경 사망)를 든다. 어느 날 길에서 한 청년이 페이시스트라토스의 딸을 포옹했고 왕비는 노하여 페이시스트라토스에게 복수하기를 청했다. 하지만 그는 이에 응하지 않고 위와 같은 대답을 했다고 한다. 로마 고대의 문인 발레리우스 막시무스의 전설집에 나오는 이야기다.

106 다음 순간 나는 울화의 불덩이에 타오른 사람들[1906]을
 보았는데, "죽여라, 죽여라." 하고 서로 악을
 쓰며 한 젊은이를 돌로 쳐 죽이더라.

109 이미 짓누르는 죽음 때문에 그가 땅에
 쓰러지는 것을 나는 보았는데, 그럴지라도
 그는 이러한 싸움 가운데에서도 천상의

112 문으로 끊임없이 눈을 쳐들며
 애휼愛恤[1907]을 터뜨리는 그 안색으로 높으신 주님께
 제 박해자들을 용서하시라 빌고 있더라.[1908]

115 내 영혼이 내부를 빠져나가 그 바깥에 실재한
 것들에로 돌아가 버렸을 때, 나는
 나의 환상이 거짓 아닌 것임을 알았노라.[1909]

1906 사람들: 유대인들.
1907 애휼: 불쌍히 여기어 은혜를 베풂. – 편집자 주
1908 106~114 자비로움의 세 번째 예로 가톨릭 최초의 순교자 스테파노를 든다. 자기를 돌로 쳐 죽이려는 무리들을 위하여 스테파노는 "주님, 이 죄를 저 사람들에게 돌리지 마십시오." 하고 하느님께 그들의 용서를 빈다(사도 7,54 이하 참고).
1909 115~117 내 영혼이 영혼 안에 매여 있던 것으로부터 실재로 돌아왔을 때, 즉

118 　잠에서 깨어나는 사람 모양 나의 하는
　　 꼴을 보시게 된 길잡이가 이르되,
　　 "너 몸을 가누지 못함은 무슨 일인고.

121 　술이나 졸음에 비틀거리듯
　　 눈을 감고 다리를 꼬며 너 이미
　　 반 레가[1910] 남짓 오지 않았느냐."

124 　나는 말했노라. "아, 자애 깊으신 내 아버지여,
　　 당신이 들어주신다면 제 다리가 휘청거릴 제
　　 무엇이 제게 나타났던가를 아뢰오리다."

127 　이에 그이 "너 비록 백 개의 탈을 얼굴 위에
　　 씌운다 하더라도 너의 생각이 아무리
　　 작은 것일지라도 내 앞에 가리어지지 못하리니,

꿈의 경계를 벗어나 현실로 돌아왔을 때, 이제까지 현실인 줄 여겼던 것이 환영이었을 뿐이라는 것을 깨달았다. 그러나 이 환영이 순전한 거짓이 아닌 진실의 상징이라는 것도 알았다.

1910 　레가: 23마일.

130 네게 보여진 것이란 영원한 샘[1911]으로부터
쏟아지는 바 평화의 물[1912]에다가 마음을
열어 놓기에 너 핑계하지 못하도록 함이니라.

133 내가 '무슨 일인고.'라 물은 것은 영혼을
떠난 몸뚱이가 누워 있을 때의 보지 못하는
눈[1913]만 가지고 보는 그런 사람이 하듯 물은 것이 아니라,

136 오직 네 다리에 힘을 주고자 물었던 것이니
무릇 정신이 돌아와 깬 상태임에도 느린
게으름뱅이[1914]는 이렇듯 닦달하여야 하느니라."

139 석양 무렵에 우리는 아득히 눈이 자라는 그 너머로
뜻을 모으고 번쩍이는 저녁 햇살을
바라보면서 걸어 나갔는데,

1911 영원한 샘: 하느님.
1912 평화의 물: 관용의 덕.
1913 눈: 육안. 베르길리우스는 육안만으로 사물을 보는 사람과 달라 속을 볼 수 있기 때문에, 단테에게 '무슨 일인고.' 하고 물은 것은 그의 휘청거리는 걸음을 보고 물은 것이 아니라 그를 북돋아 주기 위한 것이다.
1914 게으름뱅이: 게을러서 눈을 뜨고도 어리둥절 움직이지 않는 것.

142　어허, 밤같이 캄캄한 한 떼 연기[1915]가
　　 차차로 차차로 우리 쪽으로 와서
　　 우리는 빠져 나갈 틈도 없이 되었으니

145　이것이 우리 눈과 맑은 공기를 앗아갔음이러라.

1915　연기: 분노로 인한 죄를 씻는 연기. 분노는 검은 연기처럼 이성을 잃고 선악의 시비를 가릴 수 없게 만든다는 것을 표현하고 있다.

제16곡

분노자들의 혼을 벌하는 연기를 뚫고 두 시인이 셋째 둘레로 간다. 롬바르디아의 마르코는 세상의 타락을 탄식하고 자유의지론을 설파한다. 그리고 교회와 국가의 사명을 들어 훌륭한 이론을 펼친다.

1   지옥의 캄캄함이라도, 더없이 구름에
    어두워진 호젓한[1916] 하늘 밑, 온갖 별을
    빼앗긴 밤의 캄캄함이라도

4   여기 우리를 뒤덮고 치는 이 연기처럼
    이처럼 두꺼운 휘장을 내 눈에 치지는 못하고

1916 호젓한: 별들마저 구름에 가려 쓸쓸한 모습을 표현한다.

      이리도 껄끄러운 털을 느끼게 하진 못할레라.

7   그러기에 눈을 뜬 채로 배겨 내지 못하므로
      나의 슬기롭고 미더우신 지킴이 내게
      가까이 오시어 그 어깨를 내게 대어 주시니라.

10   마치 장님이 혹여 길을 잃을세라
      무엇에 부딪쳐 다칠세라, 더더군다나
      죽을세라 그 길잡이 뒤를 따라가듯이

13   나도 맵고 답답한 공기를 꿰뚫고 줄곧
      "내게서 떨어질까 조심하라." 이르시는
      길잡이의 말씀을 들으며 갔느니라.

16   내 뭇 소리를 들으매 그 하나하나가
      죄를 씻는 하느님의 어린양[1917]에게
      평화와 자비를 비는 것 같더라.

1917 어린양: 그리스도. "이튿날 요한은 예수님께서 자기 쪽으로 오시는 것을 보고 말하였다. '보라, 세상의 죄를 없애시는 하느님의 어린양이시다.'"(요한 1,29)

19   'AGNUS DEI'[1918]가 모두 그 첫 소리인데
     같은 말 같은 가락이 한결같아서
     그 가운데에는 오롯한 조화가 있는 양하더라.

22   내 이르되, "스승이여, 제가 듣는 저들은 혼들입니까?"
     이에 그는 나에게 "너 옳게 알아냈도다.
     저들이 분노의 매듭을 풀며[1919] 가느니라."

25   "음, 너는 누구기에 우리의 연기를 찢으며
     아직도 달력으로 절기를 따지는 자처럼[1920]
     우리를 들어서 말하는 것이냐?"

28   한 소리 있어 이렇듯 말하매 나의
     스승이 말씀하시되, "너 대답하라.
     그리고 여기서부터 올라가야 되는지 물어보라."

1918 AGNUS DEI: 하느님의 어린양. 가톨릭 미사 때마다 외거나 노래하는 기도문으로 인류의 죄악 때문에 희생되신 죄 없으신 그리스도를 표상한다.(요한 1,29.36 참고)
1919 분노의 매듭을 풀며: 분노의 죄를 씻으며.
1920 달력으로 절기를 따지는 자처럼: 달력으로 시간을 나누며 사는 세상의 사람들처럼. 영원의 세계에서는 달력으로 때를 따지지 않기 때문이다.

31   이리하여 나는 "아, 너를 내신 그이한테로
     다시 돌아가고자 몸을 씻는 이여,
     너 나와 함께 가면 묘한 것[1921]을 들으리로다."

34   그이 대꾸하되, "갈 수 있는 데까지 너를 따르리라.
     보는 것을 연기가 허락치 않는다면
     그 대신 듣는 것이 우리를 이어 주리라."

37   이때 내 말을 시작했노라. "죽음이 풀어 놓는
     입성[1922]을 하고도 나는 올라가노라.
     지옥의 헐떡임을 거쳐 여기 왔노라.

40   하느님이 그 은총 속에 나를 간직하시고
     이마적[1923] 관습이 아닌 아주 딴 방법으로
     내게 그의 궁궐을 보여 주시려 할진대

1921 묘한 것: 몸뚱이를 지닌 채 영계를 다니는 것.
1922 입성: 몸뚱이.
1923 이마적: 지나간 지 얼마 안 되는 가까운 때를 말함. 여기서는 바오로 사도 이래를 뜻한다(지옥편 2곡 28행 이하 참고).

43 　너 죽기 전에 누구였음을 숨기지 말고
　　이를 내게 말하라. 그리고 옳은 길을 가는지 내게
　　말하라. 너의 말은 우리들의 보호가 되리라."

46 　"나는 롬바르디아 사람[1924]으로 마르코라 불리었노라.
　　세상일을 알기도 했고, 지금엔 아무리 활을
　　당기지 않는 그 덕을 사랑하기도 했더니라.

49 　너는 옳게 위로 올라가나니." 이렇게
　　그는 대답하다가 이어 말하되, "내 네게
　　비노니, 네 위에[1925] 있게 되면 나를 위해 빌어 다오."

52 　이리하여 나는 그에게 "신앙으로써 네게 맹세
　　하노니, 내게 청한 바를 내 하리로되 한 가지

1924 　롬바르디아 사람: 마르코가 사는 지방으로 롬바르디아를 말한 것인지, 아니면 마르코가 베네치아의 롬바르디아 가문 출신이라는 것을 뜻하는 것인지 분명하지 않다. 어쨌든 마르코는 베네치아의 귀족이며 단테의 친구로 기지와 학식이 있었다. 그는 일하여 얻은 것을 불쌍한 사람들을 위해 썼으며 고귀한 마음을 지녔으나 분노하기 쉬운 성격이었다고 한다.
1925 　위에: 하느님의 나라.

의심[1926]이 아니 풀리기에 속이 터질 것만 같도다.

55 처음엔 외겹이던 것이 네 말로써 이젠
두 겹이 되었으니 여기서나 저기서나[1927] 내게
얽혀진 일[1928]이 너 바로 그렇다 한 때문이니라.[1929]

58 너 내게 귀띔한 대로 이렇듯 세상은
덕이란 덕에서 모조리 버림받았고
사악을 잉태하고 그에 덮여 있구나.

61 그러나 내 청하노니 그 까닭을 내게 알려 주어
그것을 내 스스로 보고 사람들에게 보여 주게 하라.
누구는 이를 하늘에 또 누구는 땅에 있다고 하는구나."[1930]

1926 의심: 세상이 부패하고 타락하는 원인을 알고 싶어하는 마음.
1927 여기서나 저기서나: 여기 마르코의 말과 연옥편 14곡의 구이도의 말.
1928 56~57 내게 얽혀진 일: 내 의심이 얽혀진 일, 즉 세상의 부패.
1929 55~57 단테는 구이도 델 두카가 토스카나 주의 죄악을 처음 얘기했을 때(연옥편 14곡 29행 이하 참고) 이미 54행의 '의심'을 갖고 있고 있었다. 그러나 지금 마르코에게서 인류가 얼마나 덕에서 멀어졌는지를 들은 후, 세상이 타락한 것은 확실히 알겠으나 그것이 '풍토가 나쁜 탓인지 혹은 인류의 나쁜 관습 때문인지'에 관해서는 의심이 짙어 간다.
1930 누구는 이를 하늘에……: 어떤 사람은 세상의 타락을 여러 별의 움직임 때문이라고 하고, 누구는 악에 기우는 인간의 성정이나 자유 의지의 남용 때문이라고 한다.

64 그는 우선 "후유."로 끝나는 긴 한숨을
    짓고는 또 시작하더라. "형제여, 세상은
    청맹과니[1931]인데 너는 필시 게서 왔구나.[1932]

67 산다는 너희는 일체의 원인을 다만 위
    하늘에다만 돌려, 그것이 삼라만상을
    필연으로써 움직이는 줄로 아는구나.

70 이렇다면 너희 안에는 자유 의지가
    소멸되어 선이기에 기뻐하고 악이기에
    싸우는 정의도 있을 턱이 없으리라.

73 모두가 그렇다고야 못할망정 너희 움직임은
    하늘이 주관하느니라. 허나 내 이리 말할지라도
    선과 악으로의 빛[1933]이나 자유 의지는

1931 청맹과니: 겉으로 보기에는 눈이 멀쩡하나 앞을 보지 못하는 눈 또는 그런 사람. – 편집자 주
1932 너는 필시 게서 왔구나: 네가 이 일에 무식한 것을 보니 너는 필시 청맹과니인 세상에서 왔으며 세상에 속해 있구나.
1933 빛: 인간에게 주어진 이성 또는 계시의 광명.

76　너희에게 주어진 것이니, 이것이 하늘과의
첫 싸움[1934]에 기진맥진하다가 그 다음
잘 키워지기만 하면 모든 것을 이기느니라.[1935]

79　보다 크신 힘, 보다 좋으신 본성에 너희가
자유로운 채 딸려 있나니 그것이 너희 안에
얼을 만들었으매 하늘은 이에 참견함이 없느니라.

82　그러기에 이 세상이 어지러운 것은 그 탓이
너희 안에 있고 너희 안에서 이를 찾아야 하나니
내 이제 이를 네게 바로 찾아내 보이리라.[1936]

1934　76~77 하늘과의 첫 싸움: 별의 움직임이 인간에게 미치는 영향과 인간의 자유 의지가 싸운다. 이 싸움에서 인간이 이기고 또 수양하여 계속 그 영향을 물리치면 마침내는 어떠한 영향도 이겨낼 수 있다.

1935　73~78 중세의 점성학은 별의 운행이 인간 세상에 영향을 미친다고 믿었다. 단테도 별의 움직임이 인간 본성과 행위에 미치는 영향을 굳게 믿었던 듯하다(천국편 13곡 64행 참고). 그러나 그는 또한 인간의 의지는 별의 영향에서 생긴 인간의 악성과 싸워 이길 수 있다는 것을 말하고 있다.

1936　79~84 인간은 자유로운 상태로 그에게 영혼을 불어넣으신 하느님께 속해 있다. 직접 하느님의 능력으로 창조된 인간의 영혼은 육체처럼 별자리의 움직임에 좌우될 수 없다. 인간의 의지가 불순하고 불완전한 별의 운행에 대항할 만큼 충분히 자유롭기 때문이다. 이 때문에 세상의 타락은 별의 운행에 돌릴 것이 아니라 인간의 바르지 못한 마음과 정신에 돌릴 것이다.

85 생기기도 전에[1937] 그를 예뻐하시는 그이의
　　손에서 나온 티 없는 영혼이 마치
　　울다 웃다 재롱부리는 어린 아기처럼

88 다른 것은 아무것도 모르며, 오직
　　기뻐하시는 창조주[1938]로부터 태어났기에
　　저를 즐겁게 해 주는 그리로만 좋아서 가느니라.

91 처음엔 아주 작은 행복에서 맛을 보다가
　　길잡이나 재갈[1939]이 그 욕망을 막지 않으면
　　그에 속아 그 뒤를 좇아가느니라.

94 그러기에 재갈 삼아 법을 마련하여야 했고
　　적어도 참다운 도성의 탑[1940]을 분별하기

1937 생기기도 전에: 영혼은 창조되기 전에 이미 하느님의 뜻 안에 존재한다.
1938 기뻐하시는 창조주: 기쁨의 샘인 창조주.
1939 길잡이나 재갈: 교황(황제)이나 법률. 창조된 혼은 티 없이 깨끗하고 또 분별없는 어린애와 같기 때문에 본능에 따라 저를 즐겁게 해 주는 것을 좋아하고 그곳으로부터 세상의 행복을 맛본다. 만일 이를 제지하는 법률이나 영적 지도자가 없다면 이것만이 행복인 줄 알고 이를 좇는다.
1940 참다운 도성의 탑: 정의.

위하여 임금[1941]을 모셔야 했느니라.

97　법이 있으되 그를 지키게 할 자 누구뇨.
　　아무도 없나니 앞장선 목자[1942]가 새김질[1943]은
　　잘하여도 갈라진 발굽을 못 지녔음이로다.

100　이러므로 백성은 제 앞잡이가 저들의
　　탐내는 그 보배[1944]로만 쏠리는 것을 보고는
　　그것을 먹고 살며 더 다른 것을 원치 않느니라.

103　이제야 너 알 수 있으리니, 세상을 죄스럽게

1941　임금: 단테가 이상적으로 생각했던 세계 황제를 말함인지.
1942　목자: 교황.
1943　새김질: 모세의 율법에 의하면 새김질하지 않는 짐승과 혹은 발굽이 갈라지지 않은 짐승은 깨끗하지 않다고 해서 먹지 못하게 되어 있다(레위 11,3 이하 참고). 어떤 주석가들은 토마스 아퀴나스 성인의 《신학대전》 1,2,102,6을 인용하면서 '갈라진 발굽'을 속권과 교권을 분별할 줄 아는 힘으로 해석한다. 즉 교황이 천상의 행복을 사모하지 않고 지상의 왕이 되려 한다면 제왕을 대신해서 정의를 행할 힘은 없다고 비난하는 것이다. 여기서 참고할 것은 단테는 백당이었고 당시 교황에 의해서 백당이 패하고 추방당했다고 생각했다는 것이다(역자는 기벨리니라고 각주를 달았지만 구엘피 백당의 오기인 듯하다 ― 편집자 주).
1944　보배: 지상의 행복. 백성은 지도자를 닮아 지상의 복만 따르고 천상의 것을 원치 않는다.

만드는 까닭은 너희 안에 있는 썩은 본성이

　　　아니라 나쁜 통치[1945]이니라.

106　좋은 세상을 마련하던 로마는 으레

　　　두 개의 태양[1946]을 가지고 있어 하나는 세상의

　　　또 하나는 하느님의 길을 가르쳐 주었더니라.

109　하나가 또 하나를 없애고서 칼이 목장牧杖과

　　　매어진 다음에는[1947] 둘이 다 세찬 힘으로

　　　악으로 갈 수밖에 없었느니라.

112　매어진 다음에야 서로 무서울 게 없었나니[1948]

　　　내가 안 믿어지거든 이삭을 생각하려무나.

1945　나쁜 통치: 지도자의 교화가 부족하기 때문이다. 즉 세상의 부패는 별의 운행 때문이 아니라 인간 때문이며 인간들도 인성이 나빠서가 아니라 지도자의 교화가 바르지 못하기 때문이다.
1946　두 개의 태양: 로마의 황제와 교황(지옥편 34곡 67행 주 참고). 세계의 정치적(제국) 통일과 영적(교회) 통일을 나타낸다.
1947　109~110 교황의 권력이 황제의 권력을 빼앗아 속권(칼)은 영계의 권력(목장)과 합해진다.
1948　무서울 게 없었나니: 정치와 교회의 권력이 합해지면 서로 경계하고 대립할 필요도 없고 서로 도울 필요도 없기 때문에 권력을 마음대로 부리게 된다.

무릇 풀은 그 씨로써 알아보느니라.[1949]

115 프리드리히가 싸움을 일으키기 전[1950]의
   아디체와 포 강이 흐르는 나라[1951]에는
   언제고 무용武勇과 문덕文德이 있었건마는,[1952]

118 지금은 착한 사람과 말을 걸거나 그에 가까이
   하기조차 부끄러운 듯 꺼리던 자가
   활개 치며 거기를 지나갈 수 있느니라.[1953]

121 그러나 아직도 거기 묵은 세대에 비추어 새 세대를
   꾸짖는 세 노인이 있어, 하느님이 자기네를
   보다 나은 삶으로 옮아가게 하심이 더디다 하느니라.[1954]

1949 113~114 이삭을 생각하려무나……: 두 권력의 결합이 얼마나 나쁜 결과를 가져왔는지 이탈리아의 상황을 보고 생각해 보라. 모든 선악은 그 열매를 보고 알 수 있다(마태 7,16 이하 참고).
1950 프리드리히: 프리드리히 2세 황제(지옥편 10곡 119행)가 그레고리오 9세 교황과 싸우기 전, 즉 서로 권리를 침범하기 전.
1951 나라: 롬바르디아와 아디체와 포 강이 흐르는 로마냐.
1952 115~117 이같은 표현으로 정권과 교권의 혼란을 이야기한다.
1953 118~120 그곳에는 착한 사람이 없어 착한 사람과 얘기하거나 가까이하기조차 부끄러워하던 악인들이 여기서는 두려울 것 없이 지나간다.
1954 121~123 이 패덕한 땅에 그래도 바른 세 노인이 있어 신의 곁으로 갈 날을 기

124 쿠라도 다 팔라초[1955]와 착한 게라르도[1956]며
프랑스 식대로 숫된 롬바르도[1957]라 불리는
구이도 다 카스텔[1958]이 이들이니라.

127 이제부터는 너 이르리라, 로마의 교회는
저 한 몸에 두 권력을 뒤섞어 놓으므로
수렁에 빠져 제 몸도 그 짐[1959]도 더럽힌다고."

130 나 이르되, "오, 나의 마르코여, 네 말이 옳도다.
레위[1960]의 자손들이 무엇 때문에 유업을
빼앗겼는지 이제야 알겠도다.

다리고 있다.
1955 쿠라도 다 팔라초: 브레시아의 귀족 쿠라도 3세. 1288년 피아첸차의 장관이었고 여기서 명성이 더욱 높았다.
1956 게라르도: 게라르도 다 카미노. 트레비소인으로 오랫동안 이 시를 다스렸다. 단테는 《향연》 4,14,114 이하에서도 그의 덕을 칭찬하고 있다.
1957 롬바르도: 롬바르디아 사람. 구이도의 별명이라고도 하고, 프랑스 사람들이 이탈리아 사람들을 부르던 명칭이라고도 한다.
1958 구이도 다 카스텔: 레조인. 관용의 인물로 알려졌다.
1959 그 짐: 정권과 교권.
1960 레위: 모세의 율법에서 레위 지파만이 현세의 유업에서 제외되었다(민수 18,20; 여호 13,14 이하 참고).

133 그러나 말하다시피 꺼져 간 세대의 본보기로
　　 남아 있어 썩어빠진 세기를 꾸짖는다 한
　　 그이가 어느 게라르도이뇨?"

136 그이 내게 대답하되, "오, 나를 속일 듯 떠보는 듯
　　 네 말이로다. 토스카나 말을 쓰면서도 너
　　 착한 게라르도를 아예 모르는 체하는구나.[1961]

139 그의 딸 가이아[1962]에게서 따온 것이 아니고는
　　 다른 그의 별명을 나는 알지 못하노라. 너희와 함께
　　 나 더 가지 못하나니 하느님 너희와 함께 계시기를······.

142 저 연기를 뚫고 번쩍이며 이미 동이 트는
　　 흰 빛을 보라. 저기 천사가 계시니 나는

1961　136~138 '토스카나인이면서 게라르도를 모른다고 말하는 것은 나(마르코)를 속이려는 것이냐, 아니면 떠보려는 것이냐. 토스카나인이면 게라르도를 모를 리 없다.'라는 뜻. 게라르도의 이름은 토스카나에서 가장 잘 알려져 있었기 때문이다.
1962　가이아: 게라르도의 딸로, 전해지는 이야기에 의하면 행실이 몹시 나빴다고 한다. 착한 아비와 몹쓸 자식을 상징하는 예로 쓰인다.

그 눈에 띄기 전에[1963] 길을 떠나야만 하느니라."

145 이렇게 그는 몸을 돌려 내 말을 더 들으려 안 했느니라.

1963 그 눈에 띄기 전에: 단테는 아직 죄를 다 씻지 못했으므로 천사 앞에 있을 수 없다.

지은이 **단테 알리기에리**

이탈리아의 시인. 본명은 두란테 델리 알리기에리로 단테는 두란테의 약칭이다. 피렌체 구엘피 당의 귀족 가문 출신으로, 9세 때에 베아트리체를 연모하였는데, 이러한 사랑의 감정은 시의 형성 과정에 커다란 영향을 끼쳤다. 그는 볼로냐 대학교에서 수사학·철학·법률학·천문학 등을 연구하면서 특히 이탈리아어로 시를 지었다. 1290년대에 피렌체와 피사를 중심으로 일어난 당파 싸움에 가담하여, 피렌체 시 정계에서 활약하였다. 로마 교황을 옹호하는 구엘피 당을 지지하여 기벨리니 당을 물리치는 데 일조하였으나, 다시 구엘피 당이 흑당과 백당으로 나뉘자 흑당에게 패하여 오랜 망명 생활을 시작하였다. 1318년 라벤나 영주의 호의로 그곳에 정착하여, 1321년 말라리아로 생애를 마칠 때까지 라벤나에서 지냈다. 대표적인 작품으로는 《신곡》, 《향연》 등이 있다.

옮긴이 **최민순**

전라북도 진안 출신으로 1935년 6월 15일 사제로 서품되었다. 천주교회보사와 대구매일신문사장으로 일했으며, 스페인 마드리드 대학교에 유학하여 2년 동안 신비 신학과 고전 문학을 연구하였고, 가톨릭 공용어 위원회 위원, 가톨릭대학교 신학대학 교수 등을 역임하다가 1975년 지병인 고혈압으로 선종하였다. 저서로는 수필집 《생명의 곡》과 시집 《님》, 《밤》 등이 있고, 번역서로는 단테의 《신곡》, 세르반테스의 《돈키호테》, 아우구스티노 성인의 《고백록》 등이 있다. 그의 번역은 정확하고 아름다운 번역으로 널리 알려져 있다. 이 밖에 가톨릭 공용어 위원회 위원으로 활동하면서 '주의 기도'·'대영광송' 등의 기도문을 번역하였으며, 여러 편의 성가에 노랫말을 짓기도 하였다. 1960년 제2회 한국 펜클럽 번역상을 수상하였고, 1974년 로마 가르멜회 총본부로부터 명예회원 표창장을 받았다.